汉译世界学术名著丛书

斯特拉博地理学

中 册

〔古希腊〕斯特拉博 著

李铁匠 译

商务印书馆
The Commercial Press

中 册 目 录

第八卷　伯罗奔尼撒

第一章　希腊的总体情况 ································ 621
第二章　伯罗奔尼撒 ·································· 626
第三章　埃利亚 ····································· 629
第四章　麦西尼亚 ··································· 674
第五章　拉科尼亚 ··································· 682
第六章　阿尔戈利斯 ·································· 695
第七章　爱奥尼亚 ··································· 724
第八章　阿卡迪亚 ··································· 734

第九卷　阿提卡、迈加拉、福基斯、洛克里斯、色萨利

第一章　阿提卡 ····································· 741
第二章　维奥蒂亚 ··································· 759
第三章　福基斯 ····································· 787
第四章　洛克里斯 ··································· 801
第五章　色萨利 ····································· 809

第十卷　埃维亚、埃托利亚、阿卡纳尼亚和克里特岛

第一章　埃维亚 ························· 839
第二章　阿卡纳尼亚 ····················· 850
第三章　埃托利亚 ······················· 877
第四章　克里特岛 ······················· 900
第五章　希腊诸岛（斯波拉德斯群岛和基克拉泽斯群岛）······· 917

第十一卷　高加索、希尔卡尼亚、帕提亚、巴克特里亚、米底、亚美尼亚

第一章　亚细亚绪论 ····················· 929
第二章　从梅奥提斯湖到科尔基斯沿岸 ····· 933
第三章　亚细亚的伊比利亚 ··············· 945
第四章　亚细亚的阿尔巴尼亚 ············· 948
第五章　高加索和亚马孙人 ··············· 953
第六章　里海西部的道路 ················· 958
第七章　希尔卡尼亚 ····················· 961
第八章　里海东部、塞种和马萨革泰部落 ··· 965
第九章　帕提亚本土 ····················· 971
第十章　阿里亚和马尔吉安纳 ············· 974
第十一章　巴克特里亚 ··················· 976
第十二章　托罗斯山南的亚细亚和托罗斯山脉 ······· 983
第十三章　米底 ························· 987
第十四章　亚美尼亚 ····················· 993

第十二卷　小亚细亚、卡帕多西亚、本都、比希尼亚、加拉提亚、阿卡迪亚

第一章　卡帕多西亚 ······ 1005

第二章　卡陶尼亚和梅利特内 ······ 1008

第三章　本都、帕夫拉戈尼亚和小亚美尼亚 ······ 1017

第四章　比希尼亚 ······ 1054

第五章　加拉提亚 ······ 1061

第六章　利考尼亚 ······ 1064

第七章　皮西迪亚 ······ 1067

第八章　阿卡迪亚 ······ 1070

第十三卷　小亚细亚、特罗阿德、莱斯沃斯、帕加马

第一章　特洛阿德、达达尼亚和伊利乌姆、亚该亚乌姆、锡普西斯和阿苏斯 ······ 1089

第二章　莱斯沃斯和周围小岛 ······ 1155

第三章　埃奥利斯诸城 ······ 1160

第四章　帕加马、萨迪斯、卡塔塞考梅内和希拉波利斯 ······ 1168

第八卷

伯罗奔尼撒

第一章　希腊的总体情况

1. 在我开始叙述内海和外海之间的欧罗巴整个西部地区之后，我已经讲述了自欧罗巴直到塔奈斯河，以及希腊一小块地区——马其顿的所有蛮族部落。现在，我将对希腊其余地区的地理情况做一个概括的叙述。这个问题首先是荷马研究过，在他之后接着又有其他几位学者，其中有些人还写出了专门的著作，标题是《港口记》(*Harbours*)、《沿岸航行记》(*Coasting Voyages*) 或者《大地综述》(*General Descriptions of the Earth*)①等等；在这些著作之中也包括对希腊的叙述。其他的则说明了在其整个历史的各个时期、各个地区的地志，例如，埃福罗斯和波利比奥斯就是这样做的。最后，还有些人在他们的论文之中把一些其他的东西，如物理学和数学渗入了这个题目。例如，波塞多尼奥斯和喜帕恰斯就是这样做的。虽然其他人的叙述比较容易判断真伪，但荷马说的那些需要严谨的研究。因为他说的那些极富想象力，它们并不是现在的情况，而是古代的情况，这些东西由于岁月悠久的原因，大多已经晦涩难解。即使如此，我必须尽可能从事这种研究，

---

① 对于航海家而言，这是非常专业的指南。《大地综述》包括《沿岸航行》、《港口》和《陆地周游》。

我将从被我中断的地方开始工作。我的叙述终止于西部、北部的伊庇鲁斯人和伊利里亚人,在东方终止于马其顿部落和拜占庭。在伊庇鲁斯人和伊利里亚人之后是下列希腊部落:阿卡纳尼亚人、埃托利亚人和奥佐利亚的洛克里人;接着是福西亚人和维奥蒂亚人。在这些部落的对面,渡过海湾就是伯罗奔尼撒半岛,它封锁着科林斯湾,不仅形成了这个海湾,而且自己的外形也受到这个海湾的影响;在马其顿之后是色雷斯人(一直延伸到马利亚人),还有那些居住在地峡内外的其他部落地区。

2. 在希腊曾经有很多部落,尽管这些出自远古时期的部落数量和方言众多,我们现在已经学会了如何区别他们。这些方言本身只有四种,我们可以说爱奥尼亚方言(Ionic)与古代阿提卡方言相同,因为古代阿提卡人被称为爱奥尼亚人,从这个群体中分离出了那些到亚细亚去殖民的爱奥尼亚人,他们通常使用现在所说的爱奥尼亚方言(Ionic speech);我们可以说多利亚方言(Doric dialect)和埃奥利斯方言(Aeolic dialect)也是同一种语言,因为除了雅典人、迈加拉人和居住在帕尔纳索斯(Parnassus)附近的多利亚人之外,所有在地峡之外的希腊人直到现在仍然被称为埃奥利斯人(Aeolians)。我们还有理由猜测多利亚人由于人数很少,居住在崎岖不平的地区,由于他们和其他人缺乏沟通,在他们的方言和风俗习惯改变之前,他们大多数已经不再属于从前那个部落的一部分。雅典人也明显地发生了同样的情况;根据修昔底德所说,[①] 他们居住的地区既贫瘠又崎岖不平,由于这个原因,他们

---

① 修昔底德Ⅰ,2;Ⅱ,36。

的国家得以免于战争的洗劫，他们被认为是一直居住在当地的土著部落，因为没有人把他们赶出这个地区，甚至没有人想要占领它。因此，尽管他们同样人数很少，人们认为这种情况显然是他们在语言和风俗习惯方面不同于其他希腊人的原因。正如埃奥利斯方言的因素在地峡之外的地区占据优势一样，地峡之外的部落在古代也是埃奥利斯人；后来，他们与其他部落混合在一起，首先是因为从阿提卡来的爱奥尼亚人占领了埃贾卢斯（Aegialus），其次是赫拉克利德族带领多利亚人回来了。他们在伯罗奔尼撒半岛建立了迈加拉和许多城市。而且，爱奥尼亚人很快就被埃奥利斯部落的亚该亚人赶走了。因此，在伯罗奔尼撒半岛只留下了两个部落，即埃奥利斯部落和多利亚部落。现在，所有从前与多利亚人很少交往的居民，都出现了与阿卡迪亚人和埃莱亚人一样的情况。因为前者完全是山区居民，没有分配份地；[①]而后者被认为是奉献给奥林匹斯宙斯神的，因而长期生活在和平之中，特别是因为他们属于埃奥利斯部落，大约在赫拉克利德族返回的时候，他们接受了由奥克西卢斯带来的军队。[②]我认为这些人说的是埃奥利斯方言，其他人使用的是由两种方言混合而成的一种方言，有些人对埃奥利斯方言懂得多一点，有些人懂得少一点。我几乎可以肯定地说，即使现在，尽管多利亚人已经取得了优势地位，据说大家还在说多利亚方言，每个城市的居民说的也是不同的方言。希腊各部落情况就是这样，他们在人种方面的区别基

---

① 参见本书Ⅷ，ⅴ，6。
② 参见本书Ⅷ，ⅲ，33。

本特征也是这样。现在，让我们按照适当的顺序，分别来叙述他们。

3. 埃福罗斯说，希腊西边的起点是阿卡纳尼亚。他接着说，阿卡纳尼亚最初靠近伊庇鲁斯人的边界，不过，我们要像埃福罗斯一样，使用海岸线作为测量的标尺，从阿卡纳尼亚开始测量（因为他在叙述各地的情况时，倾向于使用海洋作为某种指南，否则他可以提出邻近马其顿人和色萨利人地区许多的地方作为起点），这种做法是非常正确的。因此，我将按照各个地区自然环境的特点，以大海作为向导。这个大海从西西里海流出，一边延伸到科林斯湾，另一边形成了一个巨大的伯罗奔尼撒半岛，这个半岛被一条狭窄的地峡连接着。希腊由两大块陆地所组成，一部分在地峡之内，另一部分在地峡之外，经过比利（Pylae），①一直延伸到佩尼乌斯河口（后面这部分是希腊的色萨利地区）；②但是，地峡之内的部分更大、更有名气。我可以肯定地说，伯罗奔尼撒半岛是整个希腊的卫城；③因为除了居住在那里部落显赫和强大之外，整个希腊本身的地形由于许多海湾、海角，还有许多重要的、巨大的半岛一个接着一个，显得特别的多种多样，使人们联想到希腊的霸权。希腊第一大半岛是伯罗奔尼撒半岛，它由一条宽40斯塔德的地峡连接着；第二个包括在第一个之内；它的地峡从迈加里斯的帕盖一直延伸到迈加拉的军港尼塞亚（Nisaea），它的宽度从海到海是120斯塔德。第三个同样包括第二个；它的地峡从克

---

① 温泉关。
② 从温泉关到佩内乌斯河口。
③ 有人认为原文有脱漏。

里萨湾顶部一直延伸到德摩比利，这是一条想象中的直线，长度大约是508斯塔德。把整个维奥蒂亚半岛包括在内，而且斜切了福基斯和埃皮克内米迪亚人的地区。[①] 第四个半岛的地峡从安布拉西亚湾经过俄塔山和特拉钦尼亚，一直延伸到马利亚湾和德摩比利，这条地峡大约宽800斯塔德。还有一条地峡宽度超过1000斯塔德，从安布拉西亚湾经过色萨利人和马其顿人的地区，一直延伸到塞尔迈湾。因此，可以认为半岛的这种顺序是一种不错的顺序，因为它符合我叙述的顺序；我将从它们之中最小和最著名的开始叙述。

---

① 伊皮泽菲里的洛克里人。

第二章　伯罗奔尼撒

1. 伯罗奔尼撒半岛的外形像一片悬铃木的叶子，[①] 它的长度和宽度几乎相等，大约是1400斯塔德。它的长度从西到东经过测量，即从切罗纳塔斯经过奥林匹亚和迈加洛波利斯（Megalopolis），一直延伸到地峡；它的宽度从南方到北方，即从马莱伊经过阿卡迪亚直到埃伊乌姆。根据波利比奥斯的算法，其周长不按海湾曲折的长度计算，总共是4000斯塔德；而阿尔特米多鲁斯则增加了400多斯塔德；但如果按照海湾的曲折长度计算，其周长超过了5600斯塔德。地峡的宽度在最狭窄的地方，[②] 即船只从海的这边拖到海的那边，正如我先前已经说过的，陆地距离是40斯塔德。

2. 这个半岛的西部居住着伊利斯人（Eleians）和麦西尼亚人，他们的地区和西西里海相连。除此之外，他们还占领了这条海岸线两边的部分地区，因为伊利斯地区朝着北方、朝着科林斯湾的顶部到阿拉克索斯角（Araxus）（在海峡对面正对着它的是阿卡纳尼亚及其沿岸的岛屿：扎金托斯、凯法莱尼亚、伊萨卡岛和埃奇纳德斯群岛，杜里奇乌姆是这个群岛之中的一个海岛）。当时，麦

[①] 参见本书Ⅱ, i, 30。
[②] 本义为"拖过"、"地峡最狭窄的地方"（参见本书Ⅷ, vi, 4）。

西尼亚大部分地区对于南方的利比亚海到所谓的泰纳鲁姆角附近的塞里德斯群岛，①是不设防的。在埃莱亚（Eleian）地区之后是亚该亚部落，他们居住的地区朝着北方，沿着科林斯湾向前延伸，结束于西锡安尼亚；然后是西锡安和科林斯，后者的领土一直延伸到地峡，在麦西尼亚之后是拉科尼亚、阿尔戈利斯；后者也延伸到了地峡，这条海岸线上的海湾：第一是麦西尼亚湾，第二是拉科尼亚湾，第三是阿尔戈利斯湾（Argolic Gulf），第四是赫米昂湾，第五是萨罗尼亚湾，又称萨拉米湾。前两个海湾水源来自利比亚海，其他几个的水源来自克里特海和米尔图海。不过，有些人把萨罗尼亚湾称为"海峡"或者是"海"。在半岛内陆有阿卡迪亚，它与其他所有部落都很接近。

3. 科林斯湾一边起自埃文努斯河口（虽然某些人认为起自阿谢洛奥斯河口，这条河是阿卡纳尼亚人和埃托利亚人的边界），另一边起自阿拉斯河；因为海湾两边的海岸在这里第一次这么接近，彼此距离不远；然后向前推进，在里乌姆和安提里乌姆附近，双方几乎相交了，在这里形成了一个大约5斯塔德宽的海峡。里乌姆属于亚该亚人，这是一个平坦的海角，内部带镰刀形弯曲（确实，它被称为德雷帕努姆）。②它位于帕特雷和埃伊乌姆之间，那里有一座波塞冬神庙。安提里乌姆又称莫利克里的里乌姆，位于埃托利亚和洛克里斯的共同边界上。海岸线从这里开始，重新向两边缓缓地分开，直到克里萨湾，终结于维奥蒂亚和迈加里斯的

---

① 参见本书Ⅷ, V, 1。
② 镰刀。

边界。科林斯湾的周长从埃文努斯河到阿拉斯河，距离是 2230 斯塔德。如果认为从阿谢洛奥斯河开始，距离还要增加 100 斯塔德。但是，从阿谢洛奥斯河到埃文努斯河的海岸线被阿卡纳尼亚人所占领，接下去到安提里乌姆的海岸线则被埃托利亚人所占领；这条海岸线到地峡的其余部分属于（洛克里人）、[①] 福西亚人、维奥蒂亚人和迈加拉人，距离是 1118 斯塔德。从安提里乌姆到地峡的大海，称为阿尔西翁海（Alcion），它是克里萨湾的一部分。从地峡到阿拉斯河的距离是 1030 斯塔德。伯罗奔尼撒半岛及其对面海湾顶部的地理位置和距离，基本特点就是这样；位于这两块陆地之间的海湾，其突出特点也就这样。现在，我们将从伊利斯地区开始，详细地叙述每个部分。

[①] 根据本书 IX，iii，1，这里脱漏了"洛克里人"。

第三章 埃利亚

1. 现在，在亚该亚人、麦西尼亚人之间的所有海岸地区，还有延伸到福洛山脉的阿卡迪亚、阿扎尼人和帕拉西人的内陆地区，都被称为埃莱亚人地区。但是在古代，这个地区分成许多部分；后来，它合成了两部分，一部分是埃佩人的，另一部分归内莱乌斯之子涅斯托尔统治；荷马把埃佩人的国家称为"伊利斯"：

驶过埃佩人神圣的伊利斯地区。

（《奥德赛》，XV，298）

还有涅斯托尔统治之下的国家"皮卢斯"（Pylus），他说阿尔菲乌斯河流过这个地区：

宽阔的阿尔菲乌斯河流过皮卢斯人的土地。

（《伊利亚特》，V，545）

当然，荷马知道皮卢斯是个城市：

> 他们来到皮卢斯，涅斯托尔坚固的城市。
>
> (《奥德赛》，Ⅲ，4)

但是，阿尔菲乌斯河既不流过城市，也不从城市旁边流过；有一条河流过它的旁边，有些人把它叫做帕米苏斯河，另外一些人把它叫做阿马图斯河（显然，皮卢斯的绰号"埃马托伊斯"就是由此而来），①但是，阿尔菲乌斯河流过皮卢斯人的土地。

2. 现在的伊利斯城在荷马时期还没有建成，这个地区的居民实际上还居住在农村之中。这个地区过去被称为"伊利斯盆地"，②就是因为它最好的地方大部分是"盆地"的缘故。在很久之后，在波斯战争之后，来自许多社区的居民聚集在一起，组成了现在的伊利斯城。我可以肯定地说，除了少数例外情况，诗人提到的伯罗奔尼撒半岛其他地区，都不是城市，而是农村，每个地区包括若干社区。后来，从这些社区之中出现了许多著名的城市。例如，阿卡迪亚的曼提尼亚，就是由五个社区的阿尔戈斯移民所建成的；泰耶阿由九个社区所建；赫里斯由九个社区所建，或者是由克莱昂布罗图斯（Cleombrotus）或由克莱奥尼姆斯所建；帕特雷由七个社区所建；迪梅由八个社区所建。伊利斯同样是以这种方式由周围地区的社区建成的（其中有一个是阿格里亚德斯所建③）。佩尼乌斯河从运动场旁边流过这座城市。这些地区直到涅斯托尔统治之后很久，埃莱亚人才建立这种运动场。

---

① 意为多沙的。
② "伊利斯内陆的盆地"。
③ 原文有脱漏。

第三章　埃利亚

3. 这些地区是比萨提斯（Pisatis）（奥林匹亚是它的一部分）、特里菲利亚和考科尼亚人的地区。特里菲利亚人[①]得名于他们是由这个地区的三个部落组成这个事实——一个部落是埃佩人，他们最早居住在这里；一个是米尼安人，他们是后来居住在这里的；还有一个是埃莱亚人，他们最后统治了这个地区。但是，有些人用阿卡迪亚人代替了米尼安人。由于阿卡迪亚人经常为这个地区的统治权而发生争执，因此同一个皮卢斯被称为阿卡迪亚的皮卢斯和特里菲利亚的皮卢斯。荷马把这整个地区及麦西尼称为"皮卢斯"，给了它一个与城市相同的名字。但是，伊利斯盆地是涅斯托尔统治的许多地区之一，在《船只登记册》出现了首领和他们地区的名字。[②] 我认为其原因是我们正在用现在的情况与荷马时期的情况进行比较；我们必须进行这种比较，这是为了诗人的荣誉，也是因为我们从幼年时代就熟悉他，因为我们大家认为，如果我们不能成功地解决我们所遇到的任何问题，直到我们与诗人所说的同样问题没有任何矛盾，我们才能完全相信他所说的一切。因此，我必须讨论现在的情况，然后再与诗人的说法相比较，因为它们与这个问题有关，必须对它们进行考察。

4. 在埃莱亚地区北部，有一个阿拉克索斯角，距离阿卡迪亚人的迪梅城60斯塔德。我认为这个海角是埃莱亚人海岸线的起点。在这个海角之后，向西走可以到达埃莱亚人的军港基雷内，这个港口有一条道路通向现在的内陆城市伊利斯，距离是120斯塔德。荷马也提到过这个基雷内，他说道：

---

①　Triphyle 意为"三个部落"。
②　《伊利亚特》，II。

基雷内的奥图斯，埃佩人的首领。

(《伊利亚特》，XV，518)

但是，他没有提到埃佩人的首领出自阿卡迪亚山区。按照现在的标准来说，基雷内是个很小的村庄；在这个地方有一件科洛特斯（Colotes）的作品——阿斯克勒皮俄斯的雕像，这是一座由象牙雕刻的精美雕像。在基雷内之后是切罗纳塔斯角，这是伯罗奔尼撒半岛的最西部据点。在切罗纳塔斯角之外有一个海岛，还有一些浅滩位于伊利斯盆地和比萨泰人地区的共同边界上；从这里到凯法莱尼亚的航程不超过80斯塔德。在上述边界附近地区有一条伊利森河或伊利萨河流过。

5. 佩尼乌斯河在切罗纳塔斯与基雷内地区之间汇入大海，还有诗人提到的塞勒埃斯河，它发源于福洛。在塞勒埃斯河畔有埃菲拉城，应当把这座城市和塞斯普罗提亚、色萨利和科林斯的埃菲拉城区别开来；这是第四座埃菲拉城，它位于通往拉西昂的大道旁，它与维诺亚或者是同一座城市（因为它通常被称为俄诺），或是在它附近，距离埃莱亚人的城市120斯塔德。这座城市显然是荷马提到的赫拉克勒斯之子特勒博勒姆斯的故乡埃菲拉（因为赫拉克勒斯远征发生在这个地区，而不是其他三个地区中的任何一个地区），他说：

他把她从埃菲拉、从塞勒埃斯河边带出来。

(《伊利亚特》，II，659)

第三章 埃利亚

而在其他的埃菲拉附近，没有任何一条河流叫做塞勒埃斯河。他还说到梅格斯的铠甲：

……这身铠甲是菲雷乌斯以前
从埃菲拉，从塞勒埃斯河边带来的。

(《伊利亚特》，XV，530)

这座城市也出产致命的毒药，荷马说奥德修斯曾经到过埃菲拉：

为了寻找箭头用的致命毒药，[①]
他可使尽了一切必要的手段。

(《奥德赛》，I，261)

对于忒勒马科斯，求婚者这样说道：

他有意前往肥沃的埃菲拉，
想从那里带回致命的毒药。

(《奥德赛》，I，328)

由于涅斯托尔在谈论进攻埃佩人的战争时，谈到了埃佩人国王奥吉亚斯（Augeas）之女善于调配毒药：

[①] 雅典娜的话。

> 我第一个杀死了敌人,
> 奥吉亚斯的女婿,长矛手姆利乌斯;
> 他娶了国王的长女,
> 她认识广阔大地生长的各种毒草。
>
> (《伊利亚特》,XII,738)

但是,在西锡安附近,还有另一条塞勒埃斯河,在这条河流附近有一个埃菲拉村。在埃托利亚的阿格里地区也有一个埃菲拉村,它的居民称为埃菲里人。还有其他的埃菲里人,我指的是居住在马其顿地区珀里比亚人的一支(克兰农人);西齐鲁斯地区的塞斯普罗提亚埃菲里人,西齐鲁斯从前也叫做埃菲拉。

6. 阿波罗多罗斯告诉我们,荷马通常是如何区别那些名字相同的地方的;他说,以奥尔科梅努斯为例,诗人提到了阿卡迪亚的奥尔科梅努斯是"盛产牲畜的",[1] 维奥蒂亚的奥尔科梅努斯是"米尼安人的",[2] 萨摩斯是"色雷斯的"萨摩斯,并且把它与一个邻近的岛屿进行了比较:

> 在萨摩斯与伊姆布罗斯之间。
>
> (《伊利亚特》,XXIV,78)

以便把它与爱奥尼亚的萨摩斯区别开来。同样,阿波罗多罗斯

---

[1] 《伊利亚特》,II,605。
[2] 《伊利亚特》,II,511。

说，诗人在区别塞斯普罗提亚的埃菲拉时，用了单词"遥远的"和词组"从塞勒埃斯河边来的"[①]两种方式来表示区别。在这个问题上，阿波罗多罗斯不同意锡普西斯的德米特里的说法，他自己引用的大部分资料就出自后者。正如我先前所说的那样，因为德米特里认为在塞斯普罗提亚人地区不存在塞勒埃斯河，并且认为它在埃莱亚地区，流过埃菲拉附近。因此，阿波罗多罗斯的这种说法需要核实。还有关于奥卡利亚的说法，同样也需要核实，因为他说奥卡利亚不止是一座城市的名字，这里只有奥卡利亚国王欧律托斯的城市，即色萨利的奥卡利亚，荷马就提到了这座城市：

那些占领奥卡利亚、欧律托斯城市的人。

(《伊利亚特》，Ⅱ，730)

请问，塔米里斯从哪里的奥卡利亚出发，缪斯们什么时候在多里乌姆附近

见到了色雷斯人塔米里斯，打断了他的歌声。

(《伊利亚特》，Ⅱ，595)

因为荷马补充说：

[①] 《伊利亚特》，Ⅱ，659。

> 他来自奥卡利亚，来自奥卡利亚国王欧律托斯那里。
>
> （《伊利亚特》，Ⅱ，596）

如果这是色萨利的奥卡利亚，锡普西斯的德米特里又犯了一次错误；因为他认为这是某个阿卡迪亚的奥卡利亚城，现在叫做安达尼亚；不过，德米特里又是正确的，因为阿卡迪亚的奥卡利亚也被称为"欧律托斯的城市"，因此，这里不是只有一个奥卡利亚；但阿波罗多罗斯却说只有一个奥卡利亚。

7. 皮卢斯位于佩尼乌斯河与塞勒埃斯河口之间的斯科利乌姆附近。它不是涅斯托尔的城市，而是另外一个皮卢斯，它与阿尔菲乌斯和帕米苏斯（或者阿马图斯，如果我们要这样称呼它的话）没有任何共同之处。不过，这里有些人故意歪曲荷马的原话，以便为自己赢得名声和涅斯托尔的贵族出身；因为在历史上曾经提到伯罗奔尼撒半岛有三个皮卢斯，正如下列诗句所说：

> 皮卢斯的前面有皮卢斯，而且还有另一个皮卢斯。
>
> （《奥德赛》，Ⅰ，93）

我们所说的皮卢斯是特里菲利亚和比萨提斯境内勒普里提人的皮卢斯；第三个皮卢斯是麦西尼亚的皮卢斯，靠近科里法西乌姆。每个皮卢斯的居民都力图证明他们当地的皮卢斯是"埃马托伊斯"，[①] 并且声称它是涅斯托尔的故乡。可是，大多数现代作家，

---

① "多沙的"是荷马对皮卢斯的修饰用语。

第三章 埃利亚

既有历史学家，又有诗人认为涅斯托尔是麦西尼亚人，并且认为皮卢斯一直保存到他们那个时期。不过，比较严格地遵循荷马原话的作家们认为，涅斯托尔的皮卢斯是阿尔菲乌斯河流过的皮卢斯地区；后者还流过比萨提斯和特里菲利亚地区。但是，来自伊利斯盆地的作家不仅以同样的热情支持他们自己的皮卢斯，而且还把标志性符号加在它一起，[①] 标明格雷努斯的地方、格隆河与另一条称为格拉尼乌斯的河流，然后肯定地指出，荷马关于涅斯托尔的绰号"格雷尼亚的"，就出自这个地名。但是，麦西尼亚人也在为自己做着同样的事情，他们的观点至少显得更有道理；因为他们认为自己的格雷纳更出名，它曾经是一个人口繁盛的地方。这就是有关伊利斯盆地现在的情况。

8. 但是，当诗人把这个地区分为四个部分，并且提到四位领袖的时候，他的说法就不那么明确了：

> 他们居住在布普拉西乌姆和神圣的伊利斯，
> 所有介于希尔米内、海边的米尔西努斯、奥莱内礁
> 和阿莱西乌姆之间的人，这些人有四位头领，
> 每个头领率领10条快船，船上有许多埃佩人。
>
> （《伊利亚特》，Ⅱ，615）

因为他既提到了布普拉西亚人，又把埃莱亚人称为埃佩人，而从来就没有把布普拉西亚人称为埃莱亚人，由此看来他不是把

[①] 类似于母亲在被遗弃的孩子脖子上系上某些东西，以便日后相认。

埃莱亚地区，而是把埃佩人的地区分成了四部分，他先前已经把这个地区分成了两部分。因此，布普拉西乌姆（Buprasium）不可能是伊利斯的一部分，而是埃佩人地区的一部分。因为情况很明显，他说布普拉西亚人就是埃佩人：

> 像那时埃佩人在布普拉西乌姆，
> 为国王阿马林塞斯举行葬礼。
>
> （《伊利亚特》，XXIII，630）

不过，布普拉西乌姆现在是埃莱亚人的领土，其中有一个同样名字的居民点，它过去也是伊利斯的一部分。另一方面，当他提到它们的时候，总是把布普拉西乌姆和神圣的伊利斯放在一起，后来他把这个地区分成了四个地方，看来他把这四个地方都归在"布普拉西乌姆和神圣的伊利斯"这个共同的名字之下。在某个时候，伊利斯似乎有个名叫布普拉西乌姆的巨大居民点，但现在已经不复存在了（现在从伊利斯城到迪梅城的大道边，确实有一个名字相同的地方）。可以设想，那时的布普拉西乌姆在某些方面甚至超过了伊利斯，就像埃佩人超过埃莱亚人一样；后来，这些居民开始被称为伊利斯人而不是埃佩人。正如荷马所说，尽管布普拉西乌姆只是伊利斯的一部分，把它和整体连在一起提到，具有某种诗歌的形式，例如他说过：

> 通过赫拉斯和阿尔戈斯中部地区。
>
> （《奥德赛》，I，344）

又如：

> 通过赫拉斯和弗西亚。
>
> (《奥德赛》,Ⅺ, 496)

又如：

> 库雷特斯的战士和好战的埃托利亚人。
>
> (《伊利亚特》,Ⅸ, 529)

又如：

> 杜里奇乌姆和神圣的埃奇纳德斯的男子。
>
> (《伊利亚特》,Ⅱ, 625)

因为杜里奇乌姆是埃奇纳德斯群岛之中的一个岛屿。比较现代的诗人也利用了这些人物，例如，希波纳克斯就说道：

> 那些人吃了塞浦路斯人的食物和阿马图斯人的小麦面包。
>
> (《残篇》, 82, 贝克)

因为阿马图斯人也是塞浦路斯人，阿尔克曼说：

> 她离开了可爱的塞浦路斯，海浪冲击着的帕福斯。
>
> (《残篇》, 21, 贝克)

埃斯库罗斯也说道:①

你统治整个塞浦路斯和帕福斯,这是你的领地。

(《残篇》,463,瑙克)

即使荷马在什么地方都没有提到布普拉西亚人就是埃莱亚人,我敢说还有许多其他的事实他没有提到。这并不能证明它们不曾存在,只能证明他没有提到它们而已。

9. 但是,米利都的赫卡泰奥斯认为埃佩人与埃莱亚人是不同的部落;无论如何,埃佩人参加了赫拉克勒斯远征奥吉亚斯,并且帮助他消灭了奥吉亚斯和伊利斯。他接着说,迪梅是埃佩人和亚该亚人的城市。但是,古代历史学家所说的许多事情现在还不清楚,因为他们习惯于在自己的著作之中利用神话故事,编造谎言。他们之间对于同样一些问题,彼此意见不一就是证明。但是,有一件事情是可以相信的,即埃佩人与埃莱亚人从前曾经是敌人,他们属于不同的部落,后来他们与埃莱亚人联合在一起。由于自己占据优势,他们和埃莱亚人建立了一个共同的国家,他们统治的地区一直延伸到迪梅。虽然荷马没有提到迪梅,但不是没有理由认为,在他那个时代迪梅属于埃佩人,后来才属于爱奥尼亚人,即使不属于爱奥尼亚人,无论如何也属于当时占领他们国家的亚该亚人。正如某些作家所说,在布普拉西乌姆所处的四个部分之中,希尔米内和米尔西努斯属于埃莱亚人地区,剩下的两部分先

---

① 迈内克认为斯特拉博写的是阿基洛库斯,而不是埃斯库罗斯。

前位于比萨提斯的边界上。

10. 希尔米内过去是一座小镇，现在它已经不复存在，但是在基雷内附近有一个山角，名叫霍尔米纳或者希尔米纳。米尔西努斯就是现在的米尔通提乌姆，这个居民点一直延伸到大海，位于从迪梅到伊利斯的大道旁边，距离这座埃莱亚人的城市70斯塔德。根据推测，奥莱内礁就是现在的斯科利斯礁；我们不得不提出这些仅仅是可能的东西，是因为这些地方和名字已经发生了变化，还有诗人自己的表达在许多情况下也很不清楚的缘故。斯科利斯是一座礁石山，它是迪梅人、特里提亚人和埃莱亚人的共同领土，并且与阿卡迪亚的另一座山脉——兰佩亚山脉交界，它距离伊利斯130斯塔德，距离特里提亚100斯塔德，距离迪梅路程相同；后面两个地方是亚该亚人的城市。阿莱西乌姆即现在的阿莱西伊乌姆城，这是安菲多利斯附近的一块土地，周边地区的居民每个月一次在那里赶集。这座城市位于由伊利斯通往奥林匹亚的山路旁边。在古代，它是比萨提斯的城市，至于它的边界，在不同的时期由于统治者的变换而不相同。诗人称呼阿莱西乌姆是"阿莱西乌姆丘陵"，他说：

直到我们策马踏上盛产小麦的布普拉西乌姆、
踏上奥莱内礁和阿莱西乌姆丘陵。

(《伊利亚特》，XI，756)

(我们应当把这句话解释为倒装句，即"那里有一个号称阿莱西乌姆丘陵的地方")有些作家指出还有一条阿莱西乌斯河。

11. 由于在麦西尼亚附近特里菲利亚某些部落被称为考科尼亚人，某些作家把迪梅也称为"考科尼亚人的"，在迪梅与特里提亚之间的迪梅地区有一条河流名叫考康河（阴性），某些作家因此又提出了一个问题：有没有两个不同的考科尼亚人部落——一个部落在特里菲利亚地区，另一个部落在迪梅、伊利斯和考康河地区。这条河流汇入了另外一条名叫托特亚（阳性）的河流之中；托特亚河与并入迪梅的许多小城市之中的一座城市名字相同；除此之外，托特亚城的名字是阴性的，在书写时没有字母 S，最后一个音节是长音。① 在这座小城之中有一座内梅迪安的阿尔忒弥斯神庙，② 托特亚河汇入阿谢洛奥斯河，后者流过迪梅附近，有一条与阿卡纳尼亚河名字相同的河流，这条河又名"佩鲁斯河"。例如，赫西奥德就提到过它：

> 他住在奥莱内礁，
> 沿着宽阔的佩鲁斯河岸边。
>
> （《残篇》，74，日扎克）

有些人把它错误地改写成皮埃鲁斯河。他们提出了一个关于考科尼亚人的问题，认为雅典娜化身为门特，在《奥德赛》之中对涅斯托尔说：

> 明天一早我要去勇敢的考科尼亚人那里，

---

① 倒装句。
② 有文字脱漏。可能是"内梅安"。

他们要偿还我一笔旧债,数目不小,
至于忒勒马科斯,他在你那里做客,
你要和儿子驾车送他,给他几匹马。

(《奥德赛》,Ⅲ,366)

诗人显然指明了考科尼亚人控制的埃佩人某些地方,他们不同于特里菲利亚的考科尼亚人,这个地方可能延伸到了迪梅人的地区。确实,我们不应忽视两个问题,即迪梅的修饰语"考科尼亚人"的起源和"考康"河的起源。因为考科尼亚人本身就引起了一个问题,谁是那些雅典娜要去向他们讨债的人;如果我们把诗人的意思解释成他说的是勒普雷乌姆附近特里菲利亚的考科尼亚人,我不认为这种说法有多少可信程度。因为这个地名已经被有些人更改了:

要去富饶的伊利斯,那里的人欠我一笔不少的债务。

(《伊利亚特》,Ⅺ,698)

其实,在我叙述了这个地区之后的地区,即比萨提斯、特里菲利亚以及麦西尼亚人的边界地区之后,[①] 这个问题就将会明确的解决。

12. 在切罗纳塔斯角之后,有很长一段比萨泰人的海岸线,然后是菲亚角,还有一座名叫菲亚的小城:

---

① 参见本书Ⅷ,ⅲ,17。

在雅尔达努斯河边不远的菲亚城作战。

(《伊利亚特》，Ⅶ，135)

由于附近有一条小河流过。有些人认为菲亚是比萨提斯的起点。在菲亚之前有一个小岛和港口，那里是从大海到奥林匹亚最近的地方，只有120斯塔德。然后是另一个海角——伊齐提斯角，它像切罗纳塔斯角一样，向西伸出相当长的距离；它到凯法莱尼亚的距离也是120斯塔德。再往后是阿尔菲乌斯河口，距离切罗纳塔斯角280斯塔德，距离阿拉克索斯角545斯塔德。阿尔菲乌斯河与埃夫罗塔斯河发源于相同的地区，即阿塞亚地区（迈加洛波利斯地区一个村庄），附近有两个彼此相邻的源头，上述河流从那里流出，在地下流过很长的距离之后，[①]又重新露出地面。然后，一条河流入拉科尼亚，另一条河流入比萨提斯。埃夫罗塔斯河流出地面之后的那个地方，名叫布莱米纳提斯，它流过斯巴达附近，流过赫卢斯（诗人曾经提到过这个地方）附近长长的谷地，最后在斯巴达港口盖西乌姆和阿克雷亚之间的地区汇入大海。阿尔菲乌斯河接受拉东河、埃里曼图斯河和其他一些小河的水源之后，流过弗里克萨、比萨提斯、特里菲利亚，从奥林匹亚附近流向西西里海，在菲亚角和埃皮塔里乌姆之间的地区汇入大海。在它的河口附近，有一片阿尔菲翁尼亚或阿尔菲乌萨（因为修饰语就是这样写的）的阿忒弥斯圣树林，距离奥林匹亚大约80斯塔德。为了祭祀这位女神，同时也是为了祭祀埃拉菲亚的阿

[①] 波利比奥斯（ⅩⅥ，17），10斯塔德。

尔忒弥斯和达弗尼亚的阿尔忒弥斯,在奥林匹亚每年要举行一次节日活动。全国到处有许多阿尔忒弥斯、阿弗罗蒂忒和女神庙位于圣树林之中,由于水源充足,那里通常有许多花木。在大道旁通常有许多的赫耳墨斯神庙,在海角有波塞冬神庙。在阿尔菲翁尼亚的阿尔忒弥斯神庙之中,有科林斯的大师克莱安西斯(Cleanthes)和阿雷冈(Aregon)创作的许多名画,如克莱安西斯的《占领特洛伊》、《雅典娜的诞生》和阿雷冈的《骑着怪兽的阿尔忒弥斯》。

13. 接下来是特里菲利亚山脉,它把马西斯提亚和比萨提斯分开;然后是另一条名叫卡尔西斯的河流、克鲁尼河、卡尔西斯村;接下来是萨米库姆,那里有一座香火很盛的萨摩斯的波塞冬神庙,神庙旁边有一片圣树林,长满了许多野生橄榄树,照管这片圣树林的是马西斯图姆人;他们的任务还有宣布停战日——"萨摩斯日"(Samian)。所有的特里菲利亚人都要供养这座神庙。

14. 在大海后面的这些神庙附近,距离 30 斯塔德或者略微远一点,有特里菲利亚人的皮卢斯城,又称勒普里坦人的皮卢斯城。荷马把它称为"多沙的",并且说它是涅斯托尔的故乡,这是根据他的话得出的结论;只有一条河从皮卢斯城附近向北(现在的马马乌斯或者阿卡迪库斯)流去,它从前叫做阿马图斯河,因为皮卢斯自己的绰号"多沙的",就得名于"阿马图斯";如果这条河叫做帕米苏斯河(同为麦西尼亚境内的两条河流),那么这座城市绰号最初的意义就不得而知了;因为有一种不靠谱的说法,说它附近的河流或者地区是"多沙的"。西卢斯的西伦提亚雅典娜神庙与菲卢斯附近的奥林匹亚相邻,①这是一座著名的神庙。在皮卢斯以东有一座山得名于明泰,关于她有很多神话,据说她是哈德斯的妾,被科雷踩死了,后来变成了花园中的薄荷,有些人把这种薄荷称为"香薄荷"(Hedyosmos)。除此之外,在山脉附近有一块哈德斯的圣地,受到马西斯提亚人的崇拜,还有德米特里的圣树林,位于皮卢斯平原。这个平原以富裕闻名于世,它靠近大海,一直延伸到萨米库姆和内达河之间的地区。它的海岸线狭窄而多沙,因此人们不能不相信皮卢斯就是因此而得到了"多沙的"绰号。

15. 在皮卢斯边界的北方,有两座特里菲利亚人的小城——海帕纳和滕帕尼亚;前者已经并入伊利斯,后者仍然保持原先的地位,在这些地方附近有达利昂河和阿谢隆河两条河流过,两条河都汇入了阿尔菲乌斯河。阿谢隆河的得名是由于自己与哈德斯的关系密切;因为这里不但非常崇拜德米特里的神庙和科雷的神庙,也非常崇拜哈德斯的神庙;正如锡普西亚的德米特里所说,这可能是由于"土质不合"的原因。②尽管特里菲利亚是一个肥沃的地区,但它只出产黑麦和白麦。因此,这个地方常常出现严重的歉收而不是丰收。

16. 在皮卢斯的南方有勒普雷乌姆,这座城市位于海岸线之后40斯塔德。在勒普雷乌姆和安尼乌斯之间,③有一座萨摩斯人的波塞冬神庙,距离两座城市都是100斯塔德。根据荷马所说,忒勒马科斯在这座神庙之中看见皮卢斯人向神贡献祭品:

---

① 不清楚这是村庄、高山,还是河流。
② 收成不好、没有指望的土地。
③ 有脱漏,某些人认为不是安尼乌斯,而是"阿尼格鲁斯"或"阿尔菲乌斯"。

第三章　埃利亚

> 他们来到皮卢斯、内莱乌斯坚固的城堡，
> 当地的居民正在岸边献祭，杀了许多
> 纯黑色的公牛献给这位黑发的震地神。
>
> （《奥德赛》，III，4）

当然，人们允许诗人编造一些并不存在的东西。但是，他自己应当尽可能使自己的话与事实相符，维护故事的真实性；不过，更适当的做法是拒绝说谎。勒普里坦人的土地是肥沃的，他们的近邻是西帕里西亚人。这两个地区和马西斯图姆（有人称为普拉塔尼斯图斯），都属于考科尼亚人。城市的名字与地区的名字相同。据说在勒普雷乌姆有一座考康（Caucon）的陵墓，考康可能是部落的始祖，或者是因为某种其他原因而与部落名字相同的人。

17. 关于考科尼亚人，有许多传说。例如，有人认为他们像佩拉斯吉人一样，都是阿卡迪亚人部落，也像佩拉斯吉人一样，都是游牧部落。无论如何，荷马说[①]他们作为特洛伊人的盟友去过特洛伊；但诗人并没有说他们由何而来，显然，他们是从帕夫拉戈尼亚来的；因为在帕夫拉戈尼亚有一个部落的名字就叫考科尼亚人，他们的领土与马里安迪尼人交界；他们本身也是帕夫拉戈尼亚人。但是，在我开始讲述这个地区之前，我要多费点篇幅来叙述他们的事情。现在，我必须为有关特里菲利亚的考科尼亚人补充如下内容：有人认为，现在从麦西尼亚到迪梅的整个埃莱亚地区过去都叫考科尼亚。无论如何，安提马科斯把所有居民时而称

---

① 《伊利亚特》，XX，329。

为埃佩人,时而称为考科尼亚人。其他人持相反的意见,认为考科尼亚人并没有占领整个埃莱亚地区,而只是分别住在两个地方:一个地方是邻近麦西尼亚的特里菲利亚地区,另一个地方是布普拉西乌姆和迪梅附近的伊利斯盆地;亚里士多德认为他们大多居住在后面这个地方。① 实际上,后者的意见比较符合荷马的原意,可以用来解释上述问题,因为按照这种意见,涅斯托尔居住在特里菲利亚的皮卢斯东南部地区(即毗邻麦西尼亚和拉科尼亚的地方),这些地区都属于他统治。这些地区居住着考科尼亚人,因此,如果有人走陆路从皮卢斯到拉克代蒙,那就不可避免地要经过考科尼亚人的土地。萨摩斯人的波塞冬神庙和它附近忒勒马科斯登陆的锚地,朝着西北方。如果考科尼亚人居住的地方仅仅是这里,诗人的故事不可能被认为是真实的。例如,根据索塔德斯所说,雅典娜命令涅斯托尔"和自己的儿子一起驾车"送忒勒马科斯去拉克代蒙,即这个国家的东部地区;她自己则要去船上度过黑夜,前往西方,从同一条道路回来:

明天一早我要去勇敢的考科尼亚人那里,

(《奥德赛》,Ⅲ,366)

为了收债,她要再次向前走。请问这是什么行为方式?因为涅斯托尔可以说:"因为考科尼亚人是我的臣民,居住在通往拉克代蒙的大道旁边。你为什么不和忒勒马科斯及其同伴一起前往,以

---

① 在亚里士多德保留下来的文集之中没有提到考科尼亚人。

免走你来过的那条大路？"同时，如果要向涅斯托尔的臣民收取债务（正如她自己所说，还是一笔不小的债务），也必须合乎体统——因为这是在要求涅斯托尔提供帮助，在与契约有关的问题上，这里可能存在着一些不正当的行为（这是常有的事情）；但女神没有这样做。而且，如果考科尼亚人只住在这个地方，那结论也是荒谬的；如果在从迪梅到伊利斯之间的地区，有些考科尼亚人和其他人分开居住，那雅典娜才可以说自己到那里的行程，无论是返回船上，还是离开同伴走陆路，不再有任何不适当的地方。因为他们要走的道路，方向是相反的。同样，有关皮卢斯的难题也可以找到合理的解释，在略微讲述地志学问题之后，我将讨论麦西尼亚皮卢斯的问题。

18. 特里菲利亚的部分居民称为帕罗里泰人；他们居住在勒普雷乌姆和马西斯图姆附近的山区，一直延伸到萨摩斯波塞冬角附近的大海。[1]

19. 在这些山脚下的海岸边，有两个洞穴：一个洞穴是阿尼格里亚德斯（Anigriades）女神的，另一个洞穴与亚特兰图斯的女儿和达达努斯降生神话发生的地点有关。这里还有圣树林，称为爱奥内乌姆圣树林和欧里西戴乌姆圣树林，萨米库姆现在仅仅是一个要塞，尽管它过去曾经是一座城市。它过去名叫萨摩斯，大概是因为它的地势高，因为高地就叫做samoi。它也可能是阿雷内城的卫城，在《船只登记册》之中，荷马提到了这个地方：

---

[1] 参见本书Ⅷ, iii, 20。

那些居住在皮卢斯和阿雷内的快乐男子。

(《伊利亚特》，II，591)

由于连在什么地方找到阿雷内都没有把握，因此有人便以为它多半就是在这里。附近的阿尼格鲁斯河，从前叫做米尼乌斯河，为这种猜测的可靠性提供了一个重要的指示，因为诗人也谈到了：

如果米尼乌斯河汇入阿雷内
附近喧哗的大海。

(《伊利亚特》，XI，722)

在阿尼格里亚德斯女神洞穴附近有一个源头，它把下面的地区变成了一块多水洼的沼泽。阿尼格鲁斯河得到了大部分水源，它是一条很深、流速很慢的河流，在河的终点，它变成了一片沼泽，因为这个地区覆盖着淤泥，由此延伸20斯塔德的空间弥漫着难以忍受的气味，河里出产的鱼类不能食用。神话故事把这种情况归罪于某些半人半马（Centaurs）的怪物在这里洗了从海德拉（Hydra）得到的毒药。另外一些人则认为是由于墨兰普斯利用这里的清洁河水为普罗提得斯姐妹洗澡造成的结果。① 在这条河中洗澡，可以治愈"白癣"、橡皮病和疥疮。据说，阿尔菲乌斯河的得名，就是因为它的河水能够治愈"白癣"。由于阿尼格鲁斯河流速很慢和

---

① 保萨尼阿斯（V，5，5）说墨兰普斯利用这里的清洁河水为普罗提得斯姐妹洗澡治疗精神错乱。

海水的涨潮，使它的河水变得与其说是在流动，不如说是停滞不动。据说，从前它的名字叫做"米尼耶乌斯河"，尽管有人曲解它的名字，把它写成"明蒂乌斯"。[1]但是，这个单词的本义另有出处，在于它的源头；或者是出自与涅斯托尔之母克洛里斯一起来的殖民者米尼安人奥尔科梅努斯，或者是出自米尼安人阿尔戈英雄后裔的名字，他们起初从利姆诺斯岛逃到了拉克代蒙，从那里又去了特里菲利亚，并且定居在阿雷内附近，这个地区现在叫做海佩西亚，但是这个地区现在已经没有了米尼安人的村庄。在这些米尼安人之中，有些人后来和奥特西昂（他是波吕尼刻斯的后代）之子特拉斯去了位于昔兰尼与克里特之间的一个海岛上。[2]据卡利马科斯所说，这个岛屿

从前叫做卡利斯特，现在叫做特拉。

(《残篇》，112，施耐德）

正如卡利马科斯所说，他们建立了昔兰尼的母邦特拉城，并且用与城市同样的名字来称呼这个海岛。

20. 在阿尼格鲁斯河与它所流出的这座山脉之间，可以看到一个牧场、雅尔达努斯（Iardanus）的陵墓和这座山脉陡峭的亚该亚崖，正如我所指出的，萨摩斯城就建立在悬崖上面。不过，《周航

---

[1] 可能，"明蒂乌斯"更好，因为这个名字的词根 menein 有"等待"和"缓慢"的意思。

[2] 参见本书 I，iii，16。

记》的作者完全没有提到萨摩斯城。[1] 这有可能是因为它已经毁灭了，也有可能是由于它的地理位置。因为波塞迪乌姆是一块圣树林，正如我已经说过的，它靠近大海，在它的后面、现在的萨米库姆之前有一座很高的山丘，萨摩斯就在这个地方，因此从大海上很难看见萨摩斯。这里还有一片平原也叫萨米库姆。由此可以得到一个非常有力的证据，这个地方从前曾经有一座萨摩斯城。而且，叙事《拉迪内》（作者是斯特西科罗斯）的开头便是这样：

> 来吧，声音美妙的埃拉托缪斯，开始你的歌唱，
> 歌声伴着你动人的七弦琴声，这是萨摩斯少年在歌唱。
>
> （《残篇》，44，贝克）

这里提到了这些萨摩斯少年的问题；因为拉迪内已经与科林斯僭主订婚，据诗人说是在刮西风的时候，从萨摩斯乘船去的（当然不是从爱奥尼亚的萨摩斯去的）；他补充说，乘着同一阵风，他的兄弟作为使团的首领[2] 去了德尔斐；她的堂兄弟爱恋着她，乘着战车去科林斯拜访她。僭主杀死了他们两人，把他们的尸体用战车送走，但他又后悔并追回了战车，把他们安葬了。

21. 从这个皮卢斯和勒普雷乌姆到麦西尼亚的皮卢斯和科里法西乌姆（位于海边的一座要塞），还有邻近的海岛斯法吉亚，距离大约是 400 斯塔德；从阿尔菲乌斯河到这里是 750 斯塔德；从切

---

[1] 参见本书Ⅷ, i, 1。
[2] 派往德尔斐的宗教使团。

第三章 埃利亚

罗纳塔斯角到这里是1030斯塔德。在这些地方之间,有一座马西斯提亚人的赫拉克勒斯神庙和阿齐登河。阿齐登河流过雅尔达努斯的陵墓,流过恰阿——从前勒普雷乌姆附近的一座城市,那里有一个埃帕西亚平原。有些作家认为,为了争夺这座恰阿城,在阿卡迪亚人和皮卢斯人之间爆发了战争,荷马告诉我们这场战争是因为争执而起;他认为应当把它记录下来:

我年轻气盛的时候,
皮卢斯人和阿卡迪亚人集结军队,
在湍急的阿齐登河边恰阿城外作战……

(《伊利亚特》,Ⅶ,133)

"塞拉登"和"菲亚"被取代了,[①] 据说是因为这个地区比后者更靠近雅尔达努斯陵墓和阿卡迪亚人的国家。

22. 西帕里西亚和皮尔吉位于特里菲利亚海之中,阿齐登河和内达河汇入这个大海之中。现在,内达河成了特里菲利亚和麦西尼亚的分界线(内达河是一条湍急的河流,它发源于阿卡迪亚的利凯乌斯山),根据神话所说,瑞亚(Rhea)在宙斯出生之后,迫使这条河的源头钻出地面,以便洗浴婴儿;内达河流过菲加利亚附近,正对着皮尔吉人的地方,后者是特里菲利亚人的一支,与西帕里西亚人为邻,最初是麦西尼亚人;但是,从前两个地区的

---

① 荷马的原文是:"在塞拉登河"和"菲亚城"(《伊利亚特》,Ⅶ,133)。在"菲亚的城墙外",荷马加上了"在雅尔达努斯河畔"。

边界是不同的,因为有些在内达河之外的土地,不仅是西帕里西伊斯,还有河那边的其他某些地方归涅斯托尔统治;同样,诗人也把皮卢斯海扩张到了阿伽门农曾经允诺给予阿喀琉斯的那7座城市:

它们都在多沙的皮卢斯海附近。

(《伊利亚特》,Ⅸ,153)

因为这个词组就等于"皮卢斯海附近"。

23. 可以肯定,在驶过西帕里西伊斯到麦西尼亚的皮卢斯和科里法西乌姆之后,可以到达埃拉纳,有些人误以为它从前叫做阿雷内,把它称为皮卢斯的阿雷内,接着是普拉塔莫德斯角;从这个海角到科里法西乌姆和现在的皮卢斯城,距离是100斯塔德;这里有一座小岛普罗特,岛上有一座名字相同的城市。我可能无法花很长的篇幅来谈论古代的问题,而只能满足于详细地说明现在的情况,即使我们从孩提时代就知道的传说和它们没有关系;由于不同的人说的事情不同,我必须做出决断。一般而言,最出名的、最年长的、最有经验的人是值得信任的;例如荷马在这些方面就超过了一切人。正如我在不久前说的一样,我应当研究他的言辞,并且把它们与现在的情况相比较。

24. 我已经对荷马关于伊利斯盆地和布普拉西乌姆的记述,进行了研究。① 关于涅斯托尔统治的地区,荷马是这样说的:

---

① 参见本书Ⅷ,ⅲ,8。

第三章 埃利亚

> 那些居住在皮卢斯和阿雷内的快乐男子；
> 斯里乌姆，阿尔菲乌斯的浅滩、建筑出名的埃皮，
> 还有那些居住在西帕里西伊斯、安菲格尼亚、
> 普泰莱奥斯、赫卢斯和多里乌姆，缪斯在多里乌姆
> 看见色雷斯人塔米里斯，夺走了他的歌声，
> 那时他从奥卡利亚国王欧律托斯那里来。
>
> （《伊利亚特》，Ⅸ，153）

就是这个皮卢斯，与我们的调查研究有关，我们现在就来研究它。关于阿雷内的情况，我已经说过了。诗人把这座城市称为斯里乌姆，他在另外一个地方又把它称为斯里奥萨：

> 有一座斯里奥萨城位于陡峭的山冈，
> 遥远的阿尔菲乌斯河边，多沙的皮卢斯边城。
>
> （《伊利亚特》，Ⅺ，711）

他把这个地方称为"阿尔菲乌斯河的浅滩"，显然是因为阿尔菲乌斯河在这里变成了可以涉水而过的浅滩。现在，它被称为埃皮塔里乌姆（马西斯图姆境内的一个小地方）。至于"建筑出名的［精美的建筑］埃皮"，有些人提出这两个单词是不是修饰语，它是不是城市，它是不是现在安菲多利亚境内的马加利等问题。现在的马加利不是一座天然的要塞，但在马西斯提亚境内的另外一个地方，被认为有一座天然的要塞。因此，有人认为荷马指的是后面的地方，认为城市的名字埃皮（陡峭的）是得名于其自然特点

（例如，把它与赫卢斯、①埃贾卢斯②和其他许多地名相比较）；同样，这些人认为马加拉大概具有相反的意思。③他们认为斯里乌姆④或斯里奥萨，就是埃皮塔里乌姆，整个这个地方长满了芦苇，特别是在河边。更引人注目的是，这些地方有许多可以涉水而过的浅滩。他们认为，荷马也有可能把"浅滩"称为"斯里乌姆"，把埃皮塔里乌姆称为"建筑出名的埃皮"，因为埃皮塔里乌姆是一个天然的要塞。确实，他在其他许多地方也谈到了"陡峭的山冈"：

有一座斯里奥萨城位于陡峭的山冈，
遥远的阿尔菲乌斯河边，多沙的皮卢斯边城。

(《伊利亚特》，XI，711)

25. 西帕里西伊斯位于先前的马西斯提亚马城（当时的马西斯提亚城一直延伸到内达河那边）附近，但现在这个地方就像马西斯图斯一样，已经没有任何人居住。这里还有另外一个地方，麦西尼亚的西帕里西亚；它现在还是叫同样的名字。同样，马西斯提亚即西帕里西亚的单数和阴性形式，当时和现在都只有一条名叫西帕里西伊斯的河流。安菲格尼亚也在马西斯提亚境内，在希普索伊斯河附近有一座勒托神庙，普泰莱乌斯是从色萨利普泰莱

---

① 沼泽。
② 海岸。
③ "建筑精美的"换成了另外一个修饰语。
④ Thryon——芦苇。

乌斯来的殖民者居住地,因为荷马也曾经提到在色萨利境内有一个普泰莱乌斯:

> 海边的安特鲁姆和芳草萋萋的普泰莱乌斯。
>
> (《伊利亚特》,II,697)

但是,现在这里已经是长满荒草的无人之地,名叫普泰利西乌姆。至于赫卢斯,有人认为它是阿尔菲乌斯河边的一块土地,有人认为它是一座城市,称之为拉科尼亚的赫卢斯:

> 和滨海城市赫卢斯。
>
> (《伊利亚特》,II,584)

但是,其他人称它为沼泽,这个沼泽在阿洛里乌姆附近,那里有一座赫卢斯人的阿尔忒弥斯神庙,它的祭祀活动归阿卡迪亚人管理,因为他们担任着那个神庙的祭司职务。至于多里乌姆,现在已经找不到它的任何踪迹。有些人认为它是一座山,另外一些人认为它是一个平原。但有些人认为多里乌姆就是现在的阿卢里斯或者阿卢拉,位于麦西尼亚的奥隆城。那里有一座欧律托斯的城市奥卡利亚(现在的安达尼亚——阿卡迪亚人的小城,与色萨利和埃维亚岛的城市名字相同),根据诗人所说,色雷斯人塔米里斯就是从那里前往多里乌姆,被剥夺了唱歌的才能。

26. 根据这些事实,情况已经非常明显,诗人把涅斯托尔统治的地区统统称为"皮卢斯人的土地",它一直延伸到阿尔菲乌斯河两岸地区，①但阿尔菲乌斯河从来就没有流过麦西尼亚、伊利斯盆地。因为我们认为涅斯托尔的祖国是在特里菲利亚、阿卡迪亚或者勒普里提的皮卢斯。实际上，其他地方的皮卢斯在海上可以看到，而这个皮卢斯距离大海30斯塔德以上，这就明显背离了荷马史诗的原意。这首先是因为，人们派信使前往船上邀请忒勒马科斯的同伴赴宴；第二是因为，忒勒马科斯在从斯巴达回家的时候，没有允许庇西特拉图进城，而是命令他赶快回到船上，因为他知道进城的路和去港口的路不同。因此，忒勒马科斯回家的路程这样说是恰当的：

> 他们驶过了克鲁尼和顺风的卡尔西斯，
> 那时太阳已经西沉，道路一片迷蒙，
> 神风推着船只从费艾附近经过，
> 驶过了埃佩人统治的美丽的伊利斯。

(《奥德赛》，XV，295）

至今为止，船只一直在向北方前进，但从那里他又折向了东方。这样，船只驶离了他起初确定直接前往伊萨卡的航线，因为求婚者在那里设下了埋伏。

> 在伊萨卡和萨摩斯之间的海峡。

(《奥德赛》，IV，671）

---

① 有人认为应当读成"在阿尔菲乌斯河之外"。

这时他让船只重新驶向 thoaí 的岛屿。

(《奥德赛》, XV, 299)

诗人以 thoaí 表示岛屿是"尖尖的"。[①] 这些岛屿属于埃奇纳德斯群岛，距离科林斯湾和阿谢洛奥斯河很近。而且，从伊萨卡旁边走过，是因为它在南方。忒勒马科斯在阿卡纳尼亚和伊萨卡之间重新回到正确的航线上，并且在岛上的另一边下船，而不是在凯法莱尼亚海峡，因为那里有求婚者守候着。[②]

27. 无论如何，如果认为伊利斯的皮卢斯就是涅斯托尔的皮卢斯，那就会错误地以为船只在那里下海，在日落之前走过克鲁尼和卡尔西斯旁边，然后在晚上到达费艾，最后又从埃莱亚旁边经过；因为这些地方都在埃莱亚以南：第一个是费艾，接着是卡尔西斯、克鲁尼，然后是特里菲利亚的皮卢斯和萨米库姆，如果从埃莱亚的皮卢斯向南方走，海路就是如此。如果朝北方伊萨卡方向走，所有这些地方都在后面，只需要在日落之前走过伊利斯本身，虽然诗人说的是在日落之后。如果有人认为麦西尼亚和科林斯的皮卢斯是从涅斯托尔的国家出发远航的起点，那么路程将非常遥远，走过这段路程所花费时间也非常漫长。无论如何，到达特里菲利亚的皮卢斯和萨摩斯的波塞冬神庙，距离是400斯塔德，

[①] 斯特拉博把 thoaí 与 thà? 连在一起（使尖锐），而不是和 thoos 连在一起"迅速的"、"飞矢般的"。

[②] 斯特拉博在这里把荷马时代的伊萨卡和当时的伊萨卡或夏卡视为同一个地方，在其他地方他又把它和莱夫卡斯视为同一个地方（参见本书I, i, 28; X, ii, 12）。

它的第一部分航程不"经过克鲁尼和卡尔西斯"以及费艾（几条小河或者溪流的名字），但是要经过内达河，然后经过阿齐登河、阿尔菲乌斯河和它们之间的地区。下面我们将要提到的这些地方，是航行中确实要经过的地方。

28. 除此之外，涅斯托尔还对帕特罗克卢斯讲述了皮卢斯人和埃莱亚人之间的战争，只要认真地分析诗人的诗句，就能找出有利于我将要证明的事情。由于诗人在史诗之中说到赫拉克勒斯在这之前就已经把皮卢斯地区彻底毁灭，在某种程度上杀光了所有的青年；[①] 在内莱乌斯的12个儿子之中，只有涅斯托尔一个人活下来了[②]（那时他刚刚是个少年）；[③] 埃佩人对于年事已高、孤立无援的内莱乌斯十分藐视，开始对皮卢斯人傲慢无礼、胆大妄为。据诗人所说，涅斯托尔对这种傲慢态度的回答是，他竭尽全力召集本国人们前去进攻伊利斯，并且夺得大量的战利品：

> 50 群犍牛，同样多的绵羊，
> 还有同样多的猪群……

（《伊利亚特》，XI，679）

还有同样多的山羊群：

> 还有 150 匹栗色的母马，

[①] 《伊利亚特》，XI，691。
[②] 《伊利亚特》，XI，691。
[③] 《伊利亚特》，XI，670。

大多数还带着小马驹。

(《伊利亚特》，XI，679)

他说：

我们当夜就把它们赶回了内莱乌斯的皮卢斯。

(《伊利亚特》，XI，682)

这意味着，第一，在一天的时间获得了这么多战利品，打败了前来援助的人（他自己说当时杀死了伊提摩纽斯）。第二，在那个晚上发生的事情，他们晚上回到了城里。皮卢斯人忙于分配战利品和举行向神献祭的仪式，埃佩人在第三天集中了许多人马，[1] 既有步兵，也有骑兵，前来进攻皮卢斯人，他们在阿尔菲乌斯河畔的斯里乌姆城边扎营。听到这个消息之后，皮卢斯人立即前来对抗；他们在距离阿雷内附近的米尼乌斯河边度过了一晚，在"大白天"（即中午）从那里来到了阿尔菲乌斯河边。在献祭之后，他们在河边度过一夜，黎明时立刻投入战斗；敌人落荒而逃，他们不停地追击，杀死了许多敌人，直到他们来到布普拉西乌姆，

直到奥莱尼亚礁和阿莱西乌姆山，
雅典娜才让皮卢斯人撤回。

(《伊利亚特》，XI，757)

---

[1] 《伊利亚特》，XI，707。

再稍微下面一点，诗人又说：

……亚该亚人把他们的

快马从布普拉西乌姆赶回皮卢斯。

(《伊利亚特》，XI，759)

29. 那么，根据所有的这些情况，人们如何才能认定诗人在这里指的是埃莱亚人的皮卢斯或者是麦西尼亚的皮卢斯呢？诗人指的不是埃莱亚人的皮卢斯，因为如果赫拉克勒斯已经把这个皮卢斯彻底毁灭，同时被他彻底毁灭的还有埃佩人的地区，但这里是埃莱亚人的地区。请问，那些同时被彻底毁灭、属于同一个部落的人们，怎么会如此傲慢无礼和胆大妄为地对待和他们同时遭受灾难的人？他们怎么能侵犯和洗劫他们自己的祖国？如果他们彼此之间还是敌人，奥吉亚斯和内莱乌斯怎么可能同时统治着同一个民族？如果内莱乌斯

美丽的伊利斯欠老人一大笔债务：

四匹获得奖金的马，还有一辆战车，

为夺得三脚鼎奖品而去参加竞赛；

但他们的统治者奥吉亚斯扣留了它们，

只送回了御者。

(《伊利亚特》，XI，698)

如果这里居住着内莱乌斯，那涅斯托尔也应当居住在这里。

第三章 埃利亚

请问诗人怎么会谈到埃莱亚人和布普拉西亚人的呢?

> 他们有四个头领,每人10条快船,
> 还有许多埃佩人在船上。
>
> (《伊利亚特》,Ⅱ,618)

同样,这个地区被分成四个部分;涅斯托尔没有管理其中任何一个地方,他只是统治着那些

> 居住在皮卢斯和阿雷内的快乐男子。
>
> (《伊利亚特》,Ⅱ,591)

他统治着从这里直到麦西尼亚的地区。还有,埃佩人怎么会进攻皮卢斯人,他们是否深入到了阿尔菲乌斯河和斯里乌姆城?在战争发生之后,他们是如何被打败,如何逃回布普拉西亚去的?还有,如果赫拉克勒斯彻底毁灭了麦西尼亚的皮卢斯,那么,居住在距离麦西尼亚那么遥远的人们,如埃佩人怎么能够欺凌他们?还有,埃佩人是如何被卷入与他们的合同纠纷,如何以废除合同来欺骗这些人,因为这个原因而发生了战争?同样,涅斯托尔怎么会出去抢劫一个国家,抢夺了这么多的战利品猪和牛(这些动物没有一种是便于迅速和长途运输的),他对科里法西乌姆角那个皮卢斯进行的远征,是否超过1000斯塔德以上?但是,第三天白天,他们[1]来到了

---

[1] 埃佩人。

斯里奥萨城和阿尔菲乌斯河,包围了这座要塞!即使统治他们的是考科尼亚人、特里菲利亚人和比萨泰人,这些地方怎么可能属于麦西尼亚的统治者?至于谈到格雷努斯或格雷尼亚(因为这个词有两种拼写方法),有些人可能认为它有某种意图,因为这个地方有可能是偶然取的地名。一般说来,由于麦西尼亚,[①]还有拉科尼亚地区(这个问题下面再解释)被认为是属于墨涅拉俄斯统治,[②]帕米苏斯河、内东河流过麦西尼亚,阿尔菲乌斯河不与它相交。

> ……阿尔菲乌斯河
> 宽阔的河水流过皮卢斯人的土地。
>
> (《伊利亚特》,V,545)

这块土地就是涅斯托尔统治着。如果把涅斯托尔安置在外国的土地上,把《船只登记册》之中属于涅斯托尔的城市从他那里拿走,把这一切归于墨涅拉俄斯,这种记载又有几分可信性呢?

30. 我现在剩下的任务是要叙述奥林匹亚,以及所有地区是如何落入埃莱亚人控制之下的。在比萨提斯有一座神庙,距离伊利斯不到300斯塔德。在神庙前面有一片野橄榄树林,这片树林中之有一个运动场,流过这座神庙旁边的阿尔菲乌斯河发源于阿卡迪亚,在西南部流入特里菲利亚海。起初,这座神庙靠着奥林匹斯宙斯神谕所出名;在神谕所不再回答问题之后,这座神庙的荣

---

① 根据《船只登记册》(《伊利亚特》,II,581—586)。
② 参见本书VIII,v,8。

耀不仅仍然保留着，而且它的名声还越来越大，我们知道这是因为节日聚会和奥林匹克运动会（Olympian Games）的缘故。运动会的奖品是一顶花冠，运动会被认为是神圣的、世界上最大的运动会。这座神庙因为来自希腊所有地区数不胜数的祭品而大放异彩。在这些祭品之中有科林斯的僭主塞普西努斯奉献的宙斯金箔塑像，但最宏伟的祭品是雅典人菲迪亚斯（Pheidias）雕刻的宙斯神像；它是用象牙雕刻而成，雕像之大，以至于尽管神庙非常之大，有人还是认为艺术家忽略了应有的对称性。因为他雕刻的宙斯坐像，头部几乎触及了屋顶，这就使人形成了这样一种印象，如果宙斯一旦站起来挺直身子，他就将冲破神庙的屋顶。有些作家记载下了这座雕像的尺寸，卡利马科斯以抑扬格诗歌描述过它。画家帕内努斯（Panaenus）是菲迪亚斯的侄子和合作者，他在神像的装饰方面给了他巨大的帮助，特别是在衣着和色彩方面。在这座神庙的周围，可以看到帕内努斯的许多精美绘画和作品。这件事据说也和菲迪亚斯有关，当帕内努斯问他，他将按照什么样的模型来塑造宙斯的形象，他回答说他将按照荷马在这些诗歌中提供的形象来塑造他的形象：

> 克罗诺斯之子一边说，一边点头赞成，
> 眨了一下乌黑的眉毛，美发从永生的神头上飘下，
> 他使伟大的奥林波斯群山为之震动。
>
> （《伊利亚特》，I，528）

确实，高贵的形象不仅表现在"眉毛"，而且表现在诗歌中

的其他细节,因为诗人正想引导我们去想象一个伟大人物的形象,引导我们去想象宙斯的伟大形象和伟大力量。正如他对赫拉的行为,遵守着一种对双方来说都是适当的规则,因为他说赫拉:

> 她在宝座上扭动着,使高傲的奥林波斯群山震动。
>
> (《伊利亚特》,Ⅷ,199)

就在赫拉全身扭动的时候,宙斯只是"眨了一下眉毛",虽然他的头发同时也有一些摆动,这也是诗人一个优雅的说法,"只有他一个人看见,或只有他一个人表现出众神的模样"。埃莱亚人比所有人都有资格负责管理奥林匹亚的神庙和享有由此而来的荣誉。在特洛伊战争时期,甚至在这之前,他们确实不是一个繁荣的民族,因为他们曾经被皮卢斯人搞得威风扫地。后来,赫拉克勒斯又把他们的国王奥吉亚斯推翻了。这个证据就是:埃莱亚人只派了40条船去特洛伊,而皮卢斯人和涅斯托尔派了90条船。后来,在赫拉克利德族回来之后,情况发生了相反的变化。因为埃托利亚人在奥克西卢斯的率领之下,和赫拉克利德族一起回来了。由于古代的亲缘关系,他们和埃佩人居住在一起,扩大了伊利斯盆地的地盘,不仅占领了比萨提斯,而且把奥林匹亚置于自己的统治之下。更有甚者,奥林匹克运动会也是他们首创,是他们举办了第一届奥林匹克运动会。由于有人不尊重古代关于建立神庙和创立运动会的传说,有些人断言它是伊达诸神之一赫拉克勒斯所为,他是这两者的奠基人,而其他人认为赫拉克勒斯是阿尔克墨涅和宙斯之子,他是第一个参加运动会竞争并且获胜的人,关于

第三章 埃利亚

这类故事有各种不同的说法,而且都不能相信。最接近真实的说法是,从第一届奥林匹克运动会(埃莱亚人科罗布斯赢得竞走冠军)到第26届奥林匹克运动会,都是由埃莱亚人负责管理神庙和领导奥林匹克运动会。但是在特洛伊战争期间,或者是没有举行运动会,运动会的奖品仅仅是一个花环,或者是它们还没有出名,无论是奥林匹克运动会或者是其他的运动会,都不像现在这样出名。[①]对于这些运动会,荷马连一次也没有提到,但是他提到了其他类型的运动会——葬礼运动会。[②]也有人认为他提到了奥林匹克运动会,因为他说到奥吉亚斯夺走了御者的"四匹赢得奖品的马,它们是前去夺取奖品的"。[③]他们还说比萨提斯人没有参加特洛伊战争,因为他们自认为是伺候宙斯的。但是,当时奥林匹亚所在的比萨提斯,并不属于奥吉亚斯统治,而是属于埃莱亚人的地方,奥林匹克运动会从来就没有在埃莱亚举行,一直是在奥林匹亚。我刚才引用荷马的诗句清楚表明运动会曾经在伊利斯举行。那里欠了一笔债务:

> 原来富饶的伊利斯欠他一笔大债:
> 四匹获得奖品的马……
>
> (《伊利亚特》,XI,698)

这些运动会不像奥林匹克运动会一样,奖品只有一个花冠(因为

---

① 皮托、奈迈阿和地峡竞技会。
② 《伊利亚特》,XXIII,255。
③ 《伊利亚特》,XI,699。

赛马是为了赢得三脚鼎)。在第26届奥林匹克运动会之后,当比萨提斯人夺回自己的祖国之后,他们看见奥林匹克运动会非常受重视,自己也举办过运动会。但是,后来比萨提斯人再次落入了埃莱亚人的统治之下,运动会的领导权也再次归他们掌握。在最后一次打败麦西尼亚人之后,拉克代蒙人和他们在战争之中的盟友埃莱亚人合作,阿卡迪亚人和涅斯托尔的后代做的正好相反,他们在战争之中站在麦西尼亚人一边。拉克代蒙人和他们的合作非常有效,以致整个地区和麦西尼亚都被称为埃莱亚,这个名字一直保持到现在。然而,比萨提斯人、特里菲利亚人和考科尼亚人,却连一个名字都没有保留下来。而且,埃莱亚人为了讨好战争中的胜利者勒普里坦人,把"多沙的皮卢斯"居民移居到勒普雷乌姆,他们破坏了其他许多居民点,并且向他们认为有独立倾向的许多居民强征赋税。

31. 比萨提斯最初非常有名是由于其统治者的缘故,他们都是强有力的人物。他们是俄诺马乌斯(Oenomaüs)、其继承人珀洛普斯及其许多儿子。据说萨尔莫内乌斯[①]也曾经统治过这里;无论如何,比萨提斯境内的八座城市之中,有一座称为萨尔莫内(Salmonê)。正是由于这个原因,还有奥林匹亚神庙的原因,这个地区赢得了广泛的名声。但是,人们在听到古代传说的时候,是应当有所保留的,因为它们并不是普遍公认的。因为后来的作家对许多事情有许多新的观点,甚至与古代的记载完全相反。例如,他们说奥吉亚斯统治过比萨提斯,而俄诺马乌斯和萨尔莫内乌斯

---

① 《奥德赛》,XI,236。

统治着埃莱亚；有些作家把这两个部落合而为一。但总体而言，应当遵守的原则只有一个，这就是普遍公认的原则。确实，作家们甚至对比萨提斯名字的来源意见也不一致；有些人认为它出自比萨城，它还有一条名字相同的河流，据说也叫做"比萨"，等于"比斯特拉"，即"波提斯特拉"；[①]他们指出这座城市的遗址在奥萨与奥林波斯之间的一块高地上，这两座山在色萨利的名字相同，但是，也有人认为不存在任何名叫"比萨"的城市（因为如果它确实存在，那就是八个城市之中的一个），只有一条现在叫做彼萨的河流，它在八座城市之中最大的城市西基西乌姆附近。他们解释说，斯特西科罗斯使用"城市"这个词汇来说明比萨的土地，正好像荷马把莱斯沃斯称为"马卡尔城"一样，[②]欧里庇得斯在《伊翁》之中说道：

埃维亚城邻近雅典城。

（《残篇》，294，瑙克）

在《拉达曼提斯》之中说道：

谁占领了邻近的埃维亚城。

（《残篇》，658，瑙克）

索福克勒斯在《密细亚人》之中说道：

---

① "饮水处"，然后才是"饮牲口的地方"。
② 《伊利亚特》，XXIV，544。

外乡人，这整个地区称为亚细亚，
但密细亚人的城市称为密细亚。

(《残篇》，377，瑙克)

32. 萨尔莫内位于一个名字相同的泉水不远之处，伊尼佩乌斯河就发源于这个泉水。这条河流汇入阿尔菲乌斯河，现在名叫巴尼奇乌斯河。① 据说提罗(Tyro)喜欢伊尼佩乌斯河：

她喜欢一条河流，神圣的伊尼佩乌斯河。

(《奥德赛》，XI, 238)

正如欧里庇得斯在《埃俄罗斯》所说，② 据说他的父亲萨尔莫内乌斯统治着这里。有些人说这条河在色萨利名叫"伊尼塞乌斯河"，它发源于奥斯里斯山，接纳了从法萨卢斯流出的阿皮达努斯河水源。在萨尔莫内附近有一座赫拉克利亚城，也是八座城市之一。它距离奥林匹亚大约40斯塔德，位于基西里乌斯河畔，那里有一座爱奥尼亚的仙女庙，她们被认为可以用仙水治疗疾病。③ 在奥林匹亚附近有一座阿尔皮纳城，也是八座城市之一。帕西尼亚斯河流过这座城市旁边，位于通往菲雷的大道边。菲雷位于阿卡迪亚境内，在迪梅、布普拉西乌姆和伊利斯的后面，也就是在比萨提斯的北方。八座城市之一的西基西乌姆城也在这里，还有迪

---

① 迈内克和克雷默排除了方括号内的词。
② 《残篇》，14，瑙克。
③ 据保萨尼阿斯所说，泉水流进了基西里乌斯河。

斯庞提乌姆城，它位于从伊利斯通往奥林匹亚大道旁边的平原上；但是，它现在已经被毁灭了，绝大多数居民已经移居埃皮达姆努斯和阿波罗尼亚城。阿卡迪亚的福洛山也在奥林匹亚的后方，离它非常接近，以致它的山脚到了比萨提斯境内。比萨提斯整个地区和特里菲利亚的大部分地区都与阿卡迪亚交界；由于这个原因，皮卢斯大部分地区在《船只登记册》被提到了，① 它们被认为是阿卡迪亚人的地区；但是，那些非常了解情况的人否认这种说法，他们认为，汇入阿尔菲乌斯河的埃里曼索斯河形成了阿卡迪亚的边界，而上述地区都在这条河流之外。

33. 埃福罗斯认为，埃托卢斯（Aetolus）被埃佩人和比萨提斯人国王萨尔莫内乌斯赶出埃莱亚之后，去了埃托利亚，他用自己的名字命名了这个地区，并且把许多城市联合在一个中心城市的统治之下；埃托卢斯的后裔、特梅努斯和赫拉克利德族的朋友奥克西卢斯陪伴着他，作为他们返回伯罗奔尼撒半岛的向导，把这个地区对他们怀有敌意的那部分地方在他们中间进行了分配，并且在整体上对征服这个地区提出了许多建议；作为对他这一切功绩的感谢，他被允许返回埃莱亚，把祖传的土地归还了他。他征集了一支军队，从埃托利亚前去进攻那些占领伊利斯的埃佩人。埃佩人手持武器迎战，发现双方力量势均力敌，埃托利亚人皮雷赫梅斯和埃佩人德格梅努斯根据希腊人的古老风俗习惯，上前进行单独的决斗。德格梅努斯是轻装弓箭兵，他认为自己在长距离上可以轻而易举地战胜重装兵的对手，而皮雷赫梅斯的武器是弹

---

① 《伊利亚特》，II，591。

弓和石块，因为他已经发现对手的诡计（弹弓是不久前埃托利亚人无意之中发明的）。由于弹弓的射程更远，德格梅努斯阵亡了；埃托利亚人赶走了埃佩人，占领了这个地区。他们负责管理当时由阿卡迪亚人掌管的奥林匹亚神庙；由于奥克西卢斯与赫拉克利德族的友好关系，大家很快签订了一份誓约，规定埃莱亚人必须祭祀宙斯，无论谁以武力侵犯这个地区都将受到诅咒，凡是不竭尽全力保护这个地区的人，同样也要受到诅咒；所以，后来那些人建立了一座没有城墙的埃莱亚城市，凡是携带武器经过这个地区的人，都必须把武器交出来，在他们走出这个地区边界的时候再还给他们；伊菲托斯①（Iphitus）举行了奥林匹克运动会，埃莱亚人现在成了专职人员。由于上述原因，这个民族繁荣兴旺了，因为在那个时候其他地方的人民还一直在互相杀戮，只有埃莱亚人过着持久和平的生活。不仅是他们，还有他们国内的外侨也一样。由于这个原因，他们的国家成了人口最多的国家。阿尔戈斯人菲敦是特梅努斯第10代后裔，他在才能方面超过了当时所有的人（他不仅重新收复了特梅努斯的整个遗产，这些东西已经分裂成了几块，而且发明了被称为"菲敦的"量器、砝码、打制的银币和其他金属钱币）——我认为在这些成就之上，还要给菲敦加上一点，他进攻了先前被赫拉克勒斯占领的许多城市，宣布自己有权举办赫拉克勒斯创立的所有的运动会。他说奥林匹克运动会也包括在这些运动会之中；随后，他又粗暴地侵入埃莱亚，自己

---

① 根据保萨尼阿斯所说（5.8.2），奥运会在俄克西卢斯在位之后停办了，伊菲托斯又重新恢复举办奥运会。

举办运动会。因为和约的缘故,埃莱亚人没有军队抵抗他的侵略,所有其他居民都处于他的统治之下;但是,埃莱亚人在自己官方的记录之中,没有记载这次运动会,由于他的行为,他们开始拿起武器,保卫自己。拉克代蒙人帮助埃莱亚人,或者是由于他们羡慕后者以和平的方式取得的繁荣昌盛,或者是认为他们可以利用埃莱亚人作为盟友消灭菲敦的势力,因为他夺走了他们先前在伯罗奔尼撒半岛的霸权地位;埃莱亚人后来帮助他们消灭了菲敦的势力,拉克代蒙人帮助埃莱亚人使比萨提斯和特里菲利亚处于他们的统治之下。现在环绕埃莱亚沿岸航行的路程,不算海湾弯曲之处,据说总共是1200斯塔德。[1] 关于埃莱亚的情况就是这么多了。

---

[1] C.米勒把这个数字改为670斯塔德(参见本书Ⅷ,ⅱ,1;Ⅷ,ⅲ,12)。

第四章　麦西尼亚

1. 麦西尼亚与埃莱亚交界，它大部分向着南方，向着利比亚海。在特洛伊战争时期，这个地区被认为属于墨涅拉俄斯统治，因为它是拉科尼亚的一部分，被称为麦西尼（Messenê），而且有一座城市现在仍然叫麦西尼，它的卫城伊索米至今仍然没有被发现；① 墨涅拉俄斯去世之后，那些继续统治拉科尼亚政府的人软弱无力，内莱迪族（Neleidae）开始统治麦西尼亚。在赫拉克利德族回来的时候，在麦西尼亚国王米兰图斯时期划分这个地区的时候，麦西尼亚人确实还是一个独立自主的民族，虽然他们先前臣服过墨涅拉俄斯。这件事情的证据如下：阿伽门农答应送给阿喀琉斯的七座城市，就位于麦西尼亚湾，并且与阿西内湾相连，因此又称麦西尼亚的阿西内；这些城市是

　　卡尔达米莱和伊诺佩、芳草萋萋的希雷，
　　神圣的菲雷和水草丰盛的安提亚，
　　美丽的埃皮亚和盛产葡萄的佩达苏斯。

（《伊利亚特》，Ⅸ，150）

---

①　公元前369年伊巴密浓达建立。

当然，阿伽门农不会把不属于他自己或者其兄弟的城市答应送给别人。而且，诗人明确地指出，墨涅拉俄斯远征的盟军来自菲雷，①在拉科尼亚的登记册之中，包括位于麦西尼亚湾的俄提努斯。②麦西尼紧接在特里菲利亚之后；还有双方共有的一个海角；在这个海角之后是西帕里西亚和科里法西乌姆。在科里法西乌姆和大海后面 70 斯塔德，有一座埃加勒乌姆山。

2. 古代麦西尼亚的皮卢斯是位于埃加勒乌姆山脚下的城市。但是在这座城市被毁灭之后，有些居民搬到了科里法西乌姆角居住。雅典人在欧里墨冬（Eurymedon）和斯特拉托克利斯（Stratocles）③率领下第二次航海远征西西里的时候，他们修复了这座城市，作为抵抗拉克代蒙人的要塞。麦西尼亚人的西帕里西亚城也在这里，还有普罗特岛、皮卢斯海岸边的斯法吉亚岛（该岛又名斯法克特里亚岛）。由于被包围了，这座海岛上的拉克代蒙人不得不向雅典人投降，因为被俘损失了 300 名士兵。④正对着西帕里西亚人的海岸线，在外海有两座海岛，名叫斯特罗法德斯群岛；我认为它们距离大陆很远，大约有 400 斯塔德，位于利比亚和南海之中。修昔底德⑤认为这个皮卢斯是麦西尼亚人的军港，距离斯巴达 400 斯塔德航程。

---

① 《伊利亚特》，II，582。
② 《伊利亚特》，II，585。
③ 根据修昔底德（VI，3）所说，是在欧里墨冬和索福克勒斯率领之下（公元前 425 年）。
④ 修昔底德，IV，30。
⑤ 修昔底德，IV，3。

3. 接下来是迈索尼。据说诗人把这座城市称为佩达苏斯，① 也是阿伽门农允诺送给阿喀琉斯的七座城市之一。阿格里帕在亚克兴大战时到过这里，② 后来他从海上进攻，夺取了这个地方，杀死了属于安东尼派的莫鲁西亚国王博古斯。

4. 紧邻迈索尼的是阿克里塔斯（Acritas），③ 它是麦西尼亚湾的起点。这个海湾又称为阿西内湾，得名于阿西内，它是海湾的第一座城市，与赫米昂的城市阿西内名字相同。但是，它是这个海湾西边的起点。东边的起点形成了一个名叫塞里德斯（Thyrides）的地方，它与今天拉科尼亚靠近基尼西乌斯和泰纳鲁姆的地方交界。在阿西内与塞里德斯之间，在塞里德斯的起点，是俄提努斯城（有些人称其为贝提卢斯城）；然后是莱夫克特鲁姆城，这是维奥蒂亚的莱夫克特里人的殖民地；然后是卡尔达米莱（Cardamylê），它是一座位于岩石之上的天然坚固城市；然后是菲雷，它与图里亚和格雷纳交界，涅斯托尔因为这个地方获得了绰号"格雷尼亚的"，正如我先前所说的，据说是因为这个地方保住了他的小命。在格雷尼亚可以看见特里卡的阿斯克勒皮俄斯神庙，这是色萨利特里卡城一座神庙的复制品。据说珀洛普斯把自己的妹妹尼奥贝（Niobê）嫁给了安菲翁，建立了莱夫克特鲁姆、查拉德拉和塔拉米（现在叫做维奥蒂），他从维奥蒂亚带来了一些殖民者。内东河口位于菲雷附近，它流过拉科尼亚，与内达河不是同一条河。那里有一座著名的内杜西亚雅典娜神庙。在波伊萨（Poeäessa）也有一座内杜西亚雅典娜

---

① 《伊利亚特》，IX，152，294。
② 公元前31年。
③ 迈索尼地区。

神庙，得名于某个名叫内东的地方；据说，特利克卢斯就是从这里出发，前往波伊萨、埃谢伊和特拉吉乌姆殖民的。

5. 在阿伽门农允诺送给阿喀琉斯的7座城市之中，我已经讲过了卡尔达米莱、菲雷和佩达苏斯。关于伊诺佩（Enopê），[①] 有人认为它就是佩拉纳，[②] 其他人认为它是卡尔达米莱附近的某个地方，还有人认为它是格雷尼亚。关于希雷，现在已经确定它在阿卡迪亚境内迈加洛波利斯附近的一座山边，位于通往安达尼亚城的大道旁边。关于这座城市我已经说过了，诗人把它称为奥卡利亚，但其他人认为它就是现在的梅索拉，它一直延伸到了位于泰格图斯和麦西尼亚之间的海湾，过去叫做希雷。埃皮亚现在叫做图里亚，我已经说过它和法雷交界，它位于一个很高的山冈，并且由此而得名。[③] 图利亚湾得名于图利亚，在图利亚湾有一座城市里乌姆，正对着泰纳鲁姆。至于安提亚，有人认为它就是图利亚本身，而埃皮亚则是迈索尼。但其他人认为在所有这些麦西尼亚城市之中，"茂盛的牧场"的这个绰号[④]最适合阿西内的中部地区，在这块位于海边的地方有一座科罗内城（Coronê）；而且，根据某些作家所说，科罗内就是诗人所说的佩达苏斯。

它们全部都在海边。

(《伊利亚特》，Ⅸ，153)

---

① 《伊利亚特》，Ⅸ，150。
② 或者是佩莱内。
③ Aipeia——阴性，词根为 aipys（陡峭的、高的）。
④ 《伊利亚特》，Ⅸ，151。

卡尔达米莱也在这个海边，法雷距离海边 5 斯塔德（从夏季锚地算起），其他城市与大海的距离各不相同。

6. 在科罗内附近，帕米苏斯河在大约是海湾的中部汇入大海。这条河流的右岸有科罗内城，在河流之后按顺序有下列城市（这些城市西边最后和最远的是皮卢斯、西帕里西亚，在它们之间的是埃拉纳，有些人误以为他就是古代的阿雷内[①]），这条河的左岸有图利亚和法雷。它是地峡内陆最大的河流，虽然它从发源地算起长度也不超过 100 斯塔德，它从源头带着充足的水源流过麦西尼亚平原，即所谓的马卡里亚。这条河流距离现在麦西尼亚人的一座城市 50 斯塔德。[②] 这里还有另外一条帕米苏斯河，它是一条湍急的河流，流经拉科尼亚的莱夫克特鲁姆城；在腓力时期，麦西尼亚人和拉科尼亚人为莱夫克特鲁姆城发生了争执。我已经说过，有些人把帕米苏斯称为阿马图斯。[③]

7. 根据埃福罗斯所说，克雷斯方特斯占领麦西尼亚之后，把它分成了 5 座城市；同样，由于斯特尼克拉鲁斯位于这个地区中心，他把这座城市定为自己的王城，至于其他城市——皮卢斯、里乌姆、梅索拉和海厄梅提斯——在赐予所有麦西尼亚人与多利亚人平等权利之后，他给它们派遣了国王；由于这些措施引起了多利亚人的不满，他又改变了主意，宣布只有斯特尼克拉鲁斯是城市，并且把所有多利亚人都集中在这座城市之中。

---

① 参见本书Ⅷ, ⅲ, 23。
② 手稿的数字是 250。
③ 参见本书Ⅷ, ⅲ, 1。

第四章 麦西尼亚

8. 麦西尼亚的城市类似于科林斯。因为在双方城市之后都环绕着陡峭的高山形成的共同城墙,因此高山就成了卫城,有一座山叫做伊索米(Ithomê),另一座山叫做阿克罗科林斯(Acrocorinthus)。因此,法罗斯的德米特里对德米特里之子腓力的说法看来是正确的,[①] 他劝后者如果想占领伯罗奔尼撒半岛,就必须占领这两座城市。他说:"如果你抓住了两只牛角,你就抓住了这头牛。"他把伊索米和阿克罗科林斯想像成"牛角",把伯罗奔尼撒半岛想像成"牛"。确实,由于它们有利的地理位置,这些城市成了争夺的对象。科林斯曾经被罗马人毁灭,又被罗马人重新修复;[②] 麦西尼曾经被拉克代蒙人毁灭,又被底比斯人和后来的阿敏塔斯之子腓力重新修复,但卫城仍然无人居住。

9. 利姆内有一座阿尔忒弥斯神庙,位于拉科尼亚和麦西尼亚边境上,两国人民在这里共同举行集会和献祭活动,麦西尼亚人被认为在这里侮辱了前来朝贡的少女;[③] 据说在发生侮辱少女的事件之后,麦西尼亚人还拒绝对这种行为做出赔偿,以致爆发了战争。在斯巴达,也有一座阿尔忒弥斯神庙被称为利姆内乌姆(Limnaeum),就是得名于这个利姆内。

10. 无论如何,由于麦西尼亚人爆发革命,他们也经常发生战争。提尔泰奥斯在自己的诗歌之中说,第一次征服麦西尼亚发生在他的祖父时期;第二次征服发生在麦西尼亚人挑选阿尔戈斯人、

---

① 腓力五世(公元前220—前178年在位)。
② 公元前146年被毁,公元前46年重建。
③ 参见本书Ⅵ, i, 6。

埃莱亚人、比萨提斯人、阿卡迪亚人作为盟友起义的时候——阿卡迪亚人挑选了奥尔科梅努斯的国王阿里斯托克拉特斯为统帅，比萨提斯人挑选了翁法利昂之子潘塔利昂为统帅；他说，那时他自己是拉克代蒙人的军事统帅，① 因为在他的挽歌《文明秩序》之中，他说自己的出身是：

> 由于克罗诺斯之子，美冠赫拉的配偶，
> 宙斯自己把这座城市赐给了赫拉克利德族，
> 我和他一起离开了多风的厄里尼乌斯城，
> 来到了珀洛普斯辽阔的海岛上。
>
> （《残篇》，2，贝克）

所以，要么是挽歌诗句的权威性必须否认，要么是他认为必须否定菲洛科鲁斯的可靠性，他认为提尔泰奥斯是来自阿菲德尼社区的雅典人，而卡利斯提尼斯和其他几位作者认为他来自雅典，当时斯巴达人请求他履行一个神谕，这个神谕命令斯巴达人必须挑选一位雅典人担任统帅。因此，第二次战争发生在提尔泰奥斯时期；而且，还有第三次、第四次战争，② 据说在这些战争之中麦西尼亚人被打败了。环绕麦西尼亚海岸的航程，包括海湾的弯曲部分在内，总共是大约800斯塔德。

11. 不过，我现在要逾越中庸的界限，叙述这个大部分已经荒

---

① 《残篇》，8，贝克。
② 狄奥多罗斯（XV，66）只提到第三次麦西尼亚战争。

无人烟地区的许多故事；实际上，拉科尼亚与昔日人烟茂盛的情况相比，已经是荒无人烟的地区了。除了斯巴达之外，大约只剩下 30 个左右的小城镇。而在古代，据说它曾经号称"百城之国"；据说这是因为他们管理每年的节庆活动，这个节日要献祭 100 头公牛。

第五章 拉科尼亚

1. 尽管如此，在麦西尼亚湾之后是拉科尼亚湾，它位于泰纳鲁姆角和马莱伊角之间，略微自南向东倾斜。陡峭的塞里德斯角位于麦西尼亚湾，屹立在波涛之中，距离泰纳鲁姆角130斯塔德。在塞里德斯角之后是泰格图斯，它是一座陡峭的高山，距离大海不远，它的北部和阿卡迪亚山麓连在一起，在它们之间有一条峡谷，这也是麦西尼亚和拉科尼亚的边界。在泰格图斯山下，内陆地区有斯巴达，还有阿米克莱，那里有一座阿波罗神庙，还有法里斯。斯巴达地处于比较内陆的地方，① 在它的边界之内也有山脉，它没有一个地方是沼泽地区，但在古代它的郊区就是沼泽地区，他们把这个地方称为利姆内。利姆内的狄奥尼索斯神庙位于一片湿地上，但现在它的地基是在干燥的地面上。如果人们在海岸线的弯曲部分行走，首先到达的是一个深入大海的泰纳鲁姆角和位于小树林之中的波塞冬神庙，然后是附近的一个洞穴，根据神话故事，赫拉克勒斯就是穿过这个洞穴，把刻耳柏洛斯带出了地狱。有一条道路从这里向南，渡过大海通往昔兰尼的菲库斯角，距离是3000斯塔德；还有一条道路向西通往西西里的帕奇努斯角，距离是4600斯塔德，但有人认为是4000斯塔德；向东可以通往马

---

① 在拉克代蒙内陆（《奥德赛》，Ⅳ，1）。

莱伊角，包括海湾的弯曲部分，距离是670斯塔德；沿着马莱伊角这边前往低海拔的奥努格拉图斯半岛，[①] 距离是520斯塔德；在奥努格拉图斯之外，正对面40斯塔德处是基西拉岛，它有优良港口，还有一座名字相同的城市。这座城市现在被拉克代蒙的统治者欧里克利斯占为其私人财产；在这座海岛周围还有几个小岛，有些离它很近，有些离它略微远些。前往克里特的科里库斯角，最近的距离是700斯塔德。

2. 在泰纳鲁姆之后，沿着前往奥努格拉图斯和马莱伊角的航线，可以到达萨马图斯城；然后是阿西内，然后是斯巴达的港口盖西乌姆，距离斯巴达240斯塔德，海港近岸锚地据说是人工开凿而成。然后是埃夫罗塔斯，这条河流在盖西乌姆和阿克雷亚之间汇入海湾。接着要沿着海岸航行大约240斯塔德，然后到达海湾以北的一片沼泽地区和一个名叫赫卢斯的农村。[②] 在古代，赫卢斯曾经是一个城市，正如荷马所说：

> 那些占领阿米克莱和海滨城市赫卢斯的人。
>
> （《伊利亚特》，Ⅱ，584）

据说，这座城市是珀尔修斯之子赫利乌斯所建。这里有一个平原，名叫莱夫斯。接着是西帕里西亚，它位于半岛上，有一个港口。然后是维亚城，然后是马莱伊。从奥努格拉图斯到马莱伊的距离是150斯塔德，拉科尼亚还有一座阿索普斯城。

---

① 本义为"驴子的下巴"。

② 沼泽。

3，据说，在荷马《船只登记册》①之中提到过的麦西城，在哪里也找不到它的地点；麦索也不是这个地区的一部分，而是斯巴达的一部分，就如利姆内乌姆……②情况一样。正如我已经说过的那样，也有人认为"麦索"是"麦西尼"词尾脱落的形式，麦西尼是拉科尼亚的一部分。作家们还从荷马史诗之中引用了许多词尾脱落形式的例子：如 kri, do 和 maps，③还有下面的词句：

英雄奥托墨冬和阿尔基摩斯……

(《伊利亚特》，XIX，392)

在这里，阿尔基摩斯取代了阿尔基墨冬；然后是在赫西奥德的诗歌中，他使用"bri"取代"brithy"和"briaron"；索福克勒斯和伊翁——以"rha"取代"rhadinon"；埃庇卡摩斯——以"li"取代"lian"，"Syraco"取代"Syracusai"；恩培多克勒④——以"ops"取代"opsis"。⑤

两个 ops 成了一个整数；

在安提马科斯那里有：

---

① 《伊利亚特》，Ⅱ，484—877。
② 手稿有脱漏。
③ 代替 krithe, doma, mapsidon（亚里士多德:《论诗歌》，1458A）。
④ 《残篇》，88，狄尔斯。
⑤ 视觉。

埃莱夫斯人德米特拉神圣的 ops。

还有以"alphid"取代"alphiton";欧福里翁甚至用"hel"取代"Helos";[①] 在菲雷塔斯那里"eri"代替了"erion":

女仆拿来了了白色的 eri,[②] 放在筐子中。

阿拉托斯用"peda"代替了"pedalia":[③]

Peda 对着风。

西米亚斯用"Dodo"代替"Dodona",至于诗人提到的其他地方,有一些可能已经消失了,另外一些遗迹还在;其他的名字已经发生了变化,例如,奥盖伊[④]变成奥吉伊;因为洛克里斯的奥盖伊已经完全不存在了。至于拉斯,据说狄俄斯库里兄弟曾经围攻和占领它,并且因此而得到了一个绰号"拉斯的掠夺者"。[⑤]索福克勒斯曾经在某个地方谈到过

我以两位拉斯的掠夺者、以第三位埃夫罗塔斯神,
以阿尔戈斯和斯巴达的诸神发誓……

(《残篇》,871,瑙克)

---

① 沼泽。
② 代替 erion——羊毛。
③ 方向舵。
④ 《伊利亚特》,Ⅱ,583。
⑤ 拉斯的掠夺者。

4. 根据埃福罗斯所说，赫拉克利德族的欧里西尼和普罗克利斯占领了拉科尼亚，[①] 把这个地区分成6个地方，建立了许多城市。他们把其中一个地方阿米克莱挑选出来，送给了那些[②] 背叛拉科尼亚，倒向他们的人，以及那些劝告过去统治这个地区的统治者接受他们的条约，与亚该亚人一起移居爱奥尼亚的人。他们选定斯巴达当自己的都城，他们向其他的地方派去了国王。由于人口稀少，他们允许接受所有希望得到平等权的外国人作为平等居民。他们使用拉斯作为军港，因为它是一个优良的港口；埃吉斯是一个对敌作战的行动基地（因为它的土地与周边部落的土地交界）；法里斯是国库的所在地，因为它可以保障不受外敌的威胁……[③] 虽然周边所有居民全都臣服于斯巴达人，他们在公民权利和担任国家公职方面都享有平等的权利，他们被称为希洛人，但欧里西尼之子阿吉斯（Agis）剥夺了他们的平等权利，下令他们向斯巴达交纳赋税，所有部落都服从了。但是，统治赫卢斯的赫卢斯人起义了，他们在战争之中被打败，居民被宣布为有特定条件的奴隶，即奴隶主不允许释放奴隶为自由人，也不能把他们卖到国外去。这场战争名叫希洛人战争。可以说，阿吉斯及其助手是希洛人奴隶制度的创始人。它一直延续到罗马人统治建立的时候为止。由于拉克代蒙人认为希洛人类似于国家的某种奴隶，为他们分派了固定的居住地点和专门的工作。

5. 至于拉科尼亚人国家制度和制度的变迁，人们所知道的许

---

① 传统上认为多利亚人征服的时间大致在公元前1104年左右。
② 菲洛诺姆斯（第5节以下）。
③ 手稿脱漏大约15个字母。

多传说，大都可以忽略不提；但其中有些问题还是值得一提的。例如，据说弗西奥提斯的亚该亚人和珀洛普斯一起来到伯罗奔尼撒半岛，定居在拉科尼亚，在表现出超人的勇气之后，伯罗奔尼撒自古以来就被称为阿尔戈斯，开始被称为亚该亚人的阿尔戈斯；这个名字不仅给了伯罗奔尼撒，也专门用来称呼拉科尼亚；无论如何，诗人这样说过：

墨涅拉俄斯在何处？

（《奥德赛》，Ⅲ，249）

或者：

他难道不在亚该亚人的阿尔戈斯？

（《奥德赛》，Ⅲ，251）

有些人这样解释它："他在不在拉科尼亚？"不过，在赫拉克利德族返回的时候，菲洛诺姆斯把这个国家出卖给了多利亚人，亚该亚人从拉科尼亚移居到爱奥尼亚人居住的地区，这个地区现在仍然叫做亚该亚。我在叙述亚该亚的时候谈到它们。[①] 拉科尼亚新来的统治者起初生活比较简朴，在把政府交给来库古（Lycurgus）之后，他们的力量大大地超过了其他人，他们是希腊人之中唯一统治着陆地和海洋的民族，他们一直统治着希腊人，直到他们先是

---

① 参见本书Ⅷ，ⅶ，1。

被底比斯人，接着又被马其顿人剥夺了霸权为止。但是，他们并没有被马其顿人彻底征服，仍然保留着自己的自主权，并且经常与其他希腊人、与马其顿国王为争夺首要地位而斗争。当马其顿人被罗马人打败之后，拉克代蒙人因为反对罗马人派到那里去的行政长官，犯了一些轻微的过错，因为当时他们处于僭主的统治之下，政府非常恶劣；当他们恢复了自己的实力之后，立刻开始受到特别的尊重，成了自由人，除了自愿的贡献之外，不交纳任何税收。但是，不久之前欧里克利斯在他们之中引起了动乱，他显然是过分地滥用了凯撒的友谊来维持自己对臣民的统治地位；不过，动乱很快就结束了；① 欧里克利斯奈何不了自己的命运，② 他的儿子③ 也完全不善于利用这种友谊。④ "自由的拉科尼亚人"⑤ 并没有得到某种像样的共和制宪法，因为斯巴达在僭主统治时期，庇里阿西人和希洛人⑥ 首先站在罗马人一边。赫兰尼科斯认为，欧里西尼和普罗克利斯制定了斯巴达的政体；但埃福罗斯否定赫兰尼科斯的这种观点，他认为这个人从来不提来库古，而且把他的业绩加在一些与这些事情毫无关系的人身上。埃福罗斯继续说，无论如何，斯巴达人只给来库古一个人建立了神庙，而且每年举行祭祀活动，而欧里西尼和普罗克利斯虽然是奠基人，却没有得到

---

① 以 tarache 代替了 arche（开始）。
② 大概是被驱逐了（有人认为是死了）。
③ 取名纪念盖尤斯·尤利乌斯·凯撒。
④ 对凯撒不忠。
⑤ 奥古斯都改革拉科尼亚城市近邻同盟——自由的拉科尼亚人同盟。该同盟有 24 座城市，附属于斯巴达。
⑥ 被征服的当地居民后代，处于奴隶地位。

使他们的后裔被称为欧里西尼族和普罗克利族的荣誉；相反，一些王室后裔因为欧里西尼之子阿吉斯而被称为阿吉斯族，而另外一些王族后裔因为普罗克利斯之子欧里庞而被称为欧里庞提族；因为阿吉斯和欧里庞都是受人尊敬的国王，而欧里西尼和普罗克利斯欢喜外国人，依靠这些人来维持自己的权力。所以，他们甚至连授予所有奠基者的荣誉称号"Archegetae"①也没有得到。后来，保萨尼阿斯②由于另一个王族欧里庞提族对他的仇恨而被驱逐之后，他在流亡之中写出了有关来库古立法的故事（他属于驱逐保萨尼阿斯的那个家族）；在这个故事中，他说，与来库古有关的大多数法律都是神谕赐予的。

6. 至于拉科尼亚和麦西尼亚的自然环境，我们可以赞成欧里庇得斯下列诗句的说法，他说拉科尼亚的情况是：

> 它有许多耕作不易的耕地，
> 因为它是群山环抱、崎岖不平的盆地，
> 因此敌人想要侵犯也很困难。

他说麦西尼亚的情况是：

> 盛产果实的土地，
> 数不清的溪流灌溉着，

---

① 本义为民族或国家的奠基者。
② 斯巴达国王（公元前408—前394年在位）。

> 牧场中有成群的牛羊,
> 冬天既无严寒的风暴,
> 赫利俄斯的战车不会太热。

(《残篇》,1083,瑙克)

在下面一点,他又说到赫拉克利德族为这个地区所抽的签,他说第一签授予

> 拉科尼亚这个贫穷地区的统治权。

第二签是麦西尼亚的统治权,

> 它的肥沃难以用语言表达。

(《残篇》,1083,瑙克)

而且,提尔泰奥斯对于麦西尼亚的说法也相同。但是,我们不要以为在拉科尼亚与麦西尼亚之间,有欧里庇得斯所说的那条边界:

> 帕米苏斯河奔腾入海。

(《残篇》,1083,瑙克)

因为它流过麦西尼亚中部地区,完全没有经过今拉科尼亚任何地方。他说对于航海者而言,麦西尼亚是一个遥远的地方,这也是错误的,因为麦西尼亚和拉科尼亚一样,都在海边;他确定的伊

利斯边界也不对：

> 过了河很远的地方，是伊利斯，
> 它与宙斯为邻。

(《残篇》，1083，瑙克)

因为从一个方面来说，即使他指的是现在与麦西尼亚交界的埃莱亚地区，帕米苏斯河既没有流经这个地区，也没有流经拉科尼亚。正如我已经说过的那样，它是从麦西尼亚中部流过去的。从另一个方面来说，如果他指的是古代伊利斯盆地，① 他背离事实就更远了；因为在渡过帕米苏斯河之后，还要穿过麦西尼亚一大块地方，然后才是整个勒普里坦人和马西斯提人的地区，他们通常把这个地区称为特里菲利亚，接着是比萨提斯和奥林匹亚，然后再向前走300斯塔德才是伊利斯。

7. 由于一些批评家把拉克代蒙写成"Ketoessan"，② 另外一些人又写成"Kaietaessan"，那就有一个问题必须提出，我们将如何解释"Ketoessan"，它是不是出自"Kete"，③ 或者仅仅是"大"的意思（它似乎更可信）。至于"Kaietaessan"，有些人把它解释为"盛产薄荷"，而其他人认为裂缝是由于被称为"Kaietoi"的地震造成的，由"Kaietoi"之中又派生出"Kaietas"，在拉克代蒙人之中，这个单词的意义等于"监狱"，它类似于某种洞穴。不过，有

---

① 参见本书 VIII, iii, 2。
② 荷马的批评者。
③ 海怪，深海怪物。

些人喜欢把洞穴般的地方称为"Kooi",他们补充说,由此就出现了这种说法:

山洞里的怪物。①

(《伊利亚特》,Ⅰ,268)

确实,拉科尼亚发生过地震;实际上,许多作家记载了泰格图斯的许多顶峰倒塌。那里还有非常贵重的大理石采石场——泰纳里亚,许多老大理石采石场在泰纳鲁姆角;现在,有人在泰格图斯开办了一个更大的采石场,由于罗马人的奢华,使他们的业务得到了大力支持。

8. 荷马明确地指出,这个国家和城市都叫同一个名字——拉克代蒙(我说的这个国家,包括了麦西尼亚和拉科尼亚在内)。由于荷马谈到了弓,他说:

这份好礼是一个朋友赠给他的,
他在拉克代蒙见到了欧律托斯之子伊菲托斯。

(《奥德赛》,XXI,13)

接着,他又补充说:

两人从前在麦西尼亚彼此相识,

---

① 居住在山洞之中的。

第五章 拉科尼亚

在奥尔提洛库斯的宫中相见。

(《奥德赛》,XXI,15)

荷马所指的国家,麦西尼亚就是其中的一部分。因此,对于他而言:

一个朋友赠给他的
从前在拉克代蒙见到他。

或者

两人从前在麦西尼亚彼此相识。

这些说法没有什么区别。因为菲雷就是奥尔提洛库斯的宫廷,这从诗句之中可以明显地看出:

他们(忒勒马科斯和庇西特拉图)去了菲雷,
奥尔提洛库斯之子狄奥克莱斯的宫廷。

(《奥德赛》,III,488)

菲雷位于麦西尼亚境内。可是,荷马有时说,当忒勒马科斯及其同伴离开菲雷之后,

它们套着辕,整天不停地奔跑。

(《奥德赛》,III,486)

接着，他又补充说：

> 太阳已经落下，
> 他们来到群山环抱的拉克代蒙，①
> 直奔墨涅拉俄斯的宫廷。
>
> （《奥德赛》，Ⅳ，1—2）

我们应当理解他指的是一座城市，否则的话，诗人所说的只能理解为他们从拉克代蒙到了拉克代蒙！除此之外，墨涅拉俄斯的宫廷不在斯巴达也是不可能的事情。如果它不在那里，忒勒马科斯就不可能说：

> 我将去斯巴达和皮卢斯。
>
> （《奥德赛》，Ⅱ，359）

但是，荷马使用这个地区修饰语的事实，②显然与这种观点不一致，确实，有人喜欢把这个问题归之于诗歌不拘一格的风格；因此，最好是麦西尼亚能够把拉科尼亚包括在一起，或者是能够把涅斯托尔统治的皮卢斯包括在一起，作为一个没有参加远征的国家，它本身并没有出现在《船只登记册》之中。

---

① 意为"到处是峡谷或深沟"。
② 《奥德赛》，Ⅳ，1；《伊利亚特》，Ⅱ，581。但《奥德赛》，XXI，13之中没有修饰词。

第六章 阿尔戈利斯

1. 在马莱伊之后是阿尔戈利斯湾，再往后是赫米昂湾。前者一直延伸到了斯库拉礁石，大体上面朝东方，一直延伸到了基克拉泽斯群岛；后者比前者在更偏向东方，一直延伸到了埃伊纳岛和埃皮多里亚。阿尔戈利斯湾的起点由拉科尼亚人占领着，其他地方由阿尔戈斯人占领着。德利乌姆属于拉科尼亚人的地方，有祭祀阿波罗的神庙，它与维奥蒂亚的一个地方名字相同。正如阿尔特米多鲁斯所说，米诺亚要塞与迈加里斯一个地方名字相同；还有一个埃皮多鲁斯港·利梅内拉。[①]但是，阿波罗多罗斯认为埃皮多鲁斯港·利梅内拉在基西拉岛，因为它有一个优良港口，名叫"利梅内拉"，缩写和简写是"利梅拉"，因此它的名字发生了改变。在从马莱伊启航之后，接着便是拉科尼亚海岸线，它有很长一段海岸线岩石嶙嶙，但有许多锚地和港口。其他的海岸线提供了许多优良港口，在海岸线之外有许多的小岛，但这些小岛不值一提。

2. 普拉西伊和特梅努斯安葬的地方特米尼乌姆属于阿尔戈斯人，在特米尼乌姆之前，勒内河流过与其名字相同的地方一个沼

---

① Limĕra——优良港口。

泽地区，神话故事海德拉发生的地方就在这里。特米尼乌姆位于海岸线之后，距离阿尔戈斯26斯塔德；从阿尔戈斯到赫拉神庙距离40斯塔德；从这里到迈锡尼10斯塔德。在特米尼乌姆之后是纳夫普利亚港，这是阿尔戈斯人的一个军港。港口的名字来自这样一个事实，即这个地方适合于船只的进出。据说，后来的许多神话作家就是依据这个名字编造出了纳夫普利乌斯及其子的神话故事；因为荷马并没有忘记提到这个故事，因为帕拉梅德斯表现出了非凡的智慧和精明，他被不公正地、背叛性地杀害了，纳夫普利乌斯在卡菲雷乌斯角精心地杀死了许多人。除此之外，纳夫普利乌斯的家谱也是虚构的，完全不符合有关的时代。如果承认他是波塞冬的儿子，那他怎么能在特洛伊战争时期还活着，并且成了阿米莫内的儿子？① 在纳夫普利亚之后有许多洞穴，洞穴之中建有许多迷宫，它们被称为库克罗普斯的迷宫（Cyclopeian）。②

3. 然后是另外一些地方，紧接着这些地方就是赫米昂湾；由于荷马把这个海湾归属于阿尔盖亚，显然我必须搞清这个地区的情况。这个海湾从阿西内城开始，③ 接着是赫米昂城和特罗伊曾；如果有人沿着海岸航行，可以到达卡劳利亚岛，它的周长是130斯塔德，一条4斯塔德宽的海峡把它和大陆隔开。

4. 接下来是萨罗尼亚湾；但有些人把它称为海，另外一些人又把它称为海峡；由于这个原因，它又称为萨罗尼亚海。萨罗尼

---

① 斯特拉博把波塞冬与阿米莫内之子纳夫普利乌斯，与帕拉梅德斯之父纳夫普利乌斯混为一谈了。

② 参见本书Ⅷ, vi, 11。

③ 阿尔戈利斯的阿西内，而不是麦西尼亚的阿西内。

第六章 阿尔戈利斯

亚湾这个名字也包括整个海峡,它从赫米昂湾和地峡附近的海一直延伸,连接着米尔图海和克里特海。埃皮多鲁斯城和位于它前面的埃伊纳岛属于萨罗尼亚湾;然后是森契雷伊湾,东边有一个科林斯人的军港;然后航行45斯塔德,到达斯科努斯港。从马莱伊角到这里,总计约1800斯塔德。狄奥尔库斯[①]位于斯科努斯港附近,这是地峡最狭窄的部分,那里有一座波塞冬神庙。不论如何,我们暂且不忙讨论这些地方,因为它们超出了阿尔盖亚的边境之外,还是让我们重新回来讨论阿尔盖亚的这些地区。

5. 首先,我要说说诗人使用的术语"阿尔戈斯"有多少种形式,不仅是这个词的本身,还有它的修饰语。他把阿尔戈斯称为"亚该亚的"、"雅斯的"、"希皮的"、[②]"佩拉斯吉的"和"拥有良好牧马场的"。[③]因为这座城市最初是称为阿尔戈斯:

阿尔戈斯和斯巴达。

(《伊利亚特》,IV,52)

那些居住在阿尔戈斯、梯林斯的人。

(《伊利亚特》,II,559)

其次,它也称为伯罗奔尼撒半岛:

---

① 参见本书VIII,ii,1。
② "马地"。
③ 《伊利亚特》,II,287。

>在阿尔戈斯,在我的家里……
>
>(《伊利亚特》,I,30)

因为阿尔戈斯不是他的家。① 再次,整个的希腊地区也称为阿尔戈斯;无论如何,他把所有希腊人都称为阿尔戈斯人,正如他把他们称为达那俄斯人和亚该亚人一样。但是,他使用了修饰语来区别相同的名字,他把色萨利称为"佩拉斯吉人的阿尔戈斯":

>现在来说说居住在佩拉斯吉的阿尔戈斯人。
>
>(《伊利亚特》,II,681)

而伯罗奔尼撒半岛被称为"亚该亚人的阿尔戈斯":

>如果我们能回到亚该亚人的阿尔戈斯。
>
>(《伊利亚特》,IX,141)

>或者他不在亚该亚人的阿尔戈斯?
>
>(《奥德赛》,III,251)

在这里,诗人表明在其他特定意义的名字之中,伯罗奔尼撒人也称为亚该亚人。而且,他把伯罗奔尼撒半岛也称为"雅斯的阿尔戈斯":

---

① 阿伽门农。

第六章 阿尔戈利斯

> 如果整个雅斯的阿尔戈斯的亚该亚人现在看见你……
>
> （《奥德赛》，XVIII，245）

正是珀涅罗珀，她在那里招来了许多的求婚者；因为诗人不大可能指的是从整个希腊来的求婚者，而只能是指那些住在附近的人。但他使用的修饰语"拥有牧马场的"和"希皮的"意义是相同的。

6. 至于"赫拉斯"、"古希腊人"和"泛希腊人"，评论家是有争执的。修昔底德[①]认为荷马从来没有说到过蛮族，"因为古希腊人使用的还是一个共同的名字、一个与蛮族对立的特殊名字"。阿波罗多罗斯认为，只有色萨利的希腊人才把自己称为古希腊人，

> 又称作密尔弥冬人、古希腊人……
>
> （《伊利亚特》，II，684）

而且，他认为赫西奥德和阿基洛库斯也认为希腊人不仅名叫古希腊人，也叫做泛希腊人，例如赫西奥德在谈到普洛透斯的女儿时，说泛希腊人在向她们求婚，阿基洛库斯认为：

> 萨索斯的泛希腊人多么不幸。

其他人反对这种观点，认为诗人也提到了蛮族，因为他至少

---

① 修昔底德，I，3。

说到过卡里亚人是说蛮族语言的人,[①] 所有的希腊人是古希腊人:

> ……丈夫
> 他的名声传遍赫拉斯和阿尔戈斯中部;
>
> (《奥德赛》,Ⅰ,344)

他还再一次提到:

> 如果你想经过赫拉斯和阿尔戈斯中部。
>
> (《奥德赛》,XV,80)

7. 阿尔戈斯人的城市大部分在平原上,[②] 但是它有一座卫城在拉里萨,这是一座防守坚固的山冈,还有一座宙斯神庙。伊纳库斯河从城市附近流过,这是一条发源于利尔塞乌斯(这座山靠近阿卡迪亚的西努里亚[③])的湍急河流,至于神话之中提到的源头,正如我在前面已经说过的,它们是许多诗人臆造出来的。"干旱的阿尔戈斯"就是臆造的。

> 诸神创造了多水阿尔戈斯。[④]

---

① 《伊利亚特》,Ⅱ,867。
② 阿尔戈斯。
③ 迈内克和克雷默认为括号之中的词汇是后加的。
④ 诗歌作者不详。

第六章 阿尔戈利斯

因为这个地区位于谷地之中，有许多河流流过当地，有许多沼泽、湖泊，由于水井众多，水井的水位一直高到地表，城市供水非常充足，所以，评论家找到了这行诗句的错误所在：

> 我将蒙羞回到 πολυδίψιον[①] 阿尔戈斯。
>
> （《伊利亚特》, Ⅳ, 171）

πολυδίψιον 或许被用来代替 πολυπόθητον，[②] 或者是省略了一个字母 δ，因为 πολυΐψιον[③] 具有 πολύφθορον 的意义，正如索福克勒斯所说：

> 这里有一座珀洛普斯族 πολυφθορον[④] 的房屋。

因为 προϊάψαι、ιάψαι、ίψασθαι 代表着某种死亡、苦难。

> 现在他只是在试探，他马上就会折磨[⑤]亚该亚的儿子。
>
> （《伊利亚特》, Ⅱ, 193）

> 损毁[⑥]她美丽的容颜。
>
> （《奥德赛》, Ⅱ, 376）

---

① "非常口渴"即"无水"。
② "非常愿意"。
③ "非常有害"或"致命的"。
④ "致命的"。
⑤ Ipseitai——意为"紧逼、毁灭"。
⑥ Iapsei.

过早地送往①地狱。

(《伊利亚特》，I, 3)

除此之外，荷马没有提到阿尔戈斯城（因为阿伽门农大概不准备回那里去），但提到了伯罗奔尼撒半岛。当然，它无论如何绝不是"干旱的"地区。而且，某些评论家保留着δ，把这个单词解释为倒装形式，作为带δέ的元音融合的一种情形。因此，这句诗可以读成：

我将蒙羞回到 πολύδ'ἴψιον Ἄργος。

也就是"我将回到 πολυίψιον Ἄργοσδε"。在这里，Ἄργοσδε 代替了 εἰς Ἄργος。②

8. 在流过阿尔盖亚的河流之中，有一条伊纳库斯河。不过，阿尔盖亚还有一条埃拉西努斯河。后者发源于阿卡迪亚的斯蒂姆法卢斯，发源于一个名叫斯蒂姆法卢斯的湖泊，神话故事把它当成了被赫拉克勒斯用弓箭和鼓声驱赶出来的鸟儿的家；这些鸟儿叫做斯蒂姆法利德斯。据说埃拉西努斯河僭行于地下，然后在阿尔盖亚流出地面，灌溉这个平原。埃拉西努斯河又叫做阿尔西努斯河，还有一条名字相同的河流从阿卡迪亚流向布拉（Bura）附近的海岸。在埃雷特里亚还有一条埃拉西努斯河，在阿提卡附近

---

① proïapsen.
② "在阿尔戈斯"。

第六章 阿尔戈利斯

的布劳隆也有一条埃拉西努斯河。在勒内湖附近有一条小溪阿米莫内。这是在阿尔盖亚和迈锡尼地区海德拉故事发生的地方,由于湖水进行了清洁,出现了一个谚语"有病的勒内"。因此,许多作家认为这个地区水源丰富;尽管城市本身位于一个干旱的地方,这个地方还是有很多水井。他们把这些水井说成是达那俄斯的女儿,认为是她们发现了这些水井,因此出现了这样的诗句:

> 达那俄斯的女儿施恩于干旱的阿尔戈斯,井水灌溉的阿尔戈斯。
>
> (赫西奥德,《残篇》,24,日扎克)

作家们补充说,有四眼井被宣布为神井,受到特别的尊重,这就造成了这里缺水的错误观念,实际上这里水源很丰富。

9. 阿尔戈斯人的卫城,据说是达那俄斯建立的,他的地位大大高于在他之前统治过这个地区的那些统治者,据欧里庇得斯所说:

> 他为整个希腊奠定了法律,
> 所有的佩拉斯吉人因此被称为达那俄斯人。
>
> (《残篇》,288.7,瑙克)

而且,他的陵墓位于阿尔戈斯人市场的中,名叫帕林图斯。我认为,这个城市的名气不仅促使佩拉斯吉人、达那俄斯人和阿尔戈斯人,而且还有其他的希腊人用他的名字命名;例如,近代作家说到了"雅斯族"、"雅斯的阿尔戈斯"、"阿皮亚"和"阿皮多人"。但是,荷马没有提到"阿皮多人",虽然他说到"阿皮亚",却认为"阿皮亚"[1]是一个"遥远的"地方。为了证明诗人所说的"阿尔戈斯"是指伯罗奔尼撒半岛,我们可以举出下面几个例子:

> 阿尔戈斯的海伦。
>
> (《奥德赛》,IV,296)

又:

> 在阿尔戈斯的中心,有一座埃菲拉城。
>
> (《伊利亚特》,VI,152)

又:

> 经过阿尔戈斯的中部。
>
> (《奥德赛》,I,344)

又:

> 他将成为许多岛屿和整个阿尔戈斯的主人。
>
> (《伊利亚特》,II,108)

---

[1] 《伊利亚特》,I,270。

第六章　阿尔戈利斯

在近代作家那里，这块平原也称为阿尔戈斯，但在荷马史诗中从来没有提到过。他们还认为这是马其顿或者色萨利比较特殊用法。

10. 后来，达那俄斯的后裔继承了阿尔戈斯的统治权，阿米塔奥德人是从比萨提斯和特里菲利亚来的移民，他们和这些人联合在一起，如果说他们有亲缘关系，那也毫不奇怪。他们起初把这个地区分为两个王国，其中有两个占据霸权地位的城市被选为都城，两座城市彼此距离很近，不到50斯塔德。我指的是阿尔戈斯和迈锡尼。迈锡尼附近的赫拉神庙[①]是双方共同祭祀的神庙。这座神庙有一座由波利克莱图斯雕刻的雕像，在制作技术上堪称精美绝伦，在豪华和尺寸方面次于菲迪亚斯的雕像。阿尔戈斯起初是一个很强大的国家，后来迈锡尼由于珀洛普斯族迁移到这里变得更加强大；当整个王国都转交给阿特柔斯的长子阿伽门农之后，他获得了最高权力，由于好运和勇气，他把这个地区的大部分地方并入了自己原先统治的地方；同时，他把拉科尼亚并入了迈锡尼地区。墨涅拉俄斯继承了拉科尼亚，但阿伽门农获得了迈锡尼、科林斯、西锡安和当时被称为爱奥尼亚人和埃贾利亚人的地区，它后来称为亚该亚人地区。特洛伊战争之后，阿伽门农的帝国崩溃了，迈锡尼帝国衰落了，特别是在赫拉克利德族返回之后；由于这些人当时已经占领了伯罗奔尼撒半岛，赶走了当地先前的统治者，他们占领的阿尔戈斯和迈锡尼成了整个国家的一部分。后

[①] 美国人发掘的。赫拉神庙是祭祀赫拉的神庙，公元前423年毁于大火（修昔底德，Ⅳ，133），公元前420年重建。

来，迈锡尼被阿尔戈斯人夷为平地，因而今天迈锡尼城的遗址已经难以寻觅。由于迈锡尼遭到这么巨大的灾难，所以，有些过去属于阿尔戈斯统治的城市现在已经消失得无影无踪，人们也用不着感到惊奇。《船只登记册》记载了如下城市：

> 那些居住在阿尔戈斯、高墙坚固的梯林斯、
> 赫米昂城和占据着海湾深处的阿西内城，
> 特罗伊曾城、埃奥内斯、盛产葡萄的埃皮多鲁斯，
> 还有居住在埃伊纳岛和马塞斯的亚该亚年轻人。
>
> (《伊利亚特》，II，559)

在上述城市之中，我已经说了阿尔戈斯，现在我们来说说其他城市。

11. 现在看来，梯林斯（Tiryns）是普罗透斯的行动基地，他依靠七个独眼巨人的帮助，建立了城墙。他们被称为"手艺肚子"，因为他们依靠自己的手艺获得食物，受到邀请从吕西亚而来。在纳夫普利亚港附近的洞穴和那里的建筑物，可能是用他们的名字命名的。利辛纳卫城得名于利辛尼乌斯，它距离纳夫普利亚港12斯塔德。但是，它就像附近的米代亚一样，现在已经废弃。它和维奥蒂亚的米代亚不是同一码事，因为前一个米代亚像普罗尼亚，后一个米代亚像泰耶阿。与米代亚交界的是普罗辛纳……①这里有一座赫拉神庙。由于阿尔戈斯人无法无天，把大多数城市

---

① 原文有脱漏。

洗劫一空；梯林斯来的居民迁往了埃皮多鲁斯……的居民迁往了所谓的哈利伊斯城；而阿西内（这是阿尔盖亚境内纳夫普利亚附近的一个村庄）的居民被拉克代蒙人迁移到了麦西尼亚，那里有一座城市与阿尔戈斯人的阿西内名字相同；据泰奥彭波斯所说，拉克代蒙人占领了许多属于其他民族的土地，在那里安置所有投奔他们的人和被俘虏的人。纳夫普利亚的居民也撤退到了麦西尼亚。

12. 赫米昂城是重要城市之一，它的海岸线居住着所谓的哈利伊斯人（Haliëis），[①] 他们被认为是靠海为生的人。有一种流行的传说，说赫米昂人地区是进入地狱的捷径，这就是为什么他们不在逝者嘴中放买路钱的原因。[②]

13. 据说阿西内也是德莱奥皮人的居住地。据亚里士多德所说，他们是被阿卡迪亚的德莱奥皮斯安置在斯珀凯乌斯地区的居民，或者是被赫拉克勒斯从帕尔纳塞斯附近的多里斯地区驱赶出来的。至于赫米昂的斯库拉角，据说它得名于尼苏斯之女斯库拉；据说她因为对米诺斯的爱情，把尼塞亚出卖给了他，并且被他投入海中，海浪把她的尸体冲到了海岸边，并且安葬在海边。埃奥内斯是个村庄，由于迈锡尼人而荒芜，变成了一座军港，但后来它从人们的视野之中消失了，现在连军港也不再存在。

14. 特罗伊曾祭祀波塞冬。由于他的缘故，这座城市一度曾经叫做波塞多尼亚。它位于海岸线之后15斯塔德，也是一个重要的

---

① 本义为"渔夫"。
② 卡隆是渡过地狱之河的摆渡者。

城市。在它的港口波冈之外，有一座卡劳利亚岛，周长大约130斯塔德。这里有一个波塞冬的避难所，据说这位神与勒托做过一笔交易，以提洛岛和她交换卡劳利亚。他还与阿波罗做交易，以皮托①交换他的泰纳鲁姆。埃福罗斯也说到神谕的格言：

> 你反正住在提洛岛或是卡劳利亚，
> 或最神圣的皮托、多风的泰纳鲁姆都一样的。

与这座神庙有关的，还有类似近邻同盟②的七座城市，他们共同参加祭祀活动。这些城市是：赫米昂、埃皮多鲁斯、埃伊纳、雅典、普拉西伊斯、纳夫普利伊斯和米尼耶乌斯的奥尔科梅努斯；不过，阿尔戈斯人要给予纳夫普利伊斯居民应有的权益，拉克代蒙人要给予普拉西亚人应有的权益。对于这位神祇的崇拜，在希腊人之中非常流行，以至于马其顿人的势力已经扩张到神庙地区，在某种程度上仍然保留了神庙的不可侵犯权，不敢从神坛边把逃到卡劳利亚寻求庇护的哀求者③拖走。至少，阿基亚斯和士兵不敢使用暴力来对付狄摩西尼，虽然安提帕特命令他要活捉狄摩西尼，不仅是狄摩西尼，还有他能找到的犯有同样罪行的其他演说家一起抓来。他想法劝说狄摩西尼；但没有劝服狄摩西尼，后者抢先以毒药自杀了。特罗伊曾和皮塞乌斯都是珀洛普斯之子，最初来自比萨提斯；前者死后留下了一座以自己名字命名的城市，后者继

---

① 德尔斐。
② 希腊城邦联盟是一个共同管理宗教事务和使用和平方式解决争端的组织。
③ 本义为"恳求保护"。

第六章　阿尔戈利斯

承了他的王位，继续统治。但是，先前的统治者安提斯（Anthes）乘船离开这个地区，建立了哈利卡纳苏斯（Halicarnassus）。有关这个问题，我将在叙述卡里亚和特洛伊的时候再说。

15. 埃皮多鲁斯从前叫做埃皮卡鲁斯。根据亚里士多德所说，因为卡里亚人曾经占领过它，还有赫米昂。但是，在赫拉克利德族返回之后，那些陪同赫拉克利德族一道从阿提卡泰特拉波利斯来到阿尔戈斯的爱奥尼亚人，开始和卡里亚人居住在一起。埃皮多鲁斯也是一座重要的城市，特别是由于阿斯克勒皮俄斯的名声，人们相信他能够包治百病，他的神庙之中总是挤满了病人，还有还愿文书，上面写满了治疗方法。就好像在科斯岛和特里斯一样。这座城市位于萨罗尼亚湾入口处，环形的海岸线大约长15斯塔德；朝着夏季日出方向。[①] 它的周围直到海边，环绕着高山，由于优越的地理环境，使它成了一个坚固的要塞。在特罗伊曾和埃皮多鲁斯之间，有一个设防的地点梅萨拉，还有一个名字相同的半岛。在修昔底德的记载之中，可以看到迈索尼这个马其顿城市的名字，在围攻它的时候，腓力被打瞎了一只眼睛。由于这个原因，根据锡普西斯的德米特里所说，一些作家产生了错误的认识，以为这是特罗伊曾的迈索尼（据说阿伽门农曾经招募水兵前去进攻该城，诅咒和祝愿他们的居民不要停止修建城墙）。据他所说，因为这些人不是拒绝参加远征的公民，而是泰奥彭波斯所说的马其顿城市的居民；他补充说，那些住在附近的人不大可能不服从阿伽门农。

16. 埃伊纳是埃皮多鲁斯境内的一个地方的名字；它也是正对

---

① 东北方。

着大陆埃伊纳地区一座海岛的名字，关于它的情况，诗人只想用诗句来说明，因此有些人用

……一个海岛埃伊纳

代替了

……那些人统治着埃伊纳，

(《伊利亚特》，Ⅱ，562)

以这种方式来区别名字相同的地方。我必须提出的问题还有，这个海岛是不是最出名的海岛之一？据说，因为埃阿科斯（Aeacus）和他的下属都来自这个地方。就是这个海岛，曾经是大海的真正主宰，在波斯战争时期的萨拉米海战中，它曾经与雅典人争夺过勇气的高低。据说这个海岛周长180斯塔德，岛上有一座名字相同的城市朝向西南方，海岛四周有阿提卡、迈加里斯、伯罗奔尼撒半岛和埃皮多鲁斯；这个海岛距离每个地区差不多都是100斯塔德；它的东面和南面沐浴着米尔图海和克里特海；它的周边有许多小岛，其中许多小岛离大陆很近，但贝尔比拉岛在外海之中。埃伊纳地表之下的土壤是肥沃的，但地表很多石头，特别是在平坦的地区；因此整个地区是光秃秃的，但大麦长得很好。据说埃伊纳人又称密尔弥冬人——不是因为神话传说在大饥荒时期，蚂蚁（Myrmeces）由于埃阿科斯的祈祷而变成了人类，而是因为他们挖地的方式类似于蚂蚁，把泥土搬运和撒到岩石的表层，为的

第六章 阿尔戈利斯

是增加耕地,所以他们居住在地穴之中,控制使用泥土做砖头。埃伊纳在很久以前被称为俄诺涅,这个名字与阿提卡的两个居民点相同;一个社区靠近埃莱提里:

> ……居住在平原地区,
> 与俄诺涅和埃莱提里交界。①

而另外一个地方是马拉松的泰特拉波利斯城的居民点。关于它有一个谚语:"俄诺涅是山间的洪水。"② 埃伊纳是阿尔戈斯人、克里特人、埃皮多里亚人和多利亚人连续不断殖民的结果,但是后来雅典人用抽签的方法把它分给了自己的居民。接着,拉克代蒙人从雅典人手中夺走这个海岛,把它归还其古代的居民。埃伊纳人还派遣了殖民者前往克里特的基多尼亚和翁布里齐人的地区。埃福罗斯认为银币最早是菲敦在埃伊纳制造的。他补充说,因为这个岛屿是一个商业中心,由于缺少土地,人们忙于从事海上商业活动;他说,小件陶器被称为"埃伊纳商品"就是因为这个原因。

17. 诗人按照实际顺序提到了一些地名:

> 那些居住在希里亚和奥利斯的人。
>
> (《伊利亚特》,Ⅱ,496)

---

① 诗歌作者不详。
② 阿提卡的社区称为"Oenoê",而不是"Oenonê"。谚语是说 Oenoê 居民的,他们为了灌溉而挖开了山区的河床。这样做具有巨大的危险,因此有谚语讽刺这些不惧后果的人。

> 那些居住在阿尔戈斯和梯林斯，
> 赫米昂和阿西内，
> 特罗伊曾和埃奥内斯。
>
> （《伊利亚特》，Ⅱ，559）

有时又不按照实际的顺序提它们：

> 斯科努斯和斯科卢斯
> 塞斯皮亚和格雷亚。
>
> （《伊利亚特》，Ⅱ，497）

他在提到大陆地区的时候同时提到了海岛：

> 那些居住在伊萨卡和
> 居住在克罗西利亚的人。
>
> （《伊利亚特》，Ⅱ，632）

因为克罗西利亚位于阿卡纳尼亚人地区。同样，他在这里[1]把马塞斯和埃伊纳联合在一起，尽管它在大陆的阿尔戈利斯。荷马没有提到锡雷，但其他人经常说到它；为了争夺锡雷，以致在阿尔戈斯人和拉克代蒙人之间发生了战争，300人对300人；[2]但拉克代蒙

---

[1] 《伊利亚特》，Ⅱ，562。
[2] 希罗多德，Ⅰ，82.

人在奥斯里亚德斯（Othryadas）率领之下取得了胜利。修昔底德认为这个地方在阿尔盖亚和拉科尼亚共同边界上的西努里亚地区。这里还有阿尔戈利斯著名的地方希西伊、森契雷伊，位于从泰耶阿到阿尔戈斯，穿过帕西尼乌斯山和克雷奥波卢斯的大道旁。但荷马不知道它们，也不知道利尔塞乌姆和奥尔尼，它们都是阿尔盖亚境内的村庄，前者与它附近的山脉同名，后者与位于科林斯和西锡安之间的奥尔尼同名。

18. 因此，在伯罗奔尼撒半岛所有城市之中，过去和现在最著名的城市是阿尔戈斯和斯巴达；由于有关它们的情况已经说了很多，我这里完全没有必要花费太多时间来谈论它们。因为这看起来好像是我在重复所有作家已经说过的东西。同样，阿尔戈斯在古代就非常出名，但后来拉克代蒙人超过了其他人，而且一直保持着他们的自主地位，除非他们偶尔犯了某些轻微的错误。[①] 确实，阿尔戈斯人不允许皮洛士进入他们的城市（实际上，当时似乎有个老太婆用瓦砸中了他的脑袋，使他倒毙在城墙之下），但他们成了其他国王的臣民。在他们参加亚该亚同盟（Achaean League）之后，他们和亚该亚人一道处于罗马统治之下，他们的城市直到今天仍然是排在斯巴达之后的二流城市。

19. 现在，我就来讲述那些在《船只登记册》之中提到的地方，它们是属于迈锡尼和墨涅拉俄斯统治的地方。诗句是这样的：

那些居住在要塞坚固的迈锡尼，

---

① 如反对罗马的行政长官（参见本书Ⅷ，v，5）。

> 富裕的科林斯和建筑精美的克莱奥内，
> 奥尔尼、美丽的阿雷西里，以及
> 阿德拉斯图斯最初统治的西锡安的人；
> 那些居住在希佩雷西、陡峭的戈诺萨；
> 居住在佩莱内、埃伊乌姆周围，
> 整个埃贾卢斯和辽阔的赫利塞周围的人。
>
> （《伊利亚特》，Ⅱ，569）

现在，迈锡尼已经不复存在；它的建立者是珀尔修斯，珀尔修斯传位给斯塞内卢斯，斯塞内卢斯传位给欧里西乌斯，他们同样还统治着阿尔戈斯。据说欧里西乌斯在雅典人的援助之下远征马拉松，迎战伊俄拉俄斯和赫拉克勒斯之子，并且阵亡了。他的遗体被安葬在加尔格图斯，但是他的脑袋被伊俄拉俄斯割下来，单独埋葬在马卡里亚河边的特里科林图斯的马车道下面。这个地方因此被称为"欧里西乌斯的脑袋"。后来，迈锡尼处于比萨提斯的珀洛普斯族统治之下，然后又处于赫拉克利德族统治之下，他们还统治了阿尔戈斯。但是在萨拉米海战之后，阿尔戈斯人和克莱奥内人、泰耶阿人一起进攻并彻底毁迈锡尼，共同瓜分了这个地区。由于这两座城市彼此相近，悲剧作家用一个名字来称呼它们，好像这是一个城市一样；欧里庇得斯在其同名的悲剧之中，在称呼同一座城市的时候，一会儿把它称为迈锡尼，另一会儿又把它称为阿尔戈斯，例如，在他的剧本《伊菲革涅亚》(Iphigeneia)[①]和《俄瑞斯忒斯》

[①] 《伊菲革涅亚在淘洛里》，508，510。

(*Orestes*)[①]中就是这样。克莱奥内是位于从阿尔戈斯通往科林斯大道旁边的一座城镇,它位于一座山冈上,山冈周围环绕着居民点,设防坚固;因此,我认为荷马说它是"建筑精美的克莱奥内",这是正确的。在克莱奥内与弗利乌斯之间有奈迈阿和一块圣地,阿尔戈斯人通常在这里举行奈迈阿运动会(Nemean Games),它也是奈迈阿雄狮神话故事设定的舞台,还有一个村庄本比纳。克莱奥内距离阿尔戈斯120斯塔德,距离科林斯80斯塔德。我曾经从阿克罗科林斯最高点眺望过这个居民点。

20. 科林斯被称为"富有的",是由于商业的缘故,因为它位于地峡,拥有两个港口,这两个港口一个通往亚细亚,另一个通往意大利,这使它与两个彼此相距遥远的地区商品交换变得更加方便了。正如古代西西里海峡交通不便一样,外海也一样不便,特别是在马莱伊之外顶风航行更加不便;因此出现了一个谚语:

绕过马莱伊,忘记回家的路。

无论如何,不管是从意大利还是从亚细亚来的商人都是受欢迎的,他们避开前往马莱伊的航路,把自己的货物运到这里来。而伯罗奔尼撒半岛进出口货物的陆路关税,都落入了那些控制着交通要道的人手中,这种情况后来一直存在着。但是,后来科林斯人获得了更大的利益,因为地峡运动会(Isthmian Games)在这里举行,它通常能吸引大量的人群。巴基亚兹族是一个富有的、

---

① 《俄瑞斯忒斯》,98,101,1246。

人多势众的著名家族，他们长期担任科林斯历代僭主，控制着他们的帝国将近200年之久，安然享受着商业贸易的丰硕果实。在塞普西努斯推翻这个家族之后，他自立为僭主，他的家族继续了三代人之久。这个家族的富裕，从塞普西努斯献给奥林匹亚神庙的一尊镶金巨大塑像可以得到证明。科林斯的掌权者之一德马拉图斯为了从当地的动乱中逃命，从家里随身带走大量财富，前往第勒尼亚，他不仅使自己成了这个允许他避难的城市统治者，[①]而且还使他的儿子成了罗马人的国王。[②]阿弗罗蒂忒神庙富裕到拥有1000多名神庙奴隶和神妓，他们都是善男信女献给这位女神的。由于这些神妓，城市游人如织，变得更加富裕。例如，船长们在这里随意挥霍金钱，由此出现了一句谚语：

科林斯不是人人都可以去的。

更有甚者，据说一名妓女在回答一位太太指责她不喜欢劳动和纺羊毛的时候说："不错，我就是这样的人，我在这样短的时间就已经织完了三匹布。"[③]

21. 城市的位置正如希罗尼姆斯（Hieronymus）、欧多克索斯和其他作家所叙述的，从这些记载中我看出罗马人最近修复的城市大致如下：高山的垂直高度是3.5斯塔德，斜坡长度是30斯塔德，顶端是一座陡峭的山峰，名叫阿克罗科林斯。它的北面非常

[①] 塔尔奎尼城。
[②] 塔尔奎尼乌斯·普利斯库斯。
[③] 无法翻译的文字游戏，本义为histus，可能是纺织机、桅杆或者船长。

第六章 阿尔戈利斯

陡峭,山下一块不规则的四边形平地上有一座城市,[①]紧靠着阿克罗科林斯山脚。这座城市的周长曾经达到40斯塔德,所有部分不是以高山为屏障,而是有城墙保护;甚至是阿克罗科林斯山本身也包括在这道城墙的范围之内,在那里建筑城墙是有可能的。而且我曾经登上山顶,这道环形城墙的遗址还清晰可见。整个周长大约有85斯塔德。这座山的其他几面不太陡峭,但是仍然很高,在周围地区还是引人注目。山顶有一座阿弗罗蒂忒的小神庙;在这个顶峰之下有一条小溪比利尼斯,它虽然没有泛滥,但总是充满了洁净的、可以饮用的水源。据说这条小溪在山脚下,由于这条或者那条地下水源压力的共同结果,小溪流入城市,提供了充足的水源。除此之外,在这座城市各处还有许多水井。据说在阿克罗科林斯也有水井,但是我没有亲眼看见这里的水井。无论如何,欧里庇得斯说过:

> 我来了,离开了四处有水灌溉的
> 阿弗罗蒂忒神圣的山城阿克罗科林斯。
>
> (《残篇》,1084,瑙克)

人们应当把"四处有水灌溉的"理解为在山的深处,因为水井和地下储水层都是通过它才得以出来,或者还可以设想佩雷内在古时常常流出地表,灌溉着这座山的四周。据说飞马珀加索斯在这里饮水的时候(这匹马是在梅杜萨被砍下脑袋之后,从它的脖子

[①] 这是在它与科林斯湾之间的平原上一块65米高的平地。

里跳出来的），被柏勒洛丰抓住了。据说同样是这匹马，它用一只蹄子敲击山下的岩石，在赫利孔山造成了一个马泉。[1] 在佩雷内的山脚下，有一座西西菲乌姆，它保留着用白色大理石建造的某个神庙或宫廷的重要遗址。如果从顶峰向北望去，可以看见帕尔纳索斯山和赫利孔山——这是一群白雪皑皑的高山——还有克里萨湾；这个海湾位于这两座山的脚下，周围有福基斯、维奥蒂亚、迈加里斯，还有科林斯和西锡安尼亚地区的一部分，这些地区在海湾的这边，正对着福基斯，朝向西面。[2] 在上述所有地区之后，[3] 有一座名叫奥奈山的山脉，[4] 它从谢隆礁一直延伸到了维奥蒂亚和基塞龙山，即沿着这个礁石一直通向阿提卡的大道。

22. 海岸两边的起点，一边是莱契乌姆，另一边是森契雷伊，这是一个村庄和港口，距离科林斯大约70斯塔德路程。现在，后者被他们用来与亚细亚进行贸易活动，莱契乌姆则用于和意大利进行贸易活动。莱契乌姆位于城市之下，不能容纳很多住房，城墙长约12斯塔德，建在通往莱契乌姆的大道两旁。海岸线从这里一直延伸到迈加里斯的帕盖，沐浴着科林斯湾的海水。这是一条弯曲的海岸线，连接着森契雷伊附近斯科努斯另一边的海岸线，形成了"最狭窄的部分"。[5] 在莱契乌姆与帕盖之间，古代有一座阿克雷亚的赫拉神谕所；这里还有奥尔米亚伊角，它形成了一

---

[1] "马泉"。
[2] 从阿克罗科林斯望去。
[3] 向东。
[4] 斯特拉博把"驴山"和麦加里斯边界的格拉尼亚（鹤山）混为一谈。
[5] 在麦加拉与科林斯之间的谢隆礁。

个海湾，其中有俄诺和帕盖；后者是迈加里斯人的要塞，俄诺则是科林斯人的要塞，从森契雷伊可以到达地峡狭窄部分的斯科努斯，我指的是"最狭窄的部分"；然后可以到达克罗米昂（Crommyon）。在这条海岸线外是萨罗尼亚湾和埃莱夫西斯湾，它们在某种程度上是一个海湾，并且和赫米昂湾交界。在地峡有一座波塞冬神庙，位于一片松树林的树荫之中，科林斯人通常在那里举行地峡运动会。克罗米昂是科林斯地区的一个村庄，但古代它在迈加里斯境内。神话故事《克罗米昂的大母猪》就发生在这里，据说它是克罗米昂公猪的母亲；忒修斯的一名工人杀死了这头母猪。科林斯地区有一个特内村，村内有一座特内人的阿波罗神庙，据说大多数移民都是阿基亚斯带来的，他率领殖民者前往锡拉库萨殖民，从那里到了这里。特内后来比其他居民点都更加繁荣，最后，他们建立了自己的政府。他们背叛科林斯人，和罗马人联合在一起，在科林斯被毁灭之后，他们甚至还继续存在着。人们还提到给予某个阿塞亚人的神谕，[①] 这个人向神询问自己移居到科林斯来，是不是更好一点。

愿神保佑科林斯，但我将选择特内！

但是，由于某些人的无知，这句话被误写成"我将选择泰耶阿！"。据说波利比奥斯在这里教过俄狄浦斯。有可能正如亚里士多德所说，由于基克努斯之子坦内斯的关系，特内多斯和特内居

---

① 可能是阿尔卡迪亚城市阿塞亚的人。

民双方存在着亲缘关系。[①]两个民族在祭祀阿波罗的仪式方面相同，就是这种亲缘关系强有力的证据。

23. 科林斯人在腓力统治时期，[②]不仅支持他与罗马人争雄，而且个人对待罗马人的态度非常藐视，以至于有些人竟然敢在罗马使节路过他们家门的时候，向使节们倾倒脏物。但是，由于这件事情和其他无礼行为，他们也立刻就受到了惩罚，一支强大的军队被派往那里，这座城市被留基乌斯·穆米乌斯彻底摧毁；[③]其他地区，直到马其顿归罗马人统治，不同的地区派去了不同的指挥官；但是，西锡安尼亚人获得了科林斯地区的大部分地方。波利比奥斯以同情的语气说到了与占领科林斯有关的情况，但是他对军队、对艺术珍品和献祭物品的表现却避而不谈；因为他说自己就在现场，亲眼看见绘画被扔到地面上，看见士兵们坐在绘画上丢骰子。在这些绘画之中，他提到阿里斯提得斯的绘画《狄奥尼索斯》。对于这幅绘画，某些作家引用了一句俗话，"《狄奥尼索斯》天下无双"；还有《被得伊阿尼拉长袍折磨的赫拉克勒斯》的绘画。但是，我没见过后者，我在罗马刻瑞斯神庙的墙上，看见挂在那里的《狄奥尼索斯》，这是一幅非常精美的作品；不过，现在这座神庙已经烧毁了，[④]这幅绘画也和它一起毁灭了。我几乎可以肯定地说，罗马其他最多和最好的献祭品，都是来自这里；在罗马附近的许多城市之中，也有一些东西。因为穆米乌斯与其说

---

① 出处不明。
② 德米特里之子腓力，马其顿国王（公元前220—前178年在位）。
③ 参见本书VIII, iv, 8。
④ 公元前31年。

第六章 阿尔戈利斯

是一个崇高的人，不如说是一个艺术品迷，据说他很乐于与想要它的人分享。卢库卢斯在幸运女神庙和柱廊建成之后，请求使用穆米乌斯拥有的塑像，说他将用它们来装饰神庙，直到落成典礼，然后再还给他。但是，他后来没有归还这些塑像，而是把它们奉献给了女神，然后吩咐穆米乌斯，如果他愿意，可以拿走它们。但是穆米乌斯对此事看得很轻，因为他毫不关心它们。因此，他赢得了比把这些东西献出去的人更大的尊敬。在此之后，科林斯有很长的时间一片荒芜。① 由于它的地理位置优越，神圣的凯撒重新修复了它，他在那里安置了移民，其中大多数是释放奴隶阶级。这些新移民开始清除废墟，挖坟掘墓，发现了许多赤陶塑像，还有许多青铜器皿。由于他们欣赏手工艺品，他们没有放过一座坟墓不洗劫；因此，他们获得了许多这类物品，并且以高价把它们售出，他们使科林斯"停尸房"② 的东西充斥罗马，因为他们是这样称呼从坟墓中出土的东西的，特别是那些陶器。起初，陶器制品价格非常之高，与科林斯青铜的工艺制品等价，但后来对它们的需求大大减少了，因为陶器器皿的供应缺乏，而且大部分制品工艺水平粗劣不堪。后来，科林斯人的城市一直是巨大而富裕，它培养了许多有才华的人，既有国务活动家，也有高超的工艺师；因此，无论是在这里还是西锡安，绘画和造型艺术，以及诸如此类的各种手工艺术，都非常繁荣。不过，这个城市的土地不太肥沃，③ 崎岖不平而且多石。由于这个原因，大家把科林斯称为"眉

---

① 公元前146—前44年。
② 本义为"科林斯的死者"。
③ Ophryoenta——"让人皱眉头的"，后来变成了山丘和高地之意。

脊"，并且出现了一句谚语：

> 科林斯皱眉头，空洞也填满了。

24. 奥尔尼得名于流过它附近的河流。它现在已经废弃了，但从前它人烟密集，还有一座很受崇拜的普利阿普斯神庙，它来自奥尔尼，欧夫罗尼奥斯（Euphronius）创作了《普利阿普斯赞》，[①] 把这位神称为"奥尔尼的普利阿普斯神"。奥尔尼位于西锡安尼亚人的平原地区之后，但这个地区已经被阿尔戈斯人占领。阿雷西里是一个地区，现在名叫弗利亚西亚；在塞罗萨山附近有一座与这个地区名字相同的城市；但居民后来从这里搬走了，在30斯塔德之外建立了一座名叫弗利乌斯的城市。卡尔尼特斯山是塞罗萨山的一部分，阿索普斯河的源头就在这里——这条河流经过西锡安尼亚，形成了一个阿索普斯地区，它是西锡安尼亚的一部分。还有一条阿索普斯河流过底比斯、普拉蒂亚和塔纳格拉；第三条阿索普斯河在特拉钦尼亚的赫拉克利亚城境内，它流过一个名叫帕拉索皮的村庄附近；第四条阿索普斯河在帕罗斯岛。弗利乌斯位于由西锡安尼亚、阿尔盖亚、克莱奥内和斯蒂姆法卢斯形成的圆周中心。在弗利乌斯和西锡安城内有迪亚神庙，她在这里名叫赫柏。

25. 从前西锡安名叫梅科内，更早的时候名叫埃贾利，德米特

[①] 祭祀普利阿普斯的赞歌。

里在一座天然坚固的山冈上重建了这座城市,[①] 它距离海岸大约20斯塔德(有人说12斯塔德);老居民点和港口现在成了军港。奈迈阿河形成了西锡安尼亚和科林斯地区的分界线。西锡安大多数时间由僭主统治着,它的僭主都是通情达理的人,其中最杰出的是阿拉托斯。他不仅给予城市自由,[②] 而且统治了亚该亚人,他们自愿的把权力转交给他,他加强了同盟,不但把自己本城西锡安,还有附近其他的城市都联合在同盟之中。但是,诗人提到的希佩雷西亚和那些在它后面的城市,还有埃贾卢斯、迪梅和埃莱亚的边界地区,仍然属于亚该亚人。

---

① 安提柯·波利奥尔塞特斯之子德米特里(保萨尼阿斯,Ⅱ,7)。
② 公元前251年。

第七章　爱奥尼亚

1. 在古代，这个地区处于由雅典人之中分离出来的爱奥尼亚人统治之下，它在古代名叫埃贾利亚（Aegialeia），居民称为埃贾利亚人，后来因为爱奥尼亚人而得名于爱奥尼亚，就好像在克苏图斯之子伊翁（Ion the son of Xuthus）之后，阿提卡称爱奥尼亚一样。据说赫楞（Hellen）是丢卡利翁（Deucalion）之子，他曾经统治弗西亚地区佩内乌斯和阿索普斯河之间地区的居民；他把自己的统治权传给长子，其他儿子则被派到这个地区之外的不同地方，各自寻找自己的安身之地。在这些儿子之中，多鲁斯统一了帕尔纳索斯附近的多利亚人，建立了一个国家。他去世的时候把自己的名字传给了他们。另外一个儿子克苏图斯娶了厄瑞克透斯之女，在阿提卡建立了泰特拉波利斯，包括俄诺、马拉松、普罗巴林图斯和特里科林图斯。克苏图斯的一个儿子亚该乌斯无意之中成了杀人犯，逃往拉克代蒙，并且使那里的人们称为亚该亚人；伊翁征服了尤摩尔普斯统治之下的色雷斯人，因此获得了很高的声望，雅典人把他们的政府交给他管理。起初，伊翁把他们分成四个部落，后来又分成四种职业。他把这四种人一部分称为农夫，另外一部分或者称为工匠，或者称为神职人员，第四部分是卫兵。他制定了许多这类的规章制度，他死后把自己的名字留

第七章 爱奥尼亚

给了这个国家。后来,这个国家的人口是如此众多,以至于雅典人派遣爱奥尼亚人前往伯罗奔尼撒半岛殖民,并且把他们所占领的地区用自己的名字命名为爱奥尼亚,以取代埃贾卢斯。那里的居民分成12座城市,称为爱奥尼亚人,以取代埃贾利亚人。但是,在赫拉克利德族回来之后,他们被亚该亚人赶走,又回到了雅典;他们在那里和科德里德族一起派出爱奥尼亚人前往亚细亚殖民,殖民者在卡里亚和吕底亚沿岸地区建立了12座城市,它们所分成的部分,就像他们在伯罗奔尼撒半岛占领的城市数目一样多。亚该亚人在人种上是弗西奥特(Phthiotae)人,但他们居住在伯罗奔尼撒半岛;正如我在前面所说的,在赫拉克利德族获得胜利之后,亚该亚人被俄瑞斯忒斯之子提萨梅努斯所鼓动前去进攻爱奥尼亚人,证实了他们自己比爱奥尼亚人更加强大,他们赶走了爱奥尼亚人,把这个地区占为己有;他们保留了这个地区原来的区划不变,就像当初刚刚占领的时候一样。他们的势力是这样的强大,以至于他们摆脱了赫拉克利德族的统治,占领了伯罗奔尼撒半岛其他地区。直到他们全部都征服了,并且把这个地区命名为亚该亚为止。从提萨梅努斯到奥吉格斯,他们都处于国王的统治之下,然后是在民主政体统治之下;他们因为自己的国家体制而闻名于世,以至于意大利南部古希腊城邦移民在起义反对毕达哥拉斯派支持者之后,实际上从亚该亚人那里引进了自己的大部习惯法。在留克特拉(Leuctra)战役之后,[①]底比斯人委托他们裁决各个城市彼此之间的争执。后来,当他们的同盟被马其

---

① 公元前371年。

顿人解散之后，他们渐渐地恢复了正常。在皮洛士远征意大利的时候，[1]有4座城市参加了，形成了一个新的同盟，其中有帕特雷和迪梅；后来，他们又联合了12座城市之中的一些城市，只有奥莱努斯（Olenas）和赫利塞没有参加。前者拒绝参加，后者由于海啸已经被彻底摧毁了。[2]

2. 由于地震而造成的海啸淹没了赫利塞，还有赫利塞的波塞冬神庙，这座城市直到今天仍然受到爱奥尼亚人的崇拜，并且在这里举行泛爱奥尼亚人的祭祀仪式。[3]正如有些人猜想的那样，荷马提到过这种祭祀仪式，他说：

> 他在垂死的时候发出了怒吼，
> 好像被拖着围绕赫利塞神祭坛打转的公牛，
> 发出的怒吼。
>
> （《伊利亚特》，XX，403）

人们由此推测诗人生活在爱奥尼亚殖民运动之后，因为他提到了泛爱奥尼亚的祭祀仪式，它是爱奥尼亚人为了祭祀普里恩人地区赫利塞的波塞冬而举行的仪式；因为普里恩人据说是来自赫利塞的居民；实际上，他们只是为了这次祭祀，要从普里恩人之中挑选一名青年担任国王，主持祭祀的仪式。还有一种假设认为，诗人为什么说到公牛；这是因为爱奥尼亚人认为，他们得到了与

---

[1] 公元前280年。
[2] 参见本书 I, iii, 18。
[3] 泛爱奥尼亚节在米卡利角举行（希罗多德，I, 148）。

这种献祭仪式有关的预兆，只有在公牛发出呻吟的时候才可以开始祭祀仪式。但是，反对这种假设的人认为上述有关公牛和祭祀仪式的说法只适用于赫利塞，因为这些仪式都是当地的风俗习惯，诗人仅仅是在比较这些当地举行的宗教仪式。赫利塞在留克特拉战役[1]之前两年被海啸所毁灭。厄拉多塞说，他自己亲眼看见这个地方，听到过船主说海峡屹立着一座波塞冬青铜像，手中抓着一只马头鱼尾海怪，[2]对于那些用网打鱼的人来说，这是一种危险的动物。赫拉克利德斯说，海啸发生在他那个时代的晚上，虽然城市距离海边有12斯塔德，这个地方和城市全部被水淹没。爱奥尼亚人派来的2000名殖民者，找不到死者的尸体，他们把赫利塞地区分给了邻居。海啸是波塞冬愤怒的结果，因为爱奥尼亚人被赶出赫利塞的时候，曾经派人请求赫利塞居民把波塞冬塑像，或至少是神庙的模型给他们；但赫利塞人立刻拒绝了，一件东西也没有给他们。爱奥尼亚人派使节向亚该亚同盟大会申述，虽然同盟大会支持他们，但赫利塞人仍然拒绝服从。下一个冬天，他们就遭遇了海啸。不过，亚该亚人后来把神庙的模型还给了爱奥尼亚人。赫西奥德还提到了色萨利的另一个赫利塞城。

3. 有20年时间，[3]亚该亚人经常每年选举产生一位总秘书和两位将军。他们要在一个地方召开全体大会（这个地方称为阿马里乌姆），他们像从前的爱奥尼亚人一样，在大会上当面讨论共同关心的事情，然后再决定推举一位唯一的将军。在阿拉托斯担任将

---

[1] 公元前373年。

[2] 神话中的海马。

[3] 波利比奥斯（Ⅱ，43）说是25年。

军的时候，他从安提柯手中夺取了阿克罗科林斯，[1]并且使科林斯加入了亚该亚同盟，就像是自己本城加入同盟一样。他还取代迈加里斯人的地位，消灭了一些城市的僭主政治，使人民变成了亚该亚同盟自由的成员，使伯罗奔尼撒半岛摆脱了僭主政治。因此，阿卡迪亚最大的城市阿尔戈斯、赫米昂、弗利乌斯和迈加洛波利斯，都加入了这个同盟；这个时期，同盟达到了强盛的顶点。这是在罗马人迫使迦太基人撤出西西里之后，[2]远征居住在帕杜斯河谷的加拉泰人时的事情。[3]虽然亚该亚同盟直到菲洛皮门担任将军的时候仍然很巩固，但它正在逐渐地解体，因为这时候罗马人已经占领了整个希腊，他们对待各个国家采取不同的办法，准备保留一些、消灭一些。后来，他[4]解释为什么要扩张到亚该亚人地区的原因时，认为他们虽然很强大，甚至超过了拉克代蒙人，但他们并没有得到应有的名声。

4. 在把这个地区分为12个部分之后，亚该亚人居住地区按照顺序排列如下：在西锡安之后，第一是佩莱内（Pellenê），第二是埃盖拉，第三是有一座波塞冬神庙的埃盖，第四是布拉，布拉之后是赫利塞。爱奥尼亚人在战争中被亚该亚人打败之后，曾经逃到这里避难，后来又从这里被赶出去了。在赫利塞之后是埃伊乌姆、里佩斯、帕特雷和法雷，[5]然后是奥莱努斯，有一条大河佩鲁

---

[1] 安提柯·戈纳塔斯。
[2] 公元前241年。
[3] 公元前224年。
[4] 斯特拉博，由此到本章结束，原文断断续续，并且是转述拜占庭学者的概述。
[5] 原文为Patreis（帕特雷人）和Phareis（法雷人）。

斯河流过这里，最后是迪梅和特里提亚。① 爱奥尼亚人居住在农村之中，但亚该亚人建立了许多城市；他们后来把这些城市之中的其他城市并入了某个城市，把他们从不同的地区迁来。例如，埃盖并入埃盖拉（但居民称为埃盖人），奥莱努斯并入迪梅。在帕特雷和迪梅之间的地方，现在仍然可以看见奥莱努斯人老居民点的遗址，这里还有一座著名的阿斯克勒皮俄斯神庙，它距离迪梅40斯塔德，距离帕特雷80斯塔德。与这个埃盖名字相同的是埃维亚的埃盖。与奥莱努斯名字相同的居民点在埃托利亚，这地方现在只剩下原来居民点的遗址。不过，诗人没有提到亚该亚的奥莱努斯，正如他没有提到埃贾卢斯地区其他居民点一样；但是，他在比较一般的意义上谈到了它们：

> 整个埃贾卢斯和辽阔的赫利塞周围。
>
> （《伊利亚特》，Ⅱ，575）

但是他提到了埃托利亚的奥莱努斯，他说：

> 那些居住在普勒隆和奥莱努斯的人。
>
> （《伊利亚特》，Ⅱ，639）

他也说到两个名叫埃盖的地方，他说亚该亚的埃盖：

---

① 原文为 Tritaeeis（特里提亚人）。

>他们曾经在赫利塞和埃盖
>给你献上了礼品。

(《伊利亚特》,Ⅷ,203)

他还说道:

>在埃盖深深的海湾之中,
>有他著名的宫殿。

(《伊利亚特》,ⅩⅢ,21)

>波塞冬把自己的马拴在那里。

(《伊利亚特》,ⅩⅢ,34)

在这里,最好是把它理解为埃维亚的埃盖,爱琴海大概就是由埃盖而得名;诗人把波塞冬与特洛伊战争有关的行动放在这个地方。在靠近亚该亚的埃盖有一条克拉西斯河,它由于接纳了其他两条河流的水源而变成了大河;它得名于一个事实,即它是一条混合的河,① 由此称为意大利的克拉西斯河。

5. 亚该亚人的12个部分,每个部分由七八个社区组成,因此这个地区人口众多。佩莱内位于大海之后60斯塔德,它是一个坚固的要塞。不过,这里还有一个佩莱内村,佩莱内斗篷就得名于这个村庄,它们是运动会用来发放的奖品;这个村庄位于埃伊乌

---

① 本义为"混合"。

姆和佩莱内之间。但是，佩拉纳与两者风马牛不相及；它是拉科尼亚的一个地方，它的土地大致靠近于迈加洛波利斯的土地。埃盖拉城位于一座山冈上。布拉在地震之中曾经被吞没了，它位于海岸线之后大约40斯塔德；据说锡巴里斯河的源头在布拉城，在意大利才得到了名字。埃加（又称埃盖）现在已经荒无人烟，这座城市被埃伊乌姆人所占领。埃伊乌姆人口繁盛。有个故事说，宙斯是被这里的一头山羊养大的，正如阿拉托斯所说：

> 传说是神圣的山羊奶抚养了宙斯。
>
> （《天文学》，163）

他又补充说：

> 宙斯的预言家把它称为奥莱内山羊。
>
> （《天文学》，163）

并且清楚地指出这个地方靠近奥莱内（Olenê）。塞劳尼亚也在这里，[①] 它位于一个高高的山冈上。还有赫利塞、阿马里乌姆也一样，这些地方都属于埃伊乌姆人。阿马里乌姆是宙斯的圣树林，亚该亚人常常聚集在这里讨论共同关心的重大事情。塞利努斯河流过埃伊乌姆地区，它与流经以弗所阿尔忒弥斯神庙的河流同名，还与现在埃莱亚的一条河流同名，这条河流经过色诺芬按照神谕

---

① 所有版本都认为不是塞劳尼亚。

为阿尔忒弥斯购买的一块土地。① 还有一条塞利努斯河，流经希布拉城迈加拉人的土地，他们是被强迫移居到这里来的。至于亚该亚人其他的城市和地方，其中有一个里佩斯现在已经荒无人烟了，而被称为里皮斯的地方，已经被埃伊乌姆人和法雷人占领。埃斯库罗斯在某个地方说道：

神圣的布拉和雷声响亮的里佩斯。

(《残篇》，403，瑙克)

克罗同的建立者米塞卢斯，就是里佩斯人。而留克特鲁姆是属于里皮斯地区里佩斯的一个居民点。在里佩斯之后是著名城市帕特雷；在这两者之间是里乌姆（又称安提里乌姆），距离帕特雷40斯塔德。现在，罗马人在取得亚克兴战役胜利之后，② 在帕特雷安置了大量军人；因此，这座城市作为罗马的殖民地，现在人口特别多，它也有一个非常优良的港口。接下来是迪梅，这座城市是西部所有城市之中最远的，没有港口。由于这个原因，它才叫做这样的名字。③ 但是，它在从前叫做斯特拉托斯。它与埃莱亚之间的边界是布普拉西乌姆，从山区流出的拉里苏斯河把它们分开。有些作家把这座山称为斯科利斯山，荷马则把它称为奥莱内礁。正如我在前面说过的那样，安提马科斯把迪梅称为"考科尼亚的"，有些人把"考科尼亚的"解释为出自"考科尼亚人"的修

---

① 《远征记》，5.3.8。
② 公元前31年。
③ Dyein——"开始行走"，dysme——"西方"。

饰语，因为考科尼亚人扩张到了迪梅。但是，其他人认为它出自考康河，正如底比斯被称为"迪尔塞河的"或"阿索普斯河的"，阿尔戈斯被称为"伊纳库斯人的"，特洛伊被称为"西蒙提亚人的"一样。但是，在我之前不久，迪梅接受了一群由各种各样的人组成的殖民者，他们是庞培打败了所有海盗集团，[①] 从一群海盗之中挑选出来的，他把其中的一些安置在西里西亚的索利，另外一些安排在其他地方，特别是在迪梅。法拉与迪梅地区交界，这个法拉的居民称为法拉人。但是，麦西尼亚那个法拉的居民称为法雷阿泰人。在法拉境内有迪尔塞河（Dircê）的源头，它的名字与底比斯的一条河流相同。不过，位于帕特雷和迪梅之间的奥莱内城现在已经荒无人烟了，它的土地现在居住着迪梅人。接下来是埃莱亚地区的阿拉克索斯角，距离地峡1030斯塔德路程。

---

① 公元前68—前67年。

第八章　阿卡迪亚

1. 阿卡迪亚位于伯罗奔尼撒半岛中部地区，这个地区大部分是山区，境内最大的山是基雷内山（Cyllenê）。无论如何，有些人认为它的垂直高度有20斯塔德，但其他人认为只有大约15斯塔德。阿卡迪亚部落的阿扎尼人、帕拉西人和其他部落，公认为是希腊人之中最古老的部落。但是由于这个地区已经彻底荒废，也就没有必要花费许多笔墨来详细介绍这些部落；因为这些先前有名的城市由于无休无止的战争已经被毁灭，而那些耕种土地的农夫随着大多数城市并入了一座所谓的"伟大的城市"，[①] 已经消失不见了。现在，这座伟大的城市本身也遭到了报应，一位喜剧诗人说它：

> 伟大的城市——现在成了伟大的荒丘。[②]

但是，那里有一个辽阔的牧场，用来养牛、马、驴和种马。阿卡迪亚种的马匹，像阿尔戈斯和埃皮多里亚马匹一样，都是最好的

---

① 迈加洛波利斯。
② 作者不详。

第八章 阿卡迪亚

品种。同样，埃托利亚人和阿卡迪亚人荒废的土地不下于色萨利，非常适合用来养马。

2. 曼提尼亚之所以出名，是由于伊巴密浓达（Epameinondas）在第二次大战中征服了拉克代蒙人，[①]他本人也在这场战争中阵亡了。但是，曼提尼亚、奥尔科梅努斯、赫里斯、克莱托、菲内乌斯、斯蒂姆法卢斯、梅纳卢斯、梅西德里乌姆、卡菲斯和基尼撒现在都不存在了；甚至连它们的遗址和踪影都几乎看不到了。不过，泰耶阿和阿莱安的雅典娜神庙，仍然非常完好地保存着；位于利凯乌姆山附近的利凯乌斯宙斯神庙，不大受人尊崇。不过，诗人提到的三个城市：

里佩、斯特拉提伊和多风的伊尼斯佩。

（《伊利亚特》，II，606）

不仅很难找到，就是找到了它们也没有什么用处，因为它们已经荒芜了。

3. 除了基雷内山，著名的大山还有福洛山、利凯乌姆山、梅纳卢斯山和所谓的帕西尼乌姆山，它从泰耶阿一直延伸到阿尔戈斯地区。

4. 我已经提到过有关阿尔菲乌斯河、埃夫罗塔斯河奇怪的特点，还有埃拉西努斯河，它从斯蒂姆法卢斯湖[②]中流出，僭行于

---

① 公元前362年。
② 地下水渠。

地下，流入阿尔戈斯地区。不过，在古代它没有出口，这是因为"berethra"，即阿卡迪亚人所说的 zerethra 阻挡和妨碍了水的流动，斯蒂姆法卢斯人的城市现在距离这个湖泊50斯塔德，[①] 但当时的城市就在湖边上。回流现象发生在拉东河，因为它的流水由于源头堵塞受阻；因为流水所经过的菲内乌斯附近的"berethra"，[②] 由于地震的原因而倒塌，阻止了流水，使它进入地下深处的裂缝，供给河水的水源。有些作家已经这样说到了这个问题。厄拉多塞说：在菲内乌斯附近有一条阿尼亚斯河，它在城市前面的地方形成了一个湖泊，它流入被称为"berethra"，即地下水渠，当水渠被阻断，水源有时会在平原上形成泛滥，当水渠再次打开，流水会立刻退出平原地区，注入拉东和阿尔菲乌斯河。因此，即使是奥林匹亚神庙周围的土地，在湖水减少的时候也会出现泛滥的现象；埃拉西努斯河流过斯蒂姆法卢斯，流入地下，在地下穿过一座山，[③] 重新出现在阿尔戈斯的土地上；正是考虑到这一点，伊菲克拉特斯在围攻斯蒂姆法卢斯没有取得任何结果的时候，企图用他已经准备好的大量海绵堵塞地下水源，但宙斯从天上给他一个预兆之后就停止了。在菲内乌斯附近还有斯提克斯水，这是一条受到崇拜的死水河。关于阿卡迪亚，我要说的就是这么多了。

5. 波利比奥斯确定从马莱伊向北到伊斯特距离大约是10000斯塔德。但是，阿尔特米多鲁斯以相应的方式纠正他的说法，认为从马莱伊到埃伊乌姆路程是1400斯塔德，由那里到埃伊乌姆的

---

① 显然是抄写员的错误。应该是5或4斯塔德。
② berethra 意为"坑、深渊"，与 zerethra 意义相同。
③ 查昂山（保萨尼阿斯，2.24）。

海路是200斯塔德,由此经过赫拉克利亚到索马奇路程是500斯塔德;然后到拉里萨和佩尼乌斯,距离是340斯塔德;然后经过坦佩河谷到佩尼乌斯河口,距离240斯塔德;然后到塞萨洛尼西亚,距离660斯塔德;由此经过埃多梅内、斯托比和达达尼到伊斯特,距离是3200斯塔德。因此,根据阿尔特米多鲁斯计算的结果,从伊斯特到马莱伊的距离,总共是6540斯塔德。这么大差距的原因是,[①]他没有把那些最短的路程计算在内,而只是记录了某个统帅偶尔走过的道路。可能,它还应当加上在赫拉克利德族返回之后,那些定居在伯罗奔尼撒半岛的殖民者的名字,埃福罗斯曾经提到过他们:科林斯的殖民者阿莱特斯、西锡安的殖民者法尔塞斯、亚该亚的提萨米努斯、伊利斯的奥克西卢斯、麦西尼的克雷斯方特斯、拉克代蒙的欧里西尼和普罗克利斯、阿尔戈斯的特梅努斯和西苏斯,还有阿克特地区(Actê)的阿盖乌斯和戴方特斯。

[①] 这是波利比奥斯计算的结果。

第九卷

阿提卡、迈加拉、福基斯、洛克里斯、色萨利

第一章 阿提卡

1. 现在，我已经讲完了伯罗奔尼撒半岛，正如我已经说过的那样，它是组成希腊的诸多半岛之中第一个和最小的一个半岛，接下来我将转而叙述那些与它毗邻的半岛，第二个半岛把迈加里斯和伯罗奔尼撒半岛连接在一起，因此克罗米昂属于迈加里斯人，而不属于科林斯人；第三个半岛接着第二个，由阿提卡、维奥提亚、福基斯和埃皮克内米迪亚洛克里人地区部分组成。因此，我必须叙述这两个半岛。欧多克索斯认为，如果有人能够设计出一条向东的直线，从塞劳尼亚山直到阿提卡的苏尼乌姆角，那么，在右边的南部就是整个伯罗奔尼撒半岛，在左边的北部就是从塞劳尼亚山直到克里萨湾、迈加里斯和阿提卡的整个海岸线。他认为，从苏尼乌姆到地峡的海岸线不太向内弯曲，如果不算上那些连接着地峡，形成赫米昂湾和阿克特地区的地区，这里没有很大的弯曲；同样，他不认为从塞劳尼亚山直到科林斯湾的海岸有那么大的弯曲，可以形成一个像海湾似的内弯，如果里乌姆和安提里乌姆彼此不是太靠近，才可以形成这种情况；海湾顶部附近海岸情况也一样，大海到此就到顶了。

2. 这就是数学家欧多克索斯对这些地方的几何形状和"纬度"[①]

[①] 参见本书 I，i，12。

的描述。所以，可以认为在阿提卡和迈加里斯方面，从苏尼乌姆到地峡是一条凹形的海岸线，尽管只有那么一点儿凹。在上述海岸线的中间地点，是雅典的海港佩雷乌斯，这个港口距离地峡的斯科努斯港大约350斯塔德，距离苏尼乌姆角330斯塔德。从佩雷乌斯到帕盖的距离接近于到斯科努斯港的距离，虽然据说前者比后者多10斯塔德路程。绕过苏尼乌姆角之后，有一条向北偏西的航线。

3. 阿克特地区沐浴两个大海的海水；① 它的开始部分是狭窄的，然后在内陆地区变宽广了，虽然它朝着维奥蒂亚的奥罗普斯城是一个新月形的弯曲，有一个向内的弯曲海岸；但这是第二边，阿提卡的东边。然后剩下的是北边，从奥罗普斯地区向西一直延伸到迈加里斯——我指的是阿提卡的山区，这些山有许多的名字，它把维奥蒂亚和阿提卡其他地区划分开来；所以，正如我先前所说的，维奥蒂亚由于两边临海，成为先前所说的第三个半岛的地峡，这个地峡包括朝向伯罗奔尼撒半岛的那些地区，即迈加里斯和阿提卡。② 据说由于这个原因，这个地区现在略微改动了几个字母，叫做阿提卡，而在古代称为阿克特和阿克提斯（Acticê）。因为它的大部分地区都在山下，一直延伸到平坦的海边，所以它是狭长的，一直延伸到苏尼乌姆角。因此，我将从中断的沿海地区重新开始，讲一讲这三条边。

4. 在阿提卡的后面，克罗米昂之后是谢隆礁。这些礁石没有

---

① 阿提卡。
② 沿岸地区。

第一章 阿提卡

为沿海的道路留下一点儿空间,从地峡到迈加拉和阿提卡的道路从它们的后面通过。但是,这条道路距离礁石太近,以至于它在许多地方沿着悬崖边缘走过去。因为在礁石后面的这座山非常高,道路难以通行。这里也是关于谢隆和皮提奥康普特斯的神话故事发生的地点。他们把上述山区掠夺一空,被忒修斯所杀。雅典人把谢隆称为强烈的西北风,它从这个山区的高处,刮向旅行者的左边。在谢隆礁之后是米诺亚角,它伸入海中,在尼塞亚形成了一个海港。尼塞亚是迈加里斯人的军港;它距离这座城市18斯塔德,两边有城墙与城市连在一起。这个军港通常也叫做米诺亚。

5. 在古代,这个地区同样是由居住在阿提卡的爱奥尼亚人统治着。因为迈加拉城还没有建成;因此,诗人没有专门提到这个地区。但是,有时他会把阿提卡所有居民称为雅典人,用一个共同的名字来称呼这些人,认为他们都是雅典人。例如,他在《船只登记册》之中说道:

> 那些居住在建筑精美的雅典城的人。
>
> (《伊利亚特》,II,546)

我们必须认为他说的是迈加里斯人,并且认为这些人也参加了远征。其证据如下:阿提卡在古代称为爱奥尼亚和雅斯,当诗人说

> 这里的维奥蒂亚人和爱奥尼亚人。
>
> (《伊利亚特》,XIII,685)

他指的就是雅典人；而迈加里斯是爱奥尼亚的一部分。

6. 除此之外，由于伯罗奔尼撒人和爱奥尼亚人经常为边界问题发生争吵，克罗米昂就位于另一个地区的边界上。因此，他们达成协议，在离开地峡不远的约定地区建立界桩；界桩朝着伯罗奔尼撒半岛的一面铭文是：

这里是伯罗奔尼撒半岛，而不是爱奥尼亚。

而朝着迈加拉的一面铭文则是：

这里不是伯罗奔尼撒半岛，而是爱奥尼亚。

虽然《阿西斯的土地》的作者们（至少他们全都是值得一提的人物）在许多问题上都有分歧，但在有一点上是一致的：潘迪昂有四个儿子：埃格乌斯、吕古斯、帕拉斯和尼苏斯；阿提卡被分成四部分之后，尼苏斯获得了自己的一份迈加里斯，并且建立了尼塞亚；同样，根据菲洛科鲁斯所说，他统治的地区从地峡一直延伸到皮托乌姆，[①] 而根据安德龙所说，他的土地只到了埃莱夫西斯和斯里亚西亚平原，尽管不同的作者对四部分的划分有不同的说法，但都同意索福克勒斯下面的说法：埃格乌斯说他父亲命令他前往沿海地区，作为长子得到了这个地区最好的地方；吕古斯则：

---

① 菲洛科鲁斯指的可能是俄诺社区的皮托阿波罗神庙，大约在埃莱夫西斯西北12罗马里。或者是埃莱夫西斯与雅典之间的阿波罗神庙。

第一章 阿提卡

分到了维奥蒂亚的花园,与它彼此挨着,
尼苏斯挑选了谢隆沿岸邻近的土地;
南部的土地给了巨人的抚养者,
强壮的帕拉斯。

这就是作家们为了证明迈加里斯是阿提卡一部分,提出来的证据。

7. 在赫拉克利德族返回,这个地区被划分之后,接着就出现了赫拉克利德族与同他们一起回来的多利亚人,把许多原先的居民从自己的故乡赶到阿提卡境内的事情。在这些人之中有麦西尼人的国王米兰图斯。在他与维奥蒂亚的桑索斯国王单独决斗胜利之后,根据他们的协议,他统治了雅典人。由于被驱逐者的加入,阿提卡现在人多势众,赫拉克利德族由于害怕,主要是由于科林斯人和麦西尼人的唆使,前者是因为他们的亲近关系,后者则是因为米兰图斯之子科德鲁斯当时是阿提卡国王,他们发动战争,进攻阿提卡。但是,他们被打败了,不得不退出除迈加里斯地区之外的所有土地;他们不仅占领着这个地区,建立了迈加拉城,[①]并且以多利亚人取代了城市的爱奥尼亚人。他们还毁灭了建立在爱奥尼亚人和伯罗奔尼撒人边界上的界碑。

8. 迈加里斯人的城市经历了许多变迁,但直到现在仍然存在。有一个时期它曾经有一个哲学流派,称为迈加里斯派(Megarian sect),他们是迈加里斯出生的、苏格拉底派哲学家欧几里得的

---

① 参见本书Ⅷ, i, 2。

门徒,就像埃莱亚派是埃莱亚人、苏格拉底派哲学家斐多(Phaedon)的门徒(皮朗属于该学派),也像埃雷特里亚派是埃雷特里亚人墨涅德摩斯(Menedemus)的门徒一样。迈加里斯人的地区像阿提卡一样,土地比较贫瘠,奥奈山占据了它的大部分地区,它们被称为山脊,它从谢隆礁一直延伸到维奥蒂亚和基塞龙山,把尼塞亚附近的大海和帕盖附近的阿尔西翁海划分开来。

9. 如果从尼塞亚航海到阿提卡,路上要经过五个小岛,然后到达萨拉米斯,它大约有70斯塔德长,也有人说是80斯塔德。岛上有一座名字相同的古城,现在已经荒废,面对着埃伊纳岛和南方正如埃斯库罗斯所说:

埃伊纳在这里,对着南风。

(《残篇》,404,瑙克)

不过,现在的城市在海湾,地形像个半岛,与阿提卡交界。在古代,萨拉米斯还有其他不同的名字。例如,"斯基拉斯"和"基契雷亚",得名于某些英雄人物。根据这些英雄人物之中有一个人的名字,雅典娜被称为"斯基拉斯",[①]阿提卡有一个地方被称为"斯基拉",还有某个宗教仪式是用来纪念"斯基鲁斯"的,有一个月被称为"斯基洛弗里昂节"。神蛇"基契雷德斯"因为另外一个英雄人物而得名。据赫西奥德所说,这条蛇曾经被基契雷乌斯收养,又被欧里洛库斯赶走,因为它威胁到这个海岛,但得墨忒耳把

---

① 斯基拉。

第一章 阿提卡

它迎到了埃莱夫西斯,并且让它做了随从。这个海岛称为皮提乌萨,[①] 是得名于一种树木。但是,这个海岛的出名应当归功于统治这个海岛的阿亚西迪族,特别是要归功于特拉蒙之子埃阿斯。还有这个事实,即在这个海岛附近,薛西斯在海战中被希腊人打败,逃回了自己的老家。埃伊纳人也分享了这场战争的光荣,因为他们是萨拉米人的邻居,提供了一支强大的舰队。萨拉米斯有一条博卡鲁斯河,这条河现在叫做博卡利亚河。

10. 现在,雅典人占据着这个海岛,虽然在从前他们和迈加里斯人为了争夺这个海岛发生过冲突。有些人认为这是在庇西特拉图时期,有些人认为是在梭伦时期。他在《船只登记册》中直接插在这行诗之后:

> 埃阿斯从萨拉米斯带来了 12 条船。
>
> (《伊利亚特》,Ⅱ,557)

还有:

> 把它们带来了,停在雅典人的阵线旁。
>
> (《伊利亚特》,Ⅱ,558)

后来,他就利用诗人的话作为证据,证明这个海岛自古以来就属于雅典人。但是,批评家不接受这种解释,因为有许多诗句可以证明情况正好相反。为什么埃阿斯被放在船阵的最后,没有和雅典

---

① Pitys——松木。

人在一起,而是和普罗特西劳斯领导的色萨利人在一起呢?

> 埃阿斯和普罗特西劳斯的舰队在那里。
>
> (《伊利亚特》,XIII,681)

在阿伽门农视察军队的过程中,他

> 发现佩特奥斯之子、战车兵梅内斯提乌斯
> 站在那里;身边是呼唤战斗的老手雅典人,
> 足智多谋的奥德修斯站在梅内斯提乌斯附近,
> 他周围是凯法莱尼亚人的行列。
>
> (《伊利亚特》,IV,273)

然后再回过来说埃阿斯和萨拉米斯人:

> 他走向埃阿斯的士兵。
>
> (《伊利亚特》,IV,273)

在他们附近的是

> 伊多梅纽斯站在另一边,
>
> (《伊利亚特》,III,230)

而不是梅内斯提乌斯。同样,雅典人认为他们可以引用出自荷马的这类证据,迈加里斯人则以讽刺诗作为回敬:

第一章 阿提卡

> 埃阿斯从萨拉米斯带来了船只，然后从波利赫内，
> 从埃盖鲁萨、尼塞亚、特里波德斯带来了船只。

这四个地方都是迈加里斯的地方，其中的特里波德斯又称为特里波迪齐乌姆，在它的附近，现在有一个迈加里斯人的市场。

11. 有人认为对于阿提卡而言，萨拉米斯是外国的领土，理由是雅典娜女祭司波利亚斯没有碰过阿提卡制造的鲜奶酪，只吃由外国运进的奶酪，而且在这些奶酪之中通常是食用萨拉米斯的奶酪。但这是不正确的说法，因为她吃的是由别的海岛运来的奶酪，这些海岛公认是附属于雅典的。因为那些举行这种仪式的人认为，所有海外来的奶酪都是"外国的"。不过，现在的萨拉米斯在古代显然是一个独立的国家。迈加拉也曾经是阿提卡的一部分，它位于正对着萨拉米斯的海岸线上，在迈加里斯和阿提卡地区的边界线上，有两座山，名叫"双角"。①

12. 然后是埃莱夫西斯城，城里有一座埃莱夫西斯的得墨忒耳神庙，还有伊克提努斯（Ictinus）建立的一座神秘的教堂，它大得足以容纳一大群观众。就是这位伊克提努斯，在卫城修建了一座祭祀雅典娜的帕台农神庙（Parthenon），伯里克利监督完成这项工程。埃莱夫西斯包括在社区之中。

13. 接下来是斯里亚西亚平原、海岸线和一个名字相同的居民点。然后是安菲阿莱角，在海角后面有一个采石场，一条大约2斯塔德宽的道路通往萨拉米斯，薛西斯企图在这条通道上建一道

---

① Kerata——基塞龙山东南支脉两角形的山顶。

防波堤,①但由于海战失败和波斯人撤退没有搞成。这里还有法尔马库塞,这是两座小岛;在比较大的那座岛上可以看见喀耳刻的陵墓。

14. 在这条海岸线后面是科里达卢斯山,还有一个科里达利斯社区。然后是福隆港和普西塔利亚岛,这是一座荒无人烟的岩石小岛,有些人把它称为佩雷乌斯港的白内障。附近还有阿塔兰塔岛,它与埃维亚和洛克里人的一座海岛名字相同,还有一些类似普西塔利亚岛的海岛。然后是佩雷乌斯港,它也包括在社区之中。然后是姆尼恰山。

15. 姆尼恰是一座丘陵,它形成了一个半岛;它的内部许多地方是洞穴,部分是天然的,部分是人工修建的,②因此可以居住。进入洞穴要经过一个狭窄的洞口。在山下有三个港口。姆尼恰在古代有城墙环绕,以民居作为掩护,类似于罗德岛人的城市;③包括环绕着佩雷乌斯和港口的城墙,港口中挤满了造船厂,还有仓库。这是菲隆(Philon)的建造的。军港足以容纳400条船只,因为雅典人通常派去远征的船只不下于这个数字。在这道城墙之内还有"双腿"从城里伸出,这就是长城,长达40斯塔德,连接着城市和佩雷乌斯港。但是,多次战争已经使姆尼恰的城墙和要塞化为废墟,佩雷乌斯萎缩成一个小居民点,围绕着港口和救世主

---

① 根据克特西亚斯(《波斯历史》,26)和希罗多德(Ⅷ,97)所说,波斯国王薛西斯在萨拉米海战之后,企图做这件事情。
② 古代当地有一个采石场。
③ 比雷埃夫斯由著名建筑师、米利都的希波达姆斯建成,他后来还规划和建筑了罗德岛城。

第一章 阿提卡

宙斯神庙。神庙有顶的小柱廊绘有精美的图画,它们是著名艺术家的作品,宽敞的大厅之中有许多塑像。长城也倒塌了,首先是遭到了拉克代蒙人的毁灭,然后是遭到罗马人的毁灭,那是在苏拉围攻并占领佩雷乌斯和城市的时候。①

16. 雅典城本身是位于平原之中的一座岩石山,周围环绕着许多居民点。在岩石上有一片雅典娜的圣域,包括一座古老的雅典娜·波利亚斯神庙(the old temple of Athena Polias),② 庙里有一盏长明灯。帕台农神庙由伊克提努斯所建,神庙中有菲迪亚斯用象牙雕刻的一件作品雅典娜神像。但是,如果我要开始叙述这座城市数不清的、值得赞美和赞扬的各种东西,恐怕会离题太远,我的著作也会脱离原定的意图。因为赫格西亚斯的话时刻提醒着我:"我看见了卫城和它巨大的三叉戟标志。我看见了埃莱夫西斯,我成了其神圣秘密宗教仪式的新成员;更远处是莱奥克里乌姆神庙,这里是西塞乌姆神庙;我不能把它们一一全部指出;因为阿提卡是诸神的财产,他们把这个地方作为自己和那些古代英雄们的圣地。"所以,这位作者只提到了卫城之中一座最重要的塑像。不过,波莱蒙·佩里厄格特斯仅仅是为了叙述一座卫城,就写了一部四卷著作。③ 赫格西亚斯均衡地、简短地提到了这座城市和这个地区的其他部分;虽然他提到了170个居民点(更确切地说,或者是174个)之中的埃莱夫西斯,但没有提到其他任何城市。

17. 即使不是所有的居民点,大多数居民点都有别具特色的

---

① 公元前86年。
② 厄瑞克忒翁神庙。
③ Periegetes,地理和地志的编撰者。

故事，这些与它们相关的故事既有神话故事，也有历史故事。例如，阿菲德纳（Aphidna）有忒修斯拐走海伦、狄俄斯库里兄弟洗劫社区和他们的姐妹被追回来的故事；马拉松有波斯战争的故事；拉姆努斯有一座内梅西斯的塑像，有些人认为它是狄奥多托斯的作品，另外一些人认为是帕罗斯人阿哥拉克里图斯的作品，这件作品在宏伟和精美方面都堪称伟大的杰作，足以和菲迪亚斯的作品媲美；德塞莱亚也是这样，它是伯罗奔尼撒人进行德塞莱亚战争的军事行动基地；菲雷，色拉西布卢斯从那里把部分人带回佩雷乌斯，然后回到雅典。同样，其他许多居民点，也可以说出许多历史故事；此外，莱奥克里乌姆神庙、西塞乌姆神庙也有许多与其有关的神话故事；还有吕刻昂神庙和奥林匹克神庙（Olympicum）（与Olypium是一码事），奥林匹克神庙是一位国王奉献的，[①]在他去世的时候只完成了一半工程。同样，还有学园和哲学家们的花园、演员和演说家的表演场地、被称为画廊的柱廊、[②] 城里的许多神庙收藏了许多不同艺术家的精美作品。

18. 如果有人想看一看自塞克罗普斯开始，这个居民点早期建筑家的名单，那这个名单就太长了；因为作者们在这个问题上观点不完全一致，这一点明显地表现在名字上。例如，有人认为阿克提斯得名于阿克特翁（Actaeon）；阿西斯和阿提卡得名于克拉劳斯（Cranaüs）之子阿西斯，有许多居民点用他的名字称为克拉奈；莫普索皮亚得名于莫普索普斯（Mopsopus）；爱奥尼亚得名于

---

① 安条克·埃皮法尼斯（公元前175—前164年在位，叙利亚国王）。
② 在公元前5世纪中期，波吕格诺图斯为柱廊绘上了壁画。

克苏图斯之子伊翁;波塞多尼亚和雅典得名于诸神,以他们的名字命名。正如我已经说过的那样,佩拉斯吉人也显然在这里住过,他们由于到处流浪而被阿提卡人称为"佩拉尔吉人"。①

19. 人们越是想知道古代那些著名的事件,讲解这些事情的人也就越多,那些不掌握历史事实的人所受的责备也越大。例如,卡利马科斯在《河流名录大全》之中说,②使他感到好笑的是,有人竟敢写雅典少女

从埃里达努斯河中汲取纯净的河水。③

因为即使是牲口也拒绝饮用它的河水。据说,现在有许多资料记载利塞乌姆山附近迪奥查雷斯门之外纯净的可饮用水;不过,在古代,它附近有个人工建造的喷泉,有丰富的优质水源。即使它们现在已经不再存在,也用不着感到奇怪,为什么从前有许多纯净的饮用水,后来会发生变化?但是,情况不允许我把太多的时间浪费在大量的枝节问题上。但是,我也不能一言不发地绕过去,甚至连简单提一下都没有提。

20. 那么,只要补充这么多就足够了:根据菲洛科鲁斯所说,这个地区曾经遭受到来自海上的卡里亚人,以及来自陆地的维奥蒂亚人的破坏,这些维奥蒂亚人当时叫做奥尼亚人。塞克罗普斯最初让民众居住在12座城市之中;这些城市的名字是:塞克罗皮

---

① 参见本书V, ii, 4。
② 文集没有保存下来。
③ 诗歌作者不详。

亚、泰特拉波利斯城、伊帕克里亚、德塞莱亚、埃莱夫西斯、阿菲德纳（又名阿菲德尼，复数）、托里库斯、布劳隆、基西努斯、斯费图斯和凯菲西亚。[①] 据说后来是忒修斯把12座城市联合为现在的一座城市。雅典人在古代受国王的统治，后来他们变成了民主政体；但是，庇西特拉图和他的儿子、僭主们使雅典人受到了困扰；后来又兴起了寡头政治，不仅有400人，还有30僭主，他们是拉克代蒙人任命统治雅典人的；他们很容易就摆脱了僭主，把民主政体一直维持到罗马人征服之前。因为他们即使在马其顿国王短暂的统治时期，被迫屈服于他们，自己至少还保持了基本同样的政府制度。有些人认为他们在卡桑德统治马其顿人的10年期间，实际上受到了最良好的统治。据说，尽管他对其他人是专制暴君式的态度，但他对待雅典人是友好的，他还一度放松对这座城市的压制，例如，他曾经任命哲学家提奥弗拉斯图斯的门徒、法莱隆的德米特里担任公民的首领；德米特里不仅没有破坏民主政体，反而使它更巩固了。这一点，德米特里在《回忆录》之中对自己执政的往事有明确的记载。不过，对于寡头政治的妒忌和仇恨心理是如此强烈，以致在卡桑德去世之后，德米特里被迫逃往埃及，他的300多座塑像被造反者推倒，熔化。还有的作家添油加醋地说，这些塑像被用来做成了夜壶。无论如何，罗马人理解雅典人的民主政治，在他们被征服之后，保留了他们的自治和自由。但是，在米特拉达梯战争爆发之后，米特拉达梯任意把僭主统治强加给了他们。僭主之中最强有力的人物阿里斯提昂随意

[①] 最好的手稿也只保留了11座城市的名字。

压榨城市，罗马将领苏拉在夺取这座城市之后，虽然他请求城市原谅自己，还是受到了惩罚；直到现在，这座城市仍然是自由的城市，并且得到罗马人的尊重。

21. 在佩雷乌斯之后是位于海边、紧靠着它的法莱赖斯居民点；然后是哈利姆西、埃克索尼斯、阿莱伊斯、埃克索尼齐和阿纳吉拉西。然后是托莱斯、兰普特莱斯、埃吉利斯、阿纳弗律斯提、阿特尼斯。这些居民点一直延伸到苏尼乌姆角。在上述居民点之间还有一个长长的海角，也是在埃克索尼之后的第一个海角——佐斯特角。然后在托莱斯之后又有一个海角，我指的是阿斯提帕莱亚角；在前一个海角之外是法布拉岛，在后一个海角之外是埃利夫萨岛；正对着埃克索尼居民点的是海德鲁萨岛。在阿纳弗律斯图斯附近有潘的圣所和科利亚斯的阿弗罗蒂忒神庙；据说波斯人在萨拉米斯海战之中被打烂的船只碎片，最后被海浪冲到了这个地方。这些碎片与阿波罗的预言有关：

科利亚斯的女人将要用桨来做饭。

在这个地方前面有一个贝尔比拉岛，在不远的地方还有帕特罗克卢斯的栅栏。这些岛屿大部分无人居住。

22. 绕过苏尼乌姆角，就到了重要的居民点苏尼乌姆；然后是托里库斯，然后是波塔姆斯居民点；然后是普拉西亚、斯泰里亚、布劳隆，布劳隆尼亚有一座阿尔忒弥斯神庙；然后是阿拉费尼德人的哈莱，那里有一座陶罗波卢斯的阿尔忒弥斯神庙，然后是米里努斯、普罗巴林图斯、马拉松，米太亚德在这里彻底消灭了达提斯率领的波斯人。他没有等待拉克代蒙人，因为他们要等到满月的时候出发，所以太迟了。这里也是神话之中忒修斯杀死马拉松公牛故事发生的地方。在马拉松之后是特里科林图斯，然后是拉姆努斯，这里有一座内梅西斯的圣所，然后是奥罗普斯人的土地萨菲斯。在萨菲斯附近有一座曾经很有名的安菲阿雷乌姆神谕所，据索福克勒斯所说，安菲阿劳斯飞到过这里：

> 底比斯的土地张开大口，[①] 吞没了
> 驷马战车、盔甲和一切。
>
> （《残篇》，872，瑙克）

奥罗普斯是一块经常引起争议的领土；因为它位于阿提卡和维奥蒂亚的共同边界上。在这条海岸线之外有下列海岛：在托里库斯和苏尼乌姆之外是海伦岛，它是一个多石头的荒岛，长度大约是60斯塔德，与海岸线平行地延伸。据说诗人提到这个海岛，这就是亚历山大对海伦说话的地方：

> 即使是我第一天把你从可爱的拉克代蒙拐走，
> 和你一起乘坐海船，在克拉那埃岛
> 和你在一起做爱和睡觉的时候也没有……
>
> （《伊利亚特》，Ⅲ，443）

---

① 这片土地由于宙斯的闪电而张开，因此救下了英雄。

因为他说的克拉那埃岛现在就称为海伦岛,据说海伦和帕里斯曾经在那里发生过性交。在海伦岛之后是埃维亚,该岛离海岸线更远;它与海伦岛一样,同样是狭长的,与大陆平行的海岛。从苏尼乌姆角到埃维亚南方的莱夫斯阿克特角,航程是300斯塔德。但是,关于埃维亚的情况,我将在稍后再说;至于阿提卡内地的居民点,如果要清点它们的数目,那是很单调乏味的,因为它们的数量太多了。

23. 在这些大山之中,最著名的有伊米托斯山、布里莱苏斯山和利卡贝图斯山;还有帕尔内斯山和科里达卢斯山。在这座城市附近有最好的大理石采石场,伊米托斯的采石场和彭特利库的采石场。伊米托斯也出产最好的蜂蜜。阿提卡的银矿最初很重要,但现在它们已经枯竭了。此外,那些提炼银子的人在采矿收益越来越少的时候,开始再度熔化旧废料和矿渣,也能从中提取出纯银,这是因为以前的工人在熔炉之中加热矿石的技术不熟练。不过,阿提卡的蜂蜜是世界上是最好的。据说这种蜂蜜在富有银矿的国家贵重超过一切品种,被称为"未经烟熏的"品种,这是由它的制作方式得名的。[①]

24. 阿提卡的河流如下:凯菲苏斯河,它发源于特里内梅斯居民点,流过平原地区(由此出现了"桥"和"桥上的玩笑"典故),[②] 然后流过了连接着城市和佩雷乌斯港的城墙,汇入法莱隆湾;这条河流一年大多数时间都是湍急的河流,但是在夏季它的

---

① 古人大多是采用烟熏法取得蜂蜜。

② Gephyra——桥;Gephyrismoi——桥上的玩笑。这可能是讥笑由雅典到埃莱夫西斯旅游的埃莱夫西斯妇女行为轻佻。

河水减少，甚至完全断流。伊利苏斯河更是这种情况，它从这座城市另外一个地方流过来，注入同一条海岸，它的源头在阿格拉和吕刻昂神庙之后的地方，柏拉图曾经在《费德鲁斯》篇中[1]赞扬过它。关于阿提卡的情况，就是这么多了。

---

[1] 费德鲁斯，229AD。

第二章 维奥蒂亚

1. 接下来是维奥蒂亚。我在叙述这个地区及其邻近各部落的时候，为了清楚起见，应当提一提我先前讲过的事情。正如我已经说过的那样，这条从苏尼乌姆向北延伸到塞萨洛尼西亚的海岸线，略微向西倾斜，但仍然在海的东边；在这条海岸线之后的地区朝着西方——像飘带延伸入这个地区，彼此平行穿过整个地区。在这些部分之中，第一部分是阿提卡和迈加里斯。它们像是从苏尼乌姆到奥罗普斯和维奥蒂亚，延伸到这条海岸线东边的飘带；而在西边则是地峡和阿尔西翁海，这个海从帕盖延伸到克勒萨港附近的维奥蒂亚边界，这个地区其他两边是从苏尼乌姆延伸到地峡的海岸线，几乎与海岸线平行，把阿提卡与维奥蒂亚分开的山区；第二部分是维奥蒂亚，它像飘带一样从东向西延伸，从埃维亚海延伸到克里萨湾的大海；它的长度大约与阿提卡相等，或者略短一点，但在土壤的肥沃方面则远胜于阿提卡。

2. 埃福罗斯声称维奥蒂亚比邻近部落地区都好，不仅是因为它的土地肥沃，而且是因为它是唯一拥有三个海和大量优良港口的地区。在克里萨湾和科林斯湾，它可以获得意大利、西西里和利比亚的产品。同时，在正对着埃维亚的那部分地区，由于它的海岸线向埃夫里普海峡的两边延伸，一边到了奥利斯和塔纳格拉地区，另一边到了萨尔加内乌斯和安提登，大海在一个方向朝着埃及、塞浦路斯和诸岛延伸；在另一个方向朝着马其顿、普罗庞提斯海和赫勒斯滂海延伸。他补充说，埃维亚由于埃夫里普海峡的缘故，在某种程度上是维奥蒂亚的一部分，因为埃夫里普海峡非常狭窄，一座跨越埃夫里普海峡的桥梁总共只有2普勒斯伦长。埃福罗斯这样赞扬这个国家的这些优点，认为它天生就应该拥有统治权；但是，它的统治者，那些掌握政权的人物却常常忽视良好的训练和教育。因此，他们虽然有时能够取得成功，但这种成功只能保持很短的时间，伊巴密浓达的事例就是最好的证明。因为在他去世之后，刚刚尝到霸权滋味的底比斯人，立刻就丧失了霸权。其原因就是轻视知识和人际关系的重要性，只关注军事方面的成就。埃福罗斯本来还应当补充说，所有这些在与希腊人打交道时是特别有用的，但在和蛮族打交道时则是武力胜于理智。罗马人在古代与野蛮部落作战时，需要的不是这种教养，但是在他们转而开始与更加文明的部落和民族打交道时，他们重视了这种自身教育，因而使自己成了所有人的主人。

3. 尽管如此，维奥蒂亚在古代居住着蛮族居民奥内人和滕梅西人，他们是从苏尼乌姆移居到这里来的，这里还有勒勒吉人、海安特人。后来，这里被腓尼基人占领了，我指的是卡德摩斯率领的腓尼基人，他在这里建立了卡德梅亚要塞，把统治权传给了自己的后裔。除了卡德梅亚要塞之外，这些腓尼基人又建立了底比斯，巩固了自己的政权。在埃皮哥尼远征之前，他们统治了大多数维奥蒂亚人。在埃皮哥尼时期，他们短暂地离开了底比斯，后来又再次回来了。同样，他们被色雷斯人和佩拉斯吉人赶走之后，他们和阿尔内伊人一道，在色萨利建立一个长期的政权，他们因此被称为维奥蒂亚人。后来，他们返回了故乡，这是在维奥蒂亚境内奥利斯港附近的埃奥利亚舰队整装待发、准备启航的时候，这支舰队是俄瑞斯忒斯的儿子们派往亚细亚去的。在他们把奥尔科梅尼亚地区和维奥蒂亚联合到一起之后（在古代奥尔科梅尼亚人不是维奥蒂亚社区的一部分，荷马也没有把他们和维奥蒂亚人一起提到过，而是把他们作为一个独立的民族，称为米尼伊人），他们和奥尔科梅尼亚人一起把佩拉斯吉人赶到雅典去了（后来，这座城市有一部分称为"佩拉斯吉康"，虽然他们居住在伊米托斯山脚下），而色雷斯人到了帕尔纳索斯山；海安特人在福基斯建立了海厄斯城。

4. 埃福罗斯说，色雷斯人在与维奥蒂亚人签订了条约之后，又在黑夜进攻他们，因为他们认为维奥蒂亚人在签订和约之后，会疏于防守；当维奥蒂亚人打败色雷斯人之后，同时也指责他们破坏了条约。色雷斯人坚持他们没有破坏条约，因为条约规定"在白天"，而他们是"在黑夜"发动进攻的；由此就产生了一个谚语，"色雷斯人的虚伪"；当战争还在进行的时候，佩拉斯吉人前去请求神谕，维奥蒂亚人也在请求神谕，但是，埃福罗斯没有说神谕所是怎么答复佩拉斯吉人的；而女预言家对佩拉斯吉人的回答是，如果他们敢于亵渎神圣，他们就能兴旺发达，派去请求神谕的使节们怀疑女预言家给于这样的回答，是因为他们有亲缘关系而偏袒他们（确实，这座神庙从一开始就是佩拉斯吉人的），他们抓住这个女人，把她扔进了燃烧着的柴火堆，因为他们认为不管她是否在撒谎，他们无论如何都是对的，如果她是发布虚假的神谕，她就是自作自受，如果她没有说假话，他们也是履行神谕的命令。据埃福罗斯所说，神庙管理人不同意未经审判就判处做这件事情的人死刑——而且还是在神庙之中——因此，他们把使节交付审判，当着女祭司们的面进行审讯，这些女祭司是三位预言家之中幸存的两位；但是，当维奥蒂亚人提出任何地方允许妇女做法官都是不合法的时候，他们在妇女之外又选择了同样多的男性。他说，这些男子投票赞成无罪释放，而妇女赞成判罪，由于票数相等，那些赞成无罪释放的人占了优势；由于这件事情的缘故，多多纳只有男性对维奥蒂亚人发布神谕。但是，女祭司解释说这个神谕的意思是，神命令维奥蒂亚人每年偷一些三脚祭坛，每年奉献给多多纳一个祭坛就行；他们也真的这样做了，因为他们总是在黑夜偷盗一个已经献给神庙的三脚祭坛，用衣服包着它，可以说是偷偷摸摸地把它送到多多纳来。

5. 后来，维奥蒂亚人和潘提卢斯及其支持者合作，①建立了埃奥利亚人殖民地，并且派遣许多自己的人员和他一起前去，因此，这个殖民地也是维奥蒂亚人的殖民地。过了很久之后，由于波斯战争就发生在附近的普拉蒂亚，这个殖民地彻底荒废了。后来，他们恢复了自己的实力，底比斯人强大到在两次战争之中征服了拉克代蒙人，②提出了统治希腊人的权利要求。不过伊巴密浓达阵亡之后，他们也因此丧失了希望；但是，他们仍然以希腊人的名义和福基斯人打仗，因为这些人洗劫了他们共同的神庙。在这场

---

① 参见本书 XIII，i，3。
② 在留克特拉和曼提尼亚附近。

第二章　维奥蒂亚

战争之中遭到失败之后,他们又被进攻希腊人的马其顿人打败,[1]丧失了自己的城市,[2]这座城市被马其顿人夷为平地。后来,他们从马其顿人手中收复了这座城市,进行了重建。[3]从那时开始到现在,底比斯人的生活情况是每况愈下。大体上来说,今天的底比斯连一个外表像样的村庄的也保不住。维奥蒂亚人的其他城市情况也大体相似,除了塔纳格拉和塞斯皮亚之外,它们和底比斯相比,还算情况很好的。

6. 接下来应当叙述正对着埃维亚海岸与阿提卡相连接的海岸地区。这个地区开始于奥罗普斯和圣港,这个港口又称为德尔斐乌姆港（Delphinium）,正对着它的是埃维亚的埃雷特里亚老城,渡过海峡到那里的距离是60斯塔德。奥罗普斯位于德尔斐乌姆港之后20斯塔德,正对着奥罗普斯是现在的埃雷特里亚城,有一条渡过海峡的航路长40斯塔德。

7. 接着德利乌姆的阿波罗圣所,它是提洛岛的阿波罗圣所复制品。德利乌姆是塔纳格拉人的一座小城镇,距离奥利斯30斯塔德。有时雅典人打了败仗,可以从这里顺利地逃走。哲学家苏格拉底当时在步兵中服役,因为他的马跑掉了,他在逃跑的时候看见格吕卢斯之子色诺芬从马上摔下来,躺在地上;苏格拉底扶着他的肩膀,保护着他走了很长的路程,直到停止逃跑为止。

8. 接下来是一个很大的海港,称为深港;然后是奥利斯,这是一个多岩石的地方和塔纳格拉人的村庄。它的港口只能容纳50条

---

[1]　公元前338年喀罗尼亚战争。
[2]　公元前335年,底比斯被亚历山大大帝毁灭。
[3]　公元前316年,卡桑德重建此城。

船；因此有理由猜想希腊人的军港在一个大港口中。在附近有卡尔西斯城边的埃夫里普海峡，该城距离苏尼乌姆670斯塔德。正如我以前所说的那样，横跨海峡有一座长达2普勒斯伦的桥梁。桥的两头有堡垒，一个在卡尔西斯，另一个在维奥蒂亚，堡垒之中修建了地道。① 关于埃夫里普海峡的回流非常值得一提，据说它们每昼夜改变7次之多，② 但是，这种改变的原因却必须到其他地方去寻找。

9. 在埃夫里普海峡附近的一块高地上，有一个地方名叫萨尔加内乌斯，得名于埋葬在那里的维奥蒂亚人萨尔加内乌斯（Salganeus）之名，——当波斯人的舰队从马利亚湾进入这条海峡的时候，就是这个人为波斯人领航。据说在波斯人到达埃夫里普之前，他就被波斯舰队指挥官梅加巴特斯处死了，因为他被认为是一个恶棍，理由是他欺骗性的把舰队匆匆忙忙带进了海上的一条死胡同，但是，当这个蛮族人认识到自己犯了错误之后，不仅表示了悔恨，而且认为应当隆重地安葬这个被无辜处死的人。

10. 在奥罗普斯附近有一个地方名叫格雷亚，还有一座安菲阿劳斯神庙和一座纳尔西苏斯纪念碑，它又称为"西格卢斯"（Sigelus）纪念碑，③ 因为人们走过它旁边的时候都是默不作声的。有人认为格雷亚与塔纳格拉相同。波曼德里亚地区与塔纳格拉地区相同；④ 塔纳格拉人又称为格菲里人。安菲阿劳斯神庙是按照神谕从底比斯的克诺皮亚搬到这里来的。

---

① 本义为"在塔楼之间修建地道"。
② 变化的发生实际上是不规则的。
③ 沉默纪念碑。
④ 塔纳格拉人说他们的城市建立者是波曼德（保萨尼阿斯，9.10）。

第二章　维奥蒂亚

11. 米卡利苏斯是塔纳格拉地区的一个村庄。它位于从底比斯通往科尔基斯的道路旁，它的名字在维奥蒂亚语言中叫做米卡利图斯。哈尔马同样在塔纳格拉地区；这个荒废的村庄靠近米卡利图斯，得名于安菲阿劳斯的战车，它的地理位置与阿提卡的哈尔马不同，它在阿提卡的居民点菲雷附近，与塔纳格拉交界。由此出现了一个谚语："闪电何时掠过哈尔马。"因为皮塞斯特人根据神谕指示，[①] 在哈尔马通常的方向观察闪电，但是在那个方向没有看到任何闪电，后来他们看到了闪电，他们向德尔斐送去了祭品。他们要在闪电神宙斯的祭坛上继续观察3个月，每个月观察3个昼夜。这个祭坛位于城墙之内，[②] 在皮西乌姆的阿波罗神庙和奥林匹亚的宙斯神庙之间。至于维奥蒂亚的哈尔马，有些人认为是安菲阿劳斯摔下战车阵亡之处，[③] 就在今天这座神庙的位置附近，那辆空的战车被拖到了一个名字相同的地方；其他人认为阿德拉斯图斯（Adrastus）的战车在战斗之中被打成了碎片，但他自己却骑着阿雷昂（Areion）安全逃走了。[④] 不过，菲洛科鲁斯认为，阿德拉斯图斯是被村里的居民救走的。因为这个原因，他们从阿尔戈斯人手中获得了平等的公民权。

12. 对于那些从底比斯返回阿尔戈斯的人来说，塔纳格拉在左边，而［普拉蒂亚人的城市］[⑤] 在右边。希里亚从前属于底比斯地

---

① 去德尔斐请求神谕的人。
② 雅典的。
③ 马车在希腊语之中是 harma。
④ 阿德拉斯图斯的马名（《伊利亚特》，XXIII，346）。
⑤ 德布里森确定。

区,现在它属于塔纳格拉地区。希里亚是神话故事希里乌斯和俄里翁诞生的地方,品达在他的赞美诗之中说到这个故事。[1] 希里亚位于奥利斯附近,有些人认为希西伊又称希里亚,属于基塞龙山下的帕拉索皮亚地区,靠近位于内陆地区的埃利色雷,它是希里亚人的殖民地,它的建立者是安提俄珀之父尼克特乌斯。在阿尔戈斯地区还有一个希西伊村,它的居民被称为希西亚特人。爱奥尼亚的埃利色雷,是这个埃利色雷的殖民地。海莱翁村属于塔纳格拉,得名于"沼泽"。[2]

13. 在萨尔加内乌斯之后是安提登城和港口,它是维奥蒂亚这部分海岸的最后一座城市,正对着埃维亚,正如诗人所说:

遥远的安提登。

(《伊利亚特》,Ⅱ,508)

再向前走不多远,又有两座维奥蒂亚人的小城市:凯菲苏斯河口的拉里姆纳,再远一点是哈莱,它与阿提卡的一个居民点名字相同。[3] 据说,正对着这条海岸线是埃维亚的埃盖城,城里有一座埃盖人的波塞冬神庙,关于这座神庙,我在前面已经说了。穿过这条海峡,从安提登到埃盖的航程是120斯塔德,但从其他地方出发,距离要短得多。这座神庙在一座高山上,那里过去有一座城市。在埃盖附近有奥罗比伊。在安提登地区有梅萨皮乌斯山,

---

[1] 《残篇》,73,《贝克》。
[2] 希腊语为 hele。
[3] 两座哈莱城。

得名于梅萨普斯。他来到雅皮吉亚之后,把这个地方叫做梅萨皮亚。[①]这里是安提登人格劳库斯神话故事发生的地方,据说[②]他变成了一个海里的怪物。

14. 在安提登附近有一块维奥蒂亚人的圣地,名叫伊苏斯(第一个音节发短音),保存着城市的许多遗迹。有些人认为这行诗应当这样写:

> 神圣的伊苏斯和遥远的安提登。
>
> (《伊利亚特》,II,508)

如果根据诗歌的韵律延长第一个音节,就成了

> 神圣的尼萨。

正如阿波罗多罗斯在其著作《论船只登记册》之中所说,在维奥蒂亚任何地方也找不到尼萨(Nisa)这个地方,[③]因此,尼萨的读音不可能是正确的。除非诗人的"尼萨"不是指"伊苏斯",因为在迈加拉地区还有一座与尼萨名字相同的城市,它的居民已经迁移到基塞龙山脚下。但是,这座城市现在也已经消失了。有些人认为我们应当读成"神圣的克勒萨",认为诗人说的就是现在塞斯皮亚人的军港"克勒萨",它位于克里萨湾之中。但是,其他

---

① 参见本书 VI,iii,1。
② 柏拉图:《理想国》,611。
③ 参见本书 I,ii,4。

人认为我们应当读成"神圣的法雷",它是塔纳格拉附近"四村联合体"之一,这四个村庄是:海莱翁、哈尔马、米卡利苏斯和法雷。还有其他的人认为它应当读成"神圣的尼萨"。① 尼萨是赫利孔的一个村庄。正对着埃维亚海岸线的情况,大致就是这样了。

15. 接下来是内陆平原地区,它们是四周群山环绕的谷地;② 阿提卡的群山在南边,福基斯的群山在北边;基塞龙山在西边,稍微偏向克里萨海后面一点。它由迈加拉和阿提卡的群山开始,然后转入平原地区,最后终止于底比斯邻近地区。

16. 在这些平原之中,有的地方像沼泽一样,因为平原上有许多河流在到处泛滥,但有些河流在平原上泛滥之后流出去了;其他平原是干燥的,由于它们很肥沃,耕种方式是多种多样的。但是,由于在地下深处到处是洞穴和裂缝,③ 常常发生强烈的地震,使一些道路被堵断,又开辟了另外一些道路,有些地面升高了,有些则出现了地下管道。结果是有些水流入地下暗河,而其他的则在地表流动,这样形成了湖泊与河流。而且,当地下深处的暗河一旦被堵塞,它就形成湖泊,漫延到有人居住地区。因此,湖泊不仅淹没了许多城市,而且还淹没了许多农村。同样,而当这里或那里的地下暗河被打通之后,这些城市和农村又会暴露出来。因此,常常出现这种情况:在同一些地区,一个时期要乘船旅行,另一个时期又要步行旅行;同样有一些城市,有的时候位于湖

---

① Nysan.
② 埃维亚海的东边除外。
③ 参见本书Ⅷ, ⅷ, 4。

第二章 维奥蒂亚

边,[1]有的时候又远离湖边。

17. 如果两件事情之中发生了一件:或者是城市原地保留不动,由于水位不高,水的增长不足以淹没居民区;或者是城市被放弃了,在别的地方重建了,那通常是因为它们受到了附近的湖泊的威胁。它们搬往更远或是更高的地方,免除被淹没的危险。结果是搬往别处的城市保留了原来的名字,尽管它们原先的名字确实得名于当地的地理环境,现在它们的名字确切来说已经不再相称了。例如,"普拉蒂亚"可能得名于桨的"叶片",[2]而"普拉蒂亚人"就是那些靠划桨为生的人。但是,现在他们已经居住在这个湖泊很远的地方,这个名字严格来说也与他们不再相称了。赫卢斯、海莱翁和海莱西乌姆,都是因为靠近沼泽地区而得名;[3]但是,这些地方现在的情况已经完全不同了,因为它们已经在别的地方重建了,或是因为后来这个湖泊的湖水外泄,水位已经大大降低了。因为这些情况都是完全有可能发生的。

18. 在这方面,最明显的例子是注入科佩斯湖之中的凯菲苏斯河;当湖中的水位升得太高的时候,科佩城[4]就处于被淹没的危险之中(诗人提到过科佩的名字[5],这个湖泊就得名于城市的名字),而在科佩附近的湖泊形成了一条峡谷,开辟了一条长约30斯塔德的地下暗河,被认为是一条河流;后来这条河流突然在洛克里斯的拉里

---

[1] 指科佩斯湖,它现在已经干涸。
[2] 希腊语 plate。
[3] Helos——沼泽,hele——沼泽(复数)。
[4] 本义为"桨"。
[5] 《伊利亚特》,II,502。

姆纳附近冒出地表；我说的是上拉里姆纳，因为还有另外一个拉里姆纳，[1] 即我已经提到过位于海边的维奥蒂亚的拉里姆纳，罗马人已经把上拉里姆纳并入其中。这个地方叫做安科，[2] 这里也有一个名字相同的湖泊。凯菲苏斯河流出这个湖泊之后，最后流入了大海。当湖泊中的洪水泛滥停止的时候，对于住在湖边的人们来说，这时威胁也就消失了。当然，这要除了那些已经被淹没的城市之外。虽然地下暗河再次灌满的时候，由于维奥蒂亚人内讧的原因，卡尔西斯的矿山工程师克拉特斯停止了清理堵塞的工作；[3] 尽管他自己在给亚历山大的信中说许多地方已经疏浚了。按照某些作家的意见，在这些地方之中有古代奥尔科梅努斯。其他人认为这些地方有埃莱夫西斯和特里顿河畔的雅典。据说这些城市是塞克罗普斯统治维奥蒂亚（当时称为奥吉吉亚）的时候建立的，但后来被淹没了。据说在奥尔科梅努斯附近的地面出现了一条裂缝，它吞并了流经哈利阿尔图地区的米拉斯河，[4] 形成了一片沼泽，这个沼泽生长着做长笛用的芦苇。但是，这条河流却完全消失了：或者是因为它被裂缝完全吸收到看不见的暗河之中去了，或者是它早就流入哈利阿尔图地区附近的沼泽和湖泊，因此诗人把这个地区称为"芳草萋萋的"，正如他说的：

芳草萋萋的哈利阿尔图。

（《伊利亚特》，II，503）

---

[1] 参见本书IX, ii, 13。
[2] Agchoe——逆流。
[3] 手稿有脱漏。
[4] 这不大可能，因为米拉斯河流入湖的北边，而哈利阿尔图在南部。

第二章 维奥蒂亚

19. 这些河流从福基斯的山区流出,其中有一条凯菲苏斯河发源于福基斯的利莱亚城,荷马曾经说道:

> 那些居住在利莱亚,
> 居住在凯菲苏斯河源头的人。

(《伊利亚特》,Ⅱ,523)

在流过了福基斯最大的城市埃拉泰亚之后,又经过了福基斯的城市帕拉波塔米和法诺特乌斯,[1]它继续向前流过维奥蒂亚的喀罗尼亚(Chaeroneia),然后又流过奥尔科梅努斯和科罗尼亚,流入了科佩斯湖。还有发源于赫利孔山的佩尔梅苏斯和奥尔梅乌斯河,它们在汇合之后流入了哈利阿尔图斯附近的同一个科佩斯湖,还有其他河流也流入了这个湖泊。现在它是一个大湖,周长有380斯塔德,但到处找不到它的出口,除了那条吞没了凯菲苏斯河,形成了许多沼泽地区的地下暗河之外。

20. 在附近的湖泊之中,有特雷菲亚湖和凯菲西斯湖,诗人曾经提到过这些湖泊:

> 居住在许勒的男子非常贪恋财富,
> 贪恋凯菲西斯的湖岸……

(《伊利亚特》,Ⅱ,708)

---

[1] 或者是帕诺佩乌斯。

正如有些人所说的，因为他指的不是科佩斯湖，而是许勒湖，它得名于附近的许勒村，而不是许达。正如有人写的那样："居住在许达的男子。"因为许达在吕底亚，

> 肥沃的许达在白雪皑皑的特莫卢斯山下。
>
> （《伊利亚特》，XX，385）

然而许勒在维奥蒂亚；诗人无论如何都会在这句话之后，

> 居住在凯菲西斯湖边的

加上一句话：

> 在它的附近居住着其他的维奥蒂亚人。

由于科佩斯湖非常大，不完全在底比斯地区境内；而另外一个小湖位于底比斯和安提登之间，由科佩斯湖通过地下暗河补充水源。无论如何，荷马有一次在《船只登记册》之中使用了这个词的单数，标明了第一个字母是长音。

> 许勒和佩特昂
>
> （《伊利亚特》，II，500）

由于诗歌的豪放，在其他地方也有把它标为短音的：

居住在许勒的男子。

还有

提齐乌斯，居住在许勒的最好皮匠。

(《伊利亚特》，Ⅶ，221)

这里也有些吹毛求疵的人错写成"在许达"，因为埃阿斯并没有派人去吕底亚取自己的盾牌。

21. 这些湖泊可以按照它们的地理位置顺序，一个一个地被提到。因为它们的地理位置是非常清楚确定的。但诗人没有按照顺序，而是按照它们值不值得的标准提到这些地方。但是，要提到这么多的地方，加之它们大多没有名气，位于内陆地区，在顺序方面要完全避免误差是很困难的。而沿海地区在这方面有一定的优势；这里各个地方是很清楚的；大海可以更好地指明它们的位置。因此，我本来打算从海岸地区开始叙述，但现在我不得不放弃这种打算，按照荷马的办法来清点各个地方，再补充从其他作家那里获得的所有资料，还有被他所忽略的，对我们有用的东西。他是从希里亚和奥利斯开始的，关于这些地方，我已经说过了。

22. 斯科努斯是底比斯地区的一个地方，[①] 位于从底比斯通往安提登的大道旁边，距离底比斯大约是50斯塔德，有一条斯科努斯河经过这个地区。

---

① 《伊利亚特》，Ⅱ，497。

23. 斯科卢斯是基塞龙山麓帕拉索皮亚地区的一个村庄，这个地方是一个崎岖不平的、不适宜居住的地方；因此而出现了一个谚语：

不要去斯科卢斯，也不要跟别人去那里。

据说彭塞乌斯是被人从这里抓走，撕成碎片的。[①] 在奥林图斯附近的城市中，还有一个和这个村庄名字相同的斯科卢斯。正如我已经说过的那样，在特拉钦尼亚的赫拉克利亚，也有一个村庄叫做帕拉索皮村，阿索普斯河流过它旁边；在西锡安尼亚，有一条阿索普斯河；还有一个阿索皮亚地区，也有另一条阿索普斯河；还有其他的河流也叫这个名字。

24. "埃特奥努斯"被改名为"斯卡福"，斯卡福也在帕拉索皮亚境内，阿索普斯和伊斯梅努斯河流过底比斯前面的平原地区。有一条小河名叫迪尔塞，还有一个波特尼伊，波特尼伊的格劳库斯被这座城市附近波特尼伊母马撕成碎片的神话故事，就发生在这个地方。基塞龙山在距离底比斯不远的地方结束了。阿索普斯河经过基塞龙山附近，灌溉着它的山麓地区，并且把帕拉索皮人分成了几个居民点；所有居民点都归底比斯统治。但其他作家认为斯科卢斯、埃特奥努斯和埃利色雷位于普拉蒂亚人的土地上，因为这条河流过普拉蒂亚，在塔纳格拉不远的地方入海。在底比斯人的土地上还有特拉普尼和托梅苏斯，安提马科斯曾经在自己

---

① 被酒神节的妇女撕碎。

的许多诗歌之中赞扬后者,①并且列举了许多不属于它的优点,例如:"那里有一个多风的山冈",而且这些诗歌都已家喻户晓。

25. 安提马科斯把今天的"塞斯皮伊"称为"塞斯皮亚"。确实,许多地方有很多名字,通常是因为使用了这种或者那种数(单数和复数),还有阳性和阴性的结果,但也有一些其他的地名只有一种形式。塞斯皮伊是赫利孔山附近的一座城市,略微位于它的南边;塞斯皮伊和赫利孔两者都在克里萨湾。这里有一座克勒萨港,又称克勒西斯港。在塞斯皮亚境内,朝着赫利孔方向的阿斯克雷城是赫西奥德的故乡。它坐落在赫利孔的右边,在一片高而崎岖不平的地方,距离塞斯皮伊大约40斯塔德。赫西奥德在诗歌之中曾经讽刺过这座城市,影射其父早年从埃奥利亚的基梅城移居到这里。他说:

> 他住在赫利孔附近可怜的阿斯克雷村
> 冬天严寒夏天闷热,没有一天好日子。
>
> (《工作与时日》,639—640)

赫利孔一直延伸到福基斯北部地区,也略微延伸到了它的西部地区,延伸到了福基斯在这个地区最后一个海港,这个海港因为这种情况被称为米库斯。②总之,在克里萨湾的后面就是赫利孔、阿斯克雷、塞斯皮伊和它的海港克勒萨。这一部分被认为是

---

① 在史诗《七雄攻忒拜》之中。
② 本义为"坑洼"。

克里萨湾的顶部，一般而言也是科林斯湾的顶部。从米库斯港到克勒萨的海岸线，长90斯塔德；从克勒萨到霍尔米伊角，距离是120斯塔德；然后是帕盖和俄诺，关于它们的情况，我先前已经说过了，它们位于海湾顶部。同样，赫利孔距离帕尔纳索斯不远，它在高度和面积上都不次于帕尔纳索斯。因为两座高山都是怪石嶙峋，覆盖着白雪，占据的空间不大。这里有一座缪斯神庙、马泉和所谓的莱贝斯里德斯仙女洞；人们可以由此得出结论，那些把赫利孔神化为缪斯的人是色雷斯人，他们还把皮埃里斯、莱贝斯鲁姆和宾普莱亚这些地方当成女神供奉。色雷斯人通常被称为皮埃雷人，由于马其顿人占领了这些地方，他们现在已经消失了。据说色雷斯人和佩拉斯吉人以及其他蛮族部落曾经定居在维奥蒂亚这个地方，统治过维奥蒂亚人。塞斯皮伊在古代是一个很有名的地方，因为普拉克西特列斯雕刻的厄洛斯（Eros of Praxiteles）雕像被名妓格利塞拉（Glycera，这位艺术家把这个雕像作为礼物送给了她）奉献给了塞斯皮亚人，她是这个地方的本地人。在古代，旅行者来到塞斯皮亚城，除了厄洛斯之外，没有别的其他东西值得一看；现在，它和塔纳格拉是维奥蒂亚仅存的城市；所有其他的城市都只剩了一堆瓦砾和名字。

26. 在塞斯皮伊之后，荷马提到了格雷亚和米卡利苏斯，关于它们的情况，我先前已经说过了。关于其他地方，诗人同样也说到了：

> 有些人住在哈尔马、埃勒西乌姆和埃利色雷，
> 有些人居住在埃莱翁、许勒和佩特昂。

（《伊利亚特》，Ⅱ，499）

第二章 维奥蒂亚

佩特昂是底比斯地区的一个居民点，距离安提登大道不远。奥卡利位于哈利阿尔图斯与阿拉勒科梅尼乌姆两座城市的中间，距离两者都是30斯塔德；一条名字相同的河流经过这里。福基斯的梅德昂位于克里萨湾，距离维奥蒂亚160斯塔德；但是，维奥蒂亚的梅德昂也是得名于前者，它位于腓尼基乌斯山脚下翁切斯图斯附近，由于这座山的原因，它改名为腓尼基斯，这座山被认为是底比斯地区的一部分；但有些人认为梅德昂和奥卡利是哈利阿尔图斯的一部分。

27. 荷马接着说道：

> 还有科佩、欧特雷西斯和鸽群喜爱的西斯贝。
>
> （《伊利亚特》，II，502）

关于科佩的情况，我先前已经说过了，它朝着科佩斯湖的北部。这个湖泊周边的其他城市如下：阿克雷菲亚、腓尼基斯、翁切斯图斯、哈利阿尔图斯、奥卡利、阿拉勒科梅尼、提尔福西乌姆和科罗尼亚。无论如何，这个湖泊在古代是没有共同名字的，而是根据它周围不同的城市而有各种不同的名字；例如，根据科佩城而被称为科佩斯湖，根据哈利阿尔图斯城而被称为哈利阿尔提斯湖，还有根据其他居民点的名字而取的名字；但是，后来整个的湖泊都被称为科佩斯湖，这个名字战胜了其他的名字，因为科佩城地区位于这个湖泊的顶部。品达把这个湖泊称为凯菲西斯湖。[①] 无论如何，

---

① 参见本书IX, ii, 20。

他把提尔福萨河的位置安排在它附近，这条河从哈利阿尔图斯城和阿拉勒科梅尼城附近的提尔福修斯山脚下流过，在这条河流附近有泰瑞西亚斯的陵墓；这里还有一座提尔福萨的阿波罗神庙。

28. 在科佩之后，是荷马提到的欧特雷西斯，这是塞斯皮亚人的一座小村庄，据说泽图斯和安菲翁在底比斯称王之前，曾经居住在这里。西斯贝现在称为西斯比，这个地方很少有人居住，位于大海的后面一点，与塞斯皮亚人和科罗尼亚人的领土相连，也在赫利孔南面的山脚下；它有一座海港位于多岩石的地区，当地有许多的鸽子，诗人曾经提到它们：

西斯贝有成群的鸽子。

(《伊利亚特》，II，502)

由此前往西锡安，海路是160斯塔德。

29. 接着，荷马提到了科罗尼亚、哈利阿尔图斯、普拉蒂亚和格利萨斯。科罗尼亚位于赫利孔附近的高地。在特洛伊战争之后，维奥蒂亚人在从色萨利的阿尔纳回国途中占领了这个地方，他们当时还占领了奥尔科梅努斯。他们夺取了科罗尼亚的统治权之后，在这座城市前面的平原上建立了一座伊托努斯的雅典娜神庙，它的名字和色萨利人神庙的名字一样；他们把流过这座城市的河流，用一条色萨利的河流命名，称为夸里乌斯河。但是，阿尔凯奥斯把它称为科拉利乌斯河，他在诗歌中说道：

战争女神雅典娜，

她的神庙在科拉利乌斯河畔，

守护着神庙前科罗尼亚的良田。

(《残篇》，3，贝克)

这里通常要庆祝泛维奥蒂亚节。据说由于某些神秘的原因，哈德斯的神像也和雅典娜的神像在一起供奉。现在，科罗尼亚居民被称为科罗尼人，而那些居住在麦西尼亚科罗尼亚的居民被称为科罗尼伊人。

30. 哈利阿尔图斯现在不复存在，它在反抗珀尔修斯的战争中已经被夷为平地。这个地区则被雅典人所占领，这是罗马人送给他们的礼物。它位于一块狭窄的地方，位于其后方的山脉和科佩斯湖之间，靠近佩尔梅苏斯河、奥尔梅乌斯河和一个盛产芦苇的沼泽，这种芦苇可以用来制作芦笛。

31. 荷马以单数形式提到过普拉蒂亚，它位于基塞龙山的山脚下，基塞龙山和底比斯之间，通往雅典和迈加拉的大道旁，阿提卡和迈加里斯的边界上。由于埃莱提里就在附近，有些人认为它属于阿提卡，另外一些人又认为它属于维奥蒂亚。正如我以前说过的，阿索普斯河流过普拉蒂亚地区。在这里，希腊军队彻底消灭了马多尼奥斯和他的30万波斯人，他们建立了一座埃莱提里的宙斯神庙，并且决定举行体育竞赛，竞赛的胜利者可以获得花冠，这种竞赛被称为埃莱提里亚。那些用公款为阵亡者建立的陵墓，至今仍然可以看见。在西锡安尼亚有一个乡镇叫做普拉蒂亚，它是诗人姆纳萨尔塞斯的故乡，荷马在说到底比斯地区靠近托梅苏斯和卡德梅亚的希帕图斯山区居民点格利萨斯时，提到过"普拉蒂亚人姆纳萨尔塞斯的陵墓"。在它之下的丘陵被称为奥尼亚平原，它从希帕图斯山一直延伸到底比斯，被称为"德里亚"。①

32. 荷马提到：

> 那些人居住的下底比斯。
>
> （《伊利亚特》，Ⅱ，505）

有些人认为它指的是某个名叫下底比斯的城市，另外一些人认为它指的是波特尼伊城，因为按照后者意见，底比斯由于埃皮哥尼远征的结果，已经破败不堪，没有参加特洛伊战争。但前者认为底比斯人确实参加了这场战争，他们当时住在卡德梅亚下面的平原地区，因为他们还无力重建卡德梅亚；因为卡德梅亚也曾经叫做底比斯；这些人接着又补充说，所以诗人把当时的底比斯人称为"下底比斯人"，而不是"居住在下卡德梅亚的居民"。

33. 翁切斯图斯是近邻同盟会议（Amphictyonic Council）通常召集会议的地方，它在科佩斯湖和特内尔平原附近哈利阿尔图斯的土地上；它位于一块没有树木的高地之上，有一块波塞冬的圣域同样也没有任何树木。尽管它没有树木，但诗人对它加以粉饰，把整个圣域称为"神圣的园林"。品达在谈到阿波罗的时候也是一样：

> 他激动起来了，
> 穿过陆地和大海，来到了高山之巅，

---

① "酒杯"。

第二章 维奥蒂亚

他搬动巨大的岩石,建成了神圣园林的地基。

(《残篇》,101,贝克)

但是,阿尔凯奥斯在这个问题上是错误的,因为他歪曲了夸里乌斯河的名字,所以他搞错了翁切斯图斯的地理位置,把它确定在赫利孔山的边缘地区附近。但是这座城市离开这座山脉有相当远的距离。

34. 特内尔平原得名于特内鲁斯。在神话故事之中,他是阿波罗与墨利埃(Melia)之子,也是普托乌斯山神谕所的预言家,同一位诗人[①]也把这座山称为三峰山:

他曾经占领过普托乌斯山的三峰峡谷。

(《残篇》,102,贝克)

他把特内鲁斯(Tenerus)称为:

神庙的祭司、预言家、与平原名字相同的人。

普托乌斯山在特内尔平原和阿克雷菲乌姆附近的科佩斯湖之后。神谕所和这座山都属于底比斯人。阿克雷菲乌姆本身也在高地上。据说这里被诗人称为阿尔内,与色萨利的一座城市名字相同。

---

① 品达。

35. 有些人认为阿尔内也像米戴亚城一样被湖水淹没了。泽诺多托斯（Zenodotus）写道：

那些人拥有阿斯克雷富裕的葡萄园。①
(《伊利亚特》，II，507)

他似乎没有读过赫西奥德关于自己故乡的报道，也不知道欧多克索斯关于阿斯克雷还有更糟糕的报道。谁怎么还能相信诗人说这个地方"有富裕的葡萄园"。那些说"阿尔内"是"塔尔内"的人也是错误的；因为在维奥蒂亚人居住的地区没有名叫塔尔内的地方，虽然在吕底亚人居住的地区有一个塔尔内。诗人曾经提到过这个地方：

接着，伊多梅纽斯杀死了梅奥尼人波鲁斯之子
菲斯托斯，他来自富裕的塔尔内。
(《伊利亚特》，V，43)

其他与这座城市有关的维奥蒂亚城市，值得一提的有那些位于湖畔的城市阿拉勒科梅尼和提尔福西乌姆，其他的有喀罗尼亚、莱巴代亚（Lebadeia）和留克特拉。

36. 诗人提到过阿拉勒科梅尼，但不是在《船只登记册》之中：

---

① 荷马称为"阿尔内"。

阿尔戈斯的赫拉和阿拉勒科梅尼的雅典娜。

(《伊利亚特》，Ⅳ，8)

阿拉勒科梅尼有一座自古以来就非常受崇拜的雅典娜神庙，据说女神就是诞生在这里，正如赫拉诞生在阿尔戈斯一样。这就是诗人为什么用这种方式，用她们的出生地来称呼她们的原因。这大概也是他在《船只登记册》之中没有提到阿拉勒科梅尼人的原因，因为他们是神庙人员，免除了参加远征的任务。实际上，阿拉勒科梅尼从来就没有遭到过破坏，虽然它位于平原上，既不是城市，地理位置也不利于防守。但是，所有崇拜女神的民族都避免对该城居民进行任何暴力侵害。因此，据说在阿尔戈斯首领远征的时候，底比斯人离开了自己的城市，逃到阿拉勒科梅尼和这座城市之后一座天然的要塞提尔福修斯山寻求庇护。在这座山的山脚下有一条提尔福萨河，还有泰瑞西亚斯的陵墓，他在逃亡的时候死在这里。

37. 喀罗尼亚邻近奥尔科梅努斯。就是在这里，阿敏塔斯之子腓力在一场大战之中战胜了[①]雅典人、维奥蒂亚人和科林斯人，确立了自己作为希腊霸主的地位。在这里可以看见那些阵亡者的坟墓，这是用公款建立起来的坟墓。就在同一个地方，罗马人彻底打败了米特拉达梯的几万军队，只有少数人逃入大海，依靠他们的船只得以逃命。其他的人不是战死，就是被俘。

38. 在莱巴代亚有一座特罗福尼亚的宙斯神谕所。这个神谕所

---

① 公元前338年。

有一个通向地下裂缝的斜坡，请求神谕的人必须自己亲自走到地下裂缝中去。神谕所位于赫利孔山和喀罗尼亚之间的地方，在喀罗尼亚的附近。

39. 留克特拉是伊巴密浓达打败拉克代蒙人，并且奠定了推翻他们根基的地方。因为从此之后，他们再也没有力量恢复他们先前所拥有的对希腊人霸权地位，特别是在曼提尼亚的第二次战争之中，他们又遭到了惨败。但是，他们虽然遭受了这样严重的挫折，直到被罗马征服之前，他们却一直没有臣服于其他国家。由于他们优良的政体，他们一直受到罗马人的尊重。从由普拉蒂亚通往塞斯皮伊的大道上可以看见这个地方。

40. 接着，诗人谈到了奥尔科梅尼亚人的情况，他把他们和维奥蒂亚人区分开来。他把奥尔科梅尼亚人以米尼伊部落之名称为"米尼安人"。据说有些米尼伊部落从这里移民去了约尔库斯，根据这个事实，阿尔戈英雄被人们称为米尼伊人。显然，它在古代是一个非常富裕和强大的城市。对于它的富裕，荷马可以说是一个见证者，因为他在列举富裕的地方时，说道：

甚至所有的人都去了奥尔科梅努斯，或是埃及的底比斯。

(《伊利亚特》，IX，381)

他们的强大表现在底比斯人曾经向奥尔科梅尼亚人和他们的僭主厄耳癸诺斯交纳贡赋，他据说是被赫拉克勒斯杀死的。厄忒俄克勒斯（Eteocles）曾经是统治奥尔科梅努斯的国王。他建立了一座美惠三女神（Graces）的神庙，他是第一位炫耀财富和实力的国王；他崇拜这些女神是因为他认为自己得到了神恩，或者认为自己在财富和实力方面是幸福的人，或者两者兼而有之。因为他天生喜好行善，必然会崇拜这些女神；因为他早已拥有这样的实力，此外他还拥有金钱，因为一个人如果没有很多，就也不可能支出很多；如果他的收入不多，他也不可能得到很多。但是，他同时拥有两者，他的支出和收入是相辅相成的；因为一个人要能够同时有盈有亏，才能满足不时之需。如果他只有支出，没有收入，那是无法在两方面获得成功的。因为他由于国库的亏空，将不得不停止支出；赠与者将停止给那些只知收受而不知对此有任何回报者的礼物；所以，他不可能在两方面都获得成功，在权力方面也可以这样说。且不说民间有这样的谚语："金钱万能，金钱的力量至上。"我们认为国王是最有权力的人，是因为我们认为他是掌权者。他有权把群众带领到他所希望的任何地方，不管是通过说服还是暴力的手段。一般来说，通过言辞来进行劝说的并不是国王，而是演说家，但我们把它称为国王的劝说，是因为国王通过他所希望的仁慈行为，赢得和吸引了人心。确实，国王通过仁慈的行为劝说群众，但是他也使用军队强迫群众服从。不过，这两件事情都必须依靠金钱才能办到。因为他要有一支最强大的军队，就必须维持最多的士兵；他要表现出最大的仁慈，就必须拥有最多的财产。

据说现在被科佩斯湖所占据的地方过去是一片旱地，在它属于居住在附近的奥尔科梅尼亚人的时候，种植了很多不同的东西。这个事实也被用来作为他们富裕的证据。

41. 有些人把阿斯普莱登（Aspledon）称为斯普莱登（Sple-

don），省略了第一个音节。后来，这个城市和这个地区的名字都改成了欧戴耶洛斯，这大概是由于它对于居民而言具有某些特别的优点，它在"晚上的"特点[①]——特别是它的冬天比较温暖；因为一天的两端是最冷的，其中晚上又比早晨更冷，当黑夜来临的时候寒冷也在加剧，当黑夜将要结束的时候寒冷也在减弱。但阳光是驱除寒冷的手段。因此，这个地方由于阳光的缘故，在最寒冷的季节是最温暖的，它在冬天是温暖的。欧戴耶洛斯距离奥尔科梅努斯20斯塔德。在它们之间有一条米拉斯河。

42. 在奥尔科梅尼亚领土的北方有一座福基斯人的城市帕诺裴乌斯，还有海恩波利斯城。与这些城市交界的是俄珀斯城，它是埃皮克内米迪亚洛克里人的首府。在古代，奥尔科梅努斯据说在一块平原上，但在洪水泛滥的季节居民迁移到了阿康蒂乌斯山，这座山一直延伸到福基斯境内帕拉波塔米之前60斯塔德。据说所谓本都的亚该亚人，就是奥尔科梅尼亚人的殖民者，他们在占领特洛伊之后，跟着雅尔梅努斯一起流浪到了这里。这里也有一个奥尔科梅努斯，位于卡律司托斯附近。有些作者写的《船只登记册》为我们提供了珍贵的资料，当他们所说的事情有益于我们的著作时，我们应当听从他们的意见。

[①] Eudeielos 本义为"太阳的"。在这里，斯特拉博错将这个词和 deilê（晚上）联系在一起。其原因大概是以为太阳的炎热甚于晚上。

第三章 福基斯

1. 在维奥蒂亚和奥尔科梅努斯之后是福基斯，它沿着维奥蒂亚向北延伸，几乎是从海到海；在古代是这样，至少达弗努斯当时是属于福基斯的。洛克里斯被分成两部分，它们被地理学家置于俄庞提湾和埃皮克内米迪亚人的海岸之间。这个地区现在属于洛克里人（这座城市已经被夷为平地）。因此，福基斯虽然仍然与克里萨湾相邻，但不再延伸到埃维亚海。由于克里萨本身属于福基斯，又位于海边，还有切尔拉、安提西拉和那些位于内陆的、在帕尔纳索斯附近与它们相连的地区，这就是德尔斐、切尔菲斯和多利斯，而帕尔纳索斯本身属于福基斯，并且是它在西部的边界。正如福基斯与维奥蒂亚非常接近，洛克里斯和福基斯也非常接近；洛克里斯有两部分，因为它被帕尔纳索斯分成了两部分：西部与帕尔纳索斯相邻，并且占据了它的一部分，一直延伸到克里萨湾；在东边的那部分则终止于埃维亚海。西部的居民称为洛克里人和奥佐利人，他们的国玺上雕刻着一颗金星图案。其他居民也用这种方式划分成两部分：俄庞提人（Opuntians）得名于他们的首府，他们的领土与福基斯和维奥蒂亚交界；埃皮克内米迪亚人得名于克内米斯山，他们与俄塔人、马利亚人为邻。在二者的中间地带，我指的是在西部人和其他居民之间，帕尔纳索斯山向这个地区的北部延伸，从德尔斐地区一直延伸到俄塔山和埃托利亚山的连接点，多利亚人的国家就在它们的中间地带。再说一遍，正如与福基斯非常接近的洛克里斯有两部分，俄塔人地区、埃托利亚和位于他们之间多利亚人的泰特拉波利斯某些地方，与洛克里斯的两部分同样也非常接近，也与帕尔纳索斯山和多利亚人地区非常接近。紧接着这些地区之后是色萨利人，更北方是埃托利亚人、阿卡纳尼亚人和某些伊庇鲁斯和马其顿部落。正如我以前说过的，必须认为上述地区像一条拉紧的带子，互相平行地由西向东延伸。整个帕尔纳索斯山被认为是一块圣地，因为它有许多洞穴和其他一些备受尊重，并且认为是圣地的地方。当然，最著名和最美丽的地方是科里西乌姆（Corycium），这是一个与西里西亚山泽女神同名的山泽女神洞穴。至于帕尔纳索斯山的四周，其西边被奥佐利亚的洛克里人、某些多利亚人和居住在埃托利亚科拉克斯山区附近的埃托利亚人所占领；它的另一边被福基斯人和多利亚人的大部分所占领，多利亚人占领着泰特拉波利斯，该城基本上在帕尔纳索斯山周围，但在东部延伸得更远。上述地区每一条长的边界和每一条拉紧的带子都是平行的，一边向北，另一边向南延伸；至于其他的边，西边与东边不平行；但这些部落地区没有在任何一条海岸线结束。我指的是克里萨湾直到亚克兴角的地区，还有埃维亚到塞萨洛尼西亚的地区，它们彼此不是平行的。但是，人们可以把这些地区的几何图形想象成几条直线平行地穿过一个三角形的底边，因为这些图形单独而言互相是平行的，它们对应的长边也是平行的，但它们的短边是不平行的。这就是我为这个地区描绘的草图，它还有待于今后进一步研究，现

第三章　福基斯

在，让我们从福基斯开始，按照顺序描述每一个单独的部分。

2. 福基斯最著名的城市有两座：德尔斐和埃拉泰亚。德尔斐的出名是因为皮托的阿波罗神庙，是因为一座古老的神谕所，因为根据荷马所说，阿伽门农曾经在这里求得一个神谕。他引用吟游诗人的歌词说：

> 奥德修斯和珀琉斯之子阿喀琉斯争吵，
> 有一天他们发生了言辞激烈的争吵，
> 军队的统治者阿伽门农心中暗暗高兴，
> 因此福玻斯阿波罗在皮托给他答复，
> 告诉他这将意味着什么。

(《奥德赛》，VIII，75)

德尔斐就是以此而名声远扬，而埃拉泰亚的出名是因为它是当地所有城市之中最大的城市，而且它的地理位置极其有利，因为它位于一条狭窄的道路上，谁统治了这座城市，谁就控制了通往福基斯和维奥蒂亚的道路。由于这里首先是俄塔山脉；然后是洛克里人和福基斯人的群山，对于从色萨利侵入的军队而言，这里可以说是寸步难行。他们有一些狭窄的、互相隔绝的道路，由附近的城邦守卫着；当然，如果有人占领了这些城邦，也就占领了这些道路。但是，由于德尔斐神庙自古以来的声望，同时也由于这些地方的地理位置，暗示了这里理所当然是起点（因为这些地区是福基斯的最西部）。因此，我将由这个地方开始叙述。

3. 正如我先前所说的，帕尔纳索斯山位于福基斯西部边界地区。后来,这座山的西部被奥佐利亚洛克里人所占领,它的南部被德尔斐所占领,这是一个像剧场形状的,到处是岩石的地方,在它的高处有一座神谕所和一座城市,挤满了周长16斯塔德的地方。在德尔斐的后面是利科里亚,先前,德尔斐人曾经居住在这个地方的神庙后面。但现在他们居住在神庙附近,居住在卡斯塔利亚泉周围。在这座城市之前,南面是切尔菲斯山,这是一座险峻的高山,山中有一条峡谷,普莱斯图斯河由这条峡谷流出。在切尔菲斯山脚下是切尔拉城,这座古城位于海边;由这里登上德尔斐大约是80斯塔德。这座城市正对着西锡安。在切尔拉城的前面是肥沃的克里萨平原;接下来又到了另外一座城市克里萨,克里萨湾即得名于这座城市。然后是安提西拉城,它与俄塔附近马利亚湾的一座城市名字相同。据说在后一个地区出产质量优良的藜芦。但是前一个地区出产的藜芦制作更精,因此许多人前往那里洗涤和治疗;因为在安提西拉生长着一种类似芝麻的药用植物,人们把它和俄塔的藜芦一块儿加工成药材。

4. 现在,安提西拉城仍然继续存在,但切尔拉和克里萨已经毁灭了,前者早一点被克里萨人毁灭了,克里萨晚一点被色萨利人欧里洛库斯所毁灭,这是在克里萨战争时期。[1]因为克里萨人已经由西西里和意大利进口物资的关税之中获得了好处,他们又违反近邻同盟的规定,向前来拜访神庙的人强制征收高额税收。[2]同样的事情也发生在属于奥佐利亚的洛克里人的安菲斯人身上。由

---

[1] 约公元前595年。
[2] 德尔斐阿波罗的。

于他们的突然袭击，他们不仅收复了克里萨，而且耕种了近邻同盟奉献给神的平原，但是，他们对待外国人的态度甚至比过去的克里萨人更恶劣。因此，近邻同盟惩罚了这些人，把这块圣地归还了神。这座神庙虽然在从前备受尊崇，现在却没有受到足够的尊重。这种情况明显的证据是由公民和统治者建立的宝库，宝库里存放着他们献给神的金钱和最优秀艺术家的作品，还有皮托运动会，以及大量被记录下来的神谕。

5. 据说神谕所的所在地是一个洞穴，它是在地上挖出来的一个很深的洞穴，从洞穴狭窄的洞口冒出一股气体可以激起人们发布预言的狂热；在洞口之上放置了一个高高的三脚凳，皮托的女祭司坐在三脚凳上，呼吸了气体之后，以嘴发布神谕，神谕有诗歌和散文两种形式，但是散文也会被为神庙服务的诗人改成诗歌形式。据说皮托的第一位女祭司是菲莫诺伊，无论是女预言家还是这个城市，都得名于① 单词pythesthai，② 虽然它的第一个音节延长了，就像是在单词 atanatos，akamotos 和 diakonos 之中一样。接下来就产生了建立城市和共同崇拜圣所的想法：人们按照城市和部落聚集到一起来，因为他们天生就倾向于共同处理各种事务，同时他们彼此之间互有所求；由于同样的原因，他们聚会在这个共同的神圣地方，庆祝节日，召集全体大会；因为由同桌吃饭，同饮美酒，居住在同一个屋顶之下开始，每一件这类事情都将促进友谊的发展；而且，参加的人数越多，参加的地方越多，他们

---

① 皮托乌姆或皮托。
② "询问神谕"，准确的词源是 pythesthai——"腐烂"，因为神蛇皮托被阿波罗所杀，腐烂在这里。

对于团结在一起更有利的观念也就更强烈。

6. 但是，这座神庙因为它的神谕所获得了最高的荣誉，在全世界所有的神谕所之中，它获得了最诚实的美名，而神庙所在的地理位置又为它的荣誉增添了某些神秘的成分。因为它几乎是在希腊的中心，位于地峡的内部地区和地峡的外部地区之间。而且，它还被认为是有人居住世界的中心，人们把它称为是大地的肚脐。再加上还有品达编造的一个神话故事，说宙斯曾经把两只鹰（也有人说是两只乌鸦）分别从西边和东边放出，它们在这里碰头了。在神庙之中还可以看见一个类似肚脐的东西用带子挂着，上面有两只神鸟的图像。

7. 德尔斐由于有这样有利的地理位置，人们很容易集中到这里来，特别是那些居住在它附近的人们。确实，近邻同盟就是由后者组成的，它既是为了讨论有关的共同事务，也是为了更好地共同监督神庙，因为有许多金钱和奉献物品保存在神庙之中，需要极其警惕和虔诚。由于古代的情况不清楚，在有记载的名字之中，阿克瑞斯被称为近邻同盟第一位管理者，他决定各个城邦都应当参加议会，给与每个城邦投票权，一个城邦可以独立地，也可以和另一个城邦，或者更多的城邦共同投票，他还宣布了近邻同盟的权利，各个城邦在他们处理涉及各邦事务的时候，拥有完全的权利。后来，又有了一些其他的机构，这个同盟像亚该亚同盟一样，也瓦解了。据说第一个组织联合了 12 个城邦，每个城邦都派出了一名比"皮拉戈拉斯"（Pylagoras，意为"议员"），[①] 这个议会每年在春季和秋季召开两次。后来，又有更多的城邦加入。他们把议会称为"比利

[①] 会议成员，顾问。

亚"（Pylaea），包括春季的议会和后来秋季的议会，因为他们在比利召集会议，该地又称为德摩比利（Thermopylae），议员们要向得墨忒耳献祭。尽管最初只有居住在附近的人们参与这些会议和神谕所的管理工作，后来住在远处的人们也来到这里请求神谕，贡献礼物和建立宝库，例如，克罗伊斯和他的父亲阿利亚特斯，还有一些意大利南部的古希腊城邦移民和西西里人。

8. 但是，财富引起了嫉妒之心。因此，即使是属于神的财产，也很难保护。当然，德尔斐神庙现在已经非常贫穷，至少是在金钱方面；至于奉献的礼品，虽然有一部分已经被抢走，但是大部分礼品仍然保存在这里。这座神庙在古代非常富裕，正如荷马所说的那样：

> 在多石的皮托，弓箭手福玻斯阿波罗的石拱之中，
> 所藏的一切财富都不能同……
>
> （《伊利亚特》，IX，404）

宝库清楚地证明了神庙的富裕，还有福基斯人的抢劫行为，就是他们挑起了所谓的福基斯战争，或者所谓的神圣战争（Sacred War）。这次抢劫发生在阿敏塔斯之子腓力时期，但有许多作家知道古代还有一次更早的抢劫，荷马曾经提到过这次被抢走的财富。他们补充说，当奥诺马库斯、法伊卢斯和他们的军队后来洗劫这座神庙时；[①] 它们连一点残余都没有留下来，但被抢走的财富比荷马提到的时间更晚，因为存放在宝库之中的祭品出自战利品，器

---

① 公元前352年。

物上现存的铭文提到了那些奉献者的名字；例如，盖吉兹、克罗伊斯、锡巴里斯人和居住在亚得里亚海附近斯皮纳人的名字，还有其他人的名字。没有理由认为这些古代的宝库和后代的宝库混杂在一起。被这些人彻底洗劫的其他地方也清楚地证明了这一点。但是，有些人把"aphetor"①理解为"宝库"，把"threshold of aphetor"理解为"宝库的地下储藏室"，认为那些财产埋在神庙的地下。因此，奥诺马库斯和他的军队打算晚上来挖掘它们。由于发生了大地震，他们逃出神庙之后停止了挖掘工作，他们的经历使其他所有想做这种事情的人，同样产生了畏惧之心。

9. 在神庙之中，第一个"有翅膀"的神庙应当属于神话之列；第二个神庙据说是特罗福尼乌斯和阿加梅德斯所建；现存的神庙是近邻同盟成员所建。在圣地的区域之内，还可以看见涅俄普托勒摩斯的陵墓，它是根据一个神谕而建造的。根据神话传说，德尔斐人马契雷乌斯请求神允许自己为父亲被杀报仇，杀死了涅俄普托勒摩斯，但很有可能是因为他曾经进攻过神庙。狄杜马城神庙的主持人布兰库斯，据说就是马契雷乌斯的后裔。

10. 至于德尔斐举行的竞赛，古代有一项竞赛是吟游诗人之间的颂神歌唱竞赛，②这是由德尔斐人设立的竞赛。但是，在克里萨战争之后的欧里洛库斯时期，近邻同盟成员又设立了骑马和体操竞赛，竞赛的奖品是花冠，号称皮托竞技会（Pythian Games）。对于吟游诗人而言，他们增加了只伴奏、不唱歌的长笛手和吉他手，③

---

① 射手。
② 为了纪念阿波罗、阿尔忒弥斯和其他神的合唱歌曲。
③ 吟游诗人是在吉他拉伴奏之下的歌唱者，吉他拉手是演奏吉他拉者。

他们演出了一些真正优美的歌曲，名叫皮托诺姆。它由五个部分组成：angkrousis、①ampeira、②katakeleusmos、③iambi、dactyli 和 syringes。④ 这首歌曲由托勒密二世海军将领提莫斯提尼创作，他还编写了 10 卷本的著作《港口》；⑤ 虽然他创作这首歌曲的本意是为了歌颂阿波罗与巨蟒之间的斗争，它的前奏是 angkrousis，战争之中的第一次搏击是 ampeira，战争本身是 katakeleusmos，在胜利之后举行的凯旋仪式是 iambi 和 dactylus，歌曲的节奏分两部分，其中一部分符合扬抑抑的格律，符合赞美诗的格律，另一部分符合长短短的格律，符合短长格的语调（比较单词 iambize），⑥巨蟒的喘气是 syringes，演员用嘘声来模仿巨蟒最后的喘气。

11. 我引用埃福罗斯的著作次数比其他任何权威都多，正如波利比奥斯所指出的，因为他特别细心地描叙这类问题，在我看来，他的做法似乎违反了他本来的初衷和最初的诺言。无论如何，在指责那些喜欢在自己的历史著作之中插入神话故事的人之后，在赞美了求实求真之后，他为自己这个神谕所的故事加上了类似的庄严保证，声称他在任何时候都是尊重真理胜于一切，特别是在这个问题上。他说，如果我们总是按照这样一种方式来处理其他所有问题，这就是非常荒谬的做法；而在谈论最诚实的神谕所时，

---

① 前奏。
② 笛乐。
③ 呼喊。
④ 哨声。
⑤ 斯特拉博指的显然是他（或者是埃福罗斯）那个时代的旋律。萨卡达斯（公元前 7 世纪）曾经描述过皮托竞技会，他是竞技会长笛比赛的优胜者（波拉克斯，4.77）。
⑥ 参见本书IX, ii, 11。

使用那些非常不可靠的传说也是非常荒谬的做法。但是，在谈到这个问题的时候，他马上补充历史学家对有关阿波罗和忒弥斯建立神谕所之事的看法，认为阿波罗是想帮助我们人类；接着，他又说到了神谕所的好处，他认为阿波罗要求人们彬彬有礼，劝导人们要谦恭文雅。他给某些人神谕，命令他们做某些事情，禁止他们做另外一些事情，决不允许向其他顾问咨询。他说，人们认为阿波罗指挥着这一切事情，有些人认为阿波罗自己是人的形状，还有人认为他传授给人类的知识是自己的意愿。

12. 在谈到稍微远一点的事情，即谁是德尔斐人的时候，他认为，古代帕尔纳索斯山居住的帕尔纳索斯人是当地土著居民；在阿波罗拜访这个地方的时候，他通过引进栽培植物和文明生活方式，使人们开化了；当他从雅典出发前往德尔斐的时候，他走的那条道路就是现在雅典人向皮托神庙派遣使团①所走的同一条道路；当他进入帕诺皮人的国家后，他杀死了这个地区残暴的、无法无天的统治者提蒂乌斯；帕尔纳索斯人和他联合在一起，告诉他还有一个残暴的人、即被人们称为巨蟒的皮托。当阿波罗用箭射死皮托的时候，帕尔纳索斯人高呼"嗨，赞歌"为他助威②（埃福罗斯补充说，从这时起，军队在投入战斗之前唱赞歌成了传统）；德尔斐人当时就把皮托居住的帐篷焚毁了；直到现在，他们还用焚毁帐篷来纪念当时发生的事情。但是，还有什么比阿波罗用箭射死和惩罚提蒂乌斯和皮托，从雅典前往德尔斐，走遍整个大地，更富有神话色彩的故事呢？不过，如果埃福罗斯不把这

---

① Iambizein——"斥责、辱骂"。
② 给予阿波罗的欢呼声。

些故事看成神话,他凭什么把神话中的忒弥斯称为女神?凭什么把神话中的巨蟒称为人呢?他不是故意混淆神话与历史这两种不同的形式又是什么?类似的问题还有那些涉及埃托利亚人的说法;因为他在说过他们的国家从来没有遭受过劫掠之后,一会儿说埃奥利亚人居住在那里,他们赶走了统治这个国家的蛮族;一会儿又说伊利斯的埃托卢斯和埃佩人居住在这里,但这些人已经被埃奥利亚人消灭了,这些后来者又被阿尔克迈翁和狄俄墨得斯消灭了。不过,我现在要回过来讲述福基斯人了。

13. 在安提西拉之后的海岸边,第一座城市是俄皮斯托马拉图斯;然后是法里吉乌姆角,这里是一个锚地;然后是最后一个海湾,它也因此而被叫做米库斯;[①]它位于赫利孔山和阿斯克雷的山脚下。阿贝城和神谕所距离这里不远,还有安布里苏斯和与维奥蒂亚的梅德昂名字相同的梅德昂城。更远一点的内陆地区,在德尔斐之后,大约在东方是多利斯城,据说色雷斯人特瑞俄斯曾经统治过这里(菲洛梅拉和普罗克涅的神话故事的发生地被放在这里,但修昔底德[②]认为是在迈加拉)。这个地方得名于灌木丛,因为他们把灌木丛称为"多利"。虽然荷马把它叫做多利斯,但后来的作家把它称为多利亚。"西帕里苏斯"在诗句之中提到过:

居住在西帕里苏斯。

(《伊利亚特》,Ⅱ,519)

---

① 海湾最遥远的地方、深处和海口。
② 斯特拉博错用了修昔底德的资料。后者(Ⅱ,29)说的是:"在这个国家,伊提斯遭到菲罗墨拉和普罗克涅的暗算。"

作家们对此有两种解释，一些人认为它与一种树的名字相同；另外一些人认为只要略微改变一下拼音，它就是利科里亚山脚下一个村庄的名字。

14. 帕诺佩乌斯即现在的法诺特乌斯，与莱巴代亚交界，它是伊皮乌斯的故乡。有关提蒂乌斯神话故事的发生地也在这里。荷马说过费埃克斯人把拉达曼提斯"带到了"埃维亚，

> 为的是拜访大地之子提蒂乌斯。
>
> （《奥德赛》，Ⅶ，324）

在海岛上还可以看见一个名叫埃拉里乌姆的洞穴，它得名于提蒂乌斯之母埃拉拉；还有一座提蒂乌斯的英雄神庙和一些他受到尊敬的证据。在莱巴代亚附近有福基斯人的特拉钦城，它与俄塔人的一座城市名字相同，它的居民称为特拉钦尼亚人。

15. 阿内莫里亚城得名于与它有关的环境：即强烈的风暴从帕尔纳索斯山延伸出的一块突出的悬崖卡托普特里乌斯，一直刮过城市。这个地方也是德尔斐和福基斯人的边界，当时拉克代蒙人迫使德尔斐人退出了福基斯人的共同联盟，允许他们自己组织一个单独的国家。[①] 但是，也有人把这个地方称为阿内莫利亚。然后是海恩波利斯城（后来有人称为海阿城），正如我已经说过的，海安特人从维奥蒂亚被放逐到这里。这座城市在非常内陆的地方，

[①] 约公元前 457 年（修昔底德，Ⅰ，107—108）。

靠近帕拉波塔米，它和帕尔纳索斯山的海恩佩亚不是一回事；还有一座内陆城市埃拉泰亚，它是福基斯人最大的城市，也是荷马所不知道的城市，因为它比荷马时代要晚很多；它的地理位置优越，控制着从色萨利来的道路。狄摩西尼谈到，当一名信使向主席团报告埃拉泰亚被占领的消息，[①]在雅典突然引起混乱时，也清楚地指明了它天生的优越地理位置。[②]

16. 帕拉波塔米是法诺特乌斯、喀罗尼亚和埃拉泰亚附近凯菲苏斯河边的一个村庄。泰奥彭波斯说这个地方距离喀罗尼亚40斯塔德，它是安布里西人、帕诺皮人和多利亚人地区的边界；它建立在由维奥蒂亚通往福基斯道路旁一座不高的丘陵上，位于帕尔纳索斯山和哈迪利乌斯山之间，有一块大约5斯塔德的土地被凯菲苏斯河所分开，为两岸提供了一条狭窄的通道。他说，这条河流发源于福基斯的利莱亚城，正如荷马所说：

那些居住在凯菲苏斯河边利莱亚的人。

(《伊利亚特》，Ⅱ，523)

这条河汇入科佩斯湖；哈迪利乌斯山延伸60斯塔德到达阿康蒂乌斯山，奥尔科梅努斯就在那里。赫西奥德以相当的篇幅记述了这条河与它流经的河道，认为它以蜿蜒曲折的河道流过了整个福基斯地区：

[①] *On the Crown*, 168.
[②] 公元前338年，腓力占领这座城市。

> 它像一条巨蟒蜿蜒曲折地流过帕诺佩乌斯旁,
> 流过坚固的格莱琼和奥尔科梅努斯。

(《残篇》,37,日扎克)

这条进入帕拉波塔米或者帕拉波塔米亚(因为这个名字有两种拼音方法)周围地区的狭窄道路,成了福基斯战争争夺的对象,因为这是通往福基斯的唯一道路。除了在福基斯的凯菲苏斯河之外,还有多条凯菲苏斯河,一条在雅典,一条在萨拉米斯,第四条和第五条在西锡安和斯基罗斯,第六条在阿尔戈斯,河流的源头在利尔塞乌斯山。在埃皮达姆努斯附近的阿波罗尼亚,体育馆旁边有一眼泉水,名字也叫凯菲苏斯。

17. 达弗努斯城现在已经夷为平地。从前,它曾经是福基斯靠近埃维亚海的一座城市;它被埃皮克内米迪亚的洛克里人分成了两部分,一部分在维奥蒂亚,另一部分在福基斯,这部分从海延伸到海。其证据是达弗努斯的谢迪伊乌姆,据说它是谢迪乌斯的陵墓;但是,正如我以前说过的那样,达弗努斯把洛克里斯"分成了"两部分,①因此,埃皮克内米迪亚的洛克里人和俄庞提的洛克里人没有一个地方不互相连接;但是,后来这个地方被划入了俄庞提人的边界之内。关于福基斯的情况,我已经说得非常多了。

---

① 希腊语 schidzo 意为"分离",斯特拉博从词源上把它与"schedius"联系起来了。

第四章　洛克里斯

1. 接下来是洛克里斯，因此我必须讲一讲这个地区。它被分成两部分：一部分朝着埃维亚，居住着洛克里人，正如我以前说过的，它们曾经被分成两部分，分别在达弗努斯的两边。俄庞提人得名于他们的首府，① 而埃皮克内米迪亚人得名于一座名叫克内米斯的山。洛克里斯其他地方居住着西洛克里人，他们又称为奥佐利亚的洛克里人。他们与埃莱亚、埃皮克内米迪亚人被位于他们之间的帕尔纳索斯山、多利亚人的泰特拉波利斯城分割开来。我首先从俄庞提人开始说起。

2. 在哈莱（Halae）之后，接下来就是维奥蒂亚对着埃维亚海岸线结束的地方，这个地方在俄庞提湾。俄珀斯是一个大都会，正如在德摩比利附近的波利安德里乌姆地方② 所立的五根石柱中第一根石柱的铭文所指出的那样：

> 拥有公正法律的洛克里人首府俄珀斯，
> 向那些保卫希腊、抵抗米底人的牺牲者致哀。

---

① 俄珀斯。
② 波利安德里乌姆安葬了许多英雄。

这座城市大约距离大海15斯塔德，距离海港60斯塔德。西努斯是个海港，这是一个海角，它终止于俄庞提湾，海湾大约长40斯塔德。在俄珀斯和西努斯港之间有一块肥沃的平原，西努斯港正对着埃维亚的埃德普斯城（那里有许多赫拉克勒斯的温泉），并且有一个160斯塔德宽的海峡把它分隔开来。①丢卡利翁据说曾经居住在西努斯港，那里还可以看见皮拉的坟墓，虽然丢卡利翁的坟墓在雅典。西努斯距离克内米斯山大约50斯塔德。阿塔兰塔岛正对着俄珀斯，它和阿提卡前面的一个海岛名字相同。据说某些埃莱亚的居民也叫做俄庞提人，但是他们不值一提，除非他们能够恢复自己和俄庞提人之间的亲缘关系。荷马说过帕特罗克卢斯是俄庞提人，②他在无意之中犯下杀人罪之后，逃到了珀琉斯那里，但他的父亲墨诺提俄斯留在故乡；据说是因为阿喀琉斯允诺在帕特罗克卢斯远征回来的时候，他一定把帕特罗克卢斯还给墨诺提俄斯。但是，俄庞提人的国王并不是墨诺提俄斯，而是洛克里人埃阿斯，他的故乡据说是纳里库斯。帕特罗克卢斯所杀的那个人名叫"埃阿尼斯"；在那里可以看见一块埃阿尼乌姆圣地和一条埃阿尼斯河，两者都是以他的名字命名的。

3. 在西努斯之后是阿洛佩和达弗努斯，正如我先前说过的，这座城市后来被夷为平地了。这里有一个港口，大约距离西努斯90斯塔德，如果有人步行进入内陆，这里距离埃拉泰亚120斯塔德。这些地方位于马利亚湾，这个海湾和俄庞提相连。

---

① 误，实际上海湾的宽度只有约二分之一。
② 《伊利亚特》，XXIII，85。

第四章 洛克里斯

4. 在达弗努斯之后是克内米德斯，它是一个天然的要塞，如果走海路，距离大约是20斯塔德；正对着它的是埃维亚的塞内乌姆角，这个海角朝着西方，朝着马利亚湾，并且被一个宽约20斯塔德的海峡把它分开。这个地方是属于埃皮克内米迪亚洛克里人的领土，这个地方海岸线外有三座名叫利卡斯的海岛，它们得名于利卡斯；在这条海岸线上还有其他的海岛，但是我故意略而不提。距离克内米德斯20斯塔德有一个港口，在港口之后20斯塔德的内陆地区，是斯罗尼乌姆。然后是博格里乌斯河，这条河流过斯罗尼乌姆，汇入大海。它又叫做马尼斯河。这条河是一条冬季河流，因此它在很多时候可以脚不沾水地走过去，但是它在别的时候有2普勒斯伦宽。在这之后是斯卡菲亚，位于海岸线之后10斯塔德，距离斯罗尼乌姆30斯塔德，距离海港本身略微近一点。接着就是尼西亚和德摩比利。

5. 至于剩下的城市，除了荷马已经提过的之外，其中没有一座城市值得一提。卡利亚鲁斯已经不再有人居住，现在是一片精耕细作的平原。他们这样称呼它，[1] 就是因为这个事实。贝萨不复存在，成了一个长满树木的地方。奥盖伊也不复存在，它的土地现在属于斯卡菲亚人。这个贝萨应当写两个S（因为它得名于自己是一个森林地区，同样的拼音方法还有梅塞姆内平原的纳佩，[2] 不学无术的赫兰尼科斯把它称为拉佩），当时它是阿提卡的一个乡镇，其居民相应地称为贝萨人，只写一个S。

---

[1] 出自 kalós——美丽的和 aroó——耕地。

[2] 森林密布的河谷。

6. 塔尔费位于一个高地上，距离斯罗尼乌姆 20 斯塔德，它既有肥沃的耕地，也有森林地区，这个地区过去因为木质的杯子而得名，[①]但是它现在叫做法里吉。这里有一座法里吉的赫拉神庙，得名于法里吉地区阿尔戈斯人的赫拉神庙。确实，他们据说是阿尔戈斯的殖民者。

7. 但是，荷马没有提到西洛克里人，显然，相比于我已经说过的其他那些洛克里人，至少他没有肯定地提到他们：

> 洛克里人居住在神圣的埃维亚对面。
>
> （《伊利亚特》，Ⅱ，535）

暗示这里居住着不同的洛克里人。但是，其他许多作家也没有太多地谈论过他们。他们居住的城市是安菲萨和诺帕克图斯；其中的诺帕克图斯现在仍然在安提里乌姆附近，这个城市得名于当地曾经有过的造船业。[②]因为赫拉克利德族曾经在这里造船，或者（像埃福罗斯所说）洛克里人甚至比这更早就在这里造船。由于腓力的判决，它现在属于埃托利亚人。

8. 卡尔西斯也在这里，诗人在埃托利亚人的[③]《船只登记册》之中提到了它；它位于卡利登的南方。这里有塔菲亚苏斯山，山上有内萨斯和其他半人半马怪物的陵墓，据说它们的腐尸又臭又稠的血水流到了山下；他说，这个部落正是由于这个原因而被称

---

① 荷马时期的 tarphos——"酒杯"。
② Naus——战船，pact——钉紧、建筑。
③ 《伊利亚特》，Ⅱ，640。

第四章 洛克里斯

为奥佐利亚部落。[1]莫利克里亚是埃托利亚人的一座小城，它也在安提里乌姆附近。安菲萨位于克里萨平原的边缘地区，正如我先前说过的，它已经被近邻同盟的成员国夷为平地。奥安西亚和欧帕里乌姆都属于洛克里人。沿着洛克里海岸航行，整个航程大约是200多斯塔德。

9. 在这里，埃皮克内米迪亚洛克里人地区，还有弗西奥蒂斯地区，都有一个名叫阿洛佩的地方。奥佐利亚洛克里人是埃皮克内米迪亚洛克里人的殖民者，而伊皮泽菲里洛克里人又是奥佐利亚洛克里人的殖民者。

10. 埃托利亚人与西洛克里人接壤；而居住在俄塔山的埃尼亚尼亚人与埃皮克内米迪亚洛克里人接壤；在他们之间居住着多利亚人。这些多利亚人居住在泰特拉波利斯，这座城市据说是所有多利亚人的首府；他们居住的城市有厄里尼乌斯、博伊乌姆、品都斯和基西尼乌姆。品都斯在厄里尼乌斯的后面，一条名字相同的河流流过这个地方，汇入距离利莱亚不远的凯菲苏斯河。但是，有些人把品都斯称为阿西法斯。多利亚人的国王埃吉米乌斯曾经被赶下王位，据说后来又被赫拉克勒斯恢复了王位。赫拉克勒斯死在俄塔之后，埃吉米乌斯报答了他的善行。因为他收养了赫拉克勒斯的长子海卢斯，海卢斯及其后裔成了他的王位继承人。赫拉克利德族以这里为出发点，开始返回伯罗奔尼撒半岛。

11. 尽管这些城市有一段时间又小又贫穷，却很受尊重，但是后来它们受到他人的轻视。令人惊奇的是在经历了福基斯战争、

---

[1] 出自 ozein——发出气味。

马其顿人、埃托利亚人和阿萨马尼亚人统治之后，这些城市的遗迹还能够保持到罗马人时期。埃尼亚尼亚人也经历了同样的情况，因为他们也被埃托利亚人和阿萨马尼亚人消灭了：埃托利亚人发动战争的时候联合了阿卡纳尼亚人，势力非常强大；阿萨马尼亚人取得成功的时候（他们是伊庇鲁斯人，当时其他居民已经非常衰败了），他们在国王阿米南德的统治下，已经成为一支强大的力量。这些阿萨马尼亚人占领了俄塔山。

12. 这座山从东方的德摩比利一直延伸到西方的安布拉西亚湾，它以某种形式直角切开了自帕纳塞斯一直延伸到品都斯和蛮族居住的品都斯之后的山区。这座山挨着德摩比利的地方称为俄塔山，它的长度是200斯塔德，这是一座岩石嶙嶙的高山，最高峰在德摩比利，因为它的顶峰就在那里，它以一座险峻的、陡峭的悬崖突然在海边结束，并且为入侵者由色萨利侵入洛克里人地区留下了一条狭窄的道路。

13. 这条道路不仅被称为"比利"和"隘路"，而且被称为"德摩比利"，[①] 因为在它附近有许多温泉，它们被视为是奉献给赫拉克勒斯的温泉；在它的后面有一座卡利德洛姆斯山；但是，有些人把这座山延伸到埃托利亚、阿卡纳尼亚和安布拉西亚湾的余脉，也称为卡利德洛姆斯山。德摩比利内部有一条隘路，有许多要塞，尼西亚朝着洛克里人方向的大海，在它之后是泰齐乌斯和赫拉克利亚，后者在古代曾经被称为特拉钦，这是拉克代蒙人的居住地。赫拉克利亚距离古特拉钦大约6斯塔德。接着是一个天

[①] "温泉关"。

第四章 洛克里斯

然的要塞罗登提亚。

14. 由于这个地区崎岖不平,有很多由河水冲击造成的深沟,使这些地方变成了很难接近的地方。除了流经安提西拉附近的斯珀凯乌斯河之外,还有迪拉斯河,据说它企图浇灭焚化赫拉克勒斯遗体的火堆;另外一条是距离特拉钦 5 斯塔德的米拉斯河。根据希罗多德所说,[①] 在特拉钦的南部有一条很深的峡谷,有一条与前面所说的阿索普斯河名字相同的阿索普斯河流过这里,在与菲尼克斯河汇合之后,汇入比利之外的大海。这条河流与阿索普斯河在南部汇合,它得名于英雄菲尼克斯之名,现在河边还可以看见他的坟墓。从阿索普斯河到德摩比利是 15 斯塔德。

15. 当人们企图控制这条隘路咽喉的时候,当隘路内外的居民争夺霸权的时候,那时这些地方就非常有名了。例如,腓力从马其顿人的观点出发,常常把卡尔西斯和科林斯称为"希腊的脚镣",把它作为自己军事行动的战略基地。[②] 后来,人们不仅这样称呼这些地方,还把德米特里亚斯城称为"手铐",因为德米特里亚斯控制着坦佩河谷附近的道路,控制着皮利翁山和奥萨山。后来,所有民族都臣服于一个政权,所有商品都免除了通行税,对所有人都是开放的。

16. 在这些隘路上,莱奥尼达斯带领他的士兵和来自邻国的少数人,抵抗波斯人所有的军队,直到这些蛮族通过小路绕过高山,把他们杀死为止。直到今天,仍然可以看见埋葬他们的陵墓、[③] 华

---

① 希罗多德,Ⅶ,198,200.
② 占领了这些据点,他就可以从遥远的马其顿控制希腊。
③ 参见本书Ⅸ,iv,2。

表和华表上常常被人引用的铭文,铭文的内容如下:

> 外乡人啊!请告诉拉克代蒙人,
> 我们遵守自己的法律,战死在这里。[1]

17. 这里也有一个很大的港口和一座得墨忒耳神庙,每逢比利会议召开的时候,近邻同盟的成员要在神庙之中举行献祭仪式。从这个港口到赫拉克利亚的特拉钦,步行的距离是40斯塔德,航行到塞内乌姆角的距离是70斯塔德。斯珀凯乌斯河直接汇入比利外的大海之中。从埃夫里普海峡到比利距离是530斯塔德。洛克里斯结束于比利,比利朝着东方的外部地区和马利亚湾属于色萨利人,比利朝着西方的部分属于埃托利亚人和阿卡纳尼亚人。至于阿萨马尼亚人,他们现在已经灭绝了。

18. 希腊人最大和最古老的联合体是色萨利人的同盟。荷马和其他一些作家都曾经谈到他们。荷马总是按照城市,而不是部落来区分他们,以一个名字来称呼埃托利亚人。只有库雷特人是例外,他们被认为是埃托利亚人的一部分。不过,我在开始叙述色萨利的时候,必须忽略那些过于古老的、具有神话色彩的,因而大部分具有争执的事情,正如我以前在处理其他问题时的做法一样,只叙述那些我认为有关的事情。

---

[1] 著名诗人西摩尼得斯的题铭。

第五章 色萨利

1. 色萨利的组成：首先是沿岸地区，从德摩比利一直延伸到佩尼乌斯河口和皮利翁山的边远地区，正对着埃维亚东边和北边的边远地区。靠近埃维亚的地方和德摩比利居住着马利亚人和亚该亚的弗西奥特人，靠近皮利翁山的地方居住着马格尼西亚人。我们把色萨利的这个部分，称为东部地区或沿海地区。至于色萨利其余的两边：一边由皮利翁山和内陆的佩尼乌斯河开始，马其顿延伸到培奥尼亚和伊皮鲁斯部落地区；另外一边由德摩比利开始，与马其顿平行的俄塔山和埃托利亚山延伸到了多利亚人地区和帕纳塞斯山。前面一边与马其顿交界，被称为北边；后面一边称为南边。剩下的西边，周围是埃托利亚人、阿卡纳尼亚人、安菲罗奇人、① 伊庇鲁斯人之中的阿萨马尼亚人和莫洛西亚人，还有曾经被称为埃塞斯人的地区，一句话，就是品都斯山附近的地区。色萨利的土地除了皮利翁山和奥萨山之外，整体上来说是一个平原。这些山很高，但它们并没有占据周围很大的空间，而是结束于平原之中。

---

① 斯特拉博在其他地方把安菲罗奇人归入伊庇鲁斯人之列（参见本书Ⅶ, vii, 1；Ⅶ, vii, 8）。

2. 这个平原位于色萨利中部，除了多少受到洪水影响之外，它也是一个最富裕的地区。因为佩尼乌斯河流过色萨利的中部，汇合了多条河流，常常泛滥成灾；在古代，这个平原据说是一个湖泊，除了沿海地区之外，它的四周被群山包围；就连这个地区也高于平原的海拔。但是，由于地震在坦佩河谷造成了一条裂缝，把奥萨山和奥林波斯山分割开来，佩尼乌斯河通过这条裂缝流入大海，上述地区变成了旱地。但是，这里仍然有一个很大的内桑尼斯湖，在靠近海边的地方还有一个比它略小的维贝湖。

3. 按照自然环境特点，色萨利分成四部分：第一部分是弗西奥提斯，第二部分是赫斯提伊奥提斯，第三部分是色萨利奥提斯，第四部分是佩拉斯吉奥提斯。弗西奥提斯包括南部地区，沿着俄塔山从马利亚湾或比利湾一直延伸到多洛皮亚和品都斯山，在法萨卢斯和色萨利平原变宽。赫斯提伊奥提斯包括西部地区和位于品都斯与上马其顿之间的地区。色萨利其余部分居住着下列居民：首先是居住在赫斯提伊奥提斯以南的居民（他们称为佩拉斯吉奥泰人，他们居住地区与下马其顿交界），其次是色萨利奥泰人，他们聚居在一直延伸到马格尼西亚海岸的地区。这里有许多值得提起的著名城市，特别是因为它们在荷马史诗之中被提到过；但只有少数的城市保持了自古以来的尊严，其中最大的是拉里萨城。

4. 诗人把我们现在所说的色萨利地区分为 10 个部分或者 10 个王朝之后，又加上了俄塔和洛克里两个地区，还有现在被认为是属于马其顿的某些地区，暗示所有这些地区有某种共同点这样一个事实，[①]

---

① 《伊利亚特》，Ⅱ，685—756。

即整个地区和它的各个部分相应地都经历过掌权的历史。

5. 在《船只登记册》之中,他提到的第一个部落是阿喀琉斯统治之下的部落,他们占据着南部地区,居住在俄塔山和埃皮克内米迪亚洛克里人附近。

> 所有居住在佩拉斯吉的阿尔戈斯的人,
> 还有居住在阿卢斯、阿洛佩和特拉钦的人,
> 以及居住在弗西亚和以美女闻名的赫拉斯的人,
> 所有的密尔弥冬人、赫楞涅斯人和亚该亚人。
>
> (《伊利亚特》,II,681)

荷马把这些部落都看成是菲尼克斯的臣民,并且把远征描绘成两位领袖共同的事业。确实,诗人在谈到与伊利乌姆有关的战争时,从来没有提到过多洛皮亚的军队,因为他并没有叙述他们的首领菲尼克斯像涅斯托尔一样参加危险的战斗。其他的作家,例如品达则谈到了这个问题,他提到了菲尼克斯:

> 他带领着一群多洛皮亚人,
> 勇敢的投石兵前来援助,
> 驯马的达那俄斯人。
>
> (《残篇》,183,贝克)

实际上,对于这样的解释,我们应当采用语法教师所说的沉默原则,因为有一件可笑的事情,说菲尼克斯国王参加了远征:

我住在弗西亚边远地区,统治着多洛皮亚人。

(《伊利亚特》,IX,484)

他的臣民和他不在一起,因为他们没有出现,他也不被认为与阿喀琉斯共同参加了远征,而仅仅是作为一个统治着少数人的部落首领,或者是发言者、顾问追随着阿喀琉斯。荷马史诗对于这个问题已经讲得非常清楚,[①]因为这句话的重要性就在于此:

作为发言人和各种行动的实干家。

(《伊利亚特》,IX,443)

因此,正如我先前所说的那样,他指的显然就是阿喀琉斯和菲尼克斯统率的同一支军队。但是,上面所说阿喀琉斯统治的地区是有争论的。因为有些人认为在拉里萨附近的佩拉斯吉的阿尔戈斯,过去是色萨利人的城市,它现在已经不复存在;但其他人认为它不是一座城市,而是色萨利人的平原,这个名字首先是阿巴斯提到的。他从阿尔戈斯来到这里建立了一个殖民地,并且给它取了这个名字。

6. 至于弗西亚,有人认为它与赫拉斯和亚该亚是同一码事。这些地区组成了整个色萨利在南部划出来的两个部分。但其他人却把赫拉斯和亚该亚分开。诗人似乎是把弗西亚和赫拉斯看成是两个不同的区域,他说:

---

① 菲尼克斯。

那些居住在

弗西亚和赫拉斯的人。

(《伊利亚特》,Ⅱ,683)

当他这样说的时候,似乎是两个地区:

后来我远远地逃离辽阔的赫拉斯,

来到了弗西亚。

(《伊利亚特》,Ⅸ,479)

以及:

在赫拉斯和弗西亚有许多亚该亚妇女。

(《伊利亚特》,Ⅸ,595)

同样,诗人认为它们是两个地方,但没有说其中一个是平原,也没有说明它们是城市还是地区。后来的作家有人认为赫拉斯是一个地区,从帕莱法尔萨卢斯[①]一直延伸到弗西奥提斯的底比斯。这个地区还有一座塞提戴乌姆神庙,位于法萨卢斯的新城和老城附近。根据塞提戴乌姆神庙,他们推断这个地区是阿喀琉斯统治的地区之一。其他人则认为赫拉斯是一座城市,例如法萨利人就指出,他们认为距离在他们自己的城市60斯塔德的地方,有一座

---

① 老法萨卢斯城。

城市废墟就是赫拉斯,它附近有两个泉水:梅塞斯泉与希佩里亚泉;然而,梅利塔人认为赫拉斯在伊尼佩乌斯河那边,距离他们自己10斯塔德,那时他们自己的城市名叫皮拉;由于赫拉斯位于一个低洼地区,赫楞涅斯人从那里移居到了他们自己的城市;他们提出的有关证据是,丢卡利翁和皮拉之子赫楞的陵墓就在他们的市场之中。因为传说丢卡利翁曾经统治过弗西亚,简而言之就是统治过色萨利。伊尼佩乌斯河发源于奥斯里斯山,流过法萨卢斯,转而汇入阿皮达努斯河,后者又汇入了佩尼乌斯河。关于赫楞涅斯人的情况,就是这么多了。

7. "弗西亚人"是阿喀琉斯、普罗特西劳斯和菲洛克特特斯统治的居民名字。诗人可以为此作证,因为在《船只登记册》之中提到那些由阿喀琉斯统治的人民和

> 那些居住在弗西亚的人民。
>
> (《伊利亚特》,Ⅱ,683)

他描绘这些人在船边的战斗中和阿喀琉斯一起呆在自己后面的船上,无所作为。相反,由菲洛克特特斯统治的人参加了战斗,他们的"首领"是米登;[1] 而那些由普罗特西劳斯统治的人,他们的"首领是波达塞斯"。[2] 关于这些人的一般情况,他说道:

---

[1] 《伊利亚特》,Ⅱ,727。
[2] 《伊利亚特》,Ⅱ,704。

维奥蒂亚人和爱奥尼亚人穿着长长的外衣,

洛克里人、弗西亚人和著名的埃佩人。

(《伊利亚特》,XIII,685)

他特别说道:

站在弗西亚人前面的米登,波达塞斯顽强地参加战斗。

他们披坚执锐,冲在骄傲的弗西亚人之前,

和维奥蒂亚人一起战斗,保护船只。

(《伊利亚特》,XIII,693)

可能,欧里皮卢斯(Eurypylus)的同伴也叫做弗西亚人,因为他们居住的地区确实与弗西亚交界。但是,现在历史学家认为,不仅欧里皮卢斯统治的奥尔梅尼乌姆附近地区属于马格尼西亚,而且还有菲洛克特斯统治的整个地区也属于马格尼西亚。不过,他们认为普罗特西劳斯统治的地区是弗西亚的一部分,它从多洛皮亚和品都斯山一直延伸到马格尼西亚海。然而,珀琉斯和阿喀琉斯统治的地区由特拉钦尼亚和俄塔地区开始,它的宽度现在已经确定延伸到了普罗特西劳斯统治的安特戎城(城市的名字现在写成复数形式)。马利亚湾的长度大致相同。

8. 至于哈卢斯和阿洛佩,历史学家存在着很大的疑问,他们猜想诗人指的不是现在所说的属于弗西奥提斯领土之内的地方,而是洛克里人领土之内的地方,因为阿喀琉斯统治的地区那时一直延伸到了特拉钦尼亚和俄塔地区。因为在洛克里人的海岸边有

哈卢斯和哈利乌斯两座城市，就像这里还有阿洛佩城一样。有些人用哈利乌斯代替阿洛佩，

> 那些居住在哈卢斯、哈利乌斯和特拉钦的居民。
>
> （《伊利亚特》，Ⅱ，628）

弗西奥提斯的哈卢斯位于奥斯里斯山的尽头之下，这座山位于弗西奥提斯的北方，它与提弗雷斯图斯山和多洛皮亚人地区交界，从这里一直延伸到马利亚湾地区。哈卢斯（这个名词既是阴性又是阳性，常常两种词性并用）距离伊托努斯大约60斯塔德。这座城市是阿萨马斯建立的，在它后来被破坏之后，法萨卢斯人在这个地方殖民。它位于克罗齐平原之后，安弗里斯河从它的城墙边上流过，在克罗齐平原之前是弗西奥提斯的底比斯城。哈卢斯又称为弗西奥提斯的哈卢斯和亚该亚的哈卢斯，它与马利亚人地区，还有奥斯里斯山的支脉交界。正如普罗特西劳斯统治的弗西奥提斯的菲拉斯一样，它与马利亚人的地区交界，哈卢斯同样也与马利亚人的地区交界；它距离底比斯大约100斯塔德，位于法萨卢斯与弗西奥特人的中间地带。但是，腓力从弗西奥特人手上夺走了它，把它交给了法萨利人。正如我先前所说的那样，它经常发生变化，各个部落的边界和政治组织总是在不断地变化。因此，索福克勒斯说特拉钦尼亚是属于弗西奥提斯的。阿尔特米多鲁斯认为哈卢斯在海边，位于马利亚湾之外，属于弗西奥提斯。由此向前可以到达佩尼乌斯河，他把普泰莱乌姆山放在安特戎城之后，接着是距离普泰莱乌姆110斯塔德的哈卢斯。至于特拉钦，

第五章 色萨利

我已经说过了,诗人也提到过它的名字。

9. 由于诗人经常提到这个地区的斯珀凯乌斯河,[①] 由于这条河发源于提弗雷斯图斯山,德莱奥佩山在古代名叫……[②] 河口在温泉关附近,在它与拉米亚之间。他清楚地指出,这两个地区都在关内,我指的是属于马利亚湾的这部分和关外的地区,属于阿喀琉斯统治。斯珀凯乌斯河距离拉米亚大约30斯塔德,拉米亚位于某个延伸到马利亚湾的平原之后。他清楚地指出,斯珀凯乌斯河是这个地区的河流,这不仅可以得到阿喀琉斯的证实,因为他"留着自己的长发,作为奉献给斯珀凯乌斯河的礼物",[③] 而且有一个事实可以证明,他的一位将军梅内斯提乌斯被称为斯珀凯乌斯和阿喀琉斯的姐妹之子。[④] 因此,有理由认为阿喀琉斯和帕特罗克卢斯(他追随珀琉斯从埃伊纳岛一起迁移到此)统治的所有这些居民,都是密尔弥冬人。所有的弗西奥特人也叫做亚该亚人。

10. 历史学家从马利亚人开始,列举了阿喀琉斯统治的弗西奥提斯地区若干居民点。它们的名字很多,其中有弗西奥提斯的底比斯、埃奇努斯、拉米亚(在它的附近发生过安提帕特指挥下的马其顿人和雅典人之间的拉米亚战争,在这场战争之中雅典将军莱奥西尼阵亡了,亚历山大国王的统帅莱昂纳图斯也阵亡了),还有纳塔齐乌姆、厄里尼乌斯、科罗尼亚(与维奥蒂亚的城市名字相同)、梅利泰亚、索马奇、普罗尔纳、法萨卢斯、埃雷特里亚

---

① 三次。《伊利亚特》,XVI,174,176;XXIII,144。
② 手稿有遗漏。
③ 《伊利亚特》,XXIII,142。
④ 《伊利亚特》,II,173—175。

（与埃维亚的城市名字相同），还有帕拉切诺泰城（与埃托利亚的城市名字相同），因为在拉米亚附近有一条阿谢洛奥斯河，在它的两岸居住着帕拉切诺泰人。这个地区的边界，在它的北方与阿斯克勒皮阿迪人最西部地区，欧里皮卢斯的地区和普罗特西劳斯的地区交界，这些地区朝向东方；在它的南方与俄塔人地区（分成14个乡镇）、赫拉克利亚和德莱奥皮斯交界，德莱奥皮斯像多里斯一样，过去曾经是四个城镇组成的城邦，它被认为是居住在伯罗奔尼撒半岛的德莱奥皮人的首府。属于俄塔地区的还有阿西法斯、帕拉索皮亚斯、俄尼亚迪和安提西拉，安提西拉与西洛克里人的城市名字相同。不过，我说的这个地区的这些区域，并没有一直原封不动地保留下来，而是有了不同的变化。但是，只有最重要的区域才值得详细提起。

11. 至于多洛皮亚人，诗人已经说得非常清楚了，他们居住在弗西亚最远的地方，无论是他们还是弗西亚人，同样都归珀琉斯一个人统治。他说：

> 我住在弗西亚最遥远的地方，统治着多洛皮亚人，
> 他们是珀琉斯交给我统治的。
>
> （《伊利亚特》，IX，484）

这个地区与品都斯及其周围地区交界，其中大部分地区属于色萨利人。由于色萨利人和马其顿人的声望和主导地位，作为他们最近的邻居，这些伊庇鲁斯人的地区不论是自愿或者不自愿，一部分变成了色萨利的地方，一部分变成了马其顿的地方。例如，阿

萨马尼亚人、埃塞斯人、塔拉雷人成了色萨利的一部分，而奥雷斯泰人、贝拉戈尼亚人和伊利米奥泰人成了马其顿的一部分。

12. 品都斯山很高大，占据了马其顿地区北部，珀里比亚的移民占据了西部，多洛皮亚人占据了南部，赫斯提伊奥提斯占据了东部。最后这个地方是色萨利的组成部分。塔拉雷人是莫洛西亚部落，他们是那些居住在托马鲁斯山附近地区部落的一个分支，居住在品都斯山地区，就像埃塞斯人一样。根据诗人所说，他们之中的森陶尔斯部落是被佩里托乌斯驱赶出来的。① 但历史告诉我们，他们已经"消失了"。"消失了"这个词有两种意思，他们的居民消失了，他们的地区已经彻底被抛弃了；或者是他们的部落名称不再存在，他们过去的政治组织没有保留下来。因此，古代保留下来的任何政治组织，现在已经完全失去了意义。我认为它不值得再提，无论是它本身还是它换过了一块新的招牌，但是，如果有某种适当的借口来提起它，我就必须叙述这种变化。

13. 现在，我就按照顺序来叙述阿喀琉斯过去统治的沿海各地，首先从德摩比利开始，因为我先前已经叙述过洛克里斯和俄塔地区。德摩比利和塞内乌姆角隔着一条70斯塔德的海峡；② 但如果乘船沿着比利那边的海岸航行，距离斯珀凯乌斯河大约是10斯塔德；从那里前往法拉拉是20斯塔德；在法拉拉之后，距离海边50斯塔德是拉米亚人的城市；然后再沿着岸边航行100斯塔德，就到了位于海岸之后的埃奇努斯；在接下来海岸线之后的内陆，

---

① 从皮利翁山赶出。
② 手稿的数字为10，经过克雷默修改。

距离它20斯塔德是克雷马斯特的拉里萨（又称佩拉斯吉人的拉里萨）。

14. 然后是一座小岛米昂内苏斯，然后是普罗特西劳斯曾经统治的安特戎。阿喀琉斯曾经统治的地区就是这种情况。但是，由于诗人既提到了首领的名字，又提到了他们曾经统治的城市，并且按照顺序把整个色萨利周围分成了许多众所周知的地区，因此我将按照他的顺序，像从前一样完成对这个地区剩余部分的地理描述。他按照顺序列举了那些属于阿喀琉斯统治的居民，又开始叙述那些属于普罗特西劳斯统治的居民；这是阿喀琉斯曾经统治的、紧靠着海岸直到安特戎的当地居民。同样，普罗特西劳斯统治的地区位于紧靠着这个地区的边界上，也就是在马利亚湾的外面，尽管不是在阿喀琉斯统治的弗西奥提斯那个地方的边界之内，但仍然在弗西奥提斯的边界之内。菲拉斯靠近弗西奥提斯的底比斯，它也是普罗特西劳斯统治的地方。哈卢斯、克雷马斯特的拉里萨和德米特里乌姆，都是他统治的地方。这些地方都在奥斯里斯山东部。他说德米特里乌姆是"得墨忒耳的圣地",[①] 把它称为"皮拉苏斯"。皮拉苏斯是一座拥有优良港口的城市，距离它2斯塔德远有一块圣地和一座神庙，它距离底比斯20斯塔德路程。底比斯位于皮拉苏斯以北，在底比斯以北到奥斯里斯山的内陆地区是克罗齐平原，安弗里斯河流过这个平原。在这条河的北方是伊托努斯，那里有一座伊托努斯人的神庙，[②] 维奥蒂亚的神庙就得名

[①] 《伊利亚特》, Ⅱ, 696。
[②] 伊托努斯的雅典娜。

于它，还有夸里乌斯河。但是，我在讲述维奥蒂亚的时候，已经讲过这条河和阿尔内城。这些地方都在色萨利的奥提斯境内，它是整个色萨利的四个部分之一。其中不仅有欧里皮卢斯统治的地区，而且有菲卢斯，那里有一座菲卢斯的阿波罗神庙。还有伊赫尼，伊赫尼那里的忒弥斯神庙非常受崇拜。西鲁斯，还有直到阿萨马尼亚的地区，也属于弗西奥提斯。在安特戎附近的埃维亚海峡有一块水下暗礁，称为"安特戎的驴子"，然后是普泰莱乌姆和哈卢斯，然后是得墨忒耳神庙，然后是皮拉苏斯，它已经被夷为平地。在它之后是底比斯，接着是皮拉角，它附近有两个小岛，一个叫做皮拉岛，另一个叫做丢卡利翁岛。弗西奥提斯在这里某个地方就结束了。

15. 诗人接着提到了欧墨洛斯统治的人民，即靠近海岸边的居民，从这里一直延伸到马格尼西亚和佩拉斯吉奥提斯地区。同样，菲雷位于靠近马格尼西亚的佩拉斯吉平原边缘地区，这个平原一直延伸到皮利翁，长160斯塔德。菲雷的海港叫做帕加西，距离菲雷90斯塔德，距离约尔库斯20斯塔德。约尔库斯在古代实际上就已经被夷为平地了，珀利阿斯派遣的伊阿宋及其船队，就是从这里出发的。根据古代神话故事，这个地方叫做帕加西，[①]因为伊阿宋的船队是在这里建造的。但有人认为这个地方的得名，是因为这里的泉水数量多而水源丰富，[②]这种观点可能更加可信。附近有一个地方名叫阿费泰，它就是阿尔戈英雄"出发的地方"。[③]

---

① 词根 Pag 本义为"建筑"、"建造战船"。
② 多利亚语是 pagai。
③ Apheterion.

约尔库斯位于海岸之后,距离德米特里亚斯7斯塔德。德米特里亚斯位于海边的内利亚与帕加西之间。它是德米特里·波利奥尔塞特斯(Demetrius Poliorcetes)所建,他用自己的名字命名了它。他把附近城市的居民迁入这座城市,这些城市是内利亚、帕加西、奥尔梅尼乌姆、里祖斯、塞皮亚斯、奥利总、维贝和约尔库斯,它们现在都成了德米特里亚斯境内的农村。而且,正如我先前说过的,它在很长的时间内曾经是军港和马其顿历代国王的王宫,控制着坦佩、皮利翁和奥萨两座山。现在,它虽然在实力方面已经衰落了,但它仍然超过马格尼西亚的所有城市。维贝湖在菲雷附近,与皮利翁山麓和马格尼西亚边界相连,维贝是位于湖边的一个地方。正如约尔库斯在自己的实力大大增强之后,由于叛乱和暴君的统治而被毁灭一样,这些问题也削弱了菲雷。有一段时间它由于僭主统治而变得十分强大,后来也因为他们而灭亡了。在德米特里亚斯附近有一条阿瑙鲁斯河流过,邻近的海岸也叫做约尔库斯。他们在这里举行珀利阿斯节大会(Peliac Festal Assembly),①阿尔特米多鲁斯把帕加西湾置于远离德米特里亚斯的地方,置于菲洛克特特斯统治的地区。他认为西辛托斯岛和与它名字相同的城市在这个海湾里。

16. 接着,诗人列举了菲洛克特特斯统治的城市。迈索尼不是色雷斯的迈索尼,它已经被腓力夷为平地。我先前已经说过这些地方名字的变化,还有某些地方在伯罗奔尼撒半岛。诗人列举的

---

① 显然有错误,格罗斯库尔德把"比利的"改正成"珀利阿斯的",即为了纪念珀利阿斯的节日。

其他地方有索马西亚、奥利总、梅利维亚，它们都在下一段海岸边。在马格尼西亚人地区之外有许多海岛，但重要的只有这几个：夏托斯、佩帕雷托斯、伊科斯、哈隆尼索斯斯和斯基罗斯，所有的岛屿都有名字相同的城市。但斯基罗斯最重要，这是因为利科梅德斯和阿喀琉斯之间的家族关系，因为阿喀琉斯之子涅俄普托勒摩斯出生和成长在这里。后来，当腓力的实力强大起来之后，他看见雅典人统治着海洋和各地的海岛，他使距离他比较近的岛屿成了最著名的海岛；因为他正在争夺霸权，他总是进攻那些距离他比较近的地方。当他把马格尼西亚、色雷斯大部分地区，还有周围其他地区的领土并入马其顿之后，他也就占领了马格尼西亚的岛屿，并使这些先前默默无闻的岛屿也成了争夺对象，从而使它们声名远扬。斯基罗斯主要是由于在古代传说之中所占的重要地位而受到赞扬；但是，还有许多其他的事情使它经常被人们提起：例如，斯基罗斯良种山羊，花色繁多的斯基罗斯大理石，它们足以同卡律司托斯、多西米、辛纳达和希拉波利斯的大理石媲美。在罗马可以看到各种花色的、用整块大理石做的圆柱和大石板。这座城市依靠公共和私人资金，用这种大理石装饰起来，白色大理石也因此而跌价了。

17. 但是，诗人在叙述了马其顿沿海之后，突然转而谈到上色萨利地区。他从多洛皮亚、品都斯山开始，详细叙述了沿着弗西奥提斯一直延伸到下马其顿的各个地区：

那些占领特里斯和多石的伊索米的人。

(《伊利亚特》，II，729)

这些地方实际上都属于希斯提艾奥提斯，希斯提艾奥提斯在古代据说被称为多里斯；但是，珀里比亚人占领它的时候，他们已经占领了埃维亚的希斯提艾奥提斯，强迫它的居民迁往大陆地区，并且以希斯提伊亚人的名字把这个地区命名为希斯提艾奥提斯，因为希斯提伊亚人大部分居住在这里。他们把希斯提艾奥提斯和多洛皮亚称为上色萨利，它和上马其顿处于一条直线上，而下色萨利和下马其顿处在一条直线上。特里斯有一座最古老、最著名的阿斯克勒皮俄斯神庙，该城与多洛皮亚人地区和品都斯山周围地区交界。至于说到伊索米，它和麦西尼亚的一座城市名字相同，有些人认为它的名字不应当这样发音，丢掉了第一个音节。① 因此，虽然它现在的名字变成了伊索米，他们认为应当用古代的名字来称呼它。这个要塞实际上是一堆石头，② 它位于好像是正方形的四个要塞之间，这四个要塞是特里斯、梅特罗波利斯、佩林内乌姆和冈菲。但是，伊索米属于梅特罗波利斯人的领土。梅特罗波利斯在古代是一座由三个小镇联合而成的居民点，后来又有其他一些地方加入，其中就有伊索米。因此，卡利马科斯在其《抑扬格》之中说道，"在所有的阿弗罗蒂忒之中（因为不仅仅是只有一位女神叫这个名字），卡斯特尼提斯的阿弗罗蒂忒在智慧上超越一切人，因为只有她一位神接受猪作为祭品"。③ 当然，他是一个很有学问的人，没有一个人能赶上他，正如他自己所说的，

---

① Thome。
② Thomos——本义为"石堆"。
③ 《残篇》，82b，施奈德。

他希望把自己的一生献给这些神话故事。[①] 但是,后来的作家发现并不是只有阿弗罗蒂忒,还有其他一些女神也接受这种祭祀仪式。在这些神之中就有梅特罗波利斯的阿弗罗蒂忒,其中有一个由许多城市联合成居民点的城市,把昂图里乌姆的仪式[②]传给了梅特罗波利斯。法尔卡东也在希斯提艾奥提斯境内,佩尼乌斯河和库拉利乌斯河流过它的领土。在这些河流之中,库拉利乌斯河流过伊托努斯的雅典娜神庙,汇入佩尼乌斯河。正如我先前所说的,佩尼乌斯河本身发源于品都斯山,在流过特里斯、佩林内乌姆和法尔卡东左边之后,又流过了阿特拉克斯和拉里萨,在接受了色萨利奥提斯境内多条河流的水源之后,它流过坦佩河谷,奔向河口。正如我先前讲述伯罗奔尼撒半岛时所说的一样,历史学家不仅把奥卡利亚(又称"欧里图斯之城"),而且还有埃维亚和阿卡迪亚地区确定在这个地区,它的名字也各不相同。至于奥卡利亚,人们主要关注的是赫拉克勒斯占领了哪个奥卡利亚,诗人在《占领奥卡利亚》之中所指的是哪个奥卡利亚。诗人把这些地方都说成是阿斯克勒皮阿迪家族(Asclepiadae)统治的地方。

18. 接下来,他说到了欧里皮卢斯统治的地区:

> 那些居住在希佩里亚泉边的人,还有那些
> 居住在阿斯特里乌姆和提塔努斯雪山顶上的人。
>
> (《伊利亚特》,II,734)

[①] 原文有脱漏。
[②] 昂图里乌姆城是邻近阿尔内的色萨利城市(Stephanus Byzantinus, s.v.)。

现在，奥尔梅尼乌姆称为奥尔米尼乌姆；它现在是帕加西湾附近皮利翁山脚下的一个村庄，正如我先前所说的，它从前是德米特里亚斯许多城市之中的一座城市。维贝湖肯定很近，因为维贝和奥尔梅尼乌姆都是德米特里亚斯的属地之一。奥尔梅尼乌姆距离德米特里亚斯陆路是27斯塔德，约尔库斯位于道路旁，距离德米特里亚斯7斯塔德，距离奥尔梅尼乌姆20斯塔德。锡普西亚的德米特里说，菲尼克斯是奥尔梅尼乌姆人，他从他的父亲、奥尔梅努斯之子阿敏托那里逃到了弗西亚国王珀琉斯那里；他接着说，这个地方是埃俄罗斯之孙、塞尔卡福斯之子奥尔梅努斯建立的；他认为阿敏托和埃维蒙都是奥尔梅努斯之子，菲尼克斯是前者之子，而欧里皮卢斯是后者之子，两人对于王位有同等继承权，但欧里皮卢斯继承了王位，因为菲尼克斯已经离开了祖国。而且，锡普西亚的德米特里这样写道：

当我第一次离开人丁兴旺的奥尔梅尼乌姆，

而不是
我离开了以美女出名的赫拉斯。

(《伊利亚特》，Ⅸ，447)

不过，克拉特斯认为菲尼克斯是福基斯人，他是根据梅格斯的头盔做出这个结论的，奥德修斯在晚上侦察的时候使用过他的头盔。关于这个头盔，诗人说：

奥托利库斯从埃莱翁、从奥尔梅努斯之子阿敏托
手中盗走了它，打破了他坚固的房屋。

(《伊利亚特》，X，266)

他说，因为埃莱翁城（Eleon）在帕纳塞斯山，而奥尔梅努斯之子阿敏托不是别人，正是菲尼克斯之父。奥托利库斯住在帕纳塞斯山，必定曾经打破邻居的房屋（就像破门而入的小偷行径一样），这些人居住的地方距离不远。但是，锡普西亚人认为在帕纳塞斯山找不到所谓的埃莱翁，只有一个地方名叫尼昂（Neon），它是在特洛伊战争之后建立的。此外，穿墙打洞也不仅仅局限于邻居之间。这里还可以举出一些其他的争论意见，但是我无意在这个问题上花费更多的时间。其他人把它写成"来自海莱翁"，[1]但海莱翁是塔纳格里亚境内的地方，这种写法将使这种说法显得更加荒谬：

接着，我远走高飞
从赫拉斯来到了弗西亚。

(《伊利亚特》，IX，478)

希佩里亚泉在菲雷人的城市中央，泉水属于欧墨洛斯。荒唐的是这个泉水被说成是欧里皮卢斯的。提塔努斯[2]在某种程度上得名于

---

[1] 代替"来自埃莱昂城"。
[2] "白地"。

这个事实：这个地区靠近阿尔内和阿费泰，土地是白色的。阿斯特里乌姆距离这些地方不远。

19. 那些被称为波利普埃特斯臣民的地区与色萨利的这部分地方交界：

> 那些居住在阿吉萨、盖尔托内、
> 奥尔塞、埃洛内和白城奥洛松的人民。

(《伊利亚特》，Ⅱ，738)

从前，这个国家居住着珀里比亚人，他们居住在海滨、佩尼乌斯河边，直到它的河口地区和珀里比亚人的城市盖尔通。后来，拉皮斯人轻而易举地打败了珀里比亚人，并且把他们驱赶到内陆的河滨地区，占据了他们的领土，我指的是拉皮斯人伊克西翁及其子佩里托乌斯，在赶走了居住在这里的野蛮部落森陶尔斯人之后，后者还占领了皮利翁。他这样对待这些人：

> 他把他们从皮利翁赶到了埃塞斯人附近。

(《伊利亚特》，Ⅱ，744)

他把平原地区分给拉皮斯人，但珀里比亚人也占据着某些平原地区，即奥林波斯附近的那些地区。在有些地方，他们和拉皮斯人完全混杂在一起居住。阿吉萨，即现在的阿古拉位于佩尼乌斯河边；在它以北40斯塔德是阿特拉克斯，它也靠近这条河边；珀里比亚人居住在这两个地方之间的河滨地区。有些人认为奥尔塞是法兰尼人的卫城，法兰纳是佩尼乌斯河边的珀里比亚人城市，靠近坦佩河谷。由于珀里比亚人被拉皮斯人打败了，因此大多数人迁移到品都斯周围的山区，迁往阿萨马尼亚人和多洛皮亚人的地区。在所有的珀里比亚人离开这里之后，他们的土地被拉里萨人占领了。这些拉里萨人曾经是他们的邻居，居住在佩尼乌斯河边，居住在这个平原最富裕的地方，但不是居住在内桑尼斯湖畔最低洼的地区，当这条河泛滥的时候，就会把拉里萨人耕地的土壤冲进湖中。为了防止这种现象，后来他们采取了筑堤的办法。他们占领了珀里比亚之后，强迫它交纳赋税，直到腓力成为这个地区的统治者为止。拉里萨是奥萨山区的一个地名；还有一个是克雷马斯特的拉里萨，有些人称为佩拉斯吉人的拉里萨；在克里特也有一座拉里萨城，现在它已经和希拉皮特拉合在一起，因此在它之前的平原被称为拉里萨平原；在伯罗奔尼撒半岛有两个拉里萨，即阿尔戈斯人的拉里萨城堡和拉里萨河，这条河是伊利斯地区和迪梅的边界。泰奥彭波斯说到的另一座拉里萨城同样在共同的边界上；然后是在亚细亚的基梅附近也有一座弗里科尼斯的拉里萨城；在特洛阿德的哈马克西提斯附近也有一座拉里萨城；还有以弗所人的拉里萨和叙利亚的拉里萨；还有距离米蒂利尼通往梅塞姆内的道路50斯塔远的拉里萨岩；阿提卡也有拉里萨城；拉里萨村距离特拉莱斯30斯塔德，在这座城市以北，如果走经过梅索吉斯到凯斯特平原的大路，附近有一座伊索德罗米母亲的神庙。[①]这个拉里萨在地理位置和自然条件方面都很像克雷马斯特的拉里萨，

---

① 基贝勒女神。

因为它也有丰富的水源和许多葡萄园，拉里萨的宙斯可能就得名于这个地方；在本都的左边有一个拉里萨村，位于诺洛卡斯……之间，[1]靠近海姆斯山的边缘。奥洛松称为"白地"，是因为它的土壤是白色的。埃莱翁和贡努斯是珀里比亚人的城市，但是埃莱翁的名字被改成莱莫内，它现在已经成了一片废墟。两座城市都位于奥林波斯山下，距离欧罗普斯河不远，诗人把它称为提塔雷西乌斯河。[2]

20. 诗人接着提到了提塔雷西乌斯河和珀里比亚人，他说：

> 古内乌斯从西弗斯带来了22条战船，
> 紧跟着他的是伊尼尼亚人和坚强的珀里比亚人，
> 他们居住在严寒的多多纳周围，
> 居住在可爱的提塔雷西乌斯附近的土地上。

(《伊利亚特》, II, 748)

同样，他也提到了属于珀里比亚人的地方和落入他们统治之下的赫斯提伊奥提斯部分地区。还有波利普埃特斯统治的珀里比亚人部分城市。但是，他把这些城市说成是拉皮斯人的。因为这两个部落彼此已经混杂在一起居住，也因为拉皮斯人占领了平原地区，剩下的珀里比亚地区大都归拉皮斯人统治。珀里比亚人占领的大多是奥林波斯和坦佩河谷附近的山区，如西弗斯、多多纳和提塔

---

[1] 手稿有遗漏，后人补充。
[2] 《伊利亚特》, II, 751。

第五章 色萨利

雷西乌斯河附近地区。这条河发源于与奥林波斯相连的提塔里乌斯山，流入坦佩河谷附近的珀里比亚领土，在附近某个地方与佩尼乌斯河汇合在一起。佩尼乌斯河的水质是干净的，但提塔雷西乌斯河的水质是油腻的，因为它含有某种杂质。因此，它与佩尼乌斯河的河水不能融合在一起。

> 浮在它的上面，好像一层油脂。
>
> （《伊利亚特》，Ⅱ，754）

由于两个部落混杂在一起居住，西莫尼德斯把占领着盖尔通附近地区、佩尼乌斯河口、奥萨山、皮利翁山、德米特里亚斯周围地区和平原地区——我指的是拉里萨、克兰农、斯科图萨、莫普西乌姆、阿特拉克斯、内桑尼斯湖和维贝湖周围地区的所有佩拉斯吉奥泰人，都被称为珀里比亚人和拉皮斯人。在上述地区之中，诗人只提到了少数几个地方，因为其他的地方还没有人居住，或者是由于那里经常发生洪涝，很少有人居住。确实，他没有提到内桑尼斯湖，只提到了维贝湖（虽然它要小很多），因为后者是经常存在的，而前者很可能一会儿水量很大，一会儿又完全枯涸了。至于斯科图萨，我在叙述多多纳、色萨利神谕所的时候已经提到过它，我认为它最初在这个地方附近。在斯科图萨地区，有一个地方名叫基诺斯塞法利，在它附近发生的在一场大战中，提图斯·昆提乌斯（Titus Quintius）、罗马人和埃托利亚人一起[1]打

---

[1] 公元前197年。

败了马其顿国王德米特里之子腓力。

21. 诗人大概也是以同样的方式提到马格尼提斯。因为他虽然已经提到马格尼提斯的许多地方，但是，除了这两个地方之外，他没有把这些地区之中的任何一个地方称为马格尼西亚地区，即使对于这两个地方，他使用的语言也是隐晦而含糊的：

他们居住在佩尼乌斯河
和森林呼啸的皮利翁附近。

(《伊利亚特》，II，757)

确实，他已经提到，[①]居住在佩尼乌斯河和皮利翁附近，统治着盖尔通的奥尔梅尼人[②]和其他一些珀里比亚人；在远离皮利翁的地方还居住着马格尼西亚人，根据现代作家所说，至少是自欧墨洛斯统治的地区开始。但是，由于不断的移民，政治制度的改变和部落的混杂，这些名字和部落显然被搞得含糊不清了，以致对于现代作家而言，它们时常变成了许多困难的问题。例如，首先就必须证明克兰农和盖尔通的真实性；因为盖尔通人在古代被称为"弗莱吉伊人"，得名于伊克西翁的兄弟弗莱吉亚斯；克兰农人被称为"埃菲里人"，因此，当诗人说：

这对来自色雷斯的双胞胎，全副武装

---

① 《伊利亚特》，II，738。
② 《伊利亚特》，II，734。

第五章 色萨利

追击埃菲里人或高傲的弗莱吉伊人。

(《伊利亚特》,XIII,301)

的时候,人们很难确定他指的是什么人。

22. 关于珀里比亚人和埃尼亚尼亚人的情况也正好相同。因为荷马把两者作为彼此相距很近的邻居合并在一起。[①] 实际上后来的作家告诉我们,埃尼亚尼亚人有很长时间居住在多提平原。正如前面所说的,这个平原靠近珀里比亚、奥萨和维贝湖;虽然它位于色萨利中部地区,但周围被自己的山丘所包围。关于这个平原,赫西奥德这样说过:

作为未婚童贞女居住在神圣的狄杜马丘陵,

居住在多提平原,直到阿米鲁斯,

她在维贝湖的波浪中洗濯自己的脚。[②]

(《残篇》,122,日扎克)

至于埃尼亚尼亚人,他们大部分被拉皮斯人驱赶到了俄塔地区;他们在这里也成了统治势力,他们从多利亚人和马利亚人手中夺取了这个地区某些地方,势力一直扩张到赫拉克利亚和埃奇努斯。其中某些人仍然留在珀里比亚人山区西弗斯附近地区,它有一个名字相同的城市。至于珀里比亚人,他们有部分人被赶到

---

① 《伊利亚特》,II,749。
② 科罗尼斯是阿斯克勒皮俄斯之母。

奥林波斯山西部地区附近，并且留在那里，成了马其顿人的邻居；但大部分被驱赶出自己的家园，被赶进阿萨马尼亚和品都斯附近的山区。但是，他们现在很少或者几乎没有留下什么踪迹。无论如何，诗人最后提到马格尼西亚人，是在色萨利的《船只登记册》之中，应当注意那些居住在坦佩河谷这边的人，他们的居住地从佩尼乌斯河、奥萨一直延伸到皮利翁，并且与马其顿的皮埃里奥泰人地区交界，他们居住在佩尼乌斯河对岸直到大海的地方。霍莫利乌姆或霍莫利（它有两种拼写方式）被认为是马格尼西亚人的。我先前在叙述马其顿时已经说过，霍莫利乌姆邻近奥萨山，佩尼乌斯河发源于那里，流过坦佩河谷。如果继续走到最靠近霍莫利乌姆的海岸边，那就有理由认为里祖斯和埃里姆内属于海岸地区，部分属于菲洛克特特斯统治的海岸，部分属于欧墨洛斯统治的海岸。但是，这个问题仍然有待解决。这些地方直到佩尼乌斯河的先后顺序，诗人也无法讲清楚。不过，由于这些地方都是默默无闻的地方，我不认为应当赋予它们重要的意义。但是，由于波斯舰队在塞皮亚斯这里彻底毁灭，后来它在悲剧和赞歌之中名声远扬。塞皮亚斯本身是一个岩石的海角，在它与皮利翁山脚下的村庄卡斯塔尼亚之间，有一片海滩，薛西斯的舰队埋伏在这里，突然刮起了一阵强烈的东风，有些船只立刻就被海浪抛上岸来变成了一堆碎片，另外一些则被冲到了伊普尼的海岸边，这是皮利翁附近一个崎岖不平的地方，还有的被冲到了梅利维亚和卡斯塔尼亚，也毁坏了。沿着皮利翁的整个海路是危险的，路程大约是80斯塔德，沿着奥萨的海路长度相等，也是危险的。在两座山之间有一个海湾，长约200斯塔德，梅利维亚就在海湾边。从德米特里亚斯到佩尼乌斯河,沿着蜿蜒的海湾航行,整个航程超过1000斯塔德,从斯珀凯乌斯河出发是800斯塔德,从埃夫里普海峡出发是2350斯塔德。希罗尼姆斯声称色萨利和马格尼提斯平原地区方圆是3000斯塔德,它的居民是那些被拉皮斯人驱赶出家园的佩拉斯吉人。[①] 那个地方现在被称为佩拉斯吉平原,拉里萨、盖尔通、菲雷、莫普西乌姆、维贝、奥萨、霍莫利、皮利翁和马格尼提斯都在这个平原。莫普西乌姆不是得名于泰瑞西亚斯之女曼托之子莫普苏斯,而是得名于拉皮斯人莫普苏斯,他曾经与阿尔戈英雄一道远航。但是,阿提卡的莫普索皮亚是得名于莫普索普斯,他与前者是不同的人。

23. 关于色萨利几个地区的情况就是这样。从总体上来说,我可以说它在古代称为皮拉伊,得名于丢卡利翁之妻皮拉(Pyrrha),海莫尼亚得名于海蒙,色萨利得名于海蒙之子色萨卢斯。但有些作家把它分为两部分,认为丢卡利翁得到了南部地区,以其母之名命名它为潘多拉;其余部分归海蒙,以他的名字命名为海莫尼亚。但前者的名字被改成了赫拉斯,得名于丢卡利翁之子赫楞;后者被改名为色萨利,得名于海蒙之子。也有些人认为赫拉克勒斯之子色萨卢斯之子安提普斯和菲迪普斯的后裔从塞斯普罗提亚的埃菲拉侵入这个地区,并且以他们自己的祖先色萨卢斯命名了这个地区。而且,据说这个地区像这个湖泊一样,还曾经被称为内桑尼斯,它得名于色萨卢斯之子内桑。

---

① 克雷默:取代"在埃托利亚"。

第十卷

埃维亚、埃托利亚、阿卡纳尼亚和克里特岛

第一章 埃维亚

1. 除了两头的终点之外,[①] 由于埃维亚岛与从苏尼乌姆到色萨利的整个海岸线平行,它正好与我所说过的海岛相连,然后我们再来讲述埃托利亚和阿卡纳尼亚,这是欧罗巴有待讲述的剩余部分。

2. 这个海岛从塞内乌姆到格里斯图斯,平行于海岸线的长度大约是1200斯塔德;它的宽度不一致,一般来说只有大约150斯塔德。塞内乌姆正对着德摩比利,比德摩比利地区略微长一点,而格里斯图斯和佩塔利亚正对着塞内乌姆。因此,这个海岛靠近海峡的那边正对着阿提卡、维奥蒂亚、洛克里斯和马利亚人。由于它又狭又长,因此被古人称为马克里斯岛。[②] 这个海岛距离大陆最近的地方是卡尔西斯,那里的海岸线突出地对着维奥蒂亚的奥利斯地区,形成了埃夫里普海峡。关于埃夫里普海峡,我先前已经比较详细地说过,还有海峡两岸某些互相对着的地方,既有大陆的,也有岛上埃夫里普两头的,即内侧和外侧的。[③] 要是我过去遗漏了什么东西,现在我将叙述得更加详细。首先,我要讲的是位于奥利斯和格里斯图斯地区之间的地方,即所谓的埃维亚凹

---

① 温泉关和苏尼乌姆的海角。
② "长岛"。
③ 内侧是低地,或者是东南地区;外侧是高地,或者是西北地区。

处;① 由于海岸线向内弯曲,在它接近卡尔西斯时,形成了一条向外突出的弧线,正对着大陆。

3. 这个海岛不仅被称为马克里斯岛(Macris),又称为阿班提斯岛;不过,诗人虽然提到了埃维亚,却从来没有把它的居民称为"埃维亚人",总是把他们称为"阿班特斯人":

> 那些居住在埃维亚的居民,勇敢的阿班特斯人……
> 他率领着这些阿班特斯人②……
>
> (《伊利亚特》,Ⅱ,536,542)

根据亚里士多德所说,③ 来自福基斯地区阿巴的色雷斯人在这个岛上殖民的时候,把居住在这里的居民改名为"阿班特斯人"。其他的作家认为这个名字得名于"英雄人物"。④ 正如埃维亚得名于一位女英雄一样。⑤ 可能,就像正对着爱琴海的某个海边洞穴(据说伊俄就是在这里生下了伊帕福斯)被称为布斯·奥莱(Boös Aulê)⑥ 一样,这座海岛得名于埃维亚也是同样的原因。⑦ 这座海岛又称奥凯岛(Ochê);岛上最高的山脉与它名字相同。它又称为埃

---

① 孔穴。
② 埃勒诺菲尔。
③ 亚里士多德(公元前4世纪,卡尔西斯的)写了一部有关埃维亚的著作,该书佚失。
④ 阿巴斯。
⑤ 埃维亚。
⑥ 牛栏。
⑦ 出自 eu——好,bous——母牛。

洛皮亚岛，得名于伊俄之子埃洛普斯（Ellops the son of Ion）。有些人认为他是埃克卢斯和科图斯的兄弟；据说他建立了埃洛皮亚，这是特利斯里乌斯山附近希斯提艾奥提斯境内奥里亚的一个地方，并且把希斯提伊亚、佩里亚斯、塞林图斯、埃德普斯和奥罗比亚并入了自己的领地；在最后这个地方有一座最公正的神谕所（塞利农提乌斯的阿波罗神谕所）。埃洛皮亚人移居到希斯提伊亚之后，扩大了这座城市，他们是在留克特拉战役之后被僭主菲利斯提德斯所逼而这样做的。狄摩西尼认为，[①] 菲利斯提德斯也是腓力任命的奥雷泰人僭主；由于这个原因，希斯提伊亚人后来改了名字，他们的城市也由希斯提伊亚改成了奥雷乌斯。但是，根据某些作家所说，希斯提伊亚（Histiaea）是由从希斯提伊亚人乡镇来的雅典人建立的殖民地，就像埃雷特里亚（Eretria）是埃雷特里亚人乡镇的殖民地一样。泰奥彭波斯认为当伯里克利征服埃维亚之后，希斯提伊亚人根据协议移居到了马其顿地区，2000名原先属于希斯提伊亚人乡镇的雅典人来到这里，定居在奥雷乌斯。

4. 奥雷乌斯位于卡拉斯河畔德莱姆斯的特利斯里乌斯山麓一块高高的岩石上。这座城市获得这个名字，[②] 很可能是因为它从前的居民埃洛皮亚人是山民。还有人认为俄里翁的得名，是因为他生长在这里。有些作家认为奥雷泰人有一座他们自己的城市，但由于埃洛皮亚人对他们发动战争，他们迁移到了其他地方，与希斯提亚伊人居住在一起；虽然它们变成了一座城市，但仍然有两

---

① 《第三次反腓力的演说》，32。
② Oreios——"山区的"，"山民"。

个名字，就好像同一座城市既叫做拉克代蒙，又叫做斯巴达一样。正如我先前所说的那样，色萨利的希斯提艾奥提斯得名于希斯提伊亚人，他们是从那里被珀里比亚人驱赶到大陆的。

5. 由于埃洛皮亚的缘故，我不得不从希斯提亚伊和奥雷乌斯开始讲述。现在，我要讲述与这些地方交界的各个地区。在这个奥雷乌斯地区不仅有塞内乌姆，在它附近还有狄翁、[①]迪亚德斯的雅典城，后者是雅典人所建，位于海峡的后面，从这里可以渡海到西努斯港，从狄翁可以派人前往埃奥利斯的卡尼殖民。这些地方都位于希斯提亚伊附近，距离海边的小城市塞林图斯也不远，在它的附近有一条布多鲁斯河，它与阿提卡附近萨拉米斯的山名字相同。

6. 卡律司托斯位于奥凯山脚下，在它的附近有斯提拉和马尔马里乌姆，后者是卡律司托斯圆柱的采石场，有一座马尔马里努斯的阿波罗神庙，这里有一条渡过海峡，通向阿拉费尼德斯哈莱的海上航线。卡律司托斯也出产石料，[②]它要经过加工和纺织，纺织过的原料制成火浣布，这种布匹被搞脏的时候，可以把它们扔进火里清洗，就好像亚麻布用水清洗一样。这些地方据说居住着从马拉松四城来的殖民者和斯泰里亚人。在马利亚战争之中，[③]斯提拉已经被雅典将军费德鲁斯所毁灭，但这个地区被埃雷特里亚人所占领。在拉科尼亚有卡律司托斯，这个地方属于埃吉斯，朝着阿卡迪亚。阿尔克曼所说的卡律司托斯葡萄酒就出自这里。

7. 格里斯图斯没有出现在《船只登记册》的名单之中，但是

---

① 《伊利亚特》，Ⅱ，538。

② 石棉。

③ 俄译文是"拉米亚战争"。——译者注

第一章 埃维亚

诗人在其他地方提到了它，

> 到了晚上，他们在格里斯图斯上岸。
>
> (《奥德赛》，Ⅲ，177)

他明确指出这个地方正好位于从亚细亚航行到阿提卡的途中，因为它就在苏尼乌姆附近。格里斯图斯有一座波塞冬神庙，它是这个地方最著名的波塞冬神庙，也是一个重要的居民点。

8. 在格里斯图斯之后，是埃维亚境内仅次于卡尔西斯的最大城市埃雷特里亚。然后是位于埃夫里普海峡的卡尔西斯，它在某种程度上是这个海岛的首府。这两座城市据说是雅典人在特洛伊战争之前建立的。在特洛伊战争之后，埃克卢斯和科图斯从雅典来到这里，在这里安置了许多居民，前者住在埃雷特里亚，后者住在卡尔西斯。这里有一些彭西乌斯军队中的埃托利亚人留在岛上居住；在古代，还有与卡德摩斯一道渡海而来的阿拉比亚人居住在这里。无论如何，这些城市变得特别强大，甚至派出大批殖民者前往马其顿地区殖民。例如，埃雷特里亚在帕莱恩、圣山周围地区建立了许多城市；而卡尔西斯建立了许多附属于奥林图斯的城市，它们后来都被腓力肆无忌惮的洗劫一空。在意大利和西西里的许多地方都有卡尔西斯的殖民地。根据亚里士多德所说，① 这些殖民地是在所谓的骑士政府当权时期建立的；这个政府的首脑是依据财产多少选举出来的，使用贵族的方式管理政府。在亚

---

① 参见本书 X, i, 3。

历山大渡海进入亚细亚的时候,[1] 卡尔西斯人扩大了其城墙的周长,把卡内图斯和埃夫里普海峡都包括在其中,在通过海峡的桥梁旁边修筑了几座堡垒、城门和围墙。[2]

9. 在卡尔西斯人的城市之后,是所谓的利兰丁平原(Lelantine Plain)。这个平原的许多温泉具有治疗疾病的作用,罗马将领科尼利厄斯·苏拉曾经使用它们来治病。这个平原还有重要的矿藏,包括铜矿和铁矿,据说还有在别处看不见的矿藏;现在,这两种金属就好像雅典的银矿一样,已经开采枯竭。整个埃维亚(特别是靠近海峡的海岛地区)经常遭受强烈的地震,遭受地下管道喷出的强烈气体破坏,就好像我曾经详细叙述的维奥蒂亚和其他地方一样。据说这座与海岛名字相同的城市被吞没,就是这种灾难造成的。埃斯库罗斯在《本都的格劳库斯》也提到过这座城市,

> 埃维斯在塞内乌姆弯曲的宙斯海岸
> 正好在可怜的利卡斯坟墓旁边。

(《残篇》,30,瑙克)

在埃托利亚也有一座名叫卡尔西斯的城市:

> 在海边的卡尔西斯,还有多石的卡利登。

(《伊利亚特》,Ⅱ,640)

---

[1] 公元前334年。
[2] 参见本书Ⅸ,ⅱ,8。

第一章 埃维亚

在当时的伊利斯地区也有一座卡尔西斯城：

他们经过克鲁尼泉和多石的卡尔西斯。

(《奥德赛》，XV，295)

他们就是忒勒马科斯和他的同伴，当时他们正好在离开涅斯托尔之处，返回自己的故乡的途中。

10. 至于埃雷特里亚，有人认为它是从特里菲利亚的马西斯图斯城来的埃雷特里乌斯建立的殖民地，但其他人认为它是雅典埃雷特里亚的殖民者建立的，那里现在已经成了一个市场。在法萨卢斯附近也有一座埃雷特里亚城。在埃雷特里亚境内有一座塔米尼城，这是一座奉献给阿波罗的圣城。这座神庙靠近海峡旁边，据说是阿德墨托斯所建，这位神在他的宫中做了一年的佣人。埃雷特里亚在古代曾经被称为梅拉尼斯和阿罗特里亚。阿马林图斯村距离这座城市的城墙7斯塔德。正如希罗多德所说，[①] 老城现在已经被波斯人夷为平地，他们用大网捕捉人民，蛮族使用各种手段，拆除了城墙（墙址现在仍然可以见到，这个地方称作埃雷特里亚老城）。但今天的埃雷特里亚建立在老城的基础之上。关于埃雷特里亚昔日的强大，有一根过去立在阿马林图斯阿尔忒弥斯神庙之中的石柱可以为证。石柱上记载着他们在举行节日庆典游行的时候，有3000名重装兵，600名骑兵，60辆战车。他们统治着安德洛斯、特奥斯、凯奥斯和其他岛屿的人民。他们从伊利斯获

---

① 希罗多德：VI，31。

得了新移民。从此，他们在单词中经常使用字母"r"，不仅是在词尾之中用，而且在单词的中间也用，并且为此受到戏剧作家的嘲弄。在埃雷特里亚还有一个奥卡利亚村，这座城市的遗址已经被赫拉克勒斯所毁。与它名字相同的还有特拉钦尼亚的奥卡利亚、特里斯附近的奥卡利亚、阿卡迪亚的奥卡利亚，后人把它称为安达尼亚，还有欧里塔尼亚人附近埃托利亚的奥卡利亚。

11. 卡尔西斯（Chalcis）现在被公认为占据主导地位，并且是埃维亚人的首府。埃雷特里亚占据第二位。在古代，这些城市不仅在战争时期，就是在和平时期也非常受尊敬。确实，他们为许多哲学家提供了一个舒适的、安静的居住环境。其证据是以墨涅德摩斯及其门生为首的埃雷特里亚派哲学家（school of the Eretrian philosophers），早在亚里士多德在卡尔西斯逗留之前形成了，亚里士多德也是在这里去世的。[①]

12. 一般来说，这些城市彼此的关系是和谐的，它们的争执主要是因为利兰丁平原而起，但他们不会彻底断交，刚愎自用地以战争解决一切争执，而是会达成协议，确定他们可以怎样进行战争的条款。其中，竖立在阿马林图斯神庙的一根石柱铭文证明了这个事实，它禁止使用长程投射武器。实际上，对于战争和使用武器的习惯法而言，从前任何时候也没有这样一条规则；因为有些人使用的是长程武器，如弓箭手、投石兵、标枪投掷手；而有些人使用的是近战武器，如短剑、长矛；因为长矛有两种使用方式，一种是作为短兵相接的格斗武器，另一种是像标枪一样作为

---

① 公元前322年。

第一章 埃维亚

投掷武器;正如使用长矛有两种目的,既可以作为近战武器,又可作为投掷武器,就好像是马其顿长矛和罗马短矛一样。[①]

13. 埃维亚人擅长"正规"战,即所谓的"近战"和"短兵相接"的格斗。正如诗人所说,他们使用加长的长矛:

> 长矛手使用加长的梣木长矛,
> 渴望刺穿敌人的盔甲。

(《伊利亚特》,Ⅱ,543)

标枪可能是不同的武器,可能像"珀利阿斯的梣木长矛",诗人也说到了这种长矛:

> 只有阿喀琉斯一人知道如何投掷。

(《伊利亚特》,XIX,389)

那时奥德修斯说:

> 我投出的长矛,比任何人射出的箭更远。

(《奥德赛》,Ⅷ,229)

他指的那种长矛就是标枪。正如诗人所说,如果那些人是单兵作战,他首先使用的是标枪,然后才使用刀剑,近战的士兵不

---

① 萨里斯——马其顿人用的长矛。

仅是那些使用刀剑的士兵，还有那些短兵相接的长矛手。

> 他用闪亮的青铜长矛刺穿了对手，
> 然后松开了他的手脚。
>
> （《伊利亚特》，IV，469）

荷马这样描述埃维亚人的作战方式，他认为洛克里人的作战方式相反：

> 他们不担心近战的损害……
> 只相信和他们一起来到伊利昂的弓箭和羊毛编织的投石器。
>
> （《伊利亚特》，XIII，713，716）

还有一个广为流传的给埃伊乌姆人的神谕：

> 色萨利的马匹、拉克代蒙的女人
> 和饮圣阿瑞托萨泉水的男子。

它的意思是说卡尔西斯人是最勇敢的人，因为阿瑞托萨在他们的领土上。

14. 埃维亚有两条河，塞瑞乌斯和内利乌斯河。绵羊喝了其中一条河的水就变成白色，喝了另一条河的水则变成黑色。正如我先前曾经说过的，克拉西斯河也出现过相同的事情。

15. 埃维亚人从特洛伊回国的时候，一部分人偏离航线被吹到了伊利里亚，他们从那里经过马其顿启程回家，但滞留在埃泽萨附近地区，他们在帮助那些把他们作为客人接待的当地人作战之后，建立了埃维亚城。在西西里也有一个埃维亚，它是西西里的卡尔西斯人建立的。但是他们被格隆（Gelon）赶走了，它成了锡拉库萨人的要塞。在克基拉岛、利姆诺斯岛都有名叫埃维亚的地方；在阿尔戈斯地区还有一座叫这个名字的山丘。

16. 由于埃托利亚人、阿卡纳尼亚人、阿萨马尼亚人（如果他们也称为希腊人的话）居住在色萨利人、俄塔人的西边，为了结束整个希腊地区的叙述，我必须讲一讲这三个部落。最后，我还要加上那些我现在还没有讲到的，最靠近希腊的、居住着希腊人的岛屿。

第二章 阿卡纳尼亚

1. 埃托利亚人与阿卡纳尼亚人（Acarnanians）毗邻而居，他们之间有一条阿谢洛奥斯河，它从北部的品都斯山向南流去，流过了埃托利亚部落阿格里人的土地和安菲罗奇人的土地。阿卡纳尼亚人占领了这条河的西部直到安布拉西亚湾地区，靠近安菲罗奇人的土地和亚克兴的阿波罗神庙；埃托利亚人则占据了东部直到奥佐利亚洛克里人地区和俄塔人的帕纳塞斯山。在阿卡纳尼亚人之后的内陆地区，北部居住着安菲罗奇人，在他们的后面居住着多洛皮亚人，还有品都斯山；在埃托利亚人之后居住着珀里比亚人、阿萨马尼亚人和部分埃尼亚尼亚人，他们居住在俄塔地区。阿卡纳尼亚和埃托利亚南边沐浴着海水，形成了科林斯湾，阿谢洛奥斯河（Acheloüs）汇入其中，它是埃托利亚人和阿卡纳尼亚人海岸的边界线。在古代，阿谢洛奥斯河又称托阿斯河。正如我先前已经说过的，与这条河名字相同的一条河流过迪梅，在拉米亚也有一条名字相同的河流。科林斯湾的起点就是这条河的河口。

2. 阿卡纳尼亚人的城市和地区如下：位于半岛亚克兴角附近的阿纳克托里乌姆，它是现代建立的城市，[①] 也是现在尼科波利斯

---

① 公元前31年，奥古斯都战胜安东尼之后建立。

第二章 阿卡纳尼亚

的贸易中心；然后乘船溯阿谢洛奥斯河而上，大约200多斯塔德可以到达斯特拉图斯；俄尼亚迪位于这条河畔，老城距离海岸与距离斯特拉图斯路程相同，现在已经无人居住，新城距离河口之后约70斯塔德。这里还有帕莱鲁斯、阿利齐亚、莱夫卡斯、安菲罗奇人的阿尔戈斯、安布拉西亚城，其中大多数，甚至全部是尼科波利斯的附属国。斯特拉图斯大约在从阿利齐亚到阿纳克托里乌姆道路的中段。①

3. 埃托利亚人（Aetolians）的城市有卡利登和普勒隆，它们现在已经衰落了，但在古代它们是希腊引以自豪的城市。而且，埃托利亚被分成了两部分，一部分称为古埃托利亚，另一部分称为埃皮克特图斯人的埃托利亚。②古埃托利亚是从阿谢洛奥斯河到卡利登的海岸地区，一直延伸到内陆富裕而平坦的地区；在内陆地区有斯特拉图斯和特里科尼乌姆，后者有肥沃的土地。埃皮克特图斯人的埃托利亚在诺帕克图斯和欧帕里乌姆与洛克里人的地区交界，它是一个崎岖不平的、贫瘠的地区，一直延伸到俄塔山和阿萨马尼亚人地区，以及居住着许多部落的北部周围山区。

4. 埃托利亚最大的山是科拉克斯山，它与俄塔山交界。在埃托利亚其他山脉之中，比科拉克斯山更位于这个地区中心的是阿拉辛图斯山，在它的附近，是离弃自己城市的老普勒隆居民建立起来的新普勒隆，它位于卡利登附近一个肥沃而又平坦的地方。在德米特里·埃托利亚时期，这里被洗劫一空。在莫利克里亚之

---

① 误，阿利齐亚城实际上位于斯特拉图斯城和阿纳克托里乌姆之间。
② "被占领的"埃托利亚。

后是高高的塔菲亚苏斯和卡尔西斯山,那里有马西尼亚和卡尔西斯城,后者与这座山脉名字相同,它又称希波查尔齐斯山。在老普勒隆附近有一座库里乌姆山,有人推测普勒隆的库里特人就得名于这座山的名字。

5. 埃文努斯河(Evenus)发源于波米亚人地区,他们居住在奥菲人的土地上。奥菲人是埃托利亚部落(就像欧里塔尼亚人、阿格里人、库雷特人和其他部落一样)。这条河流起初流过的不是库雷特人地区,这个地区与普勒隆地区是一码事,而是流过更东边的卡尔西斯和卡利登地区;然后再折向老普勒隆平原,改向西方,朝着南方的河口流去。这条河流从前叫做利科马斯河。据说被指定为摆渡者的内萨斯(Nessus)被赫拉克勒斯杀死在这里,原因是他在送得伊阿尼拉(Deïaneira)过河的时候企图强暴她。

6. 诗人也把奥莱努斯和皮莱内称为埃托利亚人的城市。① 其中,前一座城市与亚该亚的城市名字相同,它已经被埃奥利亚人夷为平地;它位于新普勒隆附近,但阿卡纳尼亚人声称对这块土地拥有主权。至于另外一座城市皮莱内(Pylenê),埃奥利斯人把它搬到了一个地势更高的地方,并且把它改名为普罗奇乌姆。赫兰尼科斯(Hellanicus)不了解这些城市的历史,但是提到了它们,好像它们还在先前的地方一样;在这些古代城市之中,他提到了马西尼亚和莫利克里亚,它们建成的时间都晚于赫拉克利德族人返回的时间,在他的著作之中,几乎到处可以看见非常严重的疏漏。

7. 有关阿卡纳尼亚人和埃托利亚人地区整个情况,我说的就

---

① 《伊利亚特》,Ⅱ,639。

是这些了。至于海岸和海岸之外的岛屿，还需要补充以下情况：阿卡纳尼亚人最重要的地方起自安布拉西亚湾的入口，这里有亚克兴角。亚克兴的阿波罗神庙与亚克兴角同名，这个海角形成了安布拉西亚湾的入口，在它的外边有一个港口。在距离神庙40斯塔德的海湾内有一座阿纳克托里乌姆城，距离200斯塔德是莱夫卡斯城。

8. 在古代，莱夫卡斯城是阿卡纳尼亚的一个半岛，但诗人把它称为"大陆沿岸地区"，[①] 他用"大陆"来表示位于正对着伊萨卡岛和凯法莱尼亚的地区，这个地区就是阿卡纳尼亚。因此，当他说到"大陆沿岸"的时候，可以理解为这是指"阿卡纳尼亚沿岸"。至于莱夫卡斯的涅里库斯城，[②] 莱尔特斯声称他已经占领了这个地方：

> 在我统治凯法莱尼亚人的时候，
> 正是我占领了坚固的涅里库斯。
>
> （《奥德赛》，XXIV，377）

在《船只登记册》之中，诗人还提到这些城市：

> 居住在克罗西利亚和崎岖不平的埃吉利普斯。
>
> （《伊利亚特》，Ⅱ，633）

[①] 荷马只提到过一次莱夫卡斯，把它称为"多岩石的"莱夫卡斯（《奥德赛》，XXIV，11）。

[②] 内里库姆。

后来，塞普西努斯和戈尔古斯派遣的科林斯人占领了海岸地区，一直深入到安布拉西亚湾地区。这时，安布拉西亚和阿纳克托里乌姆都被开垦出来了。科林斯人修了一条贯穿这个半岛地峡的运河，使莱夫卡斯成了一个海岛；他们把涅里库斯搬迁到了过去的地峡，现在以桥梁连接的海峡旁边，并且把它的名字改为莱夫卡斯，我认为这个名字得名于莱夫卡塔斯；因为莱夫卡塔斯是一块突出于莱夫卡斯海中、朝着凯法莱尼亚岛的巨大白色岩石，[①]并且因为自己的颜色而得名。

9. 在这座海岛上有莱夫卡塔斯的阿波罗神庙，还有一个名叫"舍身崖"的地方，[②] 它被认为是结束绝望的爱情之地。根据米南德所说：

> 据说萨福是第一个来到这里的人，
> 那时她正在疯狂地追求傲慢的法昂，
> 她从依稀可见的岩石上舍身跳下，
> 主和国王，在呼唤你祈祷！

虽然米南德说萨福是第一个跳下舍身崖的人，但那些比他更熟悉古代历史的作家认为，第一个跳崖的人是凯法卢斯，他与戴奥内乌斯之子普泰雷拉斯相爱。莱夫卡尼人有一个古老的风俗习惯，每年在举行阿波罗庆典献祭的时候，要从这块岩石的瞭望台

---

① Leuca.
② Halma.

第二章 阿卡纳尼亚

上丢下一名罪犯以涤罪，人们在罪犯身上绑上羽状物和各种鸟类，以便利用它们的振动来减轻丢下的冲击力，在崖下有许多人乘着小渔船，等候在附近打捞牺牲品，当这名罪犯被捞上船之后，他们必须利用自己的权力把他不受伤害地送出自己祖国的边界。根据《阿尔克迈翁的功绩》的作者[①]说，珀涅罗珀之父伊卡里乌斯有两个儿子：阿利宙斯和莱夫卡迪乌斯，他们两人和父亲一起统治阿卡纳尼亚。因此，埃福罗斯认为这些城市是以他们的名字命名的。

10. 现在，只有凯法莱尼亚岛上的居民被称为凯法莱尼亚人。但是，荷马认为他们所有的人都是奥德修斯的臣民，其中就有阿卡纳尼亚人。确实，后来他说过：

> 奥德修斯率领着居住在伊萨卡的阿卡纳尼亚人
> 和居住在树叶婆娑的涅里图姆的居民。
> （《伊利亚特》，II，631）

涅里图姆是这个岛上的名山。同样，他又说：

> 那些从杜里奇乌姆和神圣的埃奇纳德斯群岛来的人。
> （《伊利亚特》，II，625）

但杜里奇乌姆本身也属于埃奇纳德斯群岛之一；还有：

[①] 作者不明。

> 那些居住在布普拉西乌姆和伊利斯的居民。
>
> (《伊利亚特》，II，615)

布普拉西乌姆也属于伊利斯的一部分；还有：

> 那些占领埃维亚、卡尔西斯和埃雷特里亚的人。
>
> (《伊利亚特》，II，536)

这些城市同样在埃维亚境内；还有：

> 特洛伊人、吕西亚人和达达尼亚人。
>
> (《伊利亚特》，VIII，173)

同样，吕西亚人（Lycians）和达达尼亚人都是特洛伊人。但是，他后来提到涅里图姆继续说：

> 那些居住在克罗西利亚、崎岖不平的埃吉利普斯的人，
> 那些占领着扎金托斯和那些居住在萨摩斯周围的人，
> 那些占领着大陆和正对着海岛居住的人。
>
> (《伊利亚特》，II，632)

因此，诗人所说的"大陆"，① 指的也是正对着海岛的沿岸地区，包括莱夫卡斯和阿卡纳尼亚其他地方。关于它，诗人这样说：

---

① 伊庇鲁斯人。

第二章 阿卡纳尼亚

在大陆上有12群牛,还有同样多的羊群。

(《奥德赛》,XIV,100)

伊庇鲁斯在古代可能延伸到这些地方,并且统称为"大陆",现在的凯法莱尼亚则被荷马称为萨摩斯。他说:

在海峡边的伊萨卡和崎岖不平的萨摩斯之间设伏。

(《奥德赛》,IV,671)

由于诗人使用表示性质的词汇来区分名字相同的事物,因此他使用这些名字指的不是指城市,而是岛屿。问题在于这个岛屿在政治上是由四座城市组成的,其中四座城市中的一个城市与整个海岛名字相同,叫做萨摩斯或者萨梅;当诗人在说:

占据各个海岛的所有贵族
杜里奇乌姆、萨梅和森林茂密的扎金托斯。

(《奥德赛》,IV,245)

他所说的显然是海岛。有一个岛屿他从前称为萨摩斯,[①] 现在叫做萨梅。但是,阿波罗多罗斯(Apollodorus)在一个地方说,诗人使用"崎岖不平的萨摩斯"这种表示性质的词汇,是为了避免意义含混,表示他说的是海岛;而在另一个地方,他又认为必须读作"杜里奇乌姆和萨摩斯"而不是"萨梅"。显然,他认为城市叫做萨梅或者萨摩

---

① 《伊利亚特》,II,634。

斯没有什么区别，但海岛只能叫做"萨摩斯"。根据阿波罗多罗斯所说，这座城市叫做萨梅是明确的，其依据是在提到各个城市的求婚者时，诗人说：①

> 从萨梅来了 24 个人。
>
> （《奥德赛》，XVI，249）

他也说到克提梅内：

> 后来，他们把她嫁到了萨梅。
>
> （《奥德赛》，XV，367）

但这些说法显然是有争论的，因为诗人并没有明确谈到凯法莱尼亚、伊萨卡和附近其他地方；因此，无论是注释家还是历史学家，在这个问题上彼此之间的意见是不一致的。

11. 例如，在荷马说到伊萨卡的时候：

> 那些居住在伊萨卡和树叶婆娑的涅里图姆的居民。
>
> （《伊利亚特》，Ⅱ，632）

他用这个表示性质的词汇显然指的是涅里图姆山，而在另外一个地方，他明确地把它称为山：

---

① 忒勒马科斯的话。

第二章 阿卡纳尼亚

我住在阳光明媚的伊萨卡,那里有
一座树叶婆娑、引人注目的涅里图姆山。

(《奥德赛》,Ⅸ,21)

不过,在下面的诗句之中,诗人所说的伊萨卡是指城市或海岛就不清楚了:

那些居住在伊萨卡和树叶婆娑的涅里图姆的居民。

(《伊利亚特》,Ⅱ,632)

如果按照这个词的本意理解,那么它可以解释为"城市",就好像在说"雅典和利卡贝图斯山",或者"罗德岛和阿塔比里斯山",或者"拉克代蒙和泰格图斯山"一样,因为他认为它在诗歌的意境之中与真实的情况相反。不过,在下面的诗句之中:

我住在阳光明媚的伊萨卡,那里有一座涅里图姆山。

(《奥德赛》,Ⅸ,21)

他的意思是明确的,因为在这座山是在海岛上,不是在城市里。但是,当他说:

我们来自内乌姆以南的伊萨卡。

(《奥德赛》,Ⅲ,81)

的时候，那就不清楚他所说的内乌姆与涅里图姆是同一个地方，还是不同的地方，它是一座山还是一个地方。而且，还有的批评家把涅里图姆（Neritum）写成涅里库姆（Nericum），或者是相反，这是完全错误的。因为诗人提到后者是"树叶婆娑的"，① 前者是"城堡坚固的"；② 后者在伊萨卡，③ 前者在"大陆沿岸"。④

12. 下面的诗句显然也有些互相矛盾：

伊萨卡本身 μchthamalê，海中的 panypertatêμ。

（《奥德赛》，IX，25）

由于 μchthamalê 意为"低"，或者是"在地上"，而 panypertatêμ 意为"高"，正如诗人在几个地方在谈到这个海岛的时候，指出伊萨卡是"崎岖不平的"⑤ 一样。他把那条由港口出来的道路称为

穿过茂密森林的、崎岖不平的道路。

（《奥德赛》，XIV，1）

海岛通常不适宜跑马，也没有草场，

---

① 《伊利亚特》，II，632。
② 《奥德赛》，XXIV，376。
③ 《奥德赛》，IX，21。
④ 《奥德赛》，XXIV，377。
⑤ 《伊利亚特》，III，201。

第二章　阿卡纳尼亚

在大海环抱的海岛之中，伊萨卡尤其是这样。

(《奥德赛》，Ⅳ，607）

总之，荷马用词虽然出现了这些不协调的地方，但它们总算还可以解释得过去；首先是所有的作家没有把这里的 μchthamalêμ 解释为"低处"，而是解释为"靠近大陆的"，因为它非常接近大陆；其次，他们也没有把 μpanypertatêμ 解释为"最高"，而是把它解释为"朝着黑暗的最高处"，也就是在北方最遥远的地方，这正是诗人为什么要说"朝着黑暗"的原因，而与此相对的就是"朝着南方"，如：

其他岛屿（μaneutheμ）远离黎明和太阳。

(《奥德赛》，Ⅸ，26）

因为 μaneutheμ 的意思就是"遥远"或者"远离"，它暗示其他岛屿朝着南方，远离大陆，而伊萨卡却靠近大陆，朝着北方。还有，从下列诗句之中可以看出，荷马明显是在用这种方式表示南方地区：

它们向着右边飞去，朝着黎明和太阳，
或者是向着左边，朝着迷蒙的黑暗飞去。

(《伊利亚特》，Ⅻ，239）

在这些诗句之中还有更明确的：

朋友，我们难辨什么地方是黑暗或黎明，

给与人类光明的太阳在什么地方转入地下；

它又在什么地方升上天空。

(《奥德赛》，X，190)

由于它确实可以解释为有人居住世界的四方，[①] 即使把"黎明"理解为南方地区（这是有某种可能性的），但最好是把它理解为太阳升起的路线，正对着北方地区，因为诗人的话希望表明在天象之中出现了某些重要的变化，而不仅是有人居住世界的四方暂时的阴暗现象，因为天空中的云层不管是白天或者黑夜，无论在什么时候都不可避免会出现阴暗的现象；不论我们朝南或者朝北，走得越远天象的变化也就越大。但我们的旅行不会在东方和西方消失，而只会在南方和北方；实际上这种现象只会发生在晴朗的天气，因为极点是天空中最北的点。由于极点是移动的，有时在我们的头顶，有时在地球的下方，北极圈也随着它改变，有时在运动的过程中随着它一起消失，[②] 因为你不知道有人居住世界的北方在什么纬度，或者它的起点在什么地方。在这种情况下，你就不可能知道对立的"纬度"。伊萨卡的周围长约80斯塔德。关于伊萨卡的情况就是这么多了。

13. 至于凯法莱尼亚，它是由四座城市组成的。诗人没有用它现在名字来称呼它，除了萨梅或者萨摩斯之外，也没有提到它的

---

① 本义为"纬度"。

② 在赤道由北而南交叉时有许多北极圈消失，在由南向北运动的时候，也会发生相应的同样情况。

任何一座城市。这座城市现在已经不复存在,但在前往伊萨卡的途中还可以看见它的遗址,它的居民称为萨梅人。其他三座城市至今犹存,它们是三座小城市:帕莱斯、普罗内苏斯和克拉尼城。在我们这个时代,马可·安东尼(Marcus Antonius)的叔父盖尤斯·安东尼(Gaius Antonius)还建立了另外一座城市,他在与演说家西塞罗一起结束了执政官的任期之后,作为流放者[①]居住在凯法莱尼亚,他使整个岛屿服从自己的统治,好像自己的领地一样。在他还没有结束建城的工作之前,他获得许可返回故乡,[②]在忙于其他更重要的工作之中结束了自己的一生。

14. 然而,有些作家肯定凯法莱尼亚与杜里奇乌姆是一个海岛,而另外一些作家又认为它和塔福斯岛是一个海岛,把凯法莱尼亚人称为塔福斯人(Taphians),又称特利博人。据说安菲特律翁和戴奥内乌斯之子、雅典流亡者凯法卢斯一起远征到这里,他带着凯法卢斯在一起。当安菲特律翁占领这个海岛之后,他把这个海岛交给凯法卢斯统治,这个海岛就用凯法卢斯之名命名,而城市则以其子之名命名。但是,这种说法不符合荷马的说法,因为他说凯法莱尼亚人是奥德修斯和莱尔特斯的臣民,而塔福斯归门特斯统治。

> 我是贤哲安恰卢斯之子,
> 我统治着喜欢航海的塔福斯人。

> (《奥德赛》,I,181)

---

① 公元前59年。
② 大概是凯撒,他在公元前44年回到罗马。

现在,塔福斯叫做塔菲乌斯。虽然荷马认为凯法莱尼亚与杜里奇乌姆是一个海岛,但赫兰尼科斯没有盲从他的说法,因为荷马把杜里奇乌姆和埃奇纳德斯群岛的其他地方说成是梅格斯统治的地方,它们的居民是来自伊利斯的埃佩人。由于这个原因,他把基雷内人奥图斯称为

> 菲利德斯的朋友,坚强的埃佩人的统治者。
>
> (《伊利亚特》,XV,519)

> 奥德修斯国王率领的坚强的凯法莱尼亚人。
>
> (《伊利亚特》,II,631)

因此,正如安德龙所说,根据荷马的观点,凯法莱尼亚不是杜里奇乌姆,杜里奇乌姆也不是凯法莱尼亚的一部分;因为埃佩人统治着杜里奇乌姆,而凯法莱尼亚人统治着整个凯法莱尼亚,他们是奥德修斯的臣民,而埃佩人是梅格斯的臣民。况且,荷马并没有像菲勒塞德斯(Pherecydes)那样把帕莱斯称为杜里奇乌姆。后者是最反对荷马的人,他把凯法莱尼亚与杜里奇乌姆看成是一个地方,如果确实有"52个"求婚者来自"杜里奇乌姆","24个求婚者来自萨梅"的话;[①] 如果是那样的话,诗人就不会说从整个岛上来了这么多求婚者,而从四城之中的一个城市就来了一半差两个求婚者。无论如何,即使有人同意这种说法,我也要问

---

① 《奥德赛》,XVI,247,249。

第二章 阿卡纳尼亚

一问荷马在下面表达了什么意思:

> 杜里奇乌姆、萨梅和森林茂密的扎金托斯。
>
> (《奥德赛》,I,246)

15. 凯法莱尼亚正对着阿卡纳尼亚,距离莱夫卡塔斯大约50斯塔德(有人说40斯塔德),距离切罗纳塔斯大约180斯塔德。其周长大约是300斯塔德,长度向欧洛斯延伸,岛上群山密布。[①] 海岛上最大的是埃努斯山,山上有一座埃涅修斯的宙斯神庙;那里是岛上最狭窄之处,形成了一条很低的地峡,经常被两边的海水淹没在水中。帕莱斯和克拉尼位于海湾之中的地峡附近。

16. 在伊萨卡和凯法莱尼亚中间有一座小岛阿斯特里亚(诗人把它称为阿斯特里斯岛)关于这个海岛,锡普西斯的德米特里认为它现在已经不像诗人描绘的那样:

> 岛上有船只停泊的安全港口,
> 海岸两边都可以接纳船只。
>
> (《奥德赛》,IV,846)

但是,阿波罗多罗斯认为这个海岛现在仍然还像诗人所描绘的那样,并且提到在岛上地峡部位有一座小城阿拉勒科梅尼。

17. 荷马还把色雷斯称为萨摩斯,我们现在把这个地方称为萨

---

① 冬天日出的方向(东南方)。

莫色雷斯，有理由认为诗人知道爱奥尼亚的萨摩斯，因为他显然知道爱奥尼亚移民运动。否则，在他提到萨莫色雷斯的时候，他不会提出两个名字相同的地方加以比较，有一次用表示性质的词汇来表示它，

> 从色雷斯人森林茂密的萨摩斯最高峰。
>
> (《伊利亚特》，XⅡ，12)

另一次又把它和邻近的诸岛联系在一起，

> 直到萨摩斯、伊姆布罗斯和不好客的利姆诺斯。
>
> (《伊利亚特》，XXIV，753)

或者：

> 在萨摩斯与崎岖不平的伊姆布罗斯之间。
>
> (《伊利亚特》，XXIV，78)

因此，诗人是知道爱奥尼亚这个岛屿的，只是他没有提到它的名字。实际上，它在古代没有用同样的名字被提到过，但是用墨兰皮卢斯，后来又用安提米斯、帕西尼亚（得名于帕西尼乌斯河，后改名为伊姆布拉苏斯河）提到过；再往后，在特洛伊战争时期，凯法莱尼亚和萨莫色雷斯又被称为萨摩斯，否则荷马不会谈到赫卡柏（Hecabe），因为阿喀琉斯在俘虏了她的子女之后，把他们卖了，

第二章 阿卡纳尼亚

卖到了萨摩斯和伊姆布罗斯。

(《伊利亚特》, XXIV, 752)

由于爱奥尼亚的萨摩斯没有被殖民，它显然是得名于古代许多名字相同的岛屿之中的一个。由此可以明显地看出，某些作家反对古代历史，他们认为在爱奥尼亚移民运动和滕布里昂到达岛上之后，从萨摩斯来的殖民者和萨莫色雷斯的萨摩斯名字才出现。因为这段历史是萨摩斯人杜撰的，目的是为本岛增添光彩。那些人认为这座岛屿得名于一个名为"萨马米"的美丽地方，说得似乎更有鼻子有眼，因为从这里

……清楚地看见整个伊达山，
普里阿摩斯的城市和亚该亚人的船只。

(《伊利亚特》, XIII, 13)

但是，有人认为萨摩斯岛得名于萨伊人，他们在色雷斯人之前就居住在这里，并且占领了邻近的大陆，这些萨伊人与萨佩伊人或辛提人（诗人把他们称为辛提伊人）是否属于同一个部落或是不同的部落，现在尚不清楚。阿基洛库斯（Archilochus）曾经提到过萨伊人：

一个萨伊人抢劫我精美的盾牌，
我不由自主把它扔进了树丛中。

(《残篇》, 6, 贝克)

18. 在奥德修斯统治的许多岛屿之中，扎金托斯还有待叙述。这个海岛比凯法莱尼亚更偏向伯罗奔尼撒半岛西边，离后者也很近。扎金托斯周长160斯塔德，距离凯法莱尼亚大约60斯塔德。它是一个森林非常茂密的海岛，又是一个肥沃的海岛；它的城市与它名字相同，这是一座重要的城市。从这里到利比亚的赫斯珀里得斯距离是3000斯塔德。

19. 在扎金托斯和凯法莱尼亚的东方是埃奇纳德斯群岛，其中有一座杜里奇乌姆岛，现在叫做多利查岛。这个群岛又称奥克塞伊群岛，诗人把它称为托伊群岛。多利查正对着俄尼亚迪城和阿谢洛奥斯河，它距离埃莱亚的阿拉克索斯角100斯塔德；埃奇纳德斯群岛的其他岛屿（它有几个海岛，全都是贫瘠而崎岖不平的）位于阿谢洛奥斯河口附近，最远的岛屿距离15斯塔德，最近的距离5斯塔德。在古代，它们都在外海，由于阿谢洛奥斯河带来的淤泥，早已经使得其中某些岛屿与大陆连接在一起，其他的岛屿将来也必定会这样。这种情况使这个地区在古代被称为帕拉赫洛伊提斯，即河流泛滥的地方。它也成了争夺的对象，因为它总是破坏阿卡纳尼亚人和埃托利亚人之间既定的边界。由于他们没有仲裁者，只能依靠武力来解决争端，双方之中更强大的一方必将取得胜利。这就是杜撰某些神话故事的动机，讲述赫拉克勒斯如何战胜阿谢洛奥斯，作为胜利的奖赏，他获得了俄纽斯（Oeneus）之女得伊阿尼拉。诗人借他的嘴说：

> 因为我的求婚者是河神阿谢洛奥斯，
> 他变幻为三种不同形状向我的父亲求婚：

一会儿是公牛,一会儿是闪闪发光的蛇,
一会儿是牛头人身的动物。

(特拉钦尼亚,7—11)

有些作家又为这个神话增添了内容,说赫拉克勒斯扭断了河神阿谢洛奥斯的角,把它作为婚礼的礼品送给俄纽斯,这就是阿马尔特亚的角。另外一些作家猜想这个神话的真实性,认为阿谢洛奥斯河与其他河流一样,它被称为"像公牛一样",是因为其河水奔腾的咆哮声;其河道的弯曲使它被称为角,其长度和蜿蜒曲折使它被称为"像蛇一样","牛头"是因为它曾经被称为"牛脸"。至于赫拉克勒斯,据说他一向行善,特别是对待俄纽斯更是这样,因为他们通过婚姻关系已经结成了同盟,他通过建立水坝、修筑运河控制了变幻不定的洪水,因此使帕拉切诺提斯变成了旱地。他做的一切都使俄纽斯感到高兴,这就是阿马尔特亚角的故事。荷马说在特洛伊战争时期它们被梅格斯统治着,

他是宙斯宠爱的勇士菲雷乌斯所生,
菲雷乌斯曾经移居杜里奇乌姆,
以躲避其父的愤怒。

(《伊利亚特》,II,628)

他的父亲是埃莱亚地区和埃佩人的国王奥吉亚斯,因此,菲雷乌斯率领埃佩人前往杜里奇乌姆,并且占领了这些岛屿。

20. 在塔福斯人或古代特利博人的岛屿之中,塔福斯岛现在

被称为塔菲乌斯岛,它和埃奇纳德斯群岛是分开的;这与它们的距离远近没有关系(因为它们彼此距离很近),而是因为它们处于不同的统治者——塔福斯人和特利博人统治之下。从前,安菲特律翁和雅典的流亡者、戴奥内乌斯之子凯法卢斯一起征服了他们,他把他们的统治权交给凯法卢斯,但荷马说他们属于门特斯统治,[1] 他把他们称为海盗,[2] 确实,据说所有的特利博人都是海盗。

21. 在莱夫卡斯和安布拉西亚湾之间有一个名叫米尔通提乌姆的盐湖。在莱夫卡斯之后是阿卡纳尼亚的城市帕莱鲁斯和阿利齐亚。在这两座城市之中,阿利齐亚距离海边 15 斯塔德,那里有一个献给赫拉克勒斯的海港和一片圣域。有一位罗马将军从圣域把利西波斯(Lysippus)的作品"赫拉克勒斯的功绩"运往罗马,这些作品曾经被放置在一个不合适的地方,放置在一个被废弃的地方。然后是克里托特角、埃奇纳德斯群岛和阿斯塔库斯城,这座城市与尼科墨底亚和阿斯塔塞努斯湾附近的城市名字相同,这个名字通常使用阴性名词。克里托特角也和色雷斯切尔松尼斯半岛的一座小城名字相同。在这些地方之间的沿岸各地都有良好的港口。然后是俄尼亚迪城和阿谢洛奥斯河,然后是俄尼亚迪的梅利特湖,它有 30 斯塔德长,20 斯塔德宽;然后是另外一个湖泊——基尼亚湖,它的长度和宽度都双倍于梅利特湖;第三个湖泊是乌里亚湖,它比那些湖要小得多。现在,基尼亚湖水汇入大海,其他的湖泊比海平面高出约半斯塔德。然后是埃文努斯河,从亚克

---

[1] 《奥德赛》,Ⅰ,180。
[2] 《奥德赛》,XV,427。

第二章　阿卡纳尼亚

兴角到这里距离大约是670斯塔德。在埃文努斯河之后是卡尔西斯山，阿波罗多罗斯把它称为卡尔西亚山；然后是普勒隆；然后是哈利西尔纳村，在它之后30斯塔德，是内陆地区的卡利登；卡利登附近有拉夫利亚的阿波罗神庙。然后是塔菲亚苏斯山；然后是马西尼亚城，然后是莫利克里亚和附近的安提里乌姆角，它是埃托利亚和洛克里斯的边界，从埃文努斯河到这里距离大约是120斯塔德。阿尔特米多鲁斯确实没有说过我们所说的卡尔西斯山或者卡尔西亚山，因为他把这座山的位置确定在阿谢洛奥斯河与普勒隆之间。正如我在前面已经说过的那样，阿波罗多罗斯把卡尔西斯山和塔菲亚苏斯山确定在莫利克里亚以北，他认为卡利登位于普勒隆和卡尔西斯山之间。可能，我们必须假定有两座山，一座是普勒隆附近的卡尔西斯山，另外一座是莫利克里亚附近的卡尔西斯山。在卡利登附近有一个很大的湖泊，出产大量的鱼类，它被居住在帕特雷的罗马人所占领。

22. 根据阿波罗多罗斯所说，阿卡纳尼亚内陆的居民称为埃里西契人。阿尔克曼提到过他们：

> 不是埃里西契人，也不是牧羊人，
> 而是从萨迪斯的高地来的人。

（《残篇》，24，贝克）

荷马在《船只登记册》之中提到了埃托利亚境内的奥莱努斯，这座城市的遗址在阿拉辛图斯山脚下的普勒隆附近。在它的附近还有利西马基亚；这座城市也不复存在了；它位于现在的利西马基亚湖、从前的海德拉湖畔，位于普勒隆和阿尔西诺伊城之间。阿尔西诺伊从前仅仅是一个村庄，名叫科诺帕，它最初是由托勒密二世的妻子和姐妹阿尔西诺伊建立的一座城市，正好位于渡过阿谢洛奥斯河的渡口边。皮莱内所发生的灾祸与奥莱努斯的一模一样。当诗人把卡利登称为"陡峭的"、[①]"多石的"[②]时候，这可以认为是提到了这个地区。正如我先前所说的那样，这个地区分成了两部分：山区[③]（或是埃皮克特图斯）属于卡利登，平原地区属于普勒隆。

23. 现在，无论是阿卡纳尼亚人还是埃托利亚人，都像其他许多部落一样已经精疲力尽，再也无力继续进行战争了。但是，在很长的时间里，埃托利亚人和阿卡纳尼亚人一起，都在坚定地为维护自己的主权而战斗，他们不仅与马其顿人和其他希腊人战斗过，而且最后与罗马人发生了战争。由于荷马和其他作家、历史学家经常提到他们，他们使用的语言有时很好理解，不存在分歧；有时使用的语言很难理解（在我以前说到他们的时候，已经发现了这样的问题），使我不得不增加某些古老的故事，它为我们提供了从事研究的真实基础，或者是某些值得怀疑的问题。

24. 例如，正如我先前所说的阿卡纳尼亚，莱尔特斯和凯法莱尼亚人曾经占领过它；但是，许多作家说到这个地区从前的居民是什么人，尽管他们的观点彼此相左，但仍然十分流行，这使我不得不对它们做出自己的判断。据说古代在阿卡纳尼亚居住的是

---

① 《伊利亚特》，XIII，217。
② 《伊利亚特》，II，640。
③ "被占领的"埃托利亚。

第二章 阿卡纳尼亚

塔福斯人和特利博人，他们的首领是凯法卢斯，他是由安菲特律翁确立的塔福斯附近诸岛统治者，他也获得了这个地区的统治权。正如我先前所说的那样，根据这个事实，他们进而杜撰出一个神话，说凯法卢斯是第一个使莱夫卡塔斯跳崖变成风俗习惯的人。但是，诗人没有说过塔福斯人在凯法莱尼亚人和莱尔特斯来到这里之前统治过阿卡纳尼亚人，他只是说他们和伊萨卡人是朋友。因此，根据诗人所说，他们要么是完全没有在这里居住过，要么是自己迫不得已把阿卡纳尼亚让给伊萨卡人，要么是和他们共同居住在一起。看来，还有一些拉克代蒙的殖民者也居住在阿卡纳尼亚地区，我指的是珀涅罗珀之父伊卡里乌斯（Icarius）和他的随从；因为诗人在《奥德赛》之中说到伊卡里乌斯和珀涅罗珀的兄弟都还活着：

> 他们① 害怕走进她父亲伊卡里乌斯的家门，
> 因为他会为他的女儿要求订婚的礼金。
>
> （《奥德赛》，Ⅱ，52）

诗人还说到她的兄弟：

> 因为她的父亲和兄弟早已强迫她
> 嫁给欧里马库斯。
>
> （《奥德赛》，XV，16）

---

① 求婚者。

首先，他们居住在拉克代蒙是不大可能的，否则忒勒马科斯去拉克代蒙的时候，就不可能居住在墨涅拉俄斯的家里。其次，因为我们没有他们在其他地方居住的根据。据说滕达雷乌斯和其弟伊卡里乌斯被希波坤驱逐出国之后，去了普勒隆人的统治者塞斯提乌斯那里，帮助他夺取了阿谢洛奥斯河那边许多地方，条件是他们必须获得这些地方的沿岸。但是，滕达雷乌斯娶了塞斯提乌斯之女勒达为妻，后来就回国去了。而伊卡里乌斯留在那里，统治着阿卡纳尼亚部分地区，并且与吕吉乌斯之女波利卡斯特一起生下了珀涅罗珀和她的兄弟。正如我先前已经说过的，①在《船只登记册》之中提到过阿卡纳尼亚人参加远征伊利乌姆，这些人被称为"居住在岸边的人"，②还有

那些居住在大陆和对面海边的人。

(《伊利亚特》，Ⅱ，635)

当时的大陆还没有被称为"阿卡纳尼亚"，海岸也没有被称为"莱夫卡斯"。

25. 埃福罗斯否认他们参加了远征特洛伊，他认为安菲阿劳斯之子阿尔克迈翁和狄俄墨得斯以及其他的埃皮哥尼一起参加了远征，在取得了对底比斯人的胜利之后，他和狄俄墨得斯联合在一起，征服了俄纽斯的敌人。他把埃托利亚交给他们之后，自己去

---

① 荷马没有特别提到阿卡纳尼亚人。
② "在大陆的岸边"(《奥德赛》，XXIV，377)。

了阿卡纳尼亚，并且征服了它。与此同时，阿伽门农进攻阿尔戈斯人，轻而易举地战胜了他们，因为他们大多数人都跟随狄俄墨得斯从军去了。但不久之后，当他面临特洛伊战争的时候害怕了。他害怕当他参加远征不在国内的时候，狄俄墨得斯可能会率领其军队回来（实际上已经有报告说在狄俄墨得斯的身边聚集了一支庞大的军队），占领这个他完全有权获得的帝国。因为他是阿德拉斯图斯的继承人，他的父亲就是阿尔克迈翁。在把所有的利害关系权衡一番之后，阿伽门农邀请他们重新回来占有阿尔戈斯，参加远征特洛伊的战争。虽然狄俄墨得斯被说服了参加远征，但阿尔克迈翁非常生气，拒绝接受这个邀请。因为这个原因，只有阿卡纳尼亚人拒绝和希腊人一起参加远征。很有可能，阿卡纳尼亚人正是利用这种说法蒙骗了罗马人，强调只有他们没有参加远征罗马人的祖先，因而从罗马人手中获得了自治权。因为他们既不在《船只登记册》之中，[①]也不在其他的登记册之中。实际上，他们的名字在荷马史诗中根本就没有提到过。

26. 然而，埃福罗斯认为在特洛伊战争之前，阿尔克迈翁就统治着阿卡纳尼亚。他不仅断言安菲罗奇的阿尔戈斯是阿尔克迈翁建立的，而且认为阿卡纳尼亚也是得名于阿尔克迈翁之子阿卡南，安菲罗奇人则得名于阿尔克迈翁的兄弟安菲罗库斯。因此，埃福罗斯的报道与荷马的历史故事基本上是对立的。但是，修昔底德[②]和其他人认为，安菲罗库斯在从特洛伊远征归来之后，对阿尔戈

[①] 《伊利亚特》，II，638以下。
[②] 修昔底德，II，68。

斯国内的情况很不满意,移居到了这个地区;有些人认为他到这里来是因为他是其兄弟的合法继承人;另外一些人则有不同的说法。因此我认为有必要专门讲一讲阿卡纳尼亚。现在,我就来讲讲他们整个的历史,由于他们的历史与埃托利亚人的历史交织在一起,因此我认为最好是把它们加在我先前讲的东西一起。

第三章　埃托利亚

1. 至于**库雷特人**（Curetes），有些人认为他们属于阿卡纳尼亚人，另外一些人则认为他们属于埃托利亚人；有些人认为他们起源于克里特岛，另外一些人则认为他们起源于埃维亚；由于荷马提到过他们，因此我将首先研究他的报道。据说，荷马认为他们不是阿卡纳尼亚人，而是埃托利亚人，如果他们确实是波塔昂的儿子

　　阿格里乌斯、米拉斯和老三、骑士俄纽斯。

（《伊利亚特》，XIV，117）

　　他们居住在普勒隆和陡峭的卡利登。

（《伊利亚特》，XIV，116）

这两座城市都是埃托利亚的城市，在《船只登记册》之中被提到过。因此，如果根据荷马所说，库雷特人显然是居住在普勒隆，所以应当是埃托利亚人。那些反对这种观点的作家是因为受到了荷马表达方式的误导，当诗人说

　　库雷特人在战斗，埃托利亚人在坚定地战斗，

在卡利登城的周围。

(《伊利亚特》,IX,529)

他们继续说,如果他说:"埃维亚人和底比斯人在互相厮杀",或者"阿尔戈斯人和伯罗奔尼撒人",这也不能表达诗人的本意。但是,正如我以前所指出的那样,这种表达方式不仅是荷马的,而且许多其他诗人也常常使用它。这种解释也比较经得起推敲,就让那些作家去解释荷马是怎样把普勒隆人列入《船只登记册》吧,即使他们不是埃托利亚人,也不是他们的同族的话。

2. 根据埃福罗斯所说,埃托利亚人是一个从来没有被其他民族征服的部落,自远古以来,他们就没有遭到过任何破坏。这主要是因为他们居住的地区难以通行,因为他们在军事技术方面训练有素。埃福罗斯接着说,起初,库雷特人占领了整个地区,但在恩迪米昂之子埃托卢斯从伊利斯来到这里,在战争中打败了库雷特人之后,库雷特人被迫撤退到现在的阿卡纳尼亚地区。埃托利亚人与埃佩人回来之后,建立了埃托利亚最早的城市。经过10代人之后,海蒙之子奥克西卢斯从埃托利亚渡海来到伊利斯殖民。埃福罗斯引用两块铭文作为证据,在埃托利亚的塞尔马(这里是他们举行选举治安官古老风俗的地方),在埃托卢斯雕像的底座上雕刻着一块铭文:

这个国家的奠基者生长在阿尔菲乌斯的激流边,
恩迪米昂之子埃托卢斯曾经是奥林匹亚跑道
的近邻,这是埃托利亚人建立的埃托卢斯纪念碑,

第三章 埃托利亚

以彰显他的英勇事迹。

另一块铭文雕刻在埃莱亚人市场上的奥克西卢斯雕像上：

> 埃托卢斯离开了当地居民，历尽辛苦
> 以长矛占领了库雷特人的土地；
> 同族的第十代后裔、海蒙之子奥克西卢斯，
> 在古代建立了这座城市。

3. 这样，埃福罗斯利用这些铭文正确地指明了埃莱亚人和埃托利亚人彼此之间的亲缘关系，因为这两块铭文不仅一致证明了两个民族的亲缘关系，而且还证明了他们互相是对方的奠基者。通过这些资料，他成功地揭露了那些人的谎言，即埃莱亚人是来自埃托利亚的殖民者，而埃托利亚人不是埃莱亚人的殖民者。正如我先前所说的那样，埃福罗斯在自己的著作和观点中，在对待德尔斐的神谕时显然出现了同样的矛盾。因为他在谈完埃托利亚自远古以来就没有遭到过任何破坏，起初是库雷特人占领了这个地区之后，他又加上一个他曾经说过的推论，即库雷特人直到他那个时期，一直统治着埃托利亚的土地。因为只有这样，说这个地区自古以来就没有遭到破坏，埃托利亚人从来就没有被其他民族征服才是正确的。可是，他完全忘记了自己的诺言，[1] 即他不会补充这个故事，只叙述对立的观点，即埃托卢斯从伊利斯来到这

---

[1] 参见本书Ⅸ，ⅲ，11。

里，在战争之中打败了库雷特人，他们撤退到阿卡纳尼亚去了。请问还有什么比在战争之中被打败和离开祖国更具有破坏性的特征？这件事情也得到了埃莱亚人铭文的证实，因为铭文声称埃托卢斯：

> 历尽辛苦以长矛占领了库雷特人的土地。

4. 但是，有人可能会说，埃福罗斯说埃托利亚没有遭受过破坏，是从埃托卢斯来到这里，这个地方起了这个名字的时候开始。不过，埃福罗斯本人就清除了支持这种思想的论据，他接着就指出，这意味着留在这里的埃托利亚人，大部分是埃佩人。后来，埃奥利亚人和维奥蒂亚人一起被迫从色萨利移民，埃奥利亚人和后者以前是混居在一起的，他们和维奥蒂亚人一起占领了这个地区。请问是否有这种可能，如果不经过战争，他们就能够侵入外族的地区，当后者不需要这样的伙伴时，他们能够和原先的占有者居住在一起吗？如果这样的事情是不可能存在的。那么，被武力打败的一方与胜利者平等相处的事情有可能存在吗？阿波罗多罗斯也认为，根据历史记载，海安特人离开维奥蒂亚之后，定居在埃托利亚人之中。埃福罗斯在好像完美地解释了自己的论点之后，补充说："当我看见某些十分可疑的问题或者虚伪的解释时，我通常会像研究那些问题一样，十分仔细地研究这些问题。"

5. 尽管埃福罗斯是这样，他仍然比其他人更好。波利比奥斯[①]

---

① 波利比奥斯：《历史》，34，《残篇》，1。

非常热诚地赞扬他，认为欧多克索斯①为希腊历史树立了一个好典型，而埃福罗斯为城市建立的亲缘关系、居民的迁移和最初的奠基人，做出了最精彩的报道，他说："但是我将描述它们现在的状况，既包括它们现在的地理位置，也包括它们之间的距离，因为这些对于地理志是最有用处的。"当然，你波利比奥斯介绍的是有关距离的"流行的观点"，②不仅牵涉希腊之外的，还有希腊本地的：你不仅要在波塞多尼奥斯和阿波罗多罗斯面前替自己辩护，而且要在其他某些作家面前替自己辩护。所以，我要请读者原谅我，如果我有什么失误（因为我的历史资料大部分取自这些作家），请不要争论不休，不如满足于我所说的大部分历史事实比其他人所说的更好，因为我补充的这些事实是其他人因为无知而遗漏的。

6. 至于库雷特人，还需要进一步的叙述。这部分是因为他们与埃托利亚人和阿卡纳尼亚人的历史有着比较密切的关系，而其他人的关系则比较疏远。正如我先前已经说过的，这种比较密切的关系就是，库雷特人曾经在这个现在名叫埃托利亚的地区居住，埃托利亚人和埃托卢斯来到这里，把他们驱赶到了阿卡纳尼亚地区。还有这类报道说库雷特人曾经居住在普勒隆尼亚，并且被称为库雷提斯，埃托利亚人侵入当地，并且从他们手中夺走了它，赶走了它的占有者。埃维亚人阿基马库斯认为库雷特人居住在卡尔西斯，因为他们在为争夺利兰丁平原而不断打仗的时候，他们

---

① 尼多斯人（公元前350年）。
② 参见本书 II, iv, 2; VII, v, 9。

的敌人揪住他们的额前发把他们掀翻在地,他们就剪去自己前额的头发,把自己的头发留在后边。他们被称为"库雷特人"[1],就是因为他们剪去了头发的原因;后来,他们移居到了埃托利亚,占领了普勒隆周围地区,他们把阿谢洛奥斯河对岸居民称为"阿卡纳尼亚人",则是因为阿卡纳尼亚人[2]不剪头发的原因。但是,有人认为这两个部落都得名于一个英雄;另外一些人则认为库雷特人得名于普勒隆附近的库里乌姆山。这是一个埃托利亚部落,就像奥菲人、阿格里人、埃里塔尼亚人和其他部落一样。但是,正如我先前已经指出的那样,当时的埃托利亚分成两部分,卡利登附近地区据说被俄纽斯占领,而普勒隆尼亚某些地区被波塔昂之子阿格里乌斯及其追随者所占领。如果这件事情是真的:

他们居住在普勒隆和崎岖不平的卡利登。

(《伊利亚特》,XIV,116)

后来,普勒隆尼亚被库雷特人的首领塞斯提乌斯(俄纽斯的岳父、阿尔萨亚之父)占领。后来在俄纽斯的儿子之间爆发了战争,一边是俄纽斯和梅利杰,另外一边是

长着獠牙的猪头和猪毛竖起来的公猪。

(《伊利亚特》,IX,548)

---

[1] Cura,库雷特人(Curetes)的希腊语的拉丁化形式。
[2] acurus,阿卡纳尼亚人(Acarnanians)的希腊语的拉丁化形式。

第三章 埃托利亚

诗人所说的有关公猪的神话故事，很有可能是为了争夺一块土地。根据诗人所说，

> 库雷特人在战斗，埃托利亚人在坚定地战斗。
>
> （《伊利亚特》，Ⅸ，529）

关于他们和埃托利亚人、阿卡纳尼亚人有密切关系的报道就是这么多了。

7. 关于他们与这些问题关系比较疏远的报道是错误的。由于名字相同，历史学家把他们都合并在一起，我指的是《库雷特历史》或者《库雷特人的历史》，好像它们就是居住在埃托利亚和阿卡纳尼亚的那些库雷特人的历史，但它们不仅与这些历史有区别，而且更像是有关萨蒂里、西莱尼、酒神的众女伴和提蒂里人的历史。[①] 因为按照那些讲述库雷特或是弗里吉亚传说的作家所说，库雷特人像这些人一样被称为魔鬼或是诸神的仆人，这些传说把某些宗教仪式、神话故事编织在一起，把年轻的宙斯在克里特成长的故事和在弗里吉亚（Phrygia）、在特洛伊的伊达地区盛行的庆祝众神之母狂欢节结合在一起。这些传说有一些小小的分歧：例如，有的传说把科里班特斯、卡贝里、伊达山的达克提利和特尔奇尼斯（Telchines）视为库雷特人，而另外一些人认为他们彼此之间全是同族，彼此之间只有某些细微的区别。简而言之，他们全部被认为是激动的人，类似酒神的众女伴那样狂乱的人，他们假装神

---

① 这些森林的小魔鬼都是酒神的随从。

的仆人，在宗教庆典仪式上用战争舞蹈，伴之以喧嚣声、鼓钹声、武器的敲击声，还有长笛声和高声尖叫，以制造恐怖气氛；因此在某种程度上，这些仪式被认为是一种共同的血缘关系，我指的是那些居住在利姆诺斯和其他地方的萨莫色雷斯人，因为神的仆人在那里的名字相同。而且，所有这类研究都属于神学领域，它对于哲学家的思考而言，并不陌生。

8. 既然历史学家已经把库雷特人的名字与其他毫不相似的东西等同视之，因此我不得不离开正题，花较大的篇幅来说说他们，补充一些符合历史记载的，有关其身体特征的报道。但是，有些历史学家希望异化他们和其他人的身体特征。他们所做的事情，可能有某种合理的成分在内。例如，他们认为埃托利亚的库雷特人的得名，是因为他们像穿着女性服装的"少女"。因为他们认为希腊人流行这种式样，爱奥尼亚人被称为"长外套"，[①]莱奥尼达斯的士兵上阵的时候穿着"纺织的毛衣"。[②]据说波斯人尽管对他们在战争中表现出的勇气感到惊奇，但瞧不起他们。总的来说，重视养羊业既符合希腊的饮食制度，便于羊群剪毛，又对"少女"和"少年"给与了特别的关怀。[③]因此，有许多方法可以很容易确定"库雷特人"的词源。有理由认为，战争舞蹈最初是由经过特殊训练的、身穿毛织物和裙子的人来表演的，这些人就被称为"库雷特人"。这种舞蹈为那些比其他人更好战、并且要在军队中度过一生的人提供了一个借口。因此，这些人同样被称为"库雷

---

① 《伊利亚特》，XIII，685。
② 希罗多德，VII，208，209。
③ 荷马的形式，Corai 是少女，Coroi 是少年。

第三章 埃托利亚

特人"——我指的是埃维亚、埃托利亚和阿卡纳尼亚的库雷特人。荷马确实提到过这些年轻士兵的名字:

> 你可以从全体亚该亚人之中挑选出最尊贵的年轻人,[1]
> 你可以从快船中拿出所有的礼物,
> 这是我们昨天答应给了阿喀琉斯的。
>
> (《伊利亚特》,XIX,193)

在另外一个地方他又说:

> 亚该亚的年轻人[2]带来了礼物。
>
> (《伊利亚特》,XIX,248)

关于"库雷特人"一词的词源,我的资料就是这么多了。战争舞蹈是士兵的舞蹈,这一点显然已经被"皮里库斯舞"以及"皮里库斯"所证实。[3]皮里库斯被认为是对年轻人进行这种训练的创始人,还著有军事艺术的论文。

9. 现在我必须研究这样多的名字如何被使用于同一件事物,在它们的历史之中包含着哪些神学的成分。对于希腊人和蛮族而言,有一点是共同的,即他们举行的宗教仪式与利用节庆活动进

---

① 库雷特人。
② 库雷特人。
③ 根据雅典尼乌斯所说,当时的战争舞蹈类似于酒神的舞蹈(雅典尼乌斯,14.631B)。

行休息有关。因此，这些仪式的举行有时伴随着宗教狂热，有时又没有宗教狂热；有时有音乐，有时又没有音乐；有时是秘密的，有时又是公开的。这些仪式的这种或那种特点，都是由本身的性质所决定的。为了休息，首先就必须使人的思想摆脱世俗事务，回归真实的、神圣的思想；其次，宗教狂热似乎提供了一种神圣的情感，就好像成了一位预言家一样；第三，秘密举行的宗教仪式赋予了一种对神的敬畏之情，因为它模仿神的天性，使人的理性难以琢磨；第四，音乐、舞蹈、韵律和歌曲，它可以使我们与神圣相通，同时又感觉到音乐的愉悦和艺术之美。这是因为如下原因所致：因为人类的行为据说最像众神；当他们对别人行善的时候，才可以说他们是幸福的。这种幸福包括愉悦、节庆活动、从事哲学研究和音乐工作。即使音乐被人滥用，音乐家把他们的艺术变成了宴会、合唱队和舞台演出等等之中的淫荡快感，我们也不应当指责音乐本身，而应当去研究我们的教育制度本身。因为这种教育制度是建立在音乐的基础之上的。

10. 正因为如此，柏拉图和在他之前的毕达哥拉斯派学者都把哲学称为音乐；① 他们认为天地万物是根据和谐的法则形成的，② 每一种音乐都是众神创造的。所以，缪斯都是女神，而阿波罗是缪斯的首领。所有的诗歌都是颂扬众神的。根据同样的思路，他

---

① 柏拉图：《费德鲁斯》，61。
② 菲洛劳斯：《残篇》4（斯托比乌斯，1.458—460）。参见雅典尼乌斯，14.632b-c；亚里士多德：《形而上学》，1.5；塞克斯都·恩皮里库斯：《高等数学》，4.6。比较柏拉图：《蒂迈欧篇》，32c, 36d, 37a, 41b；柏拉图：《理想图》，617b，柏拉图：《伊壁鸠鲁篇》，991e。

们认为音乐可以培养人们的道德规范,所有的一切事物都应当使人的智慧更接近于众神。大多数希腊人都赋予狄奥尼索斯、赫卡特、缪斯,尤其是得墨忒耳各种各样狂欢的、酒神节的、合唱队的特点,还有入会仪式的神秘成分;他们不仅把得墨忒耳、还有入会神秘仪式的主持人、即得墨忒耳精灵附身的人都称为"伊阿科斯"。拿着的树枝、合唱队的舞蹈和入会仪式,都是组成祭祀这些神祇仪式的共同成分。至于缪斯和阿波罗的关系,缪斯是合唱队首领,而阿波罗不仅指挥合唱队,还有发布神谕的仪式。所有受过教育的人,特别是音乐家都是缪斯的仆人,他们也是阿波罗的仆人,还有那些从事发布预言的人也是阿波罗的仆人;得墨忒耳的仆人是那些新来者、举火把者和圣职人员;[①] 而西莱尼、萨蒂里、酒神的众女伴、莱尼、西伊、米马罗尼斯、那伊德斯、尼姆菲,还有所谓的提蒂里都是狄奥尼索斯的仆人。

11. 除了这些宗教仪式之外,在克里特还有祭祀宙斯的特别仪式,这种仪式与狂热的宗教祭祀一起举行。在这种仪式之中还有狄奥尼索斯的仆人、神秘仪式的主持人萨蒂里参加。这些神秘仪式的主持人也称为"库雷特人",这是一些穿着甲胄进行祭祀活动的年轻人,同时有舞蹈助兴,表现宙斯降生的神话故事。在这个场面中,他们通常会演绎克罗诺斯在自己的子女出生之后,立刻把他们吃掉的故事。瑞亚在孩子们出生之后,尽力掩饰自己分娩的秘密,以便把他们送走,尽自己的力量用各种办法来挽救他们的生命。据说为了这个目的,她把库雷特人作为自己的帮手,他们用手鼓、高

---

① 宗教神职人员。

声的乐器、战争舞蹈和喧嚣的噪音围着女神，使人以为他们在恐吓克罗诺斯，而在他不知不觉的时候偷走了他的孩子；据说他们抚养宙斯确实非常认真，因此，库雷特人获得了这个称号，或者是因为他们在履行这个任务的时候确实是年轻人和"少年"，或者是因为他们抚养的宙斯是"少年"，可以说他们就是为宙斯效劳的萨蒂罗斯。希腊人在宗教狂欢祭祀中的情况，就是这样。

12. 至于弗里吉亚部落的贝勒辛特人，一般来说还有弗里吉亚人、居住在伊达附近的特洛伊人，他们也崇拜瑞亚，并且以狂欢活动来祭祀她。他们把她尊称为众神之母、阿格迪斯提斯、大弗里吉亚的女神。崇拜她的地方有很多，如伊达、丁迪梅内、西皮莱内、佩西农提斯、基贝勒、基贝贝。[①]希腊人同样把库雷特人称为这位女神的仆人，但使用的这个名字不是出自同一个神话故事，[②]希腊人认为他们是库雷特人之中不同的一支，类似于萨蒂里，也是魔鬼的帮手，他们又称为科里班特斯。

13. 诗人们证实了我先前提出过的这种观点。例如，品达在对狄奥尼索斯狂热的赞美歌之中就是用这样的语言开始的：

> 从前颂扬狄奥尼索斯狂热的
> 赞美歌拖得很长。

他提到了古代和现代祭祀狄奥尼索斯的赞美歌，又从这些诗

---

① 从丁迪姆山延伸出西皮卢斯山、佩西努斯、基贝拉山和基贝巴山。
② 克里特的库雷特人。

歌转而说道：

> 为了祭祀你伟大的母亲，
> 开始演唱，钹已经准备就绪，
> 其中还有响板和火把，
> 在黄色的松树下火光熊熊。
>
> （《残篇》，79，贝克或品达，《残篇》，79）

诗人证明了在希腊人祭祀狄奥尼索斯和弗里吉亚人祭祀众神之母的祭祀仪式之间，存在着共同的血缘关系，因为他认为这些仪式彼此之间有密切的同族关系。欧里庇得斯在《酒神的伴侣》之中也表达了同样的观点，他引用了当时吕底亚人和弗里吉亚人的习惯法，因为它们是相同的：

> 你们离开了吕底亚要塞特莫卢斯山，
> 我狂欢的乐队、我从蛮族地区带来的女人、
> 我的助手和旅伴，请你举起本国的手鼓，
> 走进弗里吉亚人的城市，
> 这是我和母亲瑞亚的发明。
>
> （《酒神的伴侣》，55）

接着：

> 被神秘仪式接纳的圣者是幸福的，

> 他的生命是纯洁的……
> 他遵守伟大母亲基贝勒正义的狂欢仪式
> 酒神缠绕着常春藤的手杖在天堂飞舞着,
> 祭祀狄奥尼索斯,
> 来吧,你,酒神的伴侣,
> 来吧,你,酒神的伴侣,
> 把狄奥尼索斯带回家,
> 你是神,神的儿子,
> 从弗里吉亚高山到希腊宽阔的大街。
>
> (《酒神的伴侣》,72)

在下面的诗句之中,诗人又把克里特的仪式和弗里吉亚的仪式联系在一起:

> 啊,神圣栖息的克里特岛,
> 你是库雷特人藏身之处,
> 你是宙斯降生的地方,
> 在有三座顶峰的山脊上,
> 科里班特斯[①]在山洞中
> 制造了这种皮衣,
> 酒神的狂欢活动和激动的、
> 甜美的弗里吉亚长笛混合在一起,

---

① 弗里吉亚祭司基贝勒。

第三章　埃托利亚

> 瑞亚掌握着这种可怕的喧嚣,
> 伴随着酒神女伴的呼叫声,[①]
> 瑞亚使萨蒂罗斯狂乱了,
> 把它与狄奥尼索斯节合唱队的舞蹈合在一起,
> 这是为了使狄奥尼索斯高兴。
>
> （《酒神的伴侣》,120）

在《帕拉梅德斯》之中,合唱队员说:

> 狄奥尼索斯之女西萨,
> 居住在伊达,与她亲爱的母亲
> 沉醉在伊阿科斯手鼓的响声之中。
>
> （《残篇》,586,瑙克）

14. 在诗人把塞莱努斯、马尔西亚斯、奥林波斯加以比较,认为他们都是长笛的发明者的时候,他再一次把狄奥尼索斯节和弗里吉亚的宗教仪式联系在了一起。他们经常说不清伊达和奥林波斯山,好像它们是同一座山。在伊达的安坦德里亚附近确实有四座山峰被称为奥林波斯山,还有密细亚（Mysia）的奥林波斯山也和伊达交界,但它们并不相同。无论如何,索福克勒斯在《波吕克塞娜》之中认为墨涅拉俄斯匆匆忙忙离开特洛伊,而阿伽门农则希望稍留片刻来安慰雅典娜,他引用墨涅拉俄斯的话说:

---

① 三年期的节日。

而你留在这里，留在伊达土地上，
征收奥林波斯的畜群作为祭品。

(《残篇》，47，9，瑙克)

15. 他们为长笛、响板、钹、鼓的声音，还有他们的欢呼声、叫喊声和跺脚声，想出了恰当的名字；他们为了区分神的仆人、合唱队的舞蹈家、宗教仪式的服务人员，也想出了恰当的名字，我指的是"卡贝里"、"科里班特斯"、"潘"、"萨蒂里"、"提蒂里"；他们把这位神称为"巴克斯"，还有瑞亚，根据她受崇拜的地方分别称为基贝勒、基贝贝或丁迪梅内的瑞亚；萨巴齐乌斯也属于弗里吉亚的神，他在某种程度上还是母神的儿子，因为他也传播狄奥尼索斯的仪式。

16. 色雷斯人举行科提斯和本迪戴的宗教仪式和这些仪式相似，对于奥菲士的崇拜仪式，就是从他们那里开始的。埃斯库罗斯提到现在埃多尼人祭祀科提斯的情况，还有他们在祭祀仪式之中使用的乐器；因为他说道：

啊，埃多尼人崇拜的科提斯，
你统治着山区的傀儡。

接着，他立刻提到了狄奥尼索斯的随从：

一个人手中拿着木笛，
这是车工辛苦雕凿而成，

> 饱含着巧手的旋律,
> 它的声音带来了狂欢,
> 还有青铜乐器发出的响声。

接着又说:

> 弦乐发出刺耳的声音,
> 滑稽演员从某个看不见的地方
> 发出像公牛一样可怕的声音,
> 鼓声像地下的雷声在翻滚,
> 发出可怕的声音。

(《埃多尼人》,《残篇》,57,瑙克)

由于这些宗教仪式类似于弗里吉亚人的宗教仪式,因此这些弗里吉亚人很有可能是从色雷斯来的移民,这些宗教仪式也是从色雷斯移植到这里来的。当诗人把狄奥尼索斯与埃多尼人的来库古视为一体的时候,他们也就注意到了两者宗教仪式同一性。

17. 根据色雷斯音乐的旋律、韵律和乐器,所有色雷斯的音乐都被认为是亚细亚的音乐。从那些祭祀缪斯的地区可以明显地看出这一点。例如,皮埃里亚、奥林波斯、宾普拉和莱贝斯鲁姆,在古代都是色雷斯的地方和山区,虽然它现在属于马其顿人;还有,赫利孔被居住在埃维亚的色雷斯人视为缪斯的圣山,他们同样把莱贝斯里德斯仙女洞视为她的圣地。而且,那些在古代从事音乐职业的人被称为色雷斯人,我指的是奥菲士、缪塞乌斯和塔米里斯，尤摩尔普斯也得名于这里。这些作家把整个亚细亚和印度都视为狄奥尼索斯的圣地，这里创造了大部分的音乐。还有些作家说过"弹奏亚细亚的吉他拉"；有些作家把长笛称为"贝勒辛提亚的"和"弗里吉亚的"；有些乐器是蛮族的名字，如"纳布拉斯"、"萨比斯"、"巴比托斯"、"马加提斯"和一些其他的乐器。

18. 雅典人在各方面一直偏爱外来事物，他们在祭祀外来神祇方面也是一样。由于他们接受了这么多的外来仪式，以致他们受到了许多喜剧家的讥笑。在这些仪式之中就有色雷斯和弗里吉亚的仪式，如柏拉图提到本迪戴的仪式。[1] 狄摩西尼因为埃斯奇涅斯和她的母亲一道参加狄奥尼索斯的入会秘密仪式，[2] 一道参加狄奥尼索斯的游行行列，并且不断高呼"evoe saboe"和"hyes attes, attes hyes"。[3] 他在指责埃斯奇涅斯的母亲和埃斯奇涅斯本人的时候，提到了弗里吉亚仪式，因为这些话是在祭祀萨巴齐乌斯和母神的时候使用的。

19. 而且，人们还发现这些魔鬼和他们不同的名字，他们不仅被认为是神的仆人，而且自己也是神。例如，赫西奥德说赫卡特鲁斯和他的女儿福罗尼乌斯生了5个女儿：

> 他们生下了山林仙女和女神，
> 无用而四体不勤的萨蒂罗斯的后裔

---

[1] 《理想国》，Ⅰ，327；Ⅱ，354。
[2] 《王冠上的演说》，259—260。
[3] 这是宗教仪式的呼声，意为"萨巴奇赐予你光荣，萨巴奇是主人，萨巴奇是主人"！

还有库雷特人、好色而善舞的神。

(《残篇》,198,日扎克)

《福罗尼斯》的作者[1]把库雷特人称为是"长笛的演奏者"和"弗里吉亚人";其他作家则把他们称为"大地所生的"和"手持铜盾的"。有些人把科里班特斯而不是库雷特人称为"弗里吉亚人",他们把库雷特人称为"克里特人",并且认为克里特人是埃维亚第一个制造黄铜甲胄的民族,因此他们又被称为"卡尔西斯人"。[2]还有人说科里班特斯来自巴克特里亚(有些人认为他们来自科尔基斯),他们是提坦送给瑞亚的武装仆从。在克里特的传说之中,库雷特人被称为"宙斯的养育者"和"宙斯的保护者",从弗里吉亚到克里特地区被称为"瑞亚"。有些人认为居住在罗德岛上的9位特尔奇尼斯是和瑞亚一起来到克里特岛的,[3]他们"抚养了年幼的"宙斯,并且被称为"库雷特人"。西尔巴斯是库雷特人的朋友,他是希拉皮特拉城的奠基人,他为普拉西亚人声称在罗德岛人之中的科里班特斯是某种魔鬼提供了一个借口,他们是雅典娜和赫利乌斯之子。还有些人认为科里班特斯是克罗诺斯之子,但其他人认为科里班特斯是宙斯和卡利俄珀之子,认为他们和卡贝里是一样的神。他们已经去了萨莫色雷斯,这个地方从前叫做米利特,他们的宗教仪式带有神秘的性质。

20. 虽然锡普西斯的德米特里收集了这些神话故事,但他没有

---

[1] 赫兰尼科斯(约公元前430年)。
[2] chalkeos——铜的。
[3] 参见本书XIV,ii,7。

接受后者的观点,他认为在萨莫色雷斯没有任何关于卡贝里的神话故事,他甚至引用了塔索斯的斯特辛布罗图斯的观点,祭祀卡贝里的宗教仪式是在萨莫色雷斯形成的。锡普西斯的德米特里认为他们被称为卡贝里,是得名于贝勒辛提亚的卡贝鲁斯山。有些人认为库雷特人和科里班特斯一样,都是赫卡特的仆人。但锡普西斯的德米特里再次表示反对,他反驳欧里庇得斯的观点,[①]认为瑞亚的宗教仪式在克里特并不被认可,也不流行,它只流行于弗里吉亚和特洛阿德(Troad)。那些坚持说自己是在讲述历史的人,不如说是在讲述神话故事。但是,由于地名的相同,也可能使他们造成这样的错误。例如,不仅是特洛伊,而且克里特的山区也有伊达;迪克特是锡普西斯的一个地方,也是克里特的一座山脉;希拉皮特拉城得名于伊达山的顶峰皮特纳。在阿德拉米提乌姆(Adramyttium)有希波科罗纳,在克里特有希波科罗尼乌姆。这个海岛东部海岬叫做萨莫尼乌姆,尼安德里亚地区的平原和亚历山大城的平原也叫萨莫尼乌姆。

21. 阿尔戈斯人阿库西劳斯认为卡德米卢斯是卡贝罗和赫菲斯托斯之子,他也是三位卡贝里的父亲,这三位卡贝里又是卡贝里德仙女之父。菲勒塞德斯认为阿波罗和雷提亚生了九位居住在萨莫色雷斯的科里班特斯;普洛透斯和赫菲斯托斯之女卡贝罗也生下了三位卡贝里和三位卡贝里德仙女,为了祭祀三位卡贝里和三位仙女,制定了许多祭祀的宗教仪式。卡贝里最受崇拜的地方是伊姆布罗斯岛和利姆诺斯岛,特洛阿德的个别城市也崇拜卡贝里;

---

① 参见本书 X,ⅲ,13。

但是，他们的名字是保密的。希罗多德说在孟斐斯曾经有许多卡贝里和赫菲斯托斯的神庙，[①] 但是被冈比西斯（Cambyses）毁灭了。这些祭祀神祇的地方现在已经荒无人烟，无论是亚历山大城境内哈马克西提亚的科里班特斯神庙，还是在欧里斯河，还有名字相同的村庄，冬季河流埃萨洛伊斯河附近锡普西斯境内的科里比萨都一样。根据锡普西斯的德米特里所说，库雷特人和科里班特斯很可能是同样的人；他们被认为是年轻人或者少年，在祭祀众神之母的节日被召集来表演战争舞蹈。而科里班特斯则以跳舞的姿态，"以头抵人式的前进"。[②] 荷马把他们称为"善于舞蹈者"：[③]

你们来到了这里，费埃克斯人最优秀的舞者。

（《奥德赛》，Ⅷ，250）

由于科里班特斯也属于舞者和宗教狂热者，我们也可以把那些狂躁不安的人称为"科里班特斯式的人"。

22. 根据某些作家所说，"伊达山的达克提利"得名于伊达山低坡最初的居民，因为低坡被称为"山脚"，而山顶被称为"山头"。因此，伊达山有些边远地区（都是祭祀众神之母的地区）被称为达克提利。索福克勒斯[④]认为最初的男性达克提利共有五位，

---

① 希罗多德，Ⅲ，37。
② 斯特拉博的 korybamtes 词源出自两个词：koryptein——意为"抵触"。Bainein——意为"行走"。
③ Betarmones.
④ 失传的歌曲《遥远的萨提蒂里》（《残篇》，337，瑙克）。

他们是最早发现、制造铁器和其他有益于生活物品的人,他们的姐妹也有五位,他们被称为达克提利是因为他们的人数。[①] 不过,不同的作家讲述的这个神话故事也不相同,一个问题接着另一个问题;连他们的名字和数量也不同;他们把其中的一些达克提利称为"塞尔米斯",另外一些称为"丹纳梅内乌斯"、"赫拉克勒斯"和"阿克蒙"。有些人认为他们是伊达本地的,其他人认为他们是移民。但是所有人都认为,他们是最早在伊达制造铁器的人,都认为他们是众神之母的巫师和随从,他们居住在伊达附近的弗里吉亚。他们把弗里吉亚用于特洛阿德,是因为在特洛伊被洗劫之后,与特洛阿德交界的弗里吉亚人统治了这个地区。他们怀疑无论是库雷特人还是科里班特斯,都是伊达山达克提利的后裔。无论如何,最初出生在克里特的100人称为伊达山的达克提利,他们认为,9位库雷特人就是他们的后裔;这些人每人都生了10个后裔,他们都叫做伊达山的达克提利。

23. 虽然我很不喜欢神话故事,由于它们牵涉到神学问题,我不得不详细地讨论这些问题。所有的神学都必定研究古代的观念和神话,因为古人把自己在这些方面的观念讲得神秘莫测,并且总是给自己的故事增添了神话的成分。要解决这些奥妙的问题是不容易的。但是,如果我们面临着大量神话故事,一些是彼此一致的,而另外一些是彼此矛盾的,人们有可能据此顺利地推测出其中真实的内容。例如,人们有可能在神话故事之中说到宗教狂热者和诸神在"山区的流浪",可能会说到他们的"宗教狂热"。

[①] 达克提利,本义为手指或脚趾。

根据同样的理由，人们认为居住在天堂的诸神具有远见卓识，关心他们的其他问题，如通过预兆表示预言，如寻找金属、狩猎、寻找各种对生活有用之物，这些都明显地与"山区的流浪"有关。而骗术和魔法则与宗教狂热、祭祀和占卜有密切的关系。同样，诸神也关心他们从事的艺术活动，特别是狄奥尼索斯和奥菲士的（Orphic）艺术。但是，在这个问题上我已经讲得太多了。

第四章 克里特岛

1. 因为我早已详细叙述过伯罗奔尼撒半岛许多岛屿，不仅是其他岛屿，还有科林斯湾内外的那些岛屿；接下来我必须叙述克里特岛（因为它也属于伯罗奔尼撒半岛），还有克里特岛附近的那些岛屿。其中包括基克拉泽斯群岛（Cyclades）和斯波拉德斯群岛（Sporades），有些岛屿值得一提，另外的一些则不大重要。

2. 现在我首先叙述克里特岛的情况。虽然欧多克索斯说它位于爱琴海之中，但这样说还不如说它位于昔兰尼（Cyrene）与苏尼乌姆角到拉科尼亚的希腊地区之间更合适。它从东到西与这些地区纵向平行延伸，在北面沐浴着爱琴海和克里特海的海水，南面沐浴着爱琴海附近的地中海水。至于它两边的边界，西边在法拉萨纳城附近；其宽度大约是200斯塔德，分成两个海角（南部的叫做克里乌梅托庞角，①北部的叫做西马鲁斯角）；而东边的萨莫尼乌姆角朝着东方，比苏尼乌姆角略远。

3. 至于它的面积，根据索西克拉特斯（Sosicrates）所说（阿波罗多罗斯认为他关于这个海岛的报道是准确的），可以确定它的数据如下：长度2300多斯塔德，宽度……② 因此它的周长据说超

---

① 意为"羊头"。
② 原文有脱落。

过5000斯塔德；但阿尔特米多鲁斯认为是4100斯塔德；而希罗尼姆斯认为它的长度是2000斯塔德，它的宽度不规则，因此可以认为它的周长大于阿尔特米多鲁斯所说的周长。因为大约在其长度的三分之一……[①] 然后是一条长约100斯塔德的地峡，其北面的海边是安菲马拉村，南面的是菲尼克斯村，它们都属于兰皮亚人。这个海岛的最宽处大约在中部地区。海岸线在这里再次汇合成一条比前面那条地峡更窄的地峡，宽度大约只有60斯塔德，它从利克图斯人的米诺亚城一直延伸到希拉皮特拉城和利比亚海，海湾中有一座城市。这座海岛结束于险峻的萨莫尼乌姆角，这个海角对着埃及和罗德岛人诸岛。

4. 这座海岛多山和茂密的森林，还有富饶的河谷地带。在群山之中朝西的山脉名叫莱夫卡山脉（Leuca），[②] 它的高度绝不低于泰格图斯山脉，它的长度大约是300斯塔德，形成了一个山脊，终结于海峡附近。海岛中部最宽的地方是伊达山，它也是克里特最高的山脉，伊达山是一座圆形的山脉，周长为600斯塔德，在它的周围有许多最好的城市。克里特还有许多高度大致与莱夫卡山脉相同的山脉，其中有些在南部，有些在东部。

5. 从昔兰尼（Cyrenaea）到克里乌梅托庞角的航程需要2昼夜。从西马鲁斯角到泰纳鲁姆角，距离是700斯塔德，在它们中间是基西拉岛（Cythera）。从萨莫尼乌姆角到埃及的航程需要4昼夜时间，有些人说是3昼夜。有些人认为这段航程是5000斯塔德，

---

① 原文有脱落。
② 意为"白山"。

另外一些人认为要少些。厄拉多塞认为从昔兰尼到克里乌梅托庞角的航程是2000斯塔德,从这里到伯罗奔尼撒半岛航程不足……①

6. 荷马说,

> 不同的语言互相混杂在一起……
> 这里居住着亚该亚人、
> 傲慢的古克里特人、② 基多尼亚人、
> 佩戴羽饰的多利亚人和优秀的佩拉斯吉人。
>
> (《奥德赛》,XIX,215)

根据斯塔菲卢斯(Staphylus)所说,在这些部落之中,多利亚人占据着东部地区,基多尼亚人占据着西部地区,最早的克里特人占据着南部地区。普拉苏斯城属于古克里特人,该城有一座迪克特的宙斯神庙。其他比较强大的部落居住在平原地区。古克里特人和基多尼亚人很可能是当地土著部落,其他部落则是外来部落,根据安德龙(Andron)所说,他们来自色萨利地区,来自古代称为多利斯,现在称为赫斯提伊奥提斯的地方。他说,居住在帕纳塞斯山附近的多利亚人正是从这里出发,建立了厄里尼乌斯、博伊乌姆和基西尼乌姆城。因此,他们被荷马③ 称为"trichaices"。④ 但

---

① 手稿之中斯塔德数字脱落。
② Eteokretes.
③ 《奥德赛》,XIX,177。
④ 根据安德龙所说是"分成了三部分","三块"。准确的词源出自thrix和aisso,意为"头发在舞动"或者"帽缨在舞动"。

是，许多专家不同意安德龙的观点，因为他们认为多利亚人的四城是三城，多利亚人的首府不过是色萨利人的殖民地。他们推测"trichaices"的意义或是出自是"trilophia"，[①]或是出自他们的帽缨上有"trachini"。[②]

7. 克里特岛有许多城市。其中最大和最著名的有三座：克诺索斯城（Cnossus）、戈提纳城（Gortyna）和基多尼亚城（Cydonia）。被荷马和后代诗人称为"伟大的"和"米诺斯王国都城"的克诺索斯城，[③]是最出名的。而且，这座城市很长时间也是最受尊敬的城市；后来，它被打败了，失去许多特权；它的崇高地位转归戈提纳城和利克图斯城（Lyctus）；但后来它再次恢复了往日作为首府的光荣，克诺索斯城位于一个平原上，最初的周长是30斯塔德，位于利克图斯和戈提纳地区之间，距离戈提纳城200斯塔德，距离利图斯城（即诗人所说的利克图斯城）120斯塔德。[④]克诺索斯城距离北面的海岸25斯塔德；戈提纳城距离利比亚海90斯塔德，利克图斯城距离利比亚海80斯塔德。克诺索斯有一个海港赫拉克勒斯城。

8. 但是，据说米诺斯（Minos）曾经使用过安尼苏斯作为海港。这个海港有一座埃雷图娅神庙。在古代，克诺索斯称为凯拉图斯，与流过其境内的一条河流名字相同。根据历史记载，米诺斯是一位杰出的立法者，也是第一位统治大海的人；[⑤]他把这个海

---

① "三根帽缨"。
② "毛发制成的"。
③ 《奥德赛》，XIX，178。
④ 《伊利亚特》，II，647。
⑤ 希罗多德，III，122。

岛分成三部分，每个地区建立了一座城市，克诺索斯在……，① 正对着伯罗奔尼撒半岛。它也在北部地区。② 根据埃福罗斯所说，米诺斯尽力模仿古代某个名叫拉达曼提斯（Rhadamanthys）的人，这个人和米诺斯的兄弟名字相同，是一位非常公正的人。拉达曼提斯被尊为是第一位给这个海岛带来文明的人，他制定了法律，把各个城市联合在一个作为首府的城市统治之下，制定了国家制度，并且宣布他所公布的法律是从宙斯那里得到的命令。为了模仿拉达曼提斯，米诺斯每九年要去宙斯的山洞朝圣一次，并且在那里逗留一段时间，然后带回一些成文的戒律，他说这些就是宙斯的法令；因为这个缘故，诗人说：

> 米诺斯担任国王的时候，
> 每九年要和大神宙斯沟通一次。
>
> （《奥德赛》，Ⅹ，19）

埃福罗斯也是这样说的。但是对米诺斯，古代作家有一些与埃福罗斯不同的说法。他们认为米诺斯是一个专制的、残酷的、横征暴敛的统治者。这就是为什么作家们在悲剧之中创作出人身牛头怪物、迷宫和忒修斯、代达罗斯故事的原因。

9. 至于这两种说法，很难说哪一种是真的。还有一种说法与

---

① 手稿脱落之处为西西里的狄奥多罗斯根据埃福罗斯所说恢复（Ⅴ，78）："……在岛上朝着亚细亚的地方，菲斯托斯在海中朝向南方，基多尼亚在正对着伯罗奔尼撒的西部。"

② 基多尼亚和克诺索斯一样。

第四章　克里特岛

这些完全不同，有些人认为米诺斯是一个外来者，另外一些人则认为他是这个海岛上的土著居民，诗人似乎比较支持后一种说法，他说：

宙斯生下了克里特的保护者米诺斯。

(《伊利亚特》，XIII，451)

至于克里特岛，所有作家都认为它拥有优良的法律，而且首先就把它传给了它的模仿者、希腊人之中最优秀的拉克代蒙人。正如柏拉图在他的《论法律》[1]所反映的那样，埃福罗斯在《欧罗巴》[2]一章中也讨论了克里特的宪法。后来，克里特的法律变得非常非常糟糕；因为在第勒尼亚人无情地洗劫了我们的海[3]之后，克里特人继续进行海盗活动，他们的海盗活动后来被西里西亚人（Cilicia）消灭；不过，粉碎所有海盗活动的是罗马人，他们用战争降服了克里特岛和西里西亚海盗的老巢。现在，克诺索斯有一个罗马人的殖民地。

10. 关于克诺索斯的情况已经讲得够多了。对于我而言，有一座城市并不陌生，由于人的命运变化无常，先前把我与这座城市联系在一起契约义务已经不复存在了：多里劳斯（Dorylaüs）是一位军事家，也是米特拉达梯·奥伊尔格特斯（Mithridates Euer-

---

[1] 柏拉图：《论法律》，631B，693E，751D 以下。
[2] 又称埃福罗斯的四卷本《历史》。
[3] 即地中海。

getes）的朋友之一。[①]他由于军事经验丰富，被委任招募雇佣军，经常前去希腊和色雷斯，而且也常常在克里特的雇佣军之中。当时罗马人还没有占领这座海岛，岛上还有雇佣军，其中也有许多海盗团伙被招募进来了，而且人数众多。多里劳斯在那里的时候，有一次克诺索斯人和戈提纳人之间爆发了战争，他被任命为统帅，胜利地结束了这场战争，立刻获得了巨大的荣誉。但不久之后，多里劳斯得知由于阴谋的结果，奥伊尔格特斯在锡诺普被他最亲密的朋友背信弃义地杀害了。他还听说王位已经转归国王的妻子和幼子继承，他对这种情况感到绝望，留在了克诺索斯。他在这里和一位马塞提斯妇女斯特罗普生了两个儿子：拉吉塔斯和斯特拉塔尔卡斯（后者年迈时，我曾经见过他），还有一个女儿。奥伊尔格特斯有两个儿子：其中一个是米特拉达梯·欧帕托，他在11岁的时候继承了王位；菲雷泰鲁斯之子多里劳斯是他的异父异母兄弟；菲洛泰鲁斯是军事家多里劳斯的兄弟。当米特拉达梯成年之后，他念念不忘和异父异母兄弟多里劳斯的同伴关系，他不仅给与后者极大的荣誉，而且关心他的亲属，召回了那些居住在克诺索斯的人。这些人包括拉吉塔斯及其兄弟的家人，他们的父亲早已去世，而他们自己已经成人。他们离开克诺索斯，回到了祖国。拉吉塔斯的姐妹就是我的外祖母。当拉吉塔斯飞黄腾达的时候，这些人分享了他的好运；但是，在他垮台之后（他由于试图使这个国家发生倒向罗马人的革命，根据协议他将被任命为政府首脑，结果被捕了），他们的好运同时也消失了，变成了一文不

---

① 宫廷封号。

值的人物；而他们与克诺索斯人之间的契约，在克诺索斯人自己经历了无数变化之后，最后也失去了意义。关于克诺索斯的情况，我说的就是这么多了。

11. 在克诺索斯之后，第二强大的城市是戈提纳人的城市；因为这两座城市有时候互相合作，统治着其他所有的居民；有的时候他们互相争夺，整个岛上就出现纠纷。而基多尼亚对于它所加入的任何一方来说，都是一个起决定作用的重要砝码。戈提纳人的城市也位于平原上；它在古代可能是有城墙的，正如荷马所说：

> 有坚固城墙的戈廷。
>
> （《伊利亚特》，II，646）

后来城墙被彻底摧毁，它从此就一直没有城墙了；托勒密四世·菲洛帕托（Ptolemy Philopator）虽然开始修建城墙，但只修了大约80斯塔德；[①] 非常值得一提的是，这座城市曾经发展到周围约50斯塔德的地方。它距离莱本附近的利比亚海岸90斯塔德，莱本是一个商业中心，它还有一个港口马塔卢姆，距离它130斯塔德。莱西乌斯河流过这个地方全境。

12. 莱本有一个莱夫科科马斯与其情人尤克辛西图斯的故事，提奥弗拉斯图斯（Theophrastus）在论文《论爱情》[②] 之中讲到他们的故事。他说，莱夫科科马斯交给尤克辛西图斯一个困难的任务，

---

① 大概有错误，不是80。

② 没有保留下来。

这就是把他的狗从普拉苏斯带来。普拉苏斯人的地区与莱本人的地区交界,距离海岸70斯塔德,距离戈廷180斯塔德。正如我先前说过的那样,普拉苏斯属于古克里特人,有一座迪克特的宙斯神庙;正如阿拉托斯所说,[①]因为迪克特山就在它附近,而不是"在伊达山附近"。迪克特山距离伊达山有1000斯塔德,朝着日出的方向,距离萨莫尼乌姆角100斯塔德。普拉苏斯位于萨莫尼乌姆角和切尔松尼斯港之间,在海岸线后方60斯塔德,它已经被希拉皮特拉人夷为平地。据说,卡利马科斯认为布里托玛尔提斯逃脱了米诺斯的暴行,她从迪克特跳入了渔夫的"网中",[②]因此被基多尼亚人称为迪克廷纳,这座山被称为迪克特山。实际上,基多尼亚与这些地方完全不相邻,它在这个海岛的最西边附近。基多尼亚有一座提蒂鲁斯山,山上有一座"迪克廷纳"神庙,而不是"迪克特"神庙。

13. 基多尼亚位于海岸边,正对着拉科尼亚,与克诺索斯和戈提纳两座城市距离相等,大约是800斯塔德;距离阿普特拉80斯塔德,距离那个地方的海边40斯塔德。阿普特拉的海港是西萨姆斯。基多尼亚人西部边界是波利雷尼亚人的领土,迪克廷纳神庙在他们的领土之内。他们距离海边大约30斯坦德,距离法拉萨纳60斯塔德。他们从前居住在村庄里。后来,亚该亚人和拉科尼亚人在这里建立了一个共同的居民区,围着这个天然坚固的地方修建了城墙,这个居民点朝着南方。

[①] 阿拉托斯:《现象》,33。
[②] Dictya.

第四章 克里特岛

14. 米诺斯把三座城市统一为一个都城。第三座城市菲斯托斯城（Phaestus）已经被戈提纳人夷为平地，它距离戈廷60斯塔德，距离海边20斯塔德，距离马塔卢姆港40斯塔德。这个地方现在被那些破坏它的人所占领。里提乌姆城和菲斯托斯城同样也属于戈提纳人；

> 还有菲斯托斯和里提乌姆。
>
> （《伊利亚特》，Ⅱ，648）

根据传说，菲斯托斯人埃皮米尼得斯以自己的诗歌来进行涤罪仪式。利森也在菲斯托斯人的地方。我先前已经说过利克图斯城的情况，[①]它的海港叫做切尔松尼斯，那里有一座布里托尔提斯神庙。但是，在《船只登记册》[②]之中与利克图斯名字列在一起的米利都城和利卡斯图斯城，现在已经不存在了。因为他们的领土现在被利克图斯人占领了一部分，另一部分在这城市毁灭之后被克诺索斯人占领了。

15. 由于诗人曾经说过克里特岛是"100座城市之岛"，[③]有时又说是"90座城市之岛"，[④]埃福罗斯认为有10座城市建立时间比其他城市更晚，它们是在特洛伊战争之后由多利亚人和阿尔戈斯人阿尔萨梅涅斯（Althaemenes）建立的。他还说奥德修斯因此把

---

① 参见本书 X，iv，7。
② 《伊利亚特》，Ⅱ，647。
③ 《伊利亚特》，Ⅱ，649。
④ 《奥德赛》，XIX，174。

这个海岛称为"90座城市的海岛"。这种解释似乎有道理，但其他人认为有10座城市被伊多梅纽斯的敌人所毁灭。首先，荷马并没有说过在特洛伊战争的时候克里特有100座城市，而是说在他那个时代（因为他是以自己个人的身份说话，虽然这是某个流行在特洛伊战争时期的说法，例如在《奥德赛》之中，奥德修斯说到过"90座城市"，因此，这种解释可能更合理）。其次，如果我们承认这一点，①下面的观点就无法成立；②因为伊多梅纽斯的敌人似乎不可能在远征时期或者在他从特洛伊回国之后毁灭这些城市；因为诗人说过，

> 伊多梅纽斯带着战争中幸存的同伴
> 回到了克里特，没有人死于大海的波涛。
>
> （《奥德赛》，Ⅲ，191）

他也提到过这个灾难。当然，奥德修斯不知道这些城市被毁灭了，因为他在流浪的时候或者是在后来，都没有与希腊人接触过。涅斯托尔随同伊多梅纽斯参加远征特洛伊，同时又安全回到家里，他不可能知道在远征和从特洛伊返回路上，更不知道在回家之后，伊多梅纽斯的国内发生了什么事情。实际上，如果伊多梅纽斯和他的同伴逃脱了性命，他回国的时候很强大，他的敌人就不可能有这么大的力量从他手中夺走10座城市。关于克里特人

---

① 荷马谈到了自己的时代。
② 10座城市被伊多梅纽斯的对手毁灭。

地区的情况，我就叙述这么多了。

16. 至于埃福罗斯叙述的克里特人政体，大体上可以肯定它是非常重要的。根据埃福罗斯所说，立法者显然奠定了自由是国家最高利益的理论基础，因为只有自由才能使财富成为那些获得者的财产。而在奴隶制度之下，一切财富都属于统治者而不是被统治者。那些拥有自由权的人应当起来捍卫自由。和谐只有在由于贪婪、奢侈而引起的纷争被消除之后，才有可能出现。当所有公民都生活在克己复礼和简朴生活之中的时候，就不可能出现对于同类的嫉妒、傲慢和仇恨心理。这就是为什么立法者命令男孩子必须加入"军队"，[①] 成年男子必须在公共食堂（他们称为"安德烈亚"）集体用餐，以便穷人可以享受到公餐，可以和富人享受到平等地位，也是为了使青年变得英勇无畏。他命令使他们从小就适应军队生活和辛苦工作，不怕炎热、严寒，在崎岖不平和陡峭的道路上行军，在体育馆或者战争之中接受打击。他们还必须训练，不仅是射箭，还有战争舞蹈。这种舞蹈最初是库雷特人发明的，后来也有人编排以自己名字命名的这种舞蹈，我指的是皮里库斯舞。因此，即使是他们的体育活动，也不能离开对战争有用的训练。同样，他们的歌曲也是具有男子汉气概的克里特韵律，它的发明者是泰勒斯。他们不仅把自己的赞歌，还有其他当地的歌曲和许多的制度归功于他，还有自己使用的军队服装和鞋子也归功于他。他们认为军队是最珍贵的礼物。

17. 埃福罗斯继续说，有些作家认为克里特的制度大多数是拉

---

① 本义为"牲口"。

科尼亚的制度，但它确实是由克里特人发明，斯巴达人完善的。克里特人在他们的城市，特别是克诺索斯人的城市被毁灭之后，便放弃了军事活动。不过，某些制度在利克图斯人、戈提纳人和其他一些小城邦之中继续使用，并且比在克诺索斯人之中获得了更大的发展。实际上，利克图斯人的制度被某些人用来作为拉科尼亚制度更加古老的证据。例如，他们认为作为殖民者，他们保留了母邦的习惯法，因为即使按照一般情况而言，如果认为他们作为其下属的模仿者，在组织和管理方面更好，这是荒谬的事情；埃福罗斯认为这是不正确的，这首先是因为，不应当用各种事物现在的情况来推断古代的情况。因为许多部落都经历了翻天覆地的变化。例如，尽管克里特人现在已经失去了他们的舰队，但克里特人从前统治着大海，因此才有以"克里特人不认识大海"的谚语来讽刺那些假装不认识熟人的人。其次，由于克里特某些城市有斯巴达殖民者，要强制他们保留斯巴达的制度，也是不可能的。无论如何，许多殖民城市都没有遵循他们古老的习惯法，克里特的许多城市不是殖民城市，但拥有和殖民者一样的习惯法。

18. 埃福罗斯继续说，斯巴达立法者来库古是带领殖民者来克里特的阿尔萨梅涅斯第五世孙。根据历史学家所说，阿尔萨梅涅斯是西苏斯之子，大约在普罗克利斯（Procles）建立斯巴达作为都城的时候，西苏斯建立了阿尔戈斯。一般认为来库古是普罗克利斯的第六代后裔。抄本不可能早于原本，现在的事情也不可能早于古代的事情。不仅舞蹈是拉克代蒙人的习惯法，而且还有与法律一道歌唱的韵律和赞歌，斯巴达的许多制度，都被拉克代蒙人称为"克里特的制度"，就好像它们起源于克里特一样；斯巴达的某些政府职能不仅与克里特的职能相同，而且连名称都是相同的，例如，"长老"[①]和"骑士"[②]的职务（此外，克里特的骑士真正拥有马匹，由这个事实可以推断克里特的骑士职务更加古老，因为他们保留了这个职务真正的含义，而拉克代蒙人的骑士是没有马匹的）。虽然斯巴达的执政官和克里特的执政官职能一样，它们的名称却不一样；克里特人的公共食堂直到今天仍然叫做"安德赖亚"，但斯巴达人却不再用古代同样的名字称呼公共食堂；无论如何，在阿尔克曼的诗歌之中发现了如下诗句：

在宴饮和节日聚会之中，
公共食堂的聚餐者开始唱赞歌。

（《残篇》，22，贝克）

19. 埃福罗斯接着说，克里特人认为，来库古到他们这里来是因为如下原因：来库古的长兄波利德克特斯去世的时候留下了怀孕的遗孀。来库古有一段时间占据了他兄长的王位，当这个孩子出生之后，国王的职务传给了个孩子，他成了孩子的监护人。但是有人责骂来库古，说他确信来库古一定想成为国王。来库古推测这种说法所造成的结果，可能使他自己会受到不公正的控告，说他阴谋反对孩子，也担心万一孩子由于偶然的原因死了，他可能会因此受到政敌的指责，因此他来到了克里特。据说，他来

[①] Gerontes.
[②] Hippeis.

到克里特居住的原因就是这样。他到了这里之后，成了米利都诗人和哲学家泰勒斯的莫逆之交，他从后者那里知道了拉达曼提斯和米诺斯先后向人民公布其法律所使用的手段，即把它们说成是宙斯的法律。他在埃及居住的时间，也学习了埃及人的制度。根据某些作家所说，他在会见了居住在希俄斯岛的荷马之后，回到了自己的祖国，他找到其兄波利德克特斯之子、国王查理劳斯（Charilaüs）。他制定了法律的框架之后，拜访了德尔斐的神，从那里带来了神的命令，就像米诺斯及其王朝从宙斯的洞府之中拿来了他们的法令一样，他的法律大部分与他们的相似。

20. 根据埃福罗斯所说，克里特制度之中最重要的条款如下：在克里特，所有同时从"军队"之中挑选出来的男子，都必须同时结婚；但是，他们不能立刻就把他们娶的姑娘领进家门，而只能等到她们能够管理家务的时候才行。如果这位姑娘有兄弟，她的彩礼一半归兄弟。男孩子必须学习，不仅要学习他们的文学作品，而且还有法律规定的歌曲以及某些类型的音乐。那些比较年轻的人必须参加公餐——安德赖亚。他们用餐的时候一起坐在地上，不论冬夏都穿着破旧的衣服，他们还要侍候成年男子和他们自己。那些在一个公共食堂用餐的人彼此互相格斗，也和那些不同公共食堂的人格斗。孩子们的首领管理各自的食堂。[①] 年纪大的孩子被吸收到"军队"之中，由最显贵的、最有势力的孩子组织"军队"，每个人召集的军队越多越好。每支军队的首领一般就是召集者的父亲；他有权带领他们去狩猎、赛跑，有权惩罚任何不

[①] 少年人的首领。

第四章 克里特岛

听话的人。他们的伙食由政府开支。在某些规定的日期,"军队"与"军队"以战斗序列的节奏前进,在长笛和里拉的伴奏下进行格斗,就好像在真正的战场上一样。他们将要接受的打击,不仅有手的打击,还有铁兵器的打击。[①]

21. 在爱情方面,克里特人有自己的特殊风俗习惯。他们获得自己的所爱不是靠花言巧语,而是靠抢婚。情夫会提前三四天告诉男朋友们,他要准备抢婚。对于朋友们而言,他们认为瞒着这个男孩,或者是不让他走约定好的路线是最可耻的行为,因为这意味着这个男孩不配拥有这样的心上人。在会面的时候,如果抢婚者看来是一个平庸之辈,或者在社会地位,或者在其他方面比较优秀,朋友们会按照风俗习惯,以非常得体的方式刁难他,阻止他。然后,朋友们会高高兴兴地把男孩带走,如果抢婚者不配,他们会让男孩离开。不过,在刁难结束的时候,这个男孩会被带到抢婚者的公共食堂。他们认为值得爱的男孩不是特别英俊的人,而是特别有男子气概的、厚重的人。在给与男孩礼物之后,抢婚者可以把他带到国内任何他想到的地方去;那些参加抢婚的人跟在他们后面,和他们在一起吃喝玩乐两个月之后(因为不允许长期扣留男孩),他们就回到城里。在收到了作为礼物的一套军装、一头公牛和一个酒杯(这是法律规定必须给的礼物)之后,男孩会被释放。还有其他许多贵重物品,朋友们可以帮助许多开支,做出贡献。男孩给宙斯奉献一头公牛,还要请那些与他一起回来的人赴宴;然后,他要向人们讲述自己和心上人的交往历史,他

---

① 取代"木武器"可能错了。

是否满意她的品行，因为法律允许他有权使用任何暴力报复他在被绑架时期的遭遇，他还可以在这个节日为自己复仇，离弃心上人。对于那些外表英俊的，或者是门第显贵的后裔而言，找不到心上人是可耻的事情，因为这被认为是他们傲慢本性应得的下场。不过，帕拉斯塔特恩特斯[1]（他们这样称呼被绑架者）有获得尊重的权利；他们在舞蹈和赛马会享有崇高的地位，允许穿着比其他人更好的衣服，这些服装是他们的心上人送给他们的。不仅是那时，甚至在他们成年之后，他们仍然穿着与众不同的衣服，根据这种服装，人们可以认识每个"kleinos"，[2] 因为他们称被爱者是"kleinos"，情夫则称为"philetor"。[3] 关于他们在爱情方面的风俗习惯，我要讲的就是这么多了。

22. 克里特人选举10名执政官。在涉及最重要的事务时，他们求助于被称为"元老"的顾问。在元老议会之中，可以任命"科斯米"（Cosmi），这些人一般是经验丰富的人。我认为克里特的国体，无论是它的特色还是名声，都值得叙述。这些制度只有少数还保留到现在，但克里特政府事务大部分遵循罗马的法令，就好像罗马其他行省的情况一样。

---

[1] 本义为"被情人挑选出来的支持者"。
[2] "可爱的"。
[3] "爱人"。

第五章　希腊诸岛（斯波拉德斯群岛和基克拉泽斯群岛）

1. 在克里特附近有昔兰尼人的首府，拉克代蒙人的殖民地特拉岛。在特拉附近是阿纳费，那里有一座埃格莱特的阿波罗神庙。卡利马科斯曾经在某个地方说过：

> 埃格莱特的阿纳费与拉科尼亚的特拉相邻。
>
> （《残篇》，113，施耐德）

在另一地方，他只提到特拉：

> 我的祖国母亲，以好马闻名于世。
>
> （《残篇》，112，施耐德）

特拉是一个长条形的海岛，周长大约200斯塔德，正对着克诺索斯的赫拉克勒斯城附近的迪亚岛，距离克里特岛700斯塔德。在它附近有阿纳费和特拉西亚岛。距离特拉西亚100斯塔德是一个小岛约什岛，根据某些作家所说，诗人荷马就埋葬在这里。从约什岛向西走就到了西齐诺斯、拉古萨和福莱冈德罗斯岛,阿拉托斯把最后这座海岛称为"铁岛",因为该岛非常崎岖不平。在这些岛屿附近是西莫洛斯岛,西莫罗斯土就出自这里。[1] 从西莫罗斯可以看见锡弗诺斯岛,由于这个海岛不大重要,有一句谚语说到它:

  锡弗诺斯人的羊踝骨游戏。[2]

距离西莫罗斯和克里特更近的是梅洛斯岛,它比这些岛屿都重要,距离赫米昂的斯库拉角700斯塔德,距离迪克廷纳乌姆几乎一样。雅典人曾经远征梅洛斯岛,杀死了大部分青壮年居民。[3] 这些岛屿都在克里特海,但提洛岛、在它附近的基克拉泽斯群岛和它们附近的斯波拉德斯群岛(克里特岛附近上述海岛都在其中),位于爱琴海之中。

2. 提洛岛有一座城市、一座阿波罗神庙、一座勒托乌姆神庙,它们都在平原上;在城市的后面有一座金图斯山,这是一座光秃秃的石山;伊诺普斯河流过全岛,这不是一条大河,因为这个海岛本身就很小。从古代起,也就是从英雄时代开始,提洛岛就因为众神备受尊敬,因为根据神话故事传说,勒托在这里经受了分娩的痛苦,生下了阿波罗和阿尔忒弥斯;品达说:

  从前提洛岛碧波荡漾,
    还有各种海风的呼啸声,

---

[1] 结晶铝酸盐土。
[2] 关于不中用的人或物的谚语。
[3] 此事发生在公元前416年。

> 科乌斯的女儿经受分娩的痛苦,
>
> 她的脚触到了岸边,
>
> 立刻有四根石柱从坚固的
>
> 地底下垂直长出,
>
> 柱顶上顶着岩石块。
>
> 她在这里分娩,注视着神圣的婴儿。
>
> (品达,《残篇》,58,贝克)

附近的基克拉泽斯群岛使提洛岛名声远扬,因为这些岛屿为了表示对它的尊敬,以国家的名义派遣宗教代表团,奉献祭品和由处女组成的合唱团,并且在这里庆祝全民共同的重大节日。[1]

3. 据说基克拉泽斯群岛最初只有12座岛屿,后来又增加了几座海岛。无论如何,阿尔特米多鲁斯列举了15座海岛,他提到了海伦娜岛,这是一个与从托里库斯到苏尼乌姆角海岸线平行的长条形海岛,长度大约是60斯塔德;他说,基克拉泽斯群岛最初就得名于海伦娜岛,他认为凯奥斯岛是距离海伦娜岛最近的海岛,在这个海岛之后是基斯诺斯岛、塞里福斯岛、梅洛斯岛、锡弗诺斯岛、西莫罗斯岛、普雷佩辛托斯岛和奥利亚罗斯岛,还有帕罗斯岛、纳克索斯岛、锡罗斯岛、米科诺斯岛、特诺斯岛、安德洛斯岛和加罗斯岛。我认为除去普雷佩辛托斯岛、奥利亚罗斯岛和加罗斯岛,所有岛屿正好是12个。我们的船在这些海岛中的加罗斯岛停靠的时候,我看见了一个渔民居住的小村庄;当我们离开

---

[1] 为了祭祀阿波罗和勒托(修昔底德,III,104.3.104)。

那里的时候,我们雇用了一个渔民的船只,他曾经被当地挑选为去觐见凯撒的代表(凯撒当时在科林斯停留,正在回国庆祝亚克兴大战胜利的途中)。他回答了渔民代表提出减少贡赋的要求。按照他的说法,他们应当缴纳150德拉克马,但他们连缴纳100德拉克马都有困难。阿拉托斯在《小诗歌》(Ktalepton)之中也指出了这个海岛的贫困状态:

勒托啊,你快快地从我身边走过,我像铁岛
福莱冈德罗斯或一文不名的加罗斯。

4. 尽管提洛岛这样有名,但是在罗马人毁灭科林斯之后,[1]它的名气更大了,因为进口商把他们的业务都转到提洛岛来了。这一来是因为他们被神庙所享有的豁免关税权所吸引,二来是因为它的海港地理位置比较方便;因为它对于那些从意大利或者希腊前往亚细亚的人而言,地理位置非常理想。庆祝共同的节日活动,也是商业活动的一种方式。即使科林斯城还存在的时候,罗马人也比其他任何民族都更经常地光顾这些节庆活动。[2]雅典人占领这个海岛之后,他们也非常关心进口贸易和宗教仪式。但是,米特拉达梯的统帅和僭主在位时期,[3]他们在统治提洛岛时把它洗劫一空,引起了岛民的起义。当罗马人把老国王送回他的国家,重新收回这座海岛的时候,它已经变得一片荒凉;直到现在,它仍然

---

[1] 公元前146年。
[2] 提洛岛曾经是一个设防的奴隶贸易中心(参见本书 XIV, v, 2)。
[3] 依靠米特拉达梯的帮助,阿里斯通在公元前88年成了雅典的僭主。

非常贫困。现在，这个海岛归雅典人统治。

5. 雷尼亚岛距离提洛岛4斯塔德，它是一个荒无人烟的小岛，提洛岛人在那里埋葬他们的死者；因为提洛岛本身禁止埋葬或焚烧死者的遗体，甚至连养条小狗也禁止。[①] 在古代，雷尼亚岛叫做奥尔提吉亚岛。

6. 凯奥斯城最初是一座四城，但现在只剩下了两座城市：尤利斯城和卡菲亚城，其他的两座城市，波伊萨城被并入了卡菲亚城，科雷西亚城被并入了尤利斯城。在尤利斯，诞生了抒情诗人西莫尼德斯和他的外甥巴基利德斯斯；后来又出现了名医埃拉西斯特拉图斯、逍遥学派哲学家和波里斯提尼斯人彼翁的竞争者阿里斯通。据说尤利斯的居民过去有一部法律，米南德曾经提到过这部法律：

> 法尼亚斯，凯奥斯人有良好的法律，
> 那些无法幸福生活的人，也不应凄惨地活着。

这部法律显然是命令年过花甲的老人必须服毒芹而死，以便其他人有足够的食物活命。据说有一次当他们被雅典人包围的时候，他们投票决定他们之中最老的人必须被处死，但雅典人解围而去。这座城市位于山区，距离海边大约25斯塔德；它的海港在科雷西亚城所在之地，它是一个人口不多的城市，甚至像农村一

[①] 根据修昔底德（Ⅲ，104）所说，所有的坟墓都是公元前426年从岛上迁往雷尼亚岛的。

样。在科雷西亚和波伊萨城附近,有一座斯明西亚的阿波罗神庙;在这座神庙与波伊萨城遗址之间是内杜西亚的雅典娜神庙,它是涅斯特尔从特洛伊回国途中建立的。在科雷西亚附近有一条埃利克苏斯河流过。

7. 在凯奥斯之后是著名的纳克索斯岛和安德洛斯岛,然后是帕罗斯岛。诗人阿基洛库斯就是帕罗斯人。帕罗斯人建立了萨索斯和普罗庞提斯海的帕里乌姆城。据说这座城市有一个祭坛是值得一看的奇观,它的每边长1斯塔德,是帕罗斯石料做的,这是帕罗斯雕刻最精美的大理石。

8. 锡罗斯岛(第一个音节发长音)是巴比斯之子菲勒塞德斯的出生之地。雅典人菲勒塞德斯比他出生更晚。诗人似乎提到了这个海岛,但把它称为叙利亚:

> 有一个海岛叫做叙利亚,
> 它在奥尔提吉亚岛的北方。

(《奥德赛》,XV,403)

9. 米科诺斯是个海岛,根据神话故事传说,在它的地下埋葬着被赫拉克勒斯最后杀死的巨人。由此而出现了一个谚语:"所有一切都在米科诺斯之下。"用以讽刺那些把各种本质不同的问题统统归结到一个题目之下的人。甚至有人把米科诺斯人称为光头壳,原因是这个岛上流行剃光头。

10. 塞里福斯岛是迪克提斯神话故事发生的地方,他的渔网打上来一个箱子,里面囚禁着珀尔修斯和他的母亲达娜厄,他们是被达娜俄之父阿克瑞斯投入大海之中的。据说珀尔修斯就在那里长大成人，直到他带着戈尔工的首级回来，把首级对着塞里福斯人，把他们都变成了石头。他这样做是为自己的母亲复仇，因为国王波利德克特斯不顾其母亲的反对，以武力强娶她为妻，而那些人是他的帮凶。这座海岛有很多岩石，因此喜剧作家说它就是这个戈尔工制造的。

11. 特诺斯岛没有大城市，只有位于城外圣域之中一座巨大的波塞冬神庙，这是一个值得一看的奇观。在神庙之中修建了一个巨大的大厅，它证明有许多外国人聚集到这里，和特诺斯人一起参加庆祝波塞冬节的活动。

12. 阿莫尔戈斯岛是斯波拉德斯群岛之中的一座海岛，也是抑扬格诗人西莫尼德斯的故乡，还有莱彬托斯岛、莱罗斯岛也属于这个群岛；

> 福西利德斯这样说，莱罗斯人全都是一伙坏蛋。
> 除了普罗克利斯，只有普罗克利斯，所有人都是坏蛋。
> （福西利德斯，《残篇》，1，贝克。）

确实，这个海岛的本地人因为胡作非为而备受人们指责。

13. 附近有帕特莫斯岛和科拉夏岛两座岛屿。这些岛屿位于伊卡里亚岛以西，伊卡里亚岛又位于萨摩斯岛以西。伊卡里亚岛现在是个荒无人烟的海岛，被萨摩斯人用作牧场。尽管现在它是这种状况，它仍然是一个著名的地方；在它前面的大海以它的名字命名，在这个海中除了它自己，还有萨摩斯岛、科斯岛和刚刚提到的那些岛屿——科拉夏岛、帕特莫斯岛、莱罗斯岛。岛上有一座著名的塞耳塞托伊斯山，它比安培鲁斯山更出名，后者在萨摩斯人城市的后方。伊卡里亚海在南部与卡尔帕图斯海相连，卡尔帕图斯海又与埃及海相连；在西部，它与克里特海和利比亚海相连。

14. 斯波拉德斯群岛的许多岛屿在卡尔帕图斯海之中，特别是在科斯岛、罗德岛和克里特岛之间。其中有阿斯提帕莱亚岛、特洛斯岛、卡尔西亚岛，还有荷马在《船只登记册》之中提到的那些岛屿：

> 那些居住在尼西罗斯、克拉帕索斯、卡索斯，
> 欧里皮卢斯的科斯城和卡利德群岛的人民。
>
> （《伊利亚特》，II，667）

除了科斯和罗德岛之外（关于它们我在下文将要说到），[①] 我把所有岛屿都归入了斯波拉德斯群岛，实际上它们更靠近亚细亚而不是欧罗巴。我在这里提到它们，是因为我必须以某种方式把斯波拉德斯群岛、克里特岛和基克拉泽斯群岛合并在一起来叙述。但是，在我叙述亚细亚的时候，我将补充这些靠近亚细亚的重要海岛，如塞浦路斯、罗德岛、科斯岛和此后那些靠近海边的岛屿，如萨摩斯岛、希俄斯岛、莱斯沃斯岛（Lesbos）和特内多斯岛。现在，我将详细叙述斯波拉德斯群岛值得一提的其他岛屿。

15. 阿斯提帕莱亚岛位于公海很远的地方，岛上有一座城市。

---

① 参见本书 XIV，ii，5—13。

特洛斯岛沿着尼多斯地区延伸，这是一个狭长的、很高的海岛，周长约140斯塔德，岛上有一个锚地。卡尔西亚岛距离特洛斯岛80斯塔德，距离卡尔帕索斯400斯塔德，距离阿斯提帕莱亚岛大约是双倍的航程，它有一座居民点、一座阿波罗神庙和一个海港。

16. 尼西罗斯岛在特洛斯岛以北，距离特洛斯岛和科斯岛两个地方大约都是60斯塔德。它是一座很高的圆形石岛，岩石可以做成石磨，供给邻近地区居民使用。它也有一座名字相同的城市、一个海港、许多温泉和一座波塞冬神庙，它的周长是80斯塔德。在它附近有一些小岛，名叫尼西罗斯的小岛，据说尼西罗斯岛是科斯岛的碎片。他们引用一个神话故事，说波塞冬在追击巨人波利波特斯的时候，用他的三叉戟打下了科斯的一块岩石，他用这块岩石去打波利波特斯，这块扔出去的石头便变成了尼西罗斯岛，巨人就被压在石头底下。但也有些人说巨人被压在科斯岛底下。

17. 诗人把卡尔帕索斯称为克拉帕索斯，它是一座很高的岛屿，周长200斯塔德。它最初是一座有四个城市的岛屿，名声远扬，卡尔帕图斯就得名于它的名字。在它的许多城市之中，有一座名叫尼西罗斯，与尼西罗斯人的海岛名字相同。卡尔帕索斯正对着利比亚的莱夫斯阿克特角，它距离亚历山大约1000斯塔德，距离卡尔帕索斯约4000斯塔德。

18. 卡索斯岛距离卡尔帕索斯70斯塔德，距离克里特的萨莫尼乌姆角250斯塔德。它的周长为80斯塔德。岛上有一座名字相同的城市，在它的周围有几座海岛，称为卡索斯人的岛屿。

19. 据说诗人把斯波拉德斯群岛称为卡利德群岛，在这些岛屿之中，据说有一座卡林纳岛。有理由认为，它们像那些在尼西罗斯岛和卡索斯岛附近的岛屿被称为"尼西罗斯人的岛屿"和"卡索斯人的岛屿"一样，那些在卡林纳岛附近的岛屿也叫做"卡林纳人的岛屿"——在那个时候，卡林纳岛大概叫做卡利德纳岛。但有人认为只有两座岛屿被诗人提到过，即卡利德群岛之中的莱罗斯岛和卡林纳岛。锡普西斯的德米特里认为，这座岛屿曾经使用过复数形式"卡林尼"，就好像"雅典"和"底比斯"一样；他补充说，诗人的语句可以理解为倒装句，因为他并没有说"卡利德尼亚人的岛屿"，而是

> 那些居住在尼西罗斯、克拉帕索斯、卡索斯、
> 欧里皮卢斯的科斯城和卡利德群岛的人民。
>
> （《伊利亚特》，II，676）

这些海岛所出产蜂蜜大部分品质优秀，可以和阿提卡的蜂蜜媲美；但我们所说的这些岛上的蜂蜜品质特别好，特别是卡林纳人的岛上生产的品质更好。

第十一卷

高加索、希尔卡尼亚、帕提亚、巴克特里亚、米底、亚美尼亚

第一章　亚细亚绪论

1. 亚细亚以塔奈斯河（Tanaïs）为边界，连接着欧罗巴。因此，接下来我应当叙述这个地区。为了清楚起见，首先需要用某些天然边界把它分开。我必须像厄拉多塞确定整个有人居住世界一样，确定亚细亚的边界。

2. 托罗斯山脉（Taurus）这部分地区大致穿过这个大陆的中央，一直从西方延伸到东方，同时把这个大陆分成了南北两部分，希腊人把这两部分，一部分称为"托罗斯以南的"，另一部分称为"托罗斯以北的"，我在前面已经说过这个问题，但我要再次重复以引起注意。

3. 这座山脉在许多地方宽达3000斯塔德，它的长度与亚细亚相等，即大约450000斯塔德，这是由罗德岛对面的海岸线算起，直到东方的印度和西徐亚边界。

4. 它被分成名字各不相同的许多部分，彼此有着比较明确的边界。这些部分的面积或大或小。但是，由于山区是如此的辽阔，居住着众多的部落，其中有些部落无足轻重，有些则非常有名（例如，帕提亚人、米底人、亚美尼亚人和部分卡帕多西亚人、西里西亚人和皮西迪亚人），大部分是那些位于北方地区的居民，他们不得不居住在这里；① 那些在南方地区的居民分布在山区的中部，② 他们的气候应当类似于北方，因为在中部气候比较冷，在南部比较温和。而且，所有的河流差不多都发源于托罗斯山脉，流向相反的方向，即一部分流向北方地区，另一部分流向南方地区（尽管后来有些河流转向了西方或者东方，至少它们在开始的时候是这样）；因此，它们为我们提供了天然的便利，我们在把亚细亚分成两部分的时候，可以用这些山脉作为分界线，就好像是在赫拉克勒斯石柱以内的大海一样，③ 大部分与这座山脉几乎成直线。它为把欧罗巴与利比亚划分为两个大陆提供了便利，因为它是这两个地区的重要的分界线。

5. 按照我们的地理学，我们从欧罗巴到亚细亚，首先来到的是这两个地区的北部地区。因此，我们必须从这里开始叙述。这个地区第一部分是塔奈斯河地区，我已经把这个地区作为欧罗巴与亚细亚的分界线。这个地区在某种程度上类似一个半岛，因为它的西面是塔奈斯河、梅奥提斯湖、博斯普鲁斯和攸克辛沿岸的一部分，这条海岸线结束于科尔基斯；在北面是俄克阿诺斯和里海；在东方，同样是这个海直到阿尔巴尼亚和亚美尼亚之间的边界线，居鲁士河与阿拉斯河在这里汇入大海。阿拉斯河流过亚美尼亚，而居鲁士河流过伊比利亚和阿尔巴尼亚。最后是南面，这个地区的边界从居鲁士河口延伸到科尔基斯，经过阿尔巴尼亚人和伊比利亚人的领土，从海到海的距离大约是3000斯塔德。因此，

---

① 托罗斯山脉这边的亚细亚。
② 在托罗斯山脉之外的。
③ 地中海。

可以把它描绘成一个地峡。但是，有些作家，例如克莱塔库斯（Cleitarchus）极力压缩这个地峡的宽度，他认为这条地峡经常被两边的大海所淹没，甚至不值得一提。波塞多尼奥斯认为，这条地峡宽约1500斯塔德，与从培琉喜阿姆到红海的地峡一样宽。他说："我认为从梅奥提斯湖到俄克阿诺斯的这条地峡（的宽度）和它没有什么很大的不同。"

6. 但是我感到难以想象，人们何以相信波塞多尼奥斯对它一无所知的东西发表的意见。因为他没有说出一点儿有理的东西来，他说的东西完全违背了理智；虽然他对庞培很友好，庞培发动了一次远征伊比利亚人和阿尔巴尼亚人的战争，从两边的海到海，即里海和科尔基斯海。[①] 无论如何，据说庞培到了罗德岛，开始与海盗作战（他准备在此之后立刻发动远征米特拉达梯和居住在里海地区各部落的战争），他曾经听过波塞多尼奥斯的一次演讲，当他准备离开的时候，他向波塞多尼奥斯提了一个问题，他有什么事情要委托办理。波塞多尼奥斯回答说：

永远勇敢，超越其他人。

（《伊利亚特》，Ⅵ，208）

在这个故事之外还有一件事，那就是波塞多尼奥斯写了一部《庞培史》。由于这个原因，他更关注历史事实。

7. 第二部分在希尔卡尼亚海（Hyrcanian Sea），即我们所说的

---

① 攸克辛本都。

里海以北，直到印度附近的西徐亚人地区。第三部分包括前面提到的与地峡相连的地区、托罗斯山脉内部地区和最接近欧罗巴的地区，这些地区紧接着地峡和里海门之后，我指的是米底、亚美尼亚、卡帕多西亚和一些中间地区。第四部分是哈利斯河内侧地区[①]和整个托罗斯山脉地区本身。还有那些在半岛之外，由把攸克辛海和西里西亚海分开的地峡所形成的地区。至于其他地区，我指的是托罗斯以外的地区，我将把不仅是印度，而且还有阿里亚纳（Ariana），直到波斯海、阿拉伯湾、尼罗河、埃及海和伊苏斯海都放入这个地区。

---

① 向西边。

第二章 从梅奥提斯湖到科尔基斯沿岸

1. 各个部分的划分如下,第一部分是从北方和大洋开始的地区,居住着西徐亚游牧部落和大篷车居民(wagon-dwellers),在他们的南边居住着萨尔马提亚人(这些人也是西徐亚人)、奥尔西人和西拉齐人,它们一直延伸到南方的高加索山脉。其中有些人是游牧者,有些人是帐篷居民或者农夫。在梅奥提斯湖旁边居住着梅奥提斯人(Maeotae)。在海边有博斯普鲁斯的亚细亚部分和辛迪人的土地。在这之后是亚该亚人、齐基人、赫尼奥奇人、塞尔塞特人和麦克罗帕戈尼人居住的地区。[1] 在这些地区的上方是弗泰罗法吉人的一条峡谷;[2] 在赫尼奥奇人之后是科尔基斯(Colchian)地区,它位于高加索山脉和莫希山脉(Caucasian、Moschian)的山脚下。但是,由于我已经把塔奈斯河作为欧罗巴与亚细亚之间的分界线,因此我必须从这里开始详细地叙述各个地区。

2. 塔奈斯河从北方地区流过来,但它并不像大多数人想象的那样,是笔直的对着尼罗河流过来,而是在它的东边;像尼罗河一样,它的源头也搞不清楚。不过,尼罗河的主要部分是非常清

---

[1] 长胡子的人。
[2] 吃虱子的人。

楚的，因为它所流经的地区到处都是很容易通行的，还因为它在内陆的大部分河道都是可以通航的。至于塔奈斯河，我们知道它的河口（它们在梅奥提斯湖最北部，有2个湖口，彼此相距60斯塔德），但是在湖口以北的地区，我们只知道一小部分，因为那个地区既寒冷又贫穷。这种贫穷确实只有当地百姓才能忍受得了，因为他们过着游牧民族的生活，以肉食和乳类为生，其他部落的居民过不惯这种生活。此外，游牧部落不愿与其他部落来往，他们在人数和实力方面都占优势，封锁了这个地区可以通行的道路，还有那些可以通航的河流。这就使某些人猜想塔奈斯河的源头在高加索山脉，大部分流向北方，然后转了一个弯，汇入了梅奥提斯湖（米蒂利尼人提奥法尼斯与这些人想法相同）；其他人则认为它从伊斯特河上游地区流出。虽然他们没有提出证据来证明这条河的河源在多么遥远的地区，或者是其他的"纬度"，[①]而这条河既从附近的河源，又从北方流出，似乎也不大可能。

3. 在河边与湖边有一座名字相同的城市塔奈斯，它是占领博斯普鲁斯的希腊人建立的，但是现在它被波莱蒙一世毁灭了，[②]原因是这座城市不服从他统治。这座城市是一个共同的商业中心，部分是亚细亚和欧罗巴游牧部落，部分是那些乘船从博斯普鲁斯来到湖边的人；前者带来了奴隶、皮革和游牧部落居民所拥有的物品，后者则以衣物、酒类和其他文明生活所必须的物品与他们交换。距离这个商业中心100斯塔德，有一座阿洛佩西亚岛，它

---

① 关于纬度问题，参见本书I, i, 12。
② 博斯普鲁斯国王波莱蒙一世（约公元前16年称王）。

是一个各族混合的居民点。在这个湖边还有一些其他小岛。塔奈斯[①]距离梅奥提斯湖口以北直线航程 2200 斯塔德；如果沿着岸边航行距离也不会长很多。

4. 从塔奈斯出发，沿着岸边航行，首先到达的是大朗比特河，距离 800 斯塔德。据说这里有一个大渔场，适合于腌咸鱼。然后再走 800 斯塔德，到了小朗比特河和一个海角，后者也有一个渔场，但比较小。居住在大朗比特河附近的居民把一些小岛作为自己捕鱼的基地；在小朗比特河做买卖的人是梅奥提斯人，因为梅奥提斯人生活在这条河岸的各个地区；他们虽然是农夫，但像游牧部落一样好战。他们分成几个部落，那些居住在塔奈斯河附近的部落比较狂暴，但那些与博斯普鲁斯交界的部落比较温和。从小朗比特河再走 600 斯塔德到了提兰贝和安提西特斯河；再走 120 斯塔德到达一个辛梅里安人的村庄，这个地方是那些在湖上航行的人的出发点；在这条岸边据说还能看见一些属于克拉佐梅尼人的瞭望哨。[②]

5. 辛梅里库姆（Cimmericum）从前是半岛上的一座城市，以壕沟和土堤封锁了地峡。辛梅里安人（Cimmerians）在博斯普鲁斯曾经有很大的势力，这就是为什么它曾经叫做辛梅里安的博斯普鲁斯的缘故。他们曾经纵横于生活在本都右岸直到爱奥尼亚地区居民的土地。但是，他们被西徐亚人赶出了这个地区；西徐亚人又被那些在博斯普鲁斯建立了潘提卡皮乌姆和其他城市的希腊

---

① 即塔奈斯河口。
② 观察鱼的行程。

人赶走了。

6. 然后再走 20 斯塔德,到了阿喀琉斯村,村里有一座阿喀琉斯神庙。这里有一条非常狭窄的海峡穿过梅奥提斯湖口,宽度大约是 20 斯塔德或略多一点;对岸有一个米尔梅齐乌姆村;附近有赫拉克勒斯城和帕西尼乌姆。①

7. 由此前进 90 斯塔德,到达萨蒂鲁斯(Satyrus)的遗迹,它由一个堆积在某个海角上的土丘组成,以纪念博斯普鲁斯最著名的统治者之一。②

8. 附近有一个帕特雷乌斯村,从这里到科洛康达梅村距离 130 斯塔德;这个村庄形成了所谓辛梅里安的博斯普鲁斯边界,梅奥提斯湖口旁的海峡就是由于阿喀琉斯村和米尔梅齐乌姆的狭窄通道而得名;海峡一直延伸到了科洛康达梅和正对着潘提卡皮人土地的阿克拉海。阿克拉和科洛康达梅被海峡分开达 70 斯塔德。由于浮冰一直延伸到这里,③ 梅奥提斯湖在严寒季节一直结冰(冰冻期一直延长到梅奥提斯湖结冰为止),可以从湖面步行而过。这条海峡到处有许多优良港口。

9. 在科洛康达梅之后有一个面积很大的湖泊与这个村庄名字相同,名叫科洛康达米提斯湖,它在距离这个村庄 10 斯塔德之处汇入大海。安提西特斯河的一条支流汇入这个湖泊,在湖中形成了一座岛屿,沐浴在这个湖泊、梅奥提斯湖和这条河流之中。有些人把这条河称为海帕尼斯河,就像他们给波里斯提尼斯附近的

---

① 参见本书 XII, iv, 5。
② 参见本书 VII, iv, 4。
③ 即狭窄的海峡。

河流取名一样。

10. 进入科洛康达米提斯湖，就到了一座大城市法纳戈里亚，还有塞皮、赫莫纳萨和阿弗罗蒂忒的圣所阿帕图鲁姆。在这些城市之中，法纳戈里亚和塞皮位于上述岛屿上，这是从左边进入湖中；其他的城市在右边，在辛迪人土地上的海帕尼斯河之后。在辛迪人土地上有一个靠近大海的地方名叫戈尔吉皮亚，这是辛迪人的王宫所在地；还有一个地方叫做阿波拉斯。所有部落都臣服于博斯普鲁斯的统治者，被称为博斯普鲁斯人；潘提卡皮乌姆（Panti-capaeum）是欧罗巴的博斯普鲁斯人商业中心，而法纳戈里乌姆（Phanagoreium，这座城市的名字也可以这样拼写）则是亚细亚的博斯普鲁斯人商业中心。法纳戈里亚（Phanagoreia）被认为是商业中心，是因为它的商品来自梅奥提斯湖和在它之后的蛮族地区，而潘提卡皮乌姆成为商业中心则是因为当地的商品来自海外。在法纳戈里亚还有一座重要的神庙阿弗罗蒂忒·阿帕图鲁斯。评论家为了说明这位女神修饰词的词源，引用了某个神话；根据这个神话故事，巨人们在这里袭击女神，但女神召唤赫拉克勒斯前来援助，把他藏在山洞中，只准他们一个接一个进入洞中，好让他们被赫拉克勒斯"狡诈地"杀死。[①]

11. 在梅奥提斯部落之中有辛迪人、丹达里人、托里泰人、阿格里人、阿雷齐人，还有塔尔佩特人、奥比迪亚塞尼人、西塔塞尼人、多齐人和其他一些部落。阿斯普吉亚尼人也属于这些部落，他们居住在法纳戈里亚和戈尔吉皮亚地区之间，长达500斯塔德

---

① 希腊语为 apate。

的空间地带；当波莱蒙假借签订友好条约进攻他们的时候，他们揭露了他的虚伪，并且以灵活的战略战术打败、活捉并杀死了他。至于亚细亚所有的梅奥提斯人，他们部分臣服于那些统治着塔奈斯河商业中心的统治者，部分臣服于博斯普鲁斯人。不过，有的时候不同的部落在不同的时间也会起来造反。博斯普鲁斯统治者通常统治的地区一直延伸到塔奈斯河，特别是后来的统治者法尔纳西斯、阿桑德和波莱蒙。据说法尔纳西斯有一次疏通了一条老运河，通过它把水引入丹达里人地区的海帕尼斯河，淹没了这个地区。

12. 在沿着海岸走过辛迪人地区和戈尔吉皮亚之后，就是亚该亚人、齐基人和赫尼奥奇人的海岸线，这里大部分地区没有港口，大多是多山的地区。这些山区是高加索山脉的一部分，这里的居民依靠海盗为生，他们的船只细长、狭窄和轻便，每船可以容纳25人，很少能容纳30个人，希腊人把它们叫做"卡马雷"（camarae）。[①] 据说，在伊阿宋的军队之中，弗西提斯的亚该亚人定居在这个亚该亚地区，而拉科尼亚人定居在赫尼奥奇亚地区，后者的首领是狄俄斯库里兄弟的"御车者"——雷卡斯和安菲斯特拉图斯；[②] 赫尼奥奇人[③]很可能就是得名于这些御车者。无论如何，这些"卡马雷"舰队装备好之后，时而外出劫掠商人的船队，时而劫掠某个地区或是城市，他们是海洋的主人。有时，他们甚至得到博斯普鲁斯统治者的支持，为他们提供锚地和出售赃物的市场。因

---

① "有篷的船"。
② 手稿为 Rhekas。
③ 本义为"御车者"。

为他们回到自己本国没有锚地，他们把"卡马雷"扛在肩上，运到他们居住的树林之中。他们在那里耕种贫瘠的土地，当需要航行的时候，他们又把"卡马雷"再次搬到海岸边。他们在别的地区也干同样的勾当，因为他们非常熟悉森林地带；他们先把"卡马雷"藏在树林中，然后不论白天黑夜到处溜达，掠夺人口贩卖为奴。但是，在他们扬帆出海之后，他们也会通知被掠人口的亲属，他们愿意为赎金而释放这些人。在那些当地酋长统治的地区，统治者愿意帮助暴力行为的受害者；他们常常攻击那些劫掠者、捕捉"卡马雷"和所有乘员。但是，在罗马人统治的地区很少提供帮助，因为派往当地的行政长官忽视这种事情。

13. 这些人的生活方式就是这样。管理他们的酋长称为"锡普图奇"（sceptuchi），[①]"锡普图奇"又臣服于僭主或者国王。例如，赫尼奥奇人有四位国王，米特拉达梯·欧帕托从自己祖先的土地上逃往博斯普鲁斯的时候，曾经路过他们的领地。他觉得这个地区比较好通过，而他在通过齐基人地区的时候曾经感觉到绝望，这既是因为道路崎岖不平，也是因为当地居民的凶猛残暴；他只好极其艰难地沿着海岸走，大部分旅程都是在海岸边行军，直到他到达亚该亚人的地区为止；由于他们的帮助，他完成了自己从法西斯开始的这段不下于 4000 斯塔德的行军。

14. 从科洛康达梅经海路向东方笔直航行；距离 180 斯塔德是辛迪人的港口和城市，然后再走 400 斯塔德，到达所谓的巴塔，这是一个港口和城市；锡诺普在它的南边，据说正对着这条海岸

[①] 持节杖者或者锡普图奇。

线。正如卡兰比斯角对着克里乌梅托庞角一样。在巴塔之后,阿尔特米多鲁斯提到塞尔塞特人的海岸、锚地和村庄,长度大约是850斯塔德;然后是亚该亚人的海岸,长度为500斯塔德;然后是赫尼奥奇人的海岸,长1000斯塔德;然后是大皮提乌斯,再走360斯塔德到达狄俄斯库里亚斯。米特拉达梯战争时期比较可靠的历史学家首先提到了亚该亚人,然后是齐基人和赫尼奥奇人,然后是塞尔塞特人、莫希人和科尔基斯人,然后是居住在这三个部落之后的弗泰罗法吉人、索恩人,还有居住在高加索附近地区的其他小部落。正如我在开头所说的那样,这条海岸线向东延伸,朝着南边,但是从巴塔开始,海岸线逐渐拐弯,朝着西边,终结于皮提乌斯和狄俄斯库里亚斯;因此,这些地方与上述科尔基斯海岸线交界。在狄俄斯库里亚斯(Dioscurias)之后是科尔基斯其他的海岸线和毗邻的特拉佩祖斯的海岸线。它拐了一个大弯,然后笔直地向前延伸,形成了本都的右岸,朝着北边。亚该亚人和直到狄俄斯库里亚斯其他部落的整个海岸线,以及那些笔直对着南边的内陆地区,都位于高加索山脚下。

15. 这座山脉耸立于两个海——攸克辛海和里海之上,形成了一道穿越地峡,把两个大海分开的长城。它成了一条边界,边界南方是阿尔巴尼亚和伊比利亚,北方是萨尔马提亚人的平原。山区森林密布,有各种各样的树木,特别是适合造船的木材。根据厄拉多塞所说,本地人称高加索为"卡斯皮乌斯山脉",这个名字可能是得名于"里海人",它的一些分支延伸到南方;这些分支不仅占据了阿尔巴尼亚中部,而且连接着亚美尼亚山脉和所谓的莫希山脉,还有西迪塞斯和帕里亚德雷斯山脉。托罗斯山脉所有这些分支形成了亚美尼亚的南部地区，各个部分与北边的托罗斯山脉在某种程度上是断裂的，一直延伸到高加索山脉和攸克辛海边，这个海从科尔基斯一直延伸到特米斯齐拉。

16. 尽管如此，由于狄俄斯库里亚斯在这个海湾之中，占据着各个大海之中最东边的位置，它不仅被认为是攸克辛海的顶部，而且航程也"最远"。有一句著名的诗歌是：

> 对于船只而言，最远的航程莫过法西斯。
>
> （《残篇》，559，瑙克）

必须这样解释，而不能像抑扬格诗句作者那样说是一条河流，更不要说是河边一座名字相同的城市，而是用科尔基斯的一部分来表示它的整个地区。因为从那个名字的河流或者城市直线航行到这个顶部不下于600斯塔德。名字相同的狄俄斯库里亚斯位于里海与攸克辛海之间地峡的起点。它是居住在这座城市之后的各个部落和城市附近居民共同的商业中心。无论如何，有70个部落聚集在这座城市之中。而且，根据另外一些完全不考虑真实性的人说，有300个部落聚集在这座城市之中。大家说着各种不同的语言，这是由于他们的傲慢与野蛮造成的，他们过着分散的群体生活，很少与外人交流沟通。他们之中最强大的一支是萨尔马提亚人，但他们也是高加索人。关于狄俄斯库里亚斯地区的情况，就是这么多了。

17. 此外，科尔基斯其余的大部分地区位于海边。法西斯河流过科尔基斯地区，这条河流发源于亚美尼亚地区，汇合了附近山区格劳库斯和希普斯河的河水。它可以一直通航到萨拉帕纳,这个要塞可以容纳一座城市的人口。从这个要塞出发,人们花四天时间走公路可以到达居鲁士河。在法西斯河畔有一座名字相同的城市,它是科尔基斯人的商业中心,它一边以河为界,另一边以湖为界,还有一边以海为界。然后走海路到阿米苏斯和锡诺普(航程为二三天时间),因为海边和河口地带土地松软。这个地区不仅以盛产果实(除了它的蜂蜜大多有点苦味之外),而且以盛产造船用的各种原材料出名;它出产许多木材,可以顺着河流把它们运走。居民们生产大量的亚麻布、大麻、蜂蜡和松脂。他们的亚麻产品美名远扬,因为他们把亚麻布出口到外地去。有些作家希望证明科尔基斯人和埃及人有某种亲缘关系,而且他们坚信自己的观点。在上述莫希山脉以北有一座由弗里克苏斯建立的琉科忒亚神庙,还有弗里克苏斯的神谕所,那里从来不用公绵羊献祭。这里曾经很富裕,但在我们这个时代,它遭到了法尔纳西斯的洗劫,过了不久又遭到帕加马的米特拉达梯洗劫。根据欧里庇得斯所说,这个地区在洗劫之后是:

> 神圣处境可悲,不要想得到尊敬。
>
> (《特洛伊人》,26)

18. 许多神话证明,这个地区在古代史是非常有名的。神话故事隐隐约约地传说,伊阿宋远征到过米底,在更早的时候远征过弗里克苏斯。在这以后,历代诸王继承权力,这个地区被分成若干"锡普图奇区",[1]但他们的好景不长,当米特拉达梯·欧帕托势力强大之后,这个地区落入了他的手中;他经常派遣他的某个朋友到这里来担任副总督或者是管理者。[2]在这些人之中有一个莫阿菲尼斯,他按照父系方面来说是我母亲的叔父。在海军的装备方面,这位国王从这地区获得的援助最多。但是,当米特拉达梯的势力崩溃之后,所有臣服于他的地区也分崩离析了,落入了许多人的手中。最后,波莱蒙获得了科尔基斯。由于他的去世,其妻皮托多里斯(Pythodoris)掌握了政权,不仅成了科尔基斯的女王,而且成了特拉佩祖斯、法尔纳西亚和所有居住在这个地区之后的蛮族女王。关于这些蛮族,我稍后将要讲到。[3]在莫希地区有一座神庙,它被分成三部分:一部分由科尔基斯人占领,另一部分由伊比利亚人占领,还有一部分被亚美尼亚人占领。在伊比利亚有一座小城市弗里克苏斯,即现在的伊德萨城,它位于科尔基斯的边界上,设防坚固。查雷斯河流过狄俄斯库里亚斯附近。

19. 在这些一同来到狄俄斯库里亚斯的部落之中,有弗泰罗法吉人,[4]他们得名于自己的肮脏和邪恶。在他们附近是索恩人(Soanes),索恩人在邪恶方面一点不比弗泰罗法吉人逊色,但在力量方面强于后者。确实,人们可以说他们是最勇敢和最强大的部落。无论如何,他们是周围各民族的主人。他们控制了狄俄斯库里亚斯之后的高加索高原。他们有一位国王和一个由300人组

---

[1] 地区的划分,它的首长是锡普图奇。
[2] 希腊化时期宫廷官员的封号。
[3] 参见本书XII,iii,28。
[4] 参见本书XI,ii,1。

成的议会。据说他们能够召集200000人的军队；他们所有的人都是战斗力量，虽然没有组织起来。据说在他们的国家之中，黄金是被山洪冲下来的，蛮族人使用有孔的洗矿槽或毛茸茸的羊皮[①]来选出黄金，这就是金羊毛神话故事的起源所在，——除此之外，人们把他们称为伊比利亚人，而且也称为西伊比利亚人，因为在两个地区都有黄金的产地。索恩人善于在他们的箭头上使用剧毒物品，即使是那些没有受到毒箭伤害的人也会由于毒药的气味而感到痛苦。一般来说，高加索邻近各部落居住在贫瘠而狭窄的地区。阿尔巴尼亚人和伊比利亚人居住在上述地峡附近，可以称为高加索部落，但他们居住的地区是肥沃的，可以提供非常良好的生活条件。

---

① 即淘金砂。

第三章　亚细亚的伊比利亚

1. 此外，伊比利亚大部分地区的城市和农村建设得非常好。他们的屋顶是用瓦盖的。他们的房屋、市场和公共建筑是用高超的建筑技巧建造起来的。

2. 这个地区到处被高加索山脉环绕着；正如我先前所说的，这些山脉的各个分支向南部延伸；它们是肥沃的，组成了整个的伊比利亚，并且与亚美尼亚和科尔基斯交界。在它的中部有一个平原，许多河流穿过平原之中，其中最大的是居鲁士河（Cyrus）。这条河流发源于亚美尼亚，直接流入上述平原地区；它汇合了从高加索流出的阿拉古斯河和另外一条河流，通过一条狭窄的河谷，流入阿尔巴尼亚；它浩浩荡荡地流过这条河谷与亚美尼亚之间的平原地区、非常美丽的牧场，汇合了更多的河流，其中有阿拉佐尼乌斯河、桑多巴尼斯河、罗达塞斯河和卡尼斯河。整条河流都可以通航，最后汇入里海。居鲁士河从前叫做科鲁士河。

3. 伊比利亚平原现在的居民大多从事农业劳动，喜爱和平生活，他们的服饰是亚美尼亚人和米底人的式样；但大多数好战的人居住在山区，过着像他们的近邻和同族西徐亚人、萨尔马提亚人一样的生活；但是，他们也从事农业，当危险情况出现的时候，他们可以从自己本族、从西徐亚人和萨尔马提亚人之中召集好几万人。

4. 进入他们的地区有四条道路，一条经过科尔基斯要塞萨拉帕纳及其附近峡谷的道路。通过这些峡谷，法西斯河（由于河道弯曲，它有120座供人行走的桥梁）带着汹涌的激流冲进科尔基斯，在暴雨季节这个地区被洪水冲刷出许多的沟壑。法西斯河的源头在伊比利亚地区之后的山区，那里有许多小溪；在平原地区，它汇合了许多其他支流，其中有格劳库斯河和希普斯河，由于水量充足，它可以通航，最后汇入本都海；在它的河口边有一座名字相同的城市，城市附近有一个湖泊。然后是从科尔基斯到伊比利亚的道路，它被许多悬崖、要塞和洪水冲刷出来的沟壑所分割。

5. 从北方游牧部落地区出发，需要艰难地走三天上坡路进入伊比利亚；走完这段上坡路之后，到阿拉古斯河畔狭窄的河谷地带，有一条成纵列的道路需要走四天时间。这条道路的终点是一座难以攻克的要塞。从阿尔巴尼亚进入伊比利亚的道路，第一段是在岩石上劈开的道路，然后通过由高加索流下来的阿拉佐尼乌斯河形成的沼泽地区，从亚美尼亚进入伊比利亚的道路是居鲁士河和阿拉古斯河畔的一条峡道。在两条河流汇合之前的地方，他们在各自堤岸的岩石上都建立了设防的城市，这些城市彼此大约相距16斯塔德。我指的是居鲁士河畔的哈莫齐斯和另一条河畔的修萨莫拉。这些道路最初是庞培从亚美尼亚出发的时候使用过，后来卡尼迪乌斯又使用过。

6. 伊比利亚的居民分为四个等级。第一等级也是最重要的等级，人们从这个等级之中选举国王，被选举人应当是与前任国王血缘最近，年龄最长者；其次是选举最高法官和军事统帅。第二个等级是祭司，他们在其他事务之中，负责管理邻居之间诉讼的各种案件。第三个等级是士兵和农夫。第四个等级是平民,他们是国王的奴隶,提供各种涉及人们生活的服务。他们的财产是他们的家族共同占有的,最年长者是各自财产的支配者和管理者。关于伊比利亚人和他们的国家,情况就是这样。

第四章　亚细亚的阿尔巴尼亚

1. 阿尔巴尼亚人比伊比利亚人更加喜欢畜牧业，与游牧部落的关系更亲近。但他们并不野蛮，因为这个原因，他们也不大好战。他们居住在伊比利亚人与里海之间的地区，在东方与海为界，在西方与伊比利亚人为界；其余两边，北边延伸到高加索山脉（因为这座山脉位于平原以北，尽管靠近大海的部分一般称为塞劳尼亚山脉），南边是与其相邻的亚美尼亚；亚美尼亚大部分由平原组成，也有很大部分是山区。例如，亚美尼亚人、伊比利亚人和阿尔巴尼亚人交界的坎比塞内就是这样。

2. 居鲁士河流过阿尔巴尼亚，为它提供水源的其他河流，也为这片肥沃的土地做出了贡献。它们使海水后退，因为有大量被河水冲击带来的淤泥阻塞了河床，结果是许多邻近的岛屿与大陆连接起来了，形成了许多变化莫测的、难以避开的浅滩；由于它们的多变性，使涨潮的恶果变得更加严重。而且，据说这条河流的河口分成12个出口，其中有些已经被淤泥塞满了。其他出口基本上也是浅滩，没有一个锚地。无论如何，尽管这条海岸有超过60斯塔德的地区到处有海水和河水冲刷，但是哪个地方都无法通行。因为淤泥延伸长达500斯塔德，把海岸变成了一片沙砾。附近湍急的阿拉斯河（Araxes）发源于亚美尼亚。但是，阿拉斯河把

第四章 亚细亚的阿尔巴尼亚

居鲁士河增加的淤泥冲出了河口，因而它的河床可以通航。

3. 可是，也许有一些这样的人，他们完全不需要海洋，也不需要合理地使用土地。因为这些土地不仅出产各种果实，各种最好的栽培作物，还有各种植物，甚至还生长各种常绿植物。同时，土地只需要稍微的照料，土地的财富却

不需要耕种播种就能生长。

（《奥德赛》，IX，109）

根据这个传说，那些远征到这里的人们，[①]把这里的生活方式称为"库克罗普斯人的"[②]（Cyclopeian）生活方式。无论如何，根据这些作家所说，在许多地方播过一次种子的土地可以生产出两三季收成，第一次的谷物甚至有50倍，而在此后几次收获之间不需要再耕种；即使要耕种，那也不能使用铁犁，而要使用天然的木犁。这个平原依靠河水和其他水源，总体上比巴比伦和埃及平原水利灌溉更好，结果它一直是芳草萋萋，非常适合于放牧。除此之外，这里的气候也比那里好，人们从来不把藤本植物连根挖出，只需要五年修剪一次。新藤第二年就可以结果。到了成熟期出产更多，以至于人们不得不把大部分果实留在枝条上，他们的地区还出产牛，不管是驯养的还是野生的。

4. 这个地区的居民体型优美高大。他们在为人处世方面是坦

---

① 其中有米蒂利尼的提奥法尼斯（参见本书XI, ii, 2）。
② 《奥德赛》中库克罗普斯人的生活方式，带有原始社会和"黄金时代"的特点。

诚的，不唯利是图；他们一般不使用钱币，也不知道任何比100更大的数字，只从事以货易货形式的商业活动；从另一个角度来看，他们过的是轻松愉快的生活。他们不知道准确的度量衡，他们也不思考战争、政府或耕作方面的问题。不过，他们在作战的时候不管是步兵，还是轻装或重装骑兵，都像亚美尼亚人。[①]

5. 他们可以派出的军队比伊比利亚人的更多；因为他们可以装备60000名步兵，22000名骑兵，[②]他们以这么庞大的军队来与庞培作战，游牧民族也帮助阿尔巴尼亚人与外来者作战，就像他们帮助伊比利亚人一样，理由也是同样的；他们常常进攻那些人，结果是阻碍了他们从事农业生产。阿尔巴尼亚人使用标枪和弓箭，他们穿着胸铠，手持长椭圆形盾牌，头戴生牛皮做的头盔，类似于伊比利亚人的装备。卡斯皮阿内地区也属于阿尔巴尼亚人的地区，该地区得名于里海部落和里海。但是，这个部落现在已经消失了。从伊比利亚到阿尔巴尼亚的道路通过坎比塞内，这是一个干旱的、崎岖不平的山区，再到阿拉佐尼乌斯河。无论是阿尔巴尼亚人还是他们的狗都非常喜爱捕猎。但是，他们从事狩猎活动与其说是他们狩猎的技术高超，不如说是他们喜欢狩猎。

6. 他们的国王也非常出色。确实，现在他们由一位国王管理着所有部落，而在从前，几个部落都是由他们各自的国王分别统治，使用他们各自的语言。他们有26种语言，因此他们彼此之间很难进行交流。这个地区生长着某些致命的爬行动物，蝎子和毒

---

① 参见本书 XI, xiv, 9。
② 据普鲁塔克《庞培传》是12000人。

蜘蛛。[1] 某些毒蜘蛛可以使人狂笑而死，而其他的动物则可以使人因为哀悼死去的亲友痛哭而死。

7. 在诸神之中，他们崇拜赫利乌斯、宙斯和塞勒内，但特别崇拜塞勒涅，她的神庙在伊比利亚附近。祭司的职务由最受尊敬的、仅次于国王的人担任；他负责管理面积广大、人口密集的圣地和神庙奴隶，许多奴隶患有宗教狂热病，可以发布神谕。这些人之中的任何人如果被宗教狂热缠身，一个人独自在森林之中游荡，神庙祭司可以逮捕他，用神庙的镣铐把他铐起来，并且在那年奢华地供养他，然后被送去给女神做祭品，他被涂上油，和其他的牺牲一起被献祭。献祭仪式如下：人群之中有个人熟悉这种仪式，他手持通常用来做人祭的神圣长矛，从一边刺入牺牲的心脏；当牺牲倒地之后，他们从牺牲的倒向判断出预兆，并且当众宣布；当尸体被移到别的地方之后，他们还要践踏尸体，以此作为涤罪的方法。

8. 阿尔巴尼亚人特别尊敬老人，不管他们是自己的亲人还是其他的老人。当人们去世之后，怀念他们或是提到他们，都被认为是不孝的行为。他们没有继承财产的风俗习惯，把死者的钱财和死者一起埋葬，因此生活贫困。关于阿尔巴尼亚人的情况就是这样多了。据说伊阿宋和色萨利人亚美努斯前往科尔基斯人的地区，从这里继续前往里海地区，他不仅访问了伊比利亚、阿尔巴尼亚，还有亚美尼亚和米底的许多地区，那里的伊阿宋神庙和其

---

[1] 显然指的是毒蜘蛛。

他纪念物都可以证明。[1] 据说亚美努斯是亚美尼乌姆本地人,亚美尼乌姆是位于菲雷和拉里萨之间维贝湖畔诸多城市之一。亚美努斯的同伴在阿齐利塞内和西斯皮里提斯定居下来,占领了卡拉基内和阿迪亚贝纳地区。他在身后把自己的名字留给了亚美尼亚。

---

[1] 参见本书 XI, xiv, 12。

第五章　高加索和亚马孙人

1. 据说在阿尔巴尼亚人之后的山区居住着亚马孙人（Amazons）。提奥法尼斯（Theophanes）曾经参加过庞培的远征，到过阿尔巴尼亚人地区，他认为西徐亚部落的格莱人和勒盖人居住在亚马孙人和阿尔巴尼亚人之间的地区，梅尔马达利斯河流过这里，流过这些部落和亚马孙人之间的中心地带。但是，其他作家也非常熟悉这个地方，其中有锡普西斯的梅特罗多鲁斯（Metrodorus）[①]和希普西克拉特斯（Hypsicrates）。据说亚马孙人与加尔加里人（Gargarians）为邻，这个地区在高加索山脉被称为塞劳尼亚山脉的北面山麓。亚马孙人把她们所有的时间都用来做自己个人的工作，[②]如狩猎、园艺、放牧牲口、特别是养马；但最勇敢的人主要从事骑马狩猎和作战训练。她们在少年时期就要在右胸烙印，以便她们可以熟练地使用右手做任何必须做的事情，特别是投掷标枪；她们也使用弓箭和战斧，用野兽皮来做头盔、斗篷和腰带；但是，她们每年春天有两个特别的月份，要登上附近把她们与加尔加里亚人分开的山脉。按照某种古老的风俗习惯，加尔加里亚

---

① 参见本书XIII，i，55。
② 即每年10个月。

人也要登上这座山脉，为的是和妇女们一起完成献祭仪式，并且和她们一起性交以求子嗣；他们干这种事情是秘密的，而且是在晚上，任何加尔加里亚人都可以随意和任何亚马孙人发生关系；在使她们怀孕之后，他们会把她们送走；新出生的女孩由亚马孙人自己抚养，而男孩送给加尔加里亚人抚养；每个加尔加里亚人对送给他的男孩，都要当成自己的孩子一样，把他当成自己无法确认身份的孩子。

2. 梅尔莫达斯河（Mermodas）① 咆哮着从群山奔流而出，穿过亚马孙人的地区、西纳塞内和它们之间的所有空旷地带，最后汇入梅奥提斯湖。据说加尔加里亚人与亚马孙人是一起从特米斯齐拉平原来到这个地区的。后来，他们发生了起义，并且与某些色雷斯人和埃维亚人（他们在放牧的过程中来到这里）合作，发起了反对亚马孙人的战争，后来他们停止战争，并且签订了一个条件如上的协定，他们互相来往仅仅是为了生儿育女，但各个部落要单独居住。

3. 在我们谈到亚马孙人的时候发生了一件奇怪的事情，实际上，在其他所有的蛮族之中，神话和历史因素都是有区别的。因为那些古代的、虚构的和怪异的故事，才被称为神话。而历史却不管是古代史还是现代史，都要求是真实的，不能包含怪异的东西，或者只能有很少的怪异。但是，关于亚马孙人的故事，无论是在古代还是现代，都在重复着同样一个令人难以相信怪异的故事。例如，有谁会相信一支妇女组成的军队，或一座城市、一个

---

① 或者是梅尔马达利斯河（参见本章第 8 节）。

第五章 高加索和亚马孙人

部落的组织之中没有男性，她们不仅组织起来了，而且侵略别的民族的领土，不仅制服了她们邻近的民族，而且在一定程度上进入了今天的爱奥尼亚地区。并且还能横渡大海远征阿提卡？实际上，这就等于是说那个时期的男子就是妇女，而妇女就是男子。不过，即使是在今天，有关亚马孙人的奇特故事仍然在流传着。它们强化了上述故事的怪异性，使我们更相信古代的故事，而不是现在的解释。

4. 无论如何，许多城市的建立和命名也被归功于亚马孙人，例如以弗所、士麦拿、基梅和米里内；还有很多的陵墓和纪念物；所有作家都提到的特米斯齐拉、特尔莫东周边的平原和位于它之后的群山，都被归之于亚马孙人；不过，他们认为亚马孙人从上述地区被赶走了。只有少数作家能够肯定她们如今在何处，但是这种肯定是毫无证据的，也是不可相信的。例如，关于亚马孙人女王泰勒斯特里亚（Thalestria）的故事就是这样，据说亚历山大在希尔卡尼亚和她曾经有交往，并且和她发生了性关系，以求子嗣。对于这种说法，人们一般不予采信。确实，大多数历史学家最关心的是真实，不会说这种事情；而那些最受信任的历史学家也绝不会提到任何这类事情，即使是那些说到这件事情的人，他们的说法也是五花八门。根据克莱塔库斯（Cleitarchus）所说，泰勒斯特里亚从里海门和特尔莫东来拜访亚历山大，但是，从里海地区到特尔莫东的距离超过 6000 斯塔德以上。

5. 许多广为流传的故事，目的是为了颂扬亚历山大，并不被大家所接受；故事的编造者是一些关心如何迎逢讨好甚于关心真实的角色。例如，他们把位于科尔基斯和攸克辛海之后的高加索搬到了印度群山和它们附近的东海。因为这些被希腊人称为高加索的山脉，距离印度足足有30000多斯塔德；这里就是他们所设定的普罗米修斯和他被监禁故事发生的地方；因为这些山脉对于当时的作家而言，是他们所知道的最遥远的东方地区。而狄奥尼索斯和赫拉克勒斯远征印度看来是一个更新的神话故事，因为赫拉克勒斯释放普罗米修斯据说是在1000年之后的事情。对于亚历山大而言，虽然征服亚细亚，直到印度群山比之于仅仅征服攸克辛海和高加索，是一件更荣耀的事情；但是，这座山的光荣和名声，以及坚信伊阿宋及其同伴完成了最漫长的远征，到达了高加索附近的地区和传说之中普罗米修斯被监禁在大地尽头的高加索地区，导致作家们认为他们必须把高加索的名字搬到印度来，以满足国王的荣誉感。

6. 高加索真正最高的地方是最南部，这个地方靠近阿尔巴尼亚、伊比利亚、科尔基斯以及赫尼奥奇人和伊比利亚人地区，至于那里居住的部落，我先前已经说过了，他们都聚居在狄俄斯库里亚斯，[①] 他们聚居在这里主要是为了获得食盐。这些部落有些居住在山脊上，有些居住在峡谷中，大多数以野兽肉、野果和乳类为生。在冬季，群山的顶峰难以通行；但是在夏季，人们可以系紧脚上由生牛皮做成的桶状大靴子，带着应付积雪和冰层大钉子，攀登这些山峰。他们下山时带着货物，坐在皮囊上滑下来，这在阿特罗帕特米底和亚美尼亚的马西乌斯山是司空见惯的事情；不过，这里也有人穿的是木质圆盘的靴子，下面钉着钉子。高加索

---

① 参见本书 XI, ii, 16。

的最高峰，情况就是这样。

7. 当人们下到比较偏北的山麓地区，气候比较温和，因为它与西拉齐人平原地区交界。这里还有一些特罗格洛迪特人，由于严寒而居住在洞穴之中；但是，即使在他们的地区也有充足的大麦。在特罗格洛迪特人地区之后是某些查米克特人，① 还有所谓的波利法吉人，② 以及埃萨迪西人的村庄，埃萨迪西人可以从事农业，因为他们住的地方不是最北方。

8. 接下来是居住在梅奥提斯湖与里海之间的各个游牧部落，他们是纳比亚尼人、潘克萨尼人、西拉齐人和奥尔西人。奥尔西人和西拉齐人被认为是这些北方部落的流民，奥尔西人居住地区比西拉齐人更靠北方。在法尔纳西斯占领博斯普鲁斯的时候，西拉齐人的国王阿贝库斯曾经派出20000名骑兵，奥尔西人的国王斯巴迪尼斯派出了200000人；但是，上奥尔西人（the upper Aorsi）派出了更多人马，因为他们统治着更大的地区，甚至可以说统治了里海沿岸大部分地区；因此他们可以用骆驼输入印度和巴比伦的商品，也可以从亚美尼亚人和米底人那里交换到这些商品；由于他们的财富充足，可以佩戴黄金首饰。现在，奥尔西人居住在塔奈斯河沿岸，而西拉齐人居住在阿哈尔德乌斯河沿岸，这条河流发源于高加索，流入梅奥提斯湖。

---

① 本义为"睡在地上的人"。
② 本义为"贪吃者"。

第六章　里海西部的道路

1. 亚细亚的第二部分开始于里海地区，[①] 第一部分就是在这里结束的。同样是这个海，它又被称为希尔卡尼亚海。我首先要说的是这个海和居住在它周围的各个部落。里海本身是个海湾，从大洋一直向南延伸；它的入口处比较狭窄，在进入内陆之后变得更宽，特别是在它的最远之处。那里的宽度大约有5000斯塔德。可以通航的长度从它的入口处到最远处可能略微超过这个数字。因为它的入口位于无人居住世界的边缘。厄拉多塞认为，希腊人知道这个海的周长：在沿着阿尔巴尼亚人和卡杜西人的海岸线的那部分，长度是5400斯塔德；沿着阿纳里亚齐人、马尔迪人和希尔卡尼亚人的海岸线直到乌浒河口地区，长度是4800斯塔德；从那里再到药杀水，长度是2400斯塔德。一般来说。我们应当把有关的这些部分和地区理解为极其遥远的地区，而不应当把它理解为非常准确的报道，特别是在距离方面。

2. 如果进入里海，右边是西徐亚人和萨尔马提亚人，他们居住的地区与位于塔奈斯河和这个海之间的欧罗巴地区交界。他们大部分是游牧部落，关于它们的情况，我先前已经说过了。左边

---

① 关于亚细亚的划分，参见本书 XI, i, 5。

是东西徐亚人,他们也是游牧部落。势力一直延伸到东海和印度。古代希腊历史学家把所有的北方部落用一个共同的名称"西徐亚人"或者"凯尔特西徐亚人"来称呼;但是,更古老的历史学家对他们还是有所区别的。他们把那些居住在攸克辛海、伊斯特河和亚得里亚海的部落称为"希佩尔波里人"、"索罗马提人"和"阿里马斯皮人"。他们把居住在里海之后的部落一部分称为"塞种"(Sacians),一部分称为"马萨革泰人";但是,他们虽然记录了居鲁士和马萨革泰人之间的战争,[①]却无法提供这些部落任何准确的报道。而且,历史学家既没有提供关于这些部落准确和可信的报道,也没有提供关于波斯人、米底人或者叙利亚人可靠的古代历史,这是历史学家轻信和偏爱神话造成的结果。

3. 由于看到那些冒牌的神话作家大受尊敬,这些历史学家也决定使自己的作品迎合世俗,他们打着历史的招牌,讲述那些自己从来没有见过甚至从来没有听过——起码是没有从那些知道事实的人那里听过的故事,其目的只有一个:就是使他们的听众感到愉快和惊奇。就像人们可能更容易相信赫西奥德和荷马所说的英雄故事,而非克特西亚斯(Ctesias)、希罗多德、赫兰尼科斯和其他这类作家所说的。

4. 不要轻易相信大多数写亚历山大历史的作家,因为他们为了颂扬亚历山大的名声,忽视历史事实,由于他的远征到达了亚细亚的尽头,到达了距离我们非常遥远的地方,有关这些遥远地区的情况报道很难批驳。不过,罗马人和帕提亚人的统治,较之

---

① 居鲁士与马萨革泰人的战争(希罗多德,Ⅰ,201以下)。

于先前我们仅仅靠传说所获得的知识而言,在很大程度上为我们提供了更多的知识;因为讲述这些遥远地区事情的人,无论是在有关这些事情发生的地点或部落,都比他们的前辈更可靠,因为他们观察问题更严密。

第七章　希尔卡尼亚

1. 在里海入口处左岸居住着被现代作家称为大益人（Däae）的那些游牧部落，他们的绰号是阿帕尼人；然后，在他们的面前是一片荒漠地区；接着是希尔卡尼亚（Hyrcania），从这个地方直到与米底和亚美尼亚山脉交界的地方，里海变得更像是一个外海。沿着山麓地区的山脉外形像一个弯月，这些山脉终止于海边，形成了海湾的入口。在山麓地区的这边，从海边开始直到它的最高点，在一个不大的地区之内居住着部分阿尔巴尼亚人和亚美尼亚人，大部分地区居住着格莱人、卡杜西人、阿马尔迪人、维提人、阿纳里亚凯人。据说有些帕拉西人和阿纳里亚凯人居住在一起，他们现在被称为帕西人；埃尼亚尼人在维提亚地区建立了一座有城墙的城市，名叫埃尼亚纳；在那里可以看见希腊的盔甲、黄铜容器和墓地；那里还有一座阿纳里亚斯城，城里据说可以看见一座睡梦者的神谕所；[①] 这里还居住着某些比较喜欢从事抢劫和战争，而不是农业生产的部落；但是，这些都是崎岖不平的地区常有的现象。而且，围绕着山区的大部分海岸线都被卡杜西人所占领，几乎长达 5000 斯塔德。根据帕特罗克莱斯所说，他认为这个海几

[①] 即信徒在神庙中做梦的时候获得神谕。

乎与攸克辛海相等。这些地区现在已经非常贫瘠。

2. 但是希尔卡尼亚非常肥沃、辽阔，总体上来说是一个平原。它以重要的城市众多而闻名于世，在这些城市之中有塔拉布罗斯、萨马里亚内、卡塔和王城塔佩，据说这座城市在大海的北方一点点，距离里海门1400斯塔德。为了证明这个地区特别富裕，作家们列举了许多的证据，其中包括一根葡萄藤可以出产1米特葡萄酒，一棵无花果树可以出产60梅迪姆尼果实，小麦从麦茬地里掉落的种子中再次生长，蜜蜂在树上筑巢，蜂蜜从树叶上流下来。这是在米底的马提亚内、亚美尼亚的塞卡塞内和阿拉色内所见到的情况。但是，无论是这个地区本身，还是与这个名字相同的海，都没有得到相应的重视，因为这个海既没有船只，也没有被利用起来。在这个海中有些岛屿可以住人，有些作家说它还出产金砂。造成这种不受重视的原因，首先是因为希尔卡尼亚人的统治者米底人、波斯人，最后是比前者更差的帕提亚人，他们都是蛮族人；另外一个原因是邻近地区盗匪和游牧部落横行，把这个地区洗劫一空。马其顿人统治这个地区的时间很短，他们忙于战争，无法关注这些遥远的地区。根据阿里斯托布卢斯（Aristobulus）所说，希尔卡尼亚是一个森林茂盛的地区，出产栎树，不出产松树、冷杉和岩松，但是印度盛产上述木材。尼萨（Nesaea）属于希尔卡尼亚，但也有些专家认为它是一个单独的地区。[①]

3. 奥库斯河（Ochus）和乌浒河（Oxus）流过希尔卡尼亚地区，注入这个大海；其中的奥库斯河还流过尼萨地区，但有些人

[①] 参见本书XI, xiii, 7。

认为奥库斯河汇入了乌浒河。阿里斯托布卢斯声称除了印度的河流之外,乌浒河是亚细亚已知河流中最大的河流。他说这条河流可以通航(他和厄拉多塞都引用帕特罗克莱斯有关这个问题的说法),大量的印度商品顺着这条河流运入希尔卡尼亚海,然后在海上被转运到阿尔巴尼亚,再沿着居鲁士河转运,通过这个地区前往攸克辛海。古代作家完全没有提到过奥库斯河。但是,阿波罗多罗斯在其著作《帕提亚史》中经常提到它,[①] 意味着这条河流离帕提亚人的地区非常近。

4. 为了满足亚历山大的虚荣心,这个海被增添了许多虚构的稀奇故事。由于大家公认塔奈斯河是亚细亚和欧罗巴的分界线,位于大海和塔奈斯河之间的地区组成了亚细亚相当重要的部分。这部分地区不归马其顿人统治,要解决这个问题只能使用手段,为了使亚历山大的远征故事名扬天下,至少是必须使人相信他是征服了亚细亚这部分地区,因此他们把接纳了塔奈斯河水的梅奥提斯湖和里海连接在一起,把这个海也称为一个湖泊,断言二者通过一条地下的通道互相联系在一起,二者互相是对方的一部分。波利克莱图斯甚至提出了与其观点有关的证据,证明这个海是一个湖泊(例如,他认为这个海里有蛇,它的水有点甜味);他认为它和梅奥提斯湖并没有什么不同,其依据是塔奈斯河汇入了其中。奥库斯河、乌浒河和其他一些河流发源于同一座印度的山脉,还有药杀水(Iaxartes),它是这些河流之中最北面的河流,也像这些河流一样汇入了里海。于是,他们又把这条河流称为塔奈斯河;

---

① 阿尔忒米塔人。

他们甚至提供了证据来证明这种说法,即这条河流就是波利克莱图斯提到过的塔奈斯河,在这条河流之后的地区生长着冷杉,这个地区的西徐亚人用冷杉做箭矢;他们说还有一个证据是在河那边的地区属于欧罗巴,而不是属于亚细亚的。他们还补充说,在亚细亚的北部和东部不生长冷杉。不过,厄拉多塞说在印度生长着冷杉,亚历山大还用那里的冷杉建造了自己的舰队。厄拉多塞极力批驳许多不同的观点。对于我而言,我对这个问题已经说得太多了。

5. 在欧多克索斯和其他人讲述的有关希尔卡尼亚的奇异故事之中,这个故事就是其中之一:在海边有一些布满洞穴的悬崖,在悬崖与大海之间,悬崖之下有一条很低的海岸;许多河流从峭壁高处以巨大的力量向前奔流,当它们流到悬崖的时候,把自己的水流倾泻到海中,而不会使海岸湿滑;因此,军队可以借助于上面的水流掩护,通过下面的海岸;本地人常常去那个地方宴饮或者祭祀,有时他们会躺在洞穴之中,有时他们也会躺在瀑布之下享受晒太阳的乐趣,不同的人有不同的方法享受乐趣,在同一个时候,在两边可以看到大海和海岸,海岸由于湿润长满了青草和鲜花。

第八章　里海东部、塞种和马萨革泰部落

1. 如果从希尔卡尼亚海出发向东走，右边是一直延伸到印度海的山脉，这座山脉被希腊人称为托罗斯山脉。它们开始于潘菲利亚（Pamphylia）和西里西亚，从西部一直向前延伸到非常遥远的地方，有许多不同的名字；正如我先前所说的，在北部山脉地区居住的首先是格莱人、卡杜西人和阿马尔迪人，还有某些希尔卡尼亚人；在他们之后是帕提亚人、马尔吉安纳人和阿里亚人的部落。然后是沙漠地区，它被萨尔尼乌斯河把它与希尔卡尼亚分开，如果再向东走就到了乌浒河。这座由亚美尼亚一直延伸到这个地方或者略微差一点的山脉，名叫帕拉科亚斯拉斯山脉。从希尔卡尼亚海到阿里亚地区距离大约是 6000 斯塔德。然后是巴克特里亚、粟特，最后是游牧部落西徐亚人。马其顿人把在雅利安人地区之后的所有山脉都称为高加索山脉；但是，在蛮族之中，北部最高的山峰[①]有单独的名字，名叫"帕罗帕米苏斯"（Paropamisus）、"埃莫达"和"伊梅乌斯"；其他单独的地区也有诸如此类的名字。

2. 在正对着这些部落的左边，居住着西徐亚人或者游牧部落，

---

① 即托罗斯山脉遥远的顶峰。

他们占领了整个北方地区。从里海开始的大部分西徐亚人被称为大益人,但那些居住在更靠近东方的部落与他们不同,被称为马萨革泰人和塞种。其余的所有部落则统统称为西徐亚人,但是每个部落还有他们自己单独的名字。他们大部分是游牧部落,最有名的部落是那些从希腊人手中夺取巴克特里亚的部落,他们是阿西人、帕西亚尼人、吐火罗人和塞卡劳利人,他们最初是从药杀水对岸、与塞种和粟特人相邻的地区迁移过来的,这些地区是塞种占领的地区。至于大益人,其中有一部分称为阿帕尼人,另一部分称为桑西人,第三部分称为皮苏里人。现在,这些部落之中的阿帕尼人居住在离希尔卡尼亚最近的地方,以及与希尔卡尼亚交界的海边。其他部落一直扩张到了与阿里亚平行的地区。

3. 在阿帕尼人与希尔卡尼亚、帕提亚、一直延伸到阿里亚人之间的地区,是一片辽阔的、无水的干旱沙漠;他们长途跋涉通过这片沙漠,然后纵横于希尔卡尼亚、尼萨和帕提亚人的平原地区。这些遭受侵略的部落同意向阿帕尼人交纳贡赋,这种贡赋就是允许入侵者在规定的时间侵占这个地区,并且把战利品带走。但是,如果入侵者蹂躏这个地区超过了规定的时间,战争就爆发了。接着是争端平息,然后又重新开始战争。其他游牧部落也是过着这样的生活,他们也经常进攻自己的邻居,然后又和邻居和解。

4. 塞种的入侵类似于辛梅里安人和特雷雷人:一些入侵活动就在他们自己附近的地区,另外一些路途比较遥远。例如,他们占领了巴克特里亚,也占领了亚美尼亚最好的地区,并且用自己的名字称呼这个地区为塞卡塞内(Sacasene);他们一直攻到了卡

第八章 里海东部、塞种和马萨革泰部落

帕多西亚人的地区，特别是攻到了居住在攸克辛海附近的居民那里，这些人现在被称为本都人。但是，当他们在庆祝一个全民的节日，享受他们的战果时，遭到了当时在那个地区的波斯将领夜袭，被彻底消灭了。这些波斯将军在平原的岩石上堆起一个土堆，外形像是一座山冈，在山冈上建了一道围墙，建造了一座阿娜希塔神庙（Anaïtis），还有其他诸神与她一起享受神坛，他们是波斯神祇奥马努斯（Omanus）和阿纳达图斯（Anadatus），确定了一个每年庆祝的神圣节日塞卡伊节（Sacaea），一直到今天，泽拉（这个地方的名字）的居民仍然在继续庆祝它。泽拉是一座小城，大部分居民是神庙奴隶（hieroduloi）。但是，庞培在推翻了米特拉达梯之后，给它增加了一大块地区，在围墙之内安置了居民，使它变成了自己组建的城市之一。

5. 有些作家说到塞种这样一个故事。根据有些人所说，居鲁士曾经远征塞种。但是，他在战争之中被打败了，逃走了；他在扎营的地方留下了他的给养，包括大量的各种物资，特别是美酒；他让自己的部队暂时休息，当夜幕降临的时候，他迅速丢下储藏了大量物资的营地，装出要逃走的样子，当他向前走到他认为合适的地方，他下令停止撤退。塞种这时追来，发现这个营地已经空无一人，充满了各种各样可以享用的东西，他们吃得饱饱的；这时居鲁士返回，发现他们已经酩酊大醉，因此一些醉倒在地上睡觉的人被杀死了，另外一些还在跳舞、赤身裸体、毫无防备的人则成了敌人的刀下鬼，几乎全部被杀光了；居鲁士认为自己的幸运是神灵所赐，他把那一天神圣化为他的保护女神节，称为塞卡伊节；在各个地方都有这位女神的神庙，塞卡伊节类似酒神节，

在这个节日里,男人们按照风俗习惯穿上西徐亚人的服装,这一天的白天和晚上可以和其他人一起喝酒,胡作非为,也可以和与他一起喝酒的女性这样。

6. 马萨革泰人(Massagetae)在与居鲁士的战争之中证明了自己的英勇。许多作家反复提到他们的勇敢,因此我们必须从这些故事之中提取信息。关于马萨革泰人的情况大致如下:他们一部分人居住在山区,另一部分人居住在平原上,第三部分人居住在由河流形成的沼泽地区,第四部分人居住在沼泽地区的小岛上。但是,这个地区大部分据说被阿拉斯河淹没了,这条河分成了无数的支流,其他的河口汇入北方另一个海中,[①] 只有一个河口汇入希尔卡尼亚海湾。他们认为只有赫利乌斯是神,献给他的祭品是马匹。每个男人只能娶一个妻子,他们可以享用其他人的妻子,但不能偷偷摸摸。这个准备与他人的妻子发生性关系的男子,必须把他的箭囊挂在马车上,和这个女人公开地发生性关系。他们认为死亡是一件最好的事情,当他们年老的时候,被人和牛肉一起砍碎,和牛肉夹杂在一起被吃掉。至于那些病死者则被作为不洁之物扔掉,只配给野兽吃。他们是优秀的骑兵和步兵;他们使用弓箭、短剑、胸铠和黄铜制造的战斧;[②] 他们在战争之中系着金发带和金腰带。他们的马匹有金嚼子和金肚带。白银在他们的国家不是随处都可以找到的。铁器很少,但黄铜和黄金很多。

7. 那些居住在岛上的马萨革泰人由于不种庄稼,吃的是根类

---

① 北洋。
② 参见本书 XI, v, 1。

植物和野果，穿的是树皮（因为他们完全没有牲畜），喝的是树上的果实榨取的汁液。那些居住在沼泽之中的马萨革泰人吃的是鱼，穿的是从海里跑到那里去的海豹身上剥下来的皮。山区居民也是以野果为食；他们养羊，但数量很少，因此他们并不出卖羊群。因为羊毛和羊奶的缘故而爱惜它们；他们用染料把自己的衣服染成五彩斑斓的颜色，这些颜色很不容易褪色。居住在平原地区的居民虽然拥有土地，但并不耕种土地，而是过着游牧部落或西徐亚人式的放牧和渔猎生活。确实，对于所有这些居民而言，这不仅是一种共同的生活方式，而且是他们的葬礼、风俗习惯、他们的生活方式和整个的一切。同样，他们是自信的、粗鲁的、野蛮的和好战的，但他们在交往中是正直的、诚实的。

8. 属于马萨革泰人和塞种部落的还有阿塔西人和花拉子模人（Chorasmii），斯皮塔梅尼斯（Spitamenes）[①] 曾经从巴克特里亚和粟特地区逃到他们那里。他是个波斯人，就像贝苏斯（Bessus）一样地躲避亚历山大的追击；后来，阿萨息斯（Arsaces）躲避塞琉古·卡利尼库斯（Seleucus Callinicus）的追击时，撤退到了阿帕西亚凯人的地区。厄拉多塞认为阿拉霍提人、马萨革泰人和巴克特里亚人居住在一起，在乌浒河的西岸，塞种和粟特人（Sogdiani）的全部领土正对着印度，而巴克特里亚人距离印度有一点儿路程；因为他们大部分都居住在帕罗帕米苏斯山脉附近地区，药杀水把塞种与粟特人互相分开，乌浒河把粟特人和巴克特里亚人互相分开；塔皮里人居住在希尔卡尼亚人和阿里亚人之间的地区；在希

---

① 阿里安，《亚历山大远征记》，Ⅲ，28，16；ⅩⅩⅨ，12；ⅩⅩⅩ，1.

尔卡尼亚之后，周边沿海地区居住着阿马尔迪人、阿纳里亚凯人、卡杜西人、阿尔巴尼亚人、里海人、维提人，可能还有其他部落居民，然后是西徐亚人；在希尔卡尼亚人的另一边是德比塞人；卡杜西人与帕拉科亚斯拉斯山麓的米迪人、马提亚尼人交界。

9. 厄拉多塞确定的距离从卡斯皮乌斯山脉到居鲁士河距离约1800斯塔德；由此到里海门5600斯塔德；然后到阿里亚人地区的亚历山大城6400斯塔德；由此到巴克特拉城（又称扎里亚斯帕）距离3870斯塔德；然后到亚历山大到过的锡尔河距离5000斯塔德；总距离是22670斯塔德。他认为从里海门到印度的距离到赫卡通皮洛斯1960斯塔德；到阿里亚人的亚历山大城4530斯塔德；然后到德兰吉的普洛弗萨西亚1600斯塔德（有人说1500斯塔德）；然后到阿拉霍提人的城市4120斯塔德；然后到从巴克特拉出发的3条道路的交接点奥尔托斯帕纳2000斯塔德；然后到印度边界1000斯塔德；总的距离是15300斯塔德。[①]印度的长度从印度河到东海，我们应当把它理解为直线延长的距离。关于塞种的情况，我要说的就是这么多了。

---

① 这个不正确的数字在本书 XV，ii，8 中再次出现。

第九章 帕提亚本土

1. 帕提亚是个不大的地区，它在波斯时期是和希尔卡尼亚一起交纳自己贡赋的。在这之后，马其顿人长期统治了这个地区。除了它的面积不大之外，它长满了茂密的森林，多山，而且饱受贫困的折磨。因为这个原因，历代诸王带着自己的大队人马通过这个地区的时候，总是迅速地离开，因为这个地方甚至连短期供应他们也无能为力。但是，这个地区现在扩大了。科米塞内、乔雷内都囊括在帕提亚地区之内，可以说一直延伸到了从前属于米底的里海门、拉加和塔皮里人地区的几乎整个地区。在拉加（Rhagae）附近有阿帕米亚城和赫拉克利亚城。根据阿波罗多罗斯所说，从里海门到拉加距离是500斯塔德，到帕提亚人的王城赫卡通皮洛斯（Hecatompylus）距离是1260斯塔德。拉加①据说得名于这个地区发生的多次地震，根据波塞多尼奥斯所说，由于地震的结果，有许多城市和2000个村庄被毁灭了。塔皮里人据说居住在德比塞人和希尔卡尼亚人之间的地区。据说塔皮里人有一个风俗，一旦他们和自己的老婆生了二三个孩子，就可以把自己的老婆嫁给别的男人；就像现在加图根据罗马古老的风俗，按照霍滕修斯的请

---

① 词根为rhag（意为折断）。

求，把马西娅嫁给后者为妻一样。

2.当托罗斯山脉之后的地区开始起义的时候，由于统治着这些地区的叙利亚和米底国王仍然忙于其他的事情，他们委任管理这个地区的行政长官，也就是欧西德莫斯（Euthydemus）及其支持者，首先就使巴克特里亚和附近所有地区发生了起义；后来，一个西徐亚人阿萨息斯带领大益人（也就是居住在奥库斯河边被称为阿帕尼人的游牧部落）侵入帕提亚，并且征服了它。阿萨息斯最初力量很弱，他不断地和人作战，夺取他们的土地，无论是他还是他的继承人都是这样；后来，他们由于军事方面的胜利，不断地占领邻近的土地，变得十分强大，最后成了幼发拉底河内侧整个地区的统治者。他们还占领了巴克特里亚部分地区，以武力迫使西徐亚人，还有先前的欧克拉提德斯（Eucratides）及其支持者向他们投降。现在，他们统治了如此辽阔的领土和众多的部落，在某种程度上，他们的帝国在面积上与罗马人的领土不相上下。其原因是他们的生活方式，还有他们的风俗习惯，在许多方面具有蛮族和西徐亚的特点，更得益于他们的霸权和军事上的胜利。

3.据说阿帕尼人—大益人是由居住在梅奥提斯湖以北的大益人之中迁徙而来，他们被称为桑迪人（Xandii）或是帕里人（Parii）。不过，在梅奥提斯湖以北居住的西徐亚人之中居住着什么大益人，这个观点并不被普遍接受。无论如何，有些人认为阿萨息斯出自西徐亚人，而其他人认为他是巴克特里亚人，为了躲避狄奥多托斯（Diodotus）及其支持者日益强大的势力，他在帕提亚发动了起义。但是，由于我在拙著《史记》第六卷和《波利比奥斯之后的历史大事记》第二卷之中，已经谈了许多有关帕提亚人的情况，在这里就不再重复这个问题；我认为在我已经说过的问题之中，需要重复的仅仅是根据波塞多尼奥斯所说，帕提亚人有一个议会，它由两个集团组成，一个是国王的家族，另外一个是贤哲和麻葛，国王就由这两个集团选出。

第十章 阿里亚和马尔吉安纳

1. 在亚细亚的这个地区，阿里亚（Aria）和马尔吉安纳（Margiana）是最强大的地区。这些地区一部分被群山所环抱，一部分是散布于平原地区的居民点。在山区居住着住帐篷的居民，平原地区河流纵横，灌溉着这个地区，部分是阿里乌斯河，部分是马尔古什河。阿里亚与马尔吉安纳……① 和巴克特里亚纳（Bactriana）交界，它距离希尔卡尼亚大约6000斯塔德；德兰吉亚纳（Drangiana）、卡尔马尼亚（Carmania）和阿里亚合在一起交纳贡赋，德兰吉亚纳大部分地方在山南，虽然有一部分地方靠近山北，正对着阿里亚。阿拉霍西亚（Arachosia）距离也不远，这个地区位于山南，一直延伸到印度河流域，它是阿里亚纳的一部分。阿里亚的长度大约是2000斯塔德，这个平原的宽度大约是300斯塔德。它的城市如下：阿尔塔塞纳城、亚历山大城和阿哈亚城，所有城市都得名于它们的建立者。这个地区盛产葡萄酒，这种美酒在没有涂抹树脂的容器之中，可以保存三代人的时间不变质。

2. 马尔吉安纳和这个地区一样，但它的平原地区被沙漠所包围。安条克·索特尔（Antiochus Soter）赞赏它的丰饶，下令修筑

---

① 原文佚失。

了一道环形的长城，长 1500 斯塔德，并且建立了一座安条克基亚城（Antiocheia）。这个地区的土壤适合葡萄生长，反正有人说过，常常发现有的葡萄藤主干需要两个成年男人才能合抱，许多葡萄串长达 2 肘尺。[1]

---

[1] 显然是指葡萄串的长度。

第十一章 巴克特里亚

1. 巴克特里亚（Bactria）的一部分延伸到了阿里亚北部边界，大部分位于阿里亚北方的东部，除了橄榄油之外，巴克特里亚大部分地区盛产各种物品。根据阿尔忒米塔的阿波罗多罗斯所说，希腊人之所以鼓动巴克特里亚起来造反，是由于这个地区的富饶使他们获得了强大的力量，不仅成了阿里亚纳，而且还成了印度的统治者；他们征服的部落比亚历山大更多，特别是米南德所征服的部落更多（如果这是真的，他起码渡过海帕尼斯河，向东一直前进到了伊梅乌斯山脉），因为有些是他自己征服的，有些是巴克特里亚国王欧西德莫斯之子德米特里征服的。他们不仅占领了帕塔雷纳，还有沿岸的其他地区，其中包括所谓的萨劳斯图斯和西格尔迪斯王国。总而言之，阿波罗多罗斯认为巴克特里亚是整个阿里亚纳地区的亮点。而且，巴克特里亚历代国王还把自己的帝国扩张到了塞里斯人和弗里尼人的地区。

2. 他们的城市有巴克特拉（Bactra，又称扎里亚斯帕，一条名字相同的河流经过这里，汇入乌浒河）、达拉普萨（Darapsa）和其他几座城市。在这些城市之中，欧克拉提迪亚得名于其统治者之名。希腊人占领它之后，把它分成了几个行省，其中的图里瓦和阿斯皮奥努斯被帕提亚人从欧克拉提德斯手中夺走，他们还占

第十一章 巴克特里亚

领了巴克特里亚之后东方的粟特,这个地区位于乌浒河(巴克特里亚人和粟特人之间的边界)和药杀水之间的地带(药杀水是粟特人与游牧部落的边界)。

3. 从前,粟特人和巴克特里亚人在生活方式和风俗习惯方面与游牧部落没有太大的区别,尽管巴克特里亚人稍微文明一点,但是奥内西克里图斯(Onesicritus)并没有说他们和其他人什么好话。例如,有人把那些由于年老的或者生病而无依无靠的人活活的扔给狗吃,专门做这种事情的人,在他们本地的语言之中称为"知丧葬者"。在巴克特里亚人首府城外的地方看似干净,而在城里到处是白骨累累,亚历山大消除了这种风俗习惯。据说里海居民的情况也一样,例如,当双亲年过70岁以上,他们就被囚禁起来活活饿死。后面这种风俗习惯还比较可以容忍,凯奥人也有类似的风俗习惯,[①]虽然它起源于西徐亚人,但巴克特里亚人的风俗习惯更加类似于西徐亚人。实际上,亚历山大当时是否看见了这种风俗习惯,还是有几分值得怀疑的。对于这种风俗习惯,人们也无法确定它是否在最早的波斯统治者,或者比他们更早的统治者时期就已经盛行?

4. 尽管如此,据说亚历山大在巴克特里亚和粟特建立了八座城市,也把一些城市夷为平地,其中就有巴克特里亚的卡里亚泰(卡利斯提尼斯就是在这座城市被捕和囚禁的),还有粟特的马拉坎达(Maracanda)和居拉(Cyra),居拉是居鲁士建立的最后一座城市,位于波斯帝国的边界药杀水河边。尽管它是居鲁士所

---

① 参见本书Ⅹ,ⅴ,6。

建，由于它经常造反，亚历山大把它彻底毁灭了。由于反叛的原因，他占领了两座建立在悬崖上的坚固要塞，一座在巴克特里亚境内的西西米特雷斯崖，奥克希亚特斯和他的女儿藏在那里；另一座要塞在粟特的乌浒河旁，有些人把它称为阿里亚的马泽斯崖。根据许多作家报道，西西米特雷斯高15斯塔德，周长80斯塔德，山顶是一块平地，极其肥沃，可以维持500人的生活，亚历山大在那里以豪华的礼节迎娶了奥克希亚特斯的女儿罗克桑娜（Rhoxana）。但是，据说粟特的悬崖是巴克特里亚的2倍高。亚历山大还毁灭了在这些地方附近的一座布兰奇代人的城市，这些人是薛西斯移居到这里的；他们自愿地和他一起离开自己的祖国，并且把狄杜米神庙的财富和库藏都献给了薛西斯。[①] 据说亚历山大毁灭了这座城市，是因为他仇视亵渎神圣和背叛行为。

5. 阿里斯托布卢斯把流经粟特的这条河流称为波利提梅图斯河，这是马其顿人给这条河流取的名字（正如他们给其他许多地方取的名字一样，部分是新的名字，部分是拼写略有改动的不同名字）；它灌溉着这个地区，流入荒漠和多沙的土地，消失在沙漠之中，就好像流经阿里亚人地区的阿里乌斯河一样。据说在奥库斯河附近的掘土者发现了油源，这种类似硝石和收敛剂的、包含沥青和硫磺的液体从地下流出，就有理由猜想可以找到液体的油源，但只有很少的情况才会出现这种奇迹。[②] 根据有些人报道，奥库斯河流经巴克特里亚；根据另外一些人说是流过它的旁边。有

---

① 阿波罗。
② 显然是任何时候也没有发生，也找不到。

些人认为它直到河口都与乌浒河是不同的河流，它比乌浒河更加靠南边，但是这两条河都汇入了希尔卡尼亚的里海。还有人说它起初是不同的河流，在与乌浒河合并之后，在许多地方宽达6—7斯塔德。不过，药杀水从始至终和乌浒河是不同的河流，虽然它汇入了同一个大海。根据帕特罗克莱斯所说，两条河的河口彼此相距80帕勒桑（parasang）。波斯的帕勒桑，有些人说等于60斯塔德，另外一些人又说等于30或40斯塔德。当我在溯尼罗河而上的时候，他们使用的记程单位"斯科尼"（schoeni）长度，[①]各个城市就不一样，因此，同样的"斯科尼"，意味着在有些地方路程很长，在另外一些地方又意味着路程较短。这种五花八门的现象从它一开始产生，就一直保留到现在。

6. 从希尔卡尼亚向东直到粟特，在托罗斯山脉这边的部落，[②]我指的是托罗斯山脉内地的部落，最早知道的是波斯人，然后是马其顿人和帕提亚人。而居住在他们的边界之外的、和他们成一条直线的那些部落，根据他们的血缘相同来推测属于西徐亚人，虽然我们知道还没有对他们发动过远征，更没有远征过最北部的游牧部落。亚历山大在追击贝苏斯和斯皮塔梅尼斯的时候，准备带领军队去进攻这些游牧部落。不过，在贝苏斯被活捉和押回，在斯皮塔梅尼斯被蛮族杀死之后，他放弃了这种念头。但是，有些人从印度乘船绕到了希尔卡尼亚，这种报道并没有获得一致的承认，只有帕特罗克莱斯认为这件事情是可能的。

---

① 关于长度的变化，参见本书XVII，i，24。
② 托罗斯山脉的北面。

7. 据说托罗斯山脉最后部分名叫伊梅乌斯（Imaïus），与印度海交界，它向东延伸没有超过印度，也没有进入印度的边界之内。但是，如果向北边走，这个海逐渐地缩小了这个地区的长度和宽度。因此，它使我们所叙述的亚细亚东部地区变成了一个锥形的形状，插在托罗斯山脉和包括里海的大洋之间。从希尔卡尼亚海的这个部分到正对着伊梅乌斯的大洋这部分最大长度，如果沿着托罗斯山脉的道路大约是30000斯塔德，其宽度不足10000斯塔德；正如我先前所说的，从伊苏斯湾到印度的东海，距离大约是40000斯塔德，从最西边的赫拉克勒斯石柱到伊苏斯湾，距离是30000多斯塔德。伊苏斯湾最远之处略微（不是绝对）比阿米苏斯偏东一点，从阿米苏斯到希尔卡尼亚地区距离大约是10000斯塔德，与上述从伊苏斯到印度的距离相同。因此，我们现在所说的到东方这个地区的长度，还剩下30000斯塔德；而且，由于有人居住的世界是斗篷形，[①] 其最大宽度大约是30000斯塔德；这个距离经过测量，近似穿过希尔卡尼亚海和波斯海的子午线长度。如果它是准确的，有人居住世界的长度就是70000斯塔德。因此，如果正如阿尔忒米塔的阿波罗多罗斯所说的那样，从希尔卡尼亚到巴比伦尼亚的阿尔忒米塔距离是8000斯塔德；从这里到波斯海的出口又是8000斯塔德，再走一个8000斯塔德或者略微少一点，就到了一个与埃塞俄比亚边界平行的地方。上述有人居住世界剩下的宽度，从希尔卡尼亚海最远的地方到它的出口，我先前已经说过了。由于这个锥形地区朝着东面，形状类似菜刀，山区位于

---

① 参见本书Ⅱ，v，6。

一条直线上,可以想象成菜刀对应的刀刃,而从希尔卡尼亚海出口到塔马鲁姆,可以想象为刀的另一条边,它以一条明显的曲线结束于刀尖部位。

8. 我必须提到一些常常有人说到的奇异风俗习惯,它们完全是野蛮部落的风俗习惯。例如,居住在高加索地区附近和其他山区部落的风俗习惯。据说,欧里庇得斯就提到过他们之中某些部落的风俗习惯:

> 为新生的宝宝悲哀吧,因为他将面对生活中所有不幸,
> 至于那些脱离苦海的逝者
> 要带着欢乐和祝福把他们送出家门。
>
> (克雷斯方特斯,449,瑙克)

据说还有一个风俗习惯是不处死任何人,即使是罪大恶极的罪犯,但是要把他们和子女一道驱除出国界。这个风俗习惯与德比塞人的习俗相反,他们常常为了芝麻粒大的差错就杀人。德比塞人敬奉地母神;他们不献祭品,也不吃任何雌性动物;当男人年过70之后就会被杀掉,其肉被最亲近的亲属吃光,而老太婆则被绞死埋掉。不过,不满70岁的男子死后不会被吃掉,而是埋掉。西金尼人模仿波斯人的各种风俗习惯,除了他们使用那种体型小而毛粗的矮马之外,这种马不能载骑兵,但可以把四匹马编成一组拉车,供从小就训练过的妇女驱使;这个优秀的赶车人可以和她中意的任何男子同居。据说其他部落的人喜欢使自己的脑袋显得尽可能长,使自己的前额突出于下巴。塔皮里人的风俗习惯是

男人穿黑色的裙子,留长长的头发;妇女穿白色的衣服,留短发。他们居住在德比塞人和希尔卡尼亚人之间的地区,那些被认为是最勇敢的男子可以娶他所中意的女子为妻。里海人饿死那些年过70的老人,把他们的尸体放在沙漠之中,然后在不远的地方守着。如果他们看见尸体被鹰从停尸架上叼走,他们认为死者是幸运的,如果是被野兽叼走,那运气就要差一点,如果尸体没有任何动物来触动,那死者就是被命运诅咒的人。

第十二章　托罗斯山南的亚细亚和托罗斯山脉

1. 由于托罗斯山脉形成了亚细亚北部地区——即所谓的"托罗斯山这边的"亚细亚地区，①我认为首先叙述这个地区比较好。这个地区包括整个或者大部分山区。所有位于里海门以东的地区，由于其居民的野蛮性都必须简洁地叙述；即使他们被认为是属于这个或者那个"clima"时，②也不会有很大区别。相反，所有西部地区都可以提供丰富的资料叙述，因此，我必须从里海门附近地区开始叙述。从里海门附近地区的西部米底开始，这里曾经是托罗斯山脉中部辽阔而强大的国家，米底被分成许多部分，包括许多巨大的河谷地带，就像在亚美尼亚的情形一样。

2. 这座山脉开始于卡里亚和吕底亚，但是在那里它没有这么宽和这么高。在正对着切利多尼亚的地方，它第一次升起到足够的高度，切利多尼亚是潘菲利亚海岸开始之处的一个群岛。然后，

---

① 参见本书XI, i, 1—5。
② 纬度圈。

托罗斯山脉向东延伸，包含了西里西亚许多长长的山谷地区，[①]然后又延伸到了把它与阿马努斯山分开的那边，然后又延伸到前托罗斯山的另一边，科马纳（Comana）就在后面这个山区，即所谓的上卡帕多西亚地区。前托罗斯山结束于卡陶尼亚，而阿马努斯山延伸到了幼发拉底河和梅利提纳，后者是科马吉尼和卡帕多西亚相连之处。接着，它继续沿着幼发拉底河那边向前一直延伸，除非它们被奔腾的河流拦腰切断。在这里，山的高度和宽度也大大地增加了，它的支脉也变多了。总之，正是托罗斯山脉最南部把亚美尼亚和美索不达米亚分开了。

3. 有两条河从这里流出——幼发拉底河和底格里斯河，它们环绕着美索不达米亚，在巴比伦尼亚互相紧挨在一起，然后流入了波斯海。在两条河流之中，幼发拉底河不仅更大，而且它蜿蜒的河道穿过更多的地区，它的发源地在托罗斯山脉北部地区，向西流过所谓的大亚美尼亚，小亚美尼亚，后者在它的右岸，阿齐利塞内在它的左岸。然后，它沿着南部地区曲折地向前延伸，在它的拐弯处与卡帕多西亚的边界连在一起。离开边界之后，右边是科马吉尼，左边是阿齐利塞内和大亚美尼亚的索费内。它流过叙利亚，再次拐弯流入巴比伦尼亚和波斯湾。底格里斯河发源于同一座山脉的南部地区，流到塞琉西亚的时候与幼发拉底河互相紧挨在一起，并且和它一起形成了美索不达米亚，然后像幼发拉底河一样流进了同一个海湾。幼发拉底河与底格里斯河的源头彼此大约相距2500斯塔德。

---

① 手稿E为"大"。

第十二章 托罗斯山南的亚细亚和托罗斯山脉

4. 托罗斯山脉北部被分成许多的分支，其中之一就是所谓的前托罗斯山，因为这座山围住了位于它与托罗斯山脉之间河谷中的索费内，所以被叫做这个名字。在幼发拉底河的那边，靠近小亚美尼亚的北方，在前托罗斯山之后又有一座大山和许多的分支，其中一座称为帕里亚德雷斯山，另外一座称为莫希山，其余的山脉名字五花八门；这些山脉占据了整个亚美尼亚、伊比利亚和阿尔巴尼亚地区。其他的山脉向东延伸，位于里海以北直到米底地区，不仅是阿特罗帕特米底，而且还有大米底地区。不仅是这座山脉所有这些部分，而且还包括延伸到里海门和更远的东部地区，即与阿里亚交界的地区，都称为帕拉科亚斯拉斯山脉，北部的山脉名字相同。在南部，即幼发拉底河另一边的山脉，从卡帕多西亚向东一直延伸到科马吉尼（Commagenê），最初称为真正的托罗斯山脉，它把索费内、亚美尼亚其他地方同美索不达米亚分开；有些人把这些山脉称为戈尔迪亚山脉，其中包括马西乌斯山，它位于尼西比斯和提格拉诺塞尔塔之后。然后，托罗斯山脉海拔更高，名字改为尼法特斯山脉；底格里斯河的源头就在这里某个地方，在这个山区的南面。接着，从尼法特斯山脉之中衍生出的扎格罗斯山脉把米底和巴比伦尼亚分开了。在扎格罗斯山脉之后巴比伦尼亚的后方，是埃利迈伊人和帕雷塔塞尼人的地区。在米底之后是科塞伊人的地区。在中部地区是米底和亚美尼亚。亚美尼亚包括许多山脉、许多高原、还有许多低地平原、巨大的河谷，还有许多居住在山区的部落。他们人数很少，大多呼啸山林，以劫掠为生。这样，我就把米底（还有属于它的里海门）和亚美尼亚放在托罗斯山脉这边了。

5. 我们认为，这些部落都属于北方部落，因为他们都居住在托罗斯山脉之内，但厄拉多塞把亚细亚分成他所谓的"南亚细亚"、"北亚细亚"和"斯弗拉基德斯"（sphragides），[①] 有些人把"斯弗拉基德斯"称为北方，另外一些人又把它称为南方，他认为里海门是两种"纬度"之间的边界。因此，他所说的南方可能是比里海门（其中包括米底和亚美尼亚）更偏南的地方，他所说的北方可能比里海门更加偏北，因为这完全取决于划分南北所采取的不同方法。但是，厄拉多塞可能没有想过，在托罗斯山脉之外既没有亚美尼亚的任何部分，也没有米底的任何部分。

---

① 参见本书Ⅱ, i, 35。

第十三章 米底

1. 米底分成两部分。一部分叫做大米底（Greater Media），它的首府是埃克巴坦那（Ecbatana），这是一座大城市和米底帝国的王城（帕提亚人现在仍然使用这座城市作为自己的王城，由于米底是一个比较凉爽的地区，他们的国王至少会在这里度过夏天；但是他们的冬宫是在巴比伦附近底格里斯河畔的塞琉西亚城）。另一部分称为阿特罗帕特米底（Atropatian Media），[①]得名于阿特罗帕特斯（Atropates）将军，他为了防止这个地方变成大米底的一部分，成了马其顿人的藩属。而且，在他宣布自立为王之后，他把自己的国家变成了一个独立的国家，他的继承人一直统治到现在。按照规定，其继承人要与亚美尼亚和叙利亚王室通婚，后来也和帕提亚王室通婚。

2. 这个国家位于亚美尼亚和马提亚内东边，大米底西边，两者的北方；它的南边和希尔卡尼亚海到马提亚内的弯曲处相连。正如阿波罗尼德斯所说，如果从它的实力来说，它不是一个小国，因为它可以提供10000名骑兵和50000名步兵。它有一个港口卡波塔，港口中有盐分结晶和析出。这种盐分可以使人发痒和疼痛

---

① 在公元前331年的埃尔贝勒战争中。

难忍。但这种痛苦可以用橄榄油消除。由于无知的缘故，人们可能把衣服放入海水中洗涤，淡水可以洗尽有盐渍的衣服。他们有亚美尼亚人和帕提亚人这样强大的邻居，也经常遭受强邻的洗劫。但是，他们可以抵抗并且夺回被占领的领土；例如，它们从亚美尼亚人那里夺回了辛巴斯，当时亚美尼亚人已经臣服于罗马，而他们自己也和凯撒维持着友好关系；但是，他们同时也尽力讨好帕提亚人。

3. 他们的夏宫位于加沙卡平原，冬宫位于维拉要塞之内。在安东尼进攻帕提亚人的远征之中，这座要塞曾经遭到他的围攻。根据《安东尼远征帕提亚记》的作者、安东尼的朋友德利乌斯（Dellius）在书中所说，他随同安东尼一起远征，并且本人就是指挥官，这座要塞距离亚美尼亚与阿特洛帕特的边界阿拉斯河2400斯塔德。除了北部山区之外，这个国家各地都非常富饶。因为山区崎岖不平而且严寒。这里居住的山民称为卡杜西人、阿马尔迪人、塔皮里人、西尔提人和其他诸如此类流浪和抢劫的部落。这些部落散居在扎格罗斯山脉和尼法特斯山脉，但西尔提人和马尔迪人（因为阿马尔迪人又称马尔迪人）居住在波斯，而那些居住在亚美尼亚的部落直到今天还是同样的名字和同样的德行。

4. 卡杜西人的步兵在数量上与阿里亚人相比略微少点，但他们的标枪非常好；在崎岖不平的山区，步兵取代骑兵投入战斗。并不是这个国家大自然的力量给安东尼远征造成了巨大的困难，而是他的向导、亚美尼亚国王阿尔塔瓦斯德斯（Artavasdes）阴谋反对他，安东尼鲁莽地任命他担任自己的顾问，决定战争问题的助理。确实，当后者被发现有大量反对罗马人的罪证之后，安东尼惩罚了他，但已经为时太晚。不仅是他，还有另外一名向导使罗马人从幼发拉底河边的宙格马到阿特洛帕特边境的行军路程走了8000斯塔德，比直线距离长了双倍。而且，他带领着军队在山区、无路可走的地区和迂回曲折的道路行走。

5. 在古代，当大米底消灭了叙利亚人的帝国之后，就统治了整个亚细亚地区。但是后来在阿斯提亚格斯时期，它的巨大权力被居鲁士和波斯人夺走，尽管它在很大程度上继续保持着昔日的光荣，埃克巴坦那成了波斯历代诸王的冬宫。[①] 大概在马其顿人推翻波斯人，占领叙利亚之后也是如此；现在，它又为帕提亚历代诸王提供了同样舒适和安全的居住地。

6. 大米底在东部与帕提亚和以劫掠为生的科塞伊人部落山区交界，他们曾经和埃利迈伊人结盟，共同与苏萨人和巴比伦人作战，他们提供了13000名弓箭兵。根据奈阿尔科斯所说，这里有四个以劫掠为生的部落，其中马尔迪人与波斯人为邻；乌克西人、埃利迈伊人与马尔迪人和苏萨人为邻；科塞伊人与米底人为邻。四个部落全都迫使国王向他们纳贡，当国王在埃克巴坦那度过夏天，返回巴比伦之后，科塞伊人还可以获得国王的礼物。但是，亚历山大在冬天进攻他们，结束了他们这种胆大妄为的行为。因此，大米底在东方与这些部落为邻，并且与波斯人的邻居帕雷塔塞尼人为邻，他们同样是山民，以劫掠为生。在北方，它与居住在希尔卡尼亚海之后的卡杜西人，还有我已经说过的那些部落为邻；在南方，它与阿波罗尼亚提斯为邻（古人把这座城市称为

---

① 显然是错误，是"夏宫"（参见第1、6节）。

西塔塞内），也和扎格罗斯山脉为邻。马萨巴提斯就在这个地方，这座城市属于米底，但也有人认为属于埃利迈亚。在西方，米底与阿特洛帕特人、部分与和亚美尼亚人为邻。米底有若干由马其顿人建立的希腊化城市。在这些城市之中，在拉加[①]附近有劳迪西亚（Laodiceia）、阿帕米亚和拉加城[②]本身，后者是尼卡托建立的。他把这座城市称为欧罗普斯，帕提亚人把它叫做阿萨西亚（Arsacia）；根据阿尔忒米塔的阿波罗多罗斯所说，它大概在里海门以南500斯塔德。

7. 米底大部分地区是高山和寒冷地区。这些高山位于埃克巴坦那以北，靠近拉加与里海门。一般来说，整个北部地区从这里一直延伸到马提亚内和亚美尼亚。里海门以南的地区，包括低地和中部地区非常肥沃，出产各种产品，但是橄榄除外，即使有的地方出产橄榄，它也是干燥的，榨不出橄榄油。这里和亚美尼亚都是少有的、优良的"牧马场"；有一些草地被称为"牧马场"，[③]有人从波斯和巴比伦前往里海门要经过那里。据说在波斯人统治时期，那里放牧了50000匹母马，这些马匹都是属于波斯国王的。至于国王使用的尼萨马，它们是最好和最高大的马匹。有些作家认为种马出自这里，另外一些作家则认为出自亚美尼亚。它们现在叫做帕提亚马。它们和希腊的、我国的马匹相比，特点是体态不同。而且，我们认为有一种专门喂马的"米底草"（Medic）是最好的马料。这种牧草在那里很茂盛。这个地区还生长着阿魏属

---

① 赫拉克利亚城。
② 城市的名字使用了单数和复数。
③ Hippobotos——荷马对阿尔戈斯的修饰词（《奥德赛》，Ⅵ，99）。

植物（silphium），以此制作的所谓"米底"阿魏液，基本上不逊于"昔兰尼"阿魏液，有时甚至比后者更好；这或者是由于地理环境不同，或者是由于植物的品种不同，甚至是由于榨取和制作液体的人们为了储藏和使用目的，而使它的浓度有所不同造成的。

8. 这个地区的自然情况就是这样。至于它的面积，它的长度和宽度大致相同。米底最宽之处看来是越过扎格罗斯山脉（又称米底门）、经西格里亚内到达里海门的距离，总共4100斯塔德。据说贡赋的征收与地区的面积和财力是一致的：因为卡帕多西亚每年交给波斯人的贡赋除了白银之外，还有1500匹马、2000头骡子、50000头羊，而米底交纳的数量几乎是这个数字的两倍。

9. 米底人的风俗习惯，大部分与亚美尼亚人的风俗习惯相同。因为他们的地区是一样的。但是，据说亚美尼亚人的风俗习惯起源要早于他们的统治者和整个亚细亚最高权力的继承者波斯人。例如，现在所谓的"波斯"袍，[①] 他们热衷的箭术、马术和他们迎逢国王的马屁术、王室的装饰、国王受到臣民神圣般的崇拜，都是由米底人传给波斯人的。这一点特别表现在他们的服饰上。如国王的头巾、[②] 鸡冠状头巾、[③] 无沿毛毡帽、长袖短裙、长裤，这种服饰适合于那些寒冷的北方地区居民，例如米底人穿戴，但完全不适合南方地区。波斯人的居民点大部分在红海附近，它比巴比伦人和苏萨人居住的地方更靠南方。在米底人的统治被推翻之后，波斯人又占领了某些与米底交界的地区。但是，被征服者的风俗

---

① 长袍、礼服。
② 国王的头饰。
③ 波斯国王的头巾。类似鸡冠（阿里斯托芬：《云雀》，497）。

习惯在征服者看来是如此的令人敬畏和适合于王室的礼仪,以至于他们甘愿穿着女性的长袍,而不是一丝不挂或只有几根纱,他们用衣服把自己全身从头到尾都包了起来。

10. 根据有些人所说,美狄亚和伊阿宋统治这个地区的时候,把这种服饰介绍进来了;她甚至蒙着面孔,代替国王接近公众。为了纪念英雄伊阿宋而建立的伊阿宋圣堂非常受蛮族人尊敬,它在里海门之后,右边有一座名叫伊阿宋乌姆的城市。这个地区的裙子和名字,都令人想起了美狄亚。据说她的儿子梅杜斯继承了这个帝国,并且把自己的名字留给了这个国家。与这个报道相符的有亚美尼亚的伊阿宋神庙、这个地区的名字和我先前已经说过的其他许多东西。

11. 挑选最勇敢的人当国王,这也是米底的风俗习惯。不过,它并不是所有米底人的风俗习惯,而只是山民的风俗习惯。更流行的风俗习惯是国王有许多妻子。这是米底山民的风俗习惯,也是所有米底人的风俗习惯,他们不允许少于五个妻子。同样,妇女们据说也认为丈夫越多越光荣,如果连五个男人都没有,实在是一件不光彩的事情。① 虽然米底其他地方非常富饶,但北部山区土地贫瘠,人们以树上的果实为生,以烘干和粉碎的果实做饼,以烤干的杏仁做面包,用某些块根酿酒,他们食用野生动物的肉类,但不饲养家畜。关于米底人的情况,我要补充的就是这么多了。由于波斯人征服的结果,整个米底地区通行的制度和波斯人的制度是相同的,在我谈到波斯人的时候,我将讨论它们。

---

① 原文有遗漏。

第十四章 亚美尼亚

1. 亚美尼亚南部与托罗斯山脉相连,这座山脉把它与幼发拉底河与底格里斯河之间的整个地区,即所谓的美索不达米亚划分开来;它的东部与大米底和阿特洛帕特交界;它的北部是帕拉科亚斯拉斯山脉,它位于里海门、阿尔巴尼亚、伊比利亚和高加索以北,高加索环绕着这些民族,与亚美尼亚、莫希山脉、科尔基斯山脉直到所谓的蒂巴拉尼人地区接壤。在西部有这样一些民族和山脉:小亚细亚和幼发拉底河地区有帕里亚德雷斯山脉、西迪塞斯山脉,幼发拉底河把亚美尼亚与卡帕多西亚、科马吉尼划分开来。

2. 幼发拉底河发源于托罗斯山脉北边。它起初向西流过亚美尼亚,然后转向南方,在亚美尼亚、卡帕多西亚和科马吉尼之间的地方穿过托罗斯山脉,冲出托罗斯山脉,到达叙利亚边界地区,然后转向冬季日出的方向[①]流去,到达巴比伦,与底格里斯河一起形成了美索不达米亚地区,两条河流最后都流入了波斯湾。在亚美尼亚周围的地区都是这样:它们几乎全是山区,崎岖不平,只有面向米底的少数地区除外。但是,由于托罗斯山脉在幼发拉底

---

① 参见本书 I,ii,21。

河对岸，正对着由河流形成的科马吉尼和梅利特内地区，又分出了一座新的山脉——马西乌斯山。这座山脉崛起于美索不达米亚以北米格多尼亚人的南部，尼西比斯就在他们居住的地区。而索费内（Sophene）位于马西乌斯与前托罗斯山之间的北部地区。前托罗斯山起于幼发拉底河与托罗斯山脉，终于亚美尼亚东部。在幼发拉底河转向东方之前，它的一边包括索费内的中部地区，[①]索费内的王城是卡尔卡西奥塞塔，在马西乌斯山脉之后一直向东，正对着戈尔迪尼的是尼法特斯山脉。接着是阿布斯山脉（Abus），幼发拉底河与阿拉斯河从这里流出，前者向西流，后者向东流；接着是尼巴鲁斯山，它一直延伸到了米底地区。

3. 我已经讲完了幼发拉底河。至于阿拉斯河，它起先向东流到了阿特洛帕特，然后向西、转向北流，首先流过亚美尼亚的城市阿扎拉，然后是阿尔塔克萨塔。然后流过阿拉色内平原，汇入里海。

4. 亚美尼亚有许多山脉和高原，这里很难种植葡萄；还有很多河谷地带，其中有些是一般肥沃，其他是非常肥沃。例如，阿拉色内平原、阿拉斯河流过这里进入阿尔巴尼亚的边远地区，然后汇入里海。在这个平原之后是塞卡塞内，这个地方与阿尔巴尼亚和居鲁士河交界，然后是戈加雷内。确实，这个地区盛产各种果实，种植了各种树木和常青植物，甚至还能生长橄榄树。这里有亚美尼亚的行省帕夫伊内、[②]科米塞内和奥尔齐斯特内，最后这

---

① 即把索费内放在托罗斯山脉和安提托罗斯山脉之间的地方。
② 原文有脱漏。

个行省提供最多的骑兵。最北部的地区是乔尔塞内和坎比塞内，绝大部分地区被白雪所覆盖。它们与高加索山脉、伊比利亚和科尔基斯交界。据说在这里的山路上，如果遇上罕见的强雪暴，常常使整个商队葬身于大雪之中。如果遇到这样危险的情况，人们拿着木杆爬到积雪的表面上来，以便呼吸空气，向后面的行人表明自己的困境，以便获得帮助，被人从雪里挖出来，逃得性命。据说在积雪之中形成了巨大的空心冰球，在冰球的内部包含有质地优良的水；而且，还有活着的生物在雪里繁殖后代，阿波罗尼德斯（Apollonides）把这些生物称为蠕虫，提奥法尼斯（Theophanes）把它们称为木蛀虫，据说在冰球之中有质地优良的水，人们可以在冰球上打开一个小洞取出饮用。有人认为这些生物滋生的类似昆虫，出自矿山的火焰和烟火之中。

5. 据说亚美尼亚从前是个小地方，是阿尔塔夏斯（Artaxias）和扎里亚德里斯（Zariadris）使它扩大了，他们从前是安条克大帝的将军，在安条克失败之后，他们自称为王（前者是索费内、阿齐塞内、奥多曼提斯和其他一些地区的国王，后者是阿尔塔克萨塔周边地区的国王），他们使用侵占周边民族领土的相同手段，扩张自己的王国。我指的是把卡斯皮阿内、帕夫尼提斯和巴索罗佩达从米底人的手中夺走；把帕里亚德雷斯山麓、乔尔塞内和戈加雷内从伊比利亚人手中夺走，最后一个地方位于居鲁士河对岸；把卡雷尼提斯和薛西内从卡里比人和莫西内齐人手中夺走，它们位于小亚美尼亚边境或者是它的一部分；把前托罗斯山从卡陶尼亚人手中夺走；把塔罗尼提斯从叙利亚人手中夺走。正如我们所知道的，他们现在都说着同样的语言。

6. 亚美尼亚的城市如下：汉尼拔为阿尔塔夏斯国王建立的阿尔塔克萨塔（Artaxata），又称阿尔塔夏萨塔（Artaxiasata），还有阿尔克萨塔（Arxata）。两座城市都在阿拉斯河河畔，阿尔克萨塔靠近阿特罗帕提亚边界，而阿尔塔克萨塔靠近阿拉色内平原。它是一座非常美丽的城市，这个国家的王都。它位于一个类似半岛的拐弯地段，一条河流作为城墙保护着它的四周，而地峡以壕沟和栅栏作为防御设施。离这座城市不远有提格兰和阿尔塔瓦斯德斯的国库、坚固的要塞巴拜萨和奥兰内。在幼发拉底河畔还有其他一些要塞。其中阿尔塔格拉斯被它的司令官阿多尔（Ador）鼓动起来造反，但凯撒的将领们在长期的围攻之后，洗劫了这座城市，毁掉了它的城墙。

7. 这个地区有几条河流，最出名的是法西斯河和莱古斯河（厄拉多塞把它误写成"特尔莫东河"），它们汇入攸克辛海；居鲁士河和阿拉斯河汇入里海；幼发拉底河和底格里斯河汇入红海。

8. 亚美尼亚有几个大湖。其中一个是曼提阿内湖（Mantiane），[①] 它的名字意为"蓝色"。据说它是仅次于梅奥提斯湖的第二大咸水湖，一直延伸到阿特洛帕提亚地区，有几个盐场。另外一个大湖是阿尔塞内湖，又称托皮提斯湖。它的水中含有苏打，可以洗净和恢复衣服的颜色。但是，由于水中含有这种成分，湖水不适合饮用。底格里斯河从尼法特斯山脉流出来之后，流过这个湖边，由于它的流速很快，它没有和湖水混合在一起。正是因为它的流速极快，米底人把它称为"箭"（底格里斯）河。这条河

[①] 可能是马提亚内（参见本书 XI, viii, 8；XI, xiii, 2）。

里有各种各样的鱼类，而湖中只有一种鱼类。在离开湖水很远的地方，这条河流入了一个深渊，在地下潜行了很长距离之后，它在卡洛尼提斯重新流出地面。① 接着，底格里斯河开始朝着俄皮斯和塞米拉米斯城墙的方向流去，把戈尔迪亚人地区和美索不达米亚留在右边。相反，幼发拉底河把这个地区留在左边。两条河流彼此互相接近，形成了美索不达米亚地区。前者由塞琉西亚（Seleuceia）流向波斯湾，后者由巴比伦流向波斯湾，就像我先前在反驳厄拉多塞和喜帕恰斯的观点时所说的一样。

9. 在卡巴拉附近西斯皮里提斯有许多金矿，亚历山大曾经派遣梅农率领士兵前往那里，但是他被本地人俘虏押往内地。② 这里还有其他矿山，特别是所谓的"桑迪克斯"（砷矿），③ 它又被称为"亚美尼亚"色，类似于紫红染料。这个地区有非常优良的"牧马场"，不次于米底的牧场，这里也繁殖波斯国王使用的尼萨马。亚美尼亚总督每年在所谓的米特拉节要送给波斯国王20000匹马驹。阿尔塔瓦斯德斯随同安东尼一起入侵米底的时候，曾经向安东尼表示，除了其他的骑兵之外，他还有6000匹全副武装、训练有素的战马。不仅是米底人和亚美尼亚人为这种骑兵感到自豪，阿尔巴尼亚人也一样，因为他们也使用全副武装的战马作战。

10. 至于这个地区的财富和实力，下面有一些重要的标志：庞

---

① 可能与参见本书XVI, i, 21 犯有同样的错误，卡洛尼提斯位于戈尔迪亚不远之处。

② 原文有脱漏。

③ 砷矿可以制作红颜料。

培强迫阿尔塔瓦斯德斯之父提格兰（Tigranes）交纳6000塔兰特白银，他立刻向罗马军队交纳了如下数量的物品：每个士兵50德拉克马，每个百人队长1000德拉克马，每个骑兵指挥官和千夫长1塔兰特。

11. 提奥法尼斯确定这个地区的面积如下：宽为100"斯科尼"，长为宽的两倍，估计"1斯科尼"等于40斯塔德，但是他的估计过高。他确定的长度比宽度更接近实际，而宽度只有他确定的宽度一半，或者略微多一点，关于亚美尼亚的自然情况和实力，就是这样的情况。

12. 亚美尼亚民族的古代历史大概是这样：正如我先前说过的，出自维贝湖边畔菲雷与拉里萨之间色萨利城市亚美尼乌姆的亚美努斯，曾经随同伊阿宋一同远征亚美尼亚。法萨卢斯人西尔西卢斯和拉里萨人梅迪乌斯是亚历山大远征的参加者，他们认为亚美尼亚就得名于亚美努斯。亚美努斯的支持者有些居住在阿齐利塞内，这个地方从前属于索费尼人，其他的人则居住在亚美尼亚山脉之外的西斯皮里提斯，直到卡拉基内和阿迪亚贝纳。他们还认为亚美尼亚人的服饰是色萨利人的式样。例如，长外套在悲剧之中被称为色萨利外套，胸前的绑带、斗篷用扣子系紧。甚至有悲剧演员模仿色萨利人，因为他们在这种场合必须有外来的色调。由于色萨利人常常穿着长外套，这大概是因为他们是所有希腊人之中居住在最北方和最寒冷地区的缘故，他们是演员们在舞台化妆时最合适的模仿对象。他们认为亚美尼亚人和米底人对马术的爱好也是来自色萨利人。伊阿宋的远征有伊阿宋的神庙可以为证，其中有些是这个国家的统治者建立的。例如，帕尔梅尼昂在阿夫季拉建立的伊阿宋神庙就是证明。

13. 有人认为亚美努斯和他的同伴用同一个名字来称呼阿拉斯河与佩尼乌斯河，因为它同这条河流是类似的；据说佩尼乌斯河被称为阿拉斯河，是因为它把奥萨山从奥林波斯山之中"劈出来了"，① 劈开了坦佩河谷。据说亚美尼亚的阿拉斯河在古代从群山之中奔流而下，倾泻到低处平原地区，由于没有出口而形成了海。但伊阿宋打开了一条类似坦佩河谷的通道，使河水可以迅速地流入里海，② 结果是阿拉色内平原由于河水迅速流入海中而变干了。③ 这个关于阿拉斯河的故事有几分可信的成分，但是希罗多德的报道完全不可相信。他说阿拉斯河从马蒂尼人的地区流出来之后，分成了40条河流，把西徐亚人和巴克特里亚人分开了。④ 卡利斯提尼斯同样追随希罗多德的说法。

14. 还有一种说法，埃尼亚尼人一部分居住在维提亚，另外一部分居住在阿布斯和尼巴鲁斯那边的亚美尼亚人之后。这些山脉是托罗斯山脉的一部分，其中的阿布斯靠近从巴里斯神庙通往埃克巴坦那的大路。据说有些被称为"萨拉帕雷人"（刽子手）的色雷斯人居住在亚美尼亚那边靠近古拉尼人和米底人的地区。由于他们是一个凶猛的、难以驾驭的山地民族，剥头皮者和猎头者，因此被称为"刽子手"。在关于米底人的报道中，我已经说过美狄亚；所以，在某种程度上，可以认为米底人、亚美尼亚人和色萨

---

① 本义为 aparaxai。
② "cat-arax-ae"，与注［1］同词根。
③ 又是用词根 arax 形成的文字游戏。
④ 希罗多德，I，202。

利人以及伊阿宋和美狄亚的后裔是亲属关系。

15. 古代的传说就是这样，更新的说法始于波斯人时期，一直延续到我们这个时代。必须简明扼要地说明的是，首先是波斯人和马其顿人占领了亚美尼亚；然后是这些人占领了叙利亚和米底；亚美尼亚后来的统治者是波斯七大贵族[①]之一希达尼斯的后裔奥龙特斯（Orontes）。然后是安条克大帝的将军阿尔塔夏斯和扎里亚德里斯，他们把这个地区分成了两部分，并且和罗马人发生了战争。国王委托两位将领统治这个地区，但在国王被打败之后，他们和罗马人联合起来，自立为王，获得了独立。现在的提格兰是阿尔塔夏斯的后裔，他统治着真正意义上的亚美尼亚。这个地区与米底、阿尔巴尼亚和伊比利亚交界，一直延伸到科尔基斯和攸克辛海边的卡帕多西亚；而扎里亚德里斯的后裔、索费尼人阿尔塔尼斯[②]则统治着南部和西南部地区。提格兰战胜了后者，成了整个地区的统治者。提格兰经历过各种不同的命运：起初，他是帕提亚人的人质；后来，他获得他们的特许返回祖国，帕提亚人得到了亚美尼亚的 70 谷地作为赎金；但是，当他的势力壮大之后，他不仅夺回了这些地方，而且还洗劫了帕提亚人的领土——位于尼努斯（Ninus）和埃尔贝勒附近的地方。他又征服了阿特洛帕特和戈尔迪亚的统治者，依靠他们的帮助征服了美索不达米亚其他地区。他渡过幼发拉底河，用武力占领了叙利亚和腓尼基地区。在他的势力极盛时期，他在这个地方和幼发拉底河畔宙格马之间的

[①] 希罗多德，Ⅲ，70。
[②] 根据拜占庭的斯特芬所说是阿萨息斯（Sophene s. v.）。

伊比利亚①附近建立了一座城市,把12座被毁坏的希腊城市居民集中到这里居住,并且把这座城市命名为提格兰诺塞尔塔。但是,卢库卢斯发动米特拉达梯战争,他在这座城市建成之前来到这里,不仅把这里的居民送回他们自己的老家,而且占领和拆除了这座只完成一半的城市,使它成了一个小村庄。②然后,卢库卢斯把提格兰赶出了叙利亚和腓尼基地区。提格兰的继承人阿尔塔瓦斯德斯成了罗马人的朋友之后,确实兴盛了一时。但是,他在战争之中背叛安东尼投靠帕提亚人之后,受到了应有的惩罚。安东尼把他作为战俘抓到亚历山大城,带着镣铐在全城游街示众;他被囚禁了一段时间,亚克兴战争爆发之后被处死了。在阿尔塔瓦斯德斯之后,这个国家由几位附属于凯撒和罗马人的国王统治着;直到今天,这个国家还是以同样的方式治理着。

16. 米底人和亚美尼亚人尊重波斯人所有的宗教仪式。但是,亚美尼亚人特别尊敬阿娜希塔女神,他们在许多不同的地方修建神庙祭祀她,特别是在阿齐利塞内。在那里,他们向她奉献了许多服役的男女奴隶,这确实算不了什么引人注目的事情。但是许多最显赫的部落成员也把自己还是少女的女儿献给这女神,这就是一件引人注目的事情了。因为有一个风俗习惯,这些人首先必须在这座女神庙做很长时间的娼妓,然后才能出嫁。而且,任何人不能歧视和这种妇女的婚姻生活。在希罗多德关于吕底亚妇女的报道之中,③已经谈到了这种风俗习惯。他说,她们全都把自己

---

① 原文显然有脱漏,这个地区没有伊比利亚的城市。
② 公元前69年。
③ 希罗多德,I,93,199。

当成妓女卖身。她们非常温柔地对待自己的情人，不仅非常周到地接待他们，而且和他们交换信物，还常常打倒贴。因为她们出身于富裕家庭，可以为她们提供这些财物。但是，她们喜欢接待那些与她们社会地位相同的人，而不接待任何闻风而来的人。

第十二卷

小亚细亚、卡帕多西亚、本都、比希尼亚、加拉提亚、阿卡迪亚

第一章　卡帕多西亚

1. 卡帕多西亚（Cappadocia）分成许多地区，经历了许多变迁。但是，卡帕多西亚人使用同一种语言，他们在南部与所谓西里西亚托罗斯山脉交界；在东部与亚美尼亚、科尔基斯和居住在两者之间，使用不同语言的居民交界；在北部与攸克辛海到哈利斯河口交界；在西部与居住在弗里吉亚的帕夫拉戈尼亚人、加拉泰人（Galatae）到利考尼亚人（Lycaonians）地区，还有居住在崎岖不平的西里西亚的西里西亚人地区交界。[①]

2. 至于这些语言相同的部落，古人认为其中的卡陶尼亚人（Cataonians）是一个独立的部落，通过他们与卡帕多西亚人对比，认定后者是不同的部落；在列举各个部落的时候，他们把卡陶尼亚放在卡帕多西亚的后面，然后是幼发拉底河和居住在其后的部落，以至于把梅利特内划入了卡陶尼亚境内。梅利特内位于卡陶尼亚与幼发拉底河之间，与科马吉尼相邻。按照卡帕多西亚被划为10个管理区[②]来说，梅利特内是这个地区的十分之一。确实，在我们这个时期，管理这个地区的诸王，直到阿基劳斯

---

① 即"多岩石的"或"石头的"。
② Strategiai.

(Archeläus)时还是遵守这种划分方式。卡陶尼亚也是卡帕多西亚的十分之一。在我们这个时期，这两个地区还是各自由自己的行政长官管理着。[①]无论是在语言或是其他风俗习惯方面，在卡陶尼亚人与其他的卡帕多西亚人之中，看不到任何不同之处，只有一点值得注意的是，他们与其他部落不同的标志是如何彻底消失的。无论如何，他们曾经是一个特出的部落，但是，他们被卡帕多西亚第一位国王阿里亚拉塞斯（Ariarathes）合并进了自己的王国。

3. 卡帕多西亚可以说是一个巨大半岛的地峡，它的两边与海相连，一边是伊苏斯湾直到崎岖不平的西里西亚；另一边是攸克辛海直到锡诺普，还有蒂巴拉尼人的沿海地区。我认为在地峡的这边，卡帕多西亚西部整个地区就是一个"半岛"。希罗多德把它称为"在哈里斯河这边的地区"，[②]因为这是由克罗伊斯（Croesus）完全统治的地区，希罗多德把他称为哈里斯河这边所有部落的僭主。但是，现代作家把托罗斯山脉这边称为亚细亚，赋予它与整个亚细亚大陆同样的名字。这个亚细亚首先包括许多东方民族，如帕夫拉戈尼亚人、弗里吉亚人、利考尼亚人、比希尼亚人、密细亚人、埃皮克特图斯人，[③]除此之外还有特洛阿德、赫勒斯滂提亚，在它们之后是大海、埃奥利亚人、爱奥尼亚人（他们是希腊人），其他民族有卡里亚人、吕西亚人，内陆地区有吕底亚人。关于其他民族的情况，我稍后再来讲述。

4. 在卡帕多西亚被马其顿人从波斯人手中夺走的时候，它就

---

① Strategos.
② 参见本书 I , vi, 28。
③ "被占领的领土"。

第一章 卡帕多西亚

已经被分成了两个行省。马其顿人部分是出于自愿,部分是出于不得已把它变成了王国。在这些王国之中,一个被他们称为"卡帕多西亚本土",一个被称为"托罗斯山脉附近的卡帕多西亚",或者是"大卡帕多西亚"和"本都",但是有些人把它称为"本都的卡帕多西亚"。我们现在对大卡帕多西亚的行政区划一无所知,[1]因为在国王阿基劳斯死后,凯撒[2]和元老院决定把它变成罗马的一个行省。但是,在阿基劳斯和他之前的国王统治时期,这个国家已经被分成10个行政区,其中有五个被认为在托罗斯山脉附近,它们是梅利特内、卡陶尼亚、西里西亚、提阿尼提斯和加尔索里提斯;其他五个行政区是:拉维安塞内、萨加劳塞内、萨拉维内、查马尼内和莫里梅内。后来,罗马人又从西里西亚划出第十一个行政区分给阿基劳斯的前任,这就是卡斯塔巴拉和基比斯特拉附近地区,一直延伸到德尔贝(Derbe),最后这个地方属于海盗安提帕特;后来,他们又把埃利乌萨周围崎岖不平的西里西亚一部分给了阿基劳斯,所有这些地区都从事海盗活动。

---

[1] 公元17年。
[2] 提比略。

第二章　卡陶尼亚和梅利特内

1. 梅利特内（Melitene）与科马吉尼（Commagene）类似。因为在卡帕多西亚所有地区之中，只有它到处可以栽种果树，因此它不仅出产橄榄油，还有莫纳里特葡萄酒，质量可以与希腊葡萄酒媲美。梅利特内位于索费内对面，幼发拉底河从它与科马吉尼之间流过，并且是双方的边界。在这条河的对岸，卡帕多西亚人有一座很大的要塞托米萨（Tomisa），它被以100塔兰特的价格卖给了索费内的统治者。后来，卢库卢斯把它作为礼物送给卡帕多西亚的统治者，以奖励他的勇敢精神，因为后者作为同盟者与他一起参加了米特拉达梯战争。

2. 卡陶尼亚是一个辽阔的低地平原，除了常青植物之外，当地可以生长各种植物。它的南部群山环绕，其中有西里西亚人的托罗斯山脉分支阿马努斯山，还有前托罗斯山脉，它向相反的方向分支；阿马努斯山向着西南方向，从卡陶尼亚一直延伸到西里西亚和叙利亚海，在这个中间地带，它环绕着整个伊苏斯湾和西里西亚人朝着托罗斯山脉的平原地区。但是，前托罗斯山脉朝着北偏东方向延伸，终止于内陆地区。

3. 在前托罗斯山脉有一些很深的狭窄谷地，科马纳城和厄尼俄（Enyo）神庙就在这些谷地之中，该神庙又有人称为"妈"

第二章 卡陶尼亚和梅利特内

（Ma）神庙。这座城市是一座重要的城市，但是，这座城市的大多数居民都是神启者和居住在神庙之中的服役人员。城市的居民卡陶尼亚人，一般而言是国王的臣民，但在许多情况下属于祭司，祭司是神庙的首脑。我在那个神庙居留的时候，这个神庙一共有6000多男女神庙服役人员。还有一块很大的土地也属于神庙，收益归祭司享用。在卡帕多西亚，祭司的地位仅次于国王。一般来说，祭司和国王属于同一个家族。据说是俄瑞斯忒斯（Orestes）和他的姐妹伊菲革涅亚从西徐亚的陶里人那里把这一套宗教仪式带到了这个地方，这些仪式是祭祀陶罗波卢斯的阿尔忒弥斯的。他们把自己的头发割下陈列在这里表示哀悼之意，[①] 这个城市也由此而得名。萨鲁斯河流过这座城市，经过托罗斯山脉峡谷流入西里西亚人的平原和平原下方的大海。

4. 皮拉姆斯河是一条可以通航的河流，它发源于平原的中部，流过卡陶尼亚地区。这里有一个很深的洞穴，通过它可以看到河水在一条很长的、隐蔽的地下通道中奔流，然后又流出地面。如果有人把一支标枪从地面投入洞穴，水的反冲力是如此之大，以至于标枪很难沉没在水中。而且，虽然由于河流极其深而宽广，水流量巨大，但它流到托罗斯山脉之后，水流量却变得出奇的小；还有一件怪事是，山上的裂缝成了河流的河床。就好像是把岩石劈成了两部分，岩石凸出的那部分，正好对着凹进的那部分，好像它们可以合在一起一样。这样，我所看见的岩石（两边都高出河流之上，一直通到山顶，彼此距离有二三普勒斯伦）上有许多

---

① 在希腊语之中 Kome 意为"毛发"，城市名字翻译成英语为"科马纳"。

洞穴，与突出的部分相对应。这段地区的所有河床都是岩石；中间有一道深而极其狭窄的裂缝，只容一条狗或一只野兔通过。这条裂缝也是河流的通道，河水一直涨到了岸边，在宽的地方类似一条运河。由于河床是岩石的，峡谷的宽度和深度变化很大，水流的声音在旅行者到达河边之前很远的地方，就已经像雷鸣震耳欲聋。在流过这座山脉之后，河水夹带着大量泥沙流入了大海，这些泥沙一部分来自卡陶尼亚，一部分来自西里西亚平原地区。据说甚至还有一个神谕也提到了泥沙问题：

> 当皮拉姆斯银色的漩涡淤塞神圣海滩
> 直达塞浦路斯的时候，人们将会感受到这一点。

确实，类似的情况在埃及也出现了。由于尼罗河不断带来淤泥，使海洋变成了陆地。因此，希罗多德把埃及称为"尼罗河的礼物"。[1] 荷马说法罗斯"位于外海"的时候，[2] 是因为它从前不像现在这样与埃及大陆是连在一起的。[3]

5. 排在第三位的是达西乌斯的[4] 宙斯神庙祭司，它虽然低于厄尼俄神庙的祭司，也是很重要的。这里有一个咸水池像巨大的圆形湖泊，周围有高峻的山路，好像台阶一样通向湖边，据说湖水压根儿就既不增加，也没有明显的减少。

---

[1] 希罗多德，II，5。
[2] 《奥德赛》，IV，354。
[3] 变成了半岛。
[4] 在莫里梅内。

第二章　卡陶尼亚和梅利特内

6.[①] 无论是在卡陶尼亚人的平原还是在梅利特内，都没有一座城市。但是，在山区有坚固的要塞，我指的是阿扎莫拉和达斯塔库姆要塞，卡尔马拉斯河从后者的周边地区流过。这里还有卡陶尼亚人的阿波罗神庙，它受到整个卡帕多西亚地区的祭祀，卡帕多西亚人把它作为自己神庙的模式。在其他的所有行政区（有两个除外）也没有城市；在剩下的行政区域之中，萨加劳塞内有一个小镇赫尔帕，还有流入西里西亚海的[②]卡尔马拉斯河。在其他行政区有托罗斯山脉附近高地的阿尔戈斯要塞、诺拉要塞（它现在叫做内劳苏斯），欧迈尼斯曾经在这座要塞之中坚守了很长时间。在我们这个时代，这座要塞成了西西内斯的国库所在地，他曾经进攻卡帕多西亚帝国。属于他的地方还有卡德纳（Cadena），这里是王宫所在地，有城市的气派。在与利考尼亚（Lycaonia）交界的地方还有一座小城名叫加尔索伊拉。据说这座城市曾经是这个地区的首府。在莫里梅内的维纳萨（Venasa），有一座维纳萨的宙斯神庙，它有一个将近3000神庙服务人员的居民点，还有一块非常富饶的神庙土地，每年可以为祭司提供15塔兰特收益。这位祭司以祭司职业为生，他像科马纳的祭司一样，但在地位上低于科马纳的祭司。

7. 只有两个行政区有城市。提阿尼提斯有提阿纳城，它位于托罗斯山麓，靠近里海门，这里有一条供大家使用的、进入西里西亚和叙利亚的简易和普通道路，它被称为"托罗斯山脉附近的

---

① 根据克雷默所说，第5节似乎在第6节之后。
② 像萨鲁斯湖一样。

欧塞维亚"。这个地区大部分是肥沃的、平整的。提阿纳位于塞米拉米斯高地上，这是一座设防坚固的城市。离这座城市不远是卡斯塔巴拉和基比斯特拉，两座城镇都靠近山区。在卡斯塔巴拉有佩拉西亚的阿尔忒弥斯神庙，据说庙里的女祭司们光脚走在炽热的炭火上不感到痛苦。在那里还有人反复地向我们讲述有关俄瑞斯忒斯和陶罗波卢斯的阿尔忒弥斯的同样故事，断言她之所以被称为"佩拉西亚的"，是因为她是"从对岸"过来的。[①] 然后是在上面提到的第10个行政区提阿尼提斯之内，有一座城市提阿纳（我没有把相邻的地区列入这个行政区一起，即卡斯塔巴拉、基比斯特拉和崎岖不平的西里西亚各地，[②] 那里有一个非常富裕的埃利乌萨岛，阿基劳斯曾经以应有的方式安置在那里，度过了他一生之中的大部分时间），还有一个部落的首府，所谓的马扎卡也在西里西亚境内。这座城市又称"阿尔盖乌斯附近的欧塞维亚"，因为它位于阿尔盖乌斯山麓，这是一座最高的山，其顶峰终年积雪。据有些登山者（这种人很少）说，在天气晴朗的时候，从山顶上可以看见两个大海：攸克辛海和伊苏斯海。同时，马扎卡本身并不是适合建立城市的地方，因为它没有水源，也不利于防守；由于行政长官的疏忽，它也没有建造城墙（也可能是有意这样，为的是使居住在平原上的居民，不能利用箭矢无法射到高丘的优势，依靠城墙的防护作用卷入劫掠活动）。而且，周围所有地方虽然是平坦的地方，却是完全寸草不生、难以耕作的地区，它们是一片

[①] 本义为 perathen。

[②] 参见本书 XII, i, 4。

布满沙子和岩石的地方。如果在这里稍微走远一点儿,就能看见绵延好几斯塔德的火山岩和冒火的洞口。因此,这里的生活必需品必须从远处运来。更有甚者,一些看似有利的东西,也可能隐藏着危险。因为整个卡帕多西亚虽然几乎没有松树,阿尔盖乌斯周边却全部是森林地区。因此砍伐木料非常便利,但是在堆放木材的地区,许多地方常常有地下火,同时也有地下水。但是,无论是火还是水都不露出地面。所以大部分地区长满了青草。在有些地方,甚至还有沼泽,晚上从那里会冒出火焰。那些熟悉这个地方特性的人在伐木的时候,会小心谨慎;但对于大部分在这里工作的人而言,这个地区是危险的。特别是对于牲口而言是这样,因为它们可能会掉进隐蔽的火洞中被烧死。

8. 平原上有一条米拉斯河流过城市的前面,距离城市大约40斯塔德路程,它的发源地在一块比城市海平面还低的地方。由于这个原因,它的水位升不到合理的高度,形成了许多沼泽和湖泊,对居民并无好处可言。在夏季的时候,河水污染城市周围的空气,妨碍了采石场的工作,不过其他工作还好。由于这里蕴藏建筑用的石板材,马扎塞尼人可以获得大量的石材建造房屋。但是,由于石板隐藏在水面之下,开采石材很不容易。而且,这里的沼泽到处是火成岩。由于米拉斯河通过一条狭窄的水道汇入哈利斯河,[①] 阿里亚拉塞斯国王下令筑坝堵塞这条通道,使得附近的平原变成一片汪洋的湖泊,并且出现了几个外表上类似基克拉泽斯群岛似的岛屿,这里曾经是年轻人消遣时光的游乐场所。但是,这

---

① 手稿有误,幼发拉底河。

个堤坝很快就崩塌了,河水又可以流出去,哈利斯河再次水满为患,[1]淹没了卡帕多西亚大片的土地,毁掉了许多居民点和种植园,给统治着弗里吉亚的加拉提亚人地区造成了不小的损失。为了赔偿居民的损失,他们转而要求罗马人解决这个问题,赔偿30塔兰特损失。同样不幸的事件也发生在赫尔帕,因为他在那里也筑坝堵死了卡尔马拉斯河;后来河口决堤了,河水把马卢斯附近西里西亚的一些地方毁灭了,他不得不赔偿了受害者的损失。

9. 虽然马扎塞尼人的地区从自然条件来说,在许多方面不适宜居住。但是,历代国王似乎都喜欢它,因为在这个国家所有地区之中,它是最接近中心地区的,在这些地方有可供建筑工程使用的木材和石材。同时,它还有畜牧业所需要的大量饲料。而且,这座城市在某种程度上是他们的大本营。在其他方面,他们自己居住在山区的要塞之中,无论是他们自己,还是他们的奴隶都是安全的。他们有很多的要塞,其中一些属于国王,另外一些属于国王的朋友。[2]马扎卡在本都之南大约800斯塔德,距离幼发拉底河略少于上述距离的双倍,距离西里西亚门和居鲁士的营房[3]为6天路程(经提阿纳大道)。提阿纳位于这条道路的中间,距离基比斯特拉300斯塔德。马扎塞尼人使用卡隆达斯的立法,挑选了一位朗读法律者,[4]他类似于罗马的法学家,是法律的阐述者。但是,提格兰洗劫卡帕多西亚的时候,使人民陷入了苦难之中。因为他

---

[1] 再次出现错误,幼发拉底河。
[2] Philoi——希腊化国王时期的宫廷封号。
[3] 迈内克校正,取代了 kyrinu。
[4] 希腊文 Nomodus 本义为"诵法者"。

强迫他们所有的人一个不落地迁移到美索不达米亚去，把他们大部分安置在提格兰诺塞尔塔。[①]后来提格兰诺塞尔塔被占领，这些人才得以回到故乡。

10. 这个国家的面积如下：从本都到托罗斯山脉宽度大约为1800斯塔德；从利考尼亚、弗里吉亚到幼发拉底河以东和亚美尼亚，长度大约为3000斯塔德。这是一个非常富裕的国家，不仅是在果品方面，特别是在粮食和畜牧业方面。它虽然在本都以南很远的地方，但气候更冷。巴加达尼亚最靠近南方（因为它在托罗斯山麓），几乎不生长任何结果的树木，但长满了野驴食用的草料，它是国内较大的一个地区，特别是在加尔索伊拉、利考尼亚和莫里梅内周边地区是这样。在卡帕多西亚还出产世界上质量最好的代赭石（ruddle），名叫"锡诺普代赭石"（Sinopean），只有伊比利亚的代赭石可以与其媲美。它之所以被称为"锡诺普代赭石"，是因为在腓尼基人的商业活动还没有深入到卡帕多西亚之前，商人们通常把它从这里运到锡诺普。据说阿基劳斯的矿工在加拉提亚人地区附近还发现了水晶板和缟玛瑙（onyx stone）。这里有个地方出产一种类似象牙的白石头，它可以做成油石大小的片状物体，这些片状物体可以用来做短剑的刀把。还有一个地方把它做成大块的透明石头，[②]用来做窗户或者出口。本都和卡帕多西亚的边界是一个与托罗斯山脉平行的山区地带，起于查马尼内西部的边远地方，那里的悬崖上有一座达斯门达要塞，一直延伸

---

① 参见本书XI, xiv, 15。
② 显然是云母。

到东部边界拉维安塞内。查马尼内和拉维安塞内都是卡帕多西亚的行政区。

11. 罗马人在战胜安条克之后，立即开始支配亚细亚的事务，他们和许多部落、国王缔结了友好关系或者同盟关系，他们在各种场合给予国王的这种尊重都只是给予国王个人的，但给予卡帕多西亚国王的尊重是与人民在一起的。当王族绝嗣之后，罗马人根据他们与各个部落签订的友好同盟条约，赐予他们按照自己法律生活的权利。但是，那些派去的使节不仅拒绝自由（因为他们说他们承担不起自由），还要求给他们任命一位国王。罗马人奇怪世界上还有这样的民族，如此讨厌自由[①]……无论如何，他们决定允许使节从他们自己之中选举一位中意的人选，他们选出了阿里奥巴尔赞。但是在他的第三代时，王室绝嗣了，阿基劳斯被安东尼任命为国王，但这与人民没有任何关系。关于大卡帕多西亚的情况，我知道的就是这样了。至于崎岖不平的西里西亚，我已经把它加在大卡帕多西亚一起讲了，这比在叙述整个西里西亚的时候再说要更好一点。

---

① 手稿后面文字有脱落。

第三章　本都、帕夫拉戈尼亚和小亚美尼亚

1. 至于本都（Pontus），米特拉达梯·欧帕托是自立为王的；他统治的国家边界从哈利斯河直到蒂巴拉尼和亚美尼亚地区，在哈利斯河的这边一直延伸到阿马斯特里斯和帕夫拉戈尼亚的某些部分；除此之外，他不仅占领了西边一直延伸到赫拉克利亚的海岸线（这座城市是柏拉图派哲学家赫拉克利德斯的故乡），还占领了相反方向直到科尔基斯和小亚美尼亚的海岸线，他把这些地区都并入了本都的领土。庞培战胜了米特拉达梯之后，占领了由上述边界组成的这个国家。他把那些靠近亚美尼亚和科尔基斯周围的地区，分给了那些站在他一边参战的君主。他把其他地区分成了11个国家，并入了比希尼亚（Bithynia），经过这两次划分，形成了一个行省。他任命皮莱梅内斯的后裔担任国王，统治居住在这个国家中部的某些帕夫拉戈尼亚人，[①] 就像他任命世袭的泰特拉奇（fetrachs）统治加拉提亚人一样。[②] 后来，罗马的行政长官时常重新划分这个地区，不仅任命了一些新的国王和君主，而且对城

[①] 在本都与比希尼亚之间。
[②] 四分之一地区的统治者。

市做法也很不一样，一部分城市成了自由城市，一部分归君主管理，一部分成了罗马人的臣民。为了讲述这个国家，在略微谈一谈他们过去的情况之后，再详细讲讲他们现在的情况，我认为这样是有好处的。我将从赫拉克利亚开始，它是这个地区最西部的地方。

2. 如果有人从普罗庞提斯进入攸克辛海，在他的左边是与拜占庭相邻的地区（这些地方属于色雷斯人，称为本都的"左边"），在他的右边是与卡尔西顿相邻的地区。它的第一部分属于比希尼亚人，第二部分属于马里安迪尼人（有些人把他们称为考科尼亚人），接下来直到哈利斯河是帕夫拉戈尼亚人，然后是本都的卡帕多西亚人，在他们之后直到科尔基斯还有很多部落。所有这些地方都被称为"本都的右边"。欧帕托统治着从科尔基斯直到赫拉克利亚的海岸线；① 在这条边界之外直到本都入口和卡尔西顿地区，属于比希尼亚的国王统治。但是，罗马人在推翻了这些国王之后，保留了同样的边界线。例如，赫拉克利亚被合并在本都一起，更远的地方被合并在比希尼亚人一起。

3. 至于比希尼亚人，大多数作家一般认为他们就是过去的密细亚人。他们现在的名字则来自色雷斯人——色雷斯的比希尼亚人和西尼亚人，他们就居住在上述地区。他们还提供了比希尼亚人的许多证据。例如，今天在色雷斯境内还有一些部落被称为比希尼亚人。至于西尼亚人，在阿波罗尼亚直到萨尔米德苏斯之间的海岸线就称为西尼亚斯。我认为，在这些部落之前就定居在密

---

① 米特拉达梯·欧帕托。

细亚的贝布里塞人，也是色雷斯人。我已经说过，甚至密细亚人本身也是这些色雷斯人从前派出去的殖民者，只是现在他们称为摩细人而已。关于这些民族的记述就是这样了。

4. 但是，关于马里安迪尼人和考科尼亚人的记述没有完全相同的。例如，有的说赫拉克利亚在马里安迪尼人地区，它是米利都人建立的；但是，关于他们是什么人，他们从什么地方而来却不置一词。对于他们的民族特点、方言或者其他的东西，也不置一词。由于他们类似于比希尼亚人，因此有理由推测这个部落最初也是色雷斯人。泰奥彭波斯认为，马里安迪努斯曾经统治过帕夫拉戈尼亚的部分地区，当时这个地区归许多君主统治；后来他进攻、并且占领了贝布里塞人地区。他后来离开了这个国家，但是用自己的名字命名了这个国家。据说米利都人最初强迫居住在这个地方的马里安迪尼人建造了赫拉克利亚城，把他们当成是自己的希洛人使用，甚至把他们卖掉，但不能把他们卖到国外去（因为关于这个问题，他们彼此之间有过协议），他们类似于克里特人的农奴姆诺人阶层[①]和色萨利人的佩内斯特人。

5. 至于考科尼亚人，据说他们居住在紧接着马里安迪尼人之后直到帕西尼乌斯河的沿海地带，他们的城市名叫蒂艾乌姆城，有些人认为他们是西徐亚人，有些人认为他们是马其顿人的某个部落，还有人认为他们是佩拉斯吉人。关于这个部落的情况，我已经说过了。卡利斯提尼斯在其著作《论战船的阵形》之中，在荷马的原文这些话之后：

---

① 本义为"synod"。

克罗姆纳、埃贾卢斯、高大的埃里西尼。

(《伊利亚特》，Ⅱ，855)

插入了如下几句：

波利克利斯高贵的儿子率领着考科尼亚人，
他们居住在帕西尼乌斯河附近光荣的城市。

因为根据他的说法，考科尼亚人从赫拉克利亚一直延伸到了马里安迪尼人和白叙利亚人，即我们所说的卡帕多西亚人地区，在蒂艾乌姆周围的考科尼亚人一直延伸到了帕西尼乌斯河地区，紧接着他们的是居住在帕西尼乌斯河之后的赫尼提人，他们占据着基托鲁姆。现在还有些考科尼亚人①居住在帕西尼乌斯河地区。

6. 赫拉克利亚是一座拥有优良港口的城市，也是一座值得一提的城市，因为除了其他事情之外，它还参加了殖民活动，切尔松尼斯和卡拉提斯就是它的殖民地。它最初是一个自治的城市，后来由僭主统治，再后来恢复了自由，后来又受国王的统治，成了罗马人的臣民。人们接受罗马人的殖民者，与他们分享自己的城市和土地。但是，多姆内克利乌斯之子、加拉提亚人的四分之一行政区长官阿迪亚托利克斯，从安东尼手上获得了赫拉克利亚居住的那部分城市，在亚克兴战争爆发之前不久，他在晚上进攻罗马人，把他们杀了。他声称这个行动得到了安东尼的批准。但

---

① 参见本书Ⅷ，ⅲ，17。

是,在亚克兴战争胜利之后,他和自己的儿子一起被抓去参加凯旋仪式,并且被杀死。这座城市划归本都行省,和比希尼亚合并在一起。

7. 在卡尔西顿和赫拉克利亚之间有几条河流,其中有普西拉斯河、卡尔帕斯河和桑加利乌斯河,最后这条河流经常被荷马提到。[①]桑加利乌斯河发源于桑吉亚村附近,距离佩西努斯(Pessinus)大约150斯塔德。它流过了弗里吉亚埃皮克特图斯人的大部分地区,流过了比希尼亚部分地区;因此,它在距离尼科墨底亚300多斯塔德的地方,与加卢斯河汇合在一起。这条河流发源于赫勒斯滂海弗里吉亚的莫德拉。这里同样是弗里吉亚埃皮克特图斯人的地区,先前居住着比希尼亚人。它逐渐扩大,现在成了一条可以通航的河流,但从前不能通航。它的河口成了比希尼亚的边界。在这条海岸线之外有一座西尼亚岛。在赫拉克利亚生长着一种名叫乌头的植物。[②]这座城市距离卡尔西顿的神庙大约1500斯塔德,距离桑加利乌斯河500斯塔德。

8. 蒂艾乌姆是一座小城,如果不是阿塔罗斯王朝奠基者菲雷泰鲁斯出生在这里,这座城市简直不值得一提。接下来是发源于帕夫拉戈尼亚的帕西尼乌斯河,它流过了许多鲜花盛开的地区,并且由此而得名。[③]然后是帕夫拉戈尼亚和埃内提人(Eneti)的地区,有许多作家质疑荷马所说的"埃内提人"指的是什么人,他说:

---

① 《伊利亚特》,Ⅲ,187;ⅩⅥ,719。
② Aconitum anthoral——野生植物。
③ 帕西尼乌斯意为"少女的",它是一种用来做花冠的鲜花的名字。

> 坚强的皮莱梅内斯率领着帕夫拉戈尼亚人,
> 从出产野驴的埃内提人地区而来。
>
> (《伊利亚特》,Ⅱ,851)

据说,今天在帕夫拉戈尼亚已经看不见埃内提人的踪影,但有人认为在距离阿马斯特里斯10斯科尼的埃贾卢斯村旁边有一个名叫埃内提的村庄。佐诺多图斯甚至把它写成了"埃内特",[①] 他认为荷马指的明显是今天的阿米苏斯。但是,其他人认为埃内提部落居住在卡帕多西亚人附近,他们曾经和辛梅里安人一起参加远征,后来被驱逐到了亚得里亚海地区。有关这个问题一致的意见是,皮莱梅内斯所属的埃内提人,是帕夫拉戈尼亚人之中一个最重要的部落,他们绝大多数人和他一起参加了远征,他们在自己的首领阵亡之后,占领了特洛伊,然后渡过色雷斯,在流浪的过程之中来到了现在所谓的埃内提地区。正如我先前在有关意大利的介绍之中所说的那样,根据某些作家所说,安特诺尔及其子也参加了这次远征,并且定居在亚得里亚海最遥远的地方。因此,有理由认为这就是在帕夫拉戈尼亚再也见不到他们的原因。

9. 帕夫拉戈尼亚人在东方的边界是哈利斯河,据希罗多德所说,[②] 这条河流从位于叙利亚人和帕夫拉戈尼亚人之间的南方流出,汇入所谓的攸克辛海。但是希罗多德所说的叙利亚人指的是"卡帕多西亚人",实际上,他们一直到今天仍然被人们称为"白叙利

---

① 以"埃内特"代替"埃内提人"。
② 希罗多德,Ⅰ,6。

亚人",而那些在托罗斯山脉之外的则被称为"叙利亚人"。与那些人居住在托罗斯山脉这边的人相比,那些人的皮肤被晒得黝黑,而这些人的皮肤却没有被晒黑,因此而得到了一个"白皮"的绰号。品达谈到亚马孙人的时候说:

他们指挥叙利亚人的军队,强大的长矛兵。

(《残篇》,53,普韦什)

同样,他明确地指出他们居住在特米斯齐拉。特米斯齐拉位于阿米塞尼人的土地上。这个地区属于白叙利亚人,他们居住在哈利斯河之后的地区。因此,帕夫拉戈尼亚人在东方的边界就是哈利斯河;在南方与弗里吉亚人和居住在他们之中的加拉提亚人为邻;在西方与比希尼亚人和马里安迪尼人(因为所有的考科尼亚人都死光了)为邻,在北方以攸克辛海为界。这个国家被分成内陆和沿海两个部分,都是从哈利斯河延伸到比希尼亚。欧帕托不仅统治着沿海直到赫拉克利亚地区,而且占领了最近的部分内陆地区,[①]其中有些地方越过了哈利斯河(直到这时之前,它一直是罗马人划定的本都行省边界)。即使在米特拉达梯被推翻之后,内陆其余地方仍然由许多君主统治着。至于内陆地区的帕夫拉戈尼亚人(我指的是那些不归米特拉达梯统治的),[②]我将在后面谈到他们。现在我准备来谈谈那个归他统治的国家,即名叫本都的国家。

---

① 帕夫拉戈尼亚。
② 参见本书XII,iii,41—42。

10. 在帕西尼乌斯河之后，就是阿马斯特里斯，这座城市得名于建立这座城市的一位妇女的名字。它位于半岛之上，在地峡的两边都有港口。阿马斯特里斯是赫拉克利亚僭主狄奥尼修斯的妻子，也是曾经与亚历山大作战的大流士三世之弟奥克西亚特雷斯的女儿。她建立了由四个居民区组成的一座城市：这四个居民区是塞萨姆斯、基托鲁姆、克罗姆纳（荷马在帕夫拉戈尼亚人船队的阵形之中提到过它）①和蒂艾乌姆。但是，后面这座城市不久就从这个联合城市之中造反出去了，其他三个居民区仍然联合在一起。其中的塞萨姆斯是阿马斯特里斯的卫城，基托鲁姆曾经是锡诺普人的商业中心。根据埃福罗斯所说，它得名于弗里克苏斯之子基托鲁斯。最高大和最好的黄杨木生长在阿马斯特里斯境内，特别是生长在基托鲁姆周边地区。埃贾卢斯是一条长达100多斯塔德的海岸线，这里还有一座名字相同的村庄，荷马曾经提到过它：

克罗姆纳、埃贾卢斯、高大的埃里西尼。

（《伊利亚特》，Ⅱ，855）

但是，也有一些人写成：

克罗姆纳、科比亚卢斯。

---

① 《伊利亚特》，Ⅱ，853以下。

据说今天的埃里西尼是因为它的色彩而被称为埃里西尼的。[1]它们是两块高大的岩石。在埃贾卢斯之后是卡兰比斯,这个巨大的海角向北一直延伸到了西徐亚人的切尔松尼斯。我过去常常提到它,以及正对着它的克里木托庞,就是它把攸克辛海分成了两个海。[2] 在卡兰比斯之后是基诺利斯、安提西诺利斯、小镇阿博努泰库斯[3] 和阿尔梅内(Armene),这个地方有一个谚语:

谁要没活干,就去阿尔梅内砌城墙。

阿尔梅内是锡诺普人的一个村庄,它有一个港口。

11. 距离阿尔梅内50斯塔德就是锡诺普,它是世界上这个地区最重要的城市。这个城市是米利都人所建,它有一座军港控制着基亚尼之内的海洋,经过与希腊人多次战争的较量,共同分享基亚尼之外的海洋。虽然它长期保持着独立的地位,但最终未能保住自己的自由。它最初是被法尔纳西斯包围占领,受到他的奴役;[4] 后来又是他的继承人,直到欧帕托为止;然后又受到了推翻欧帕托的罗马人奴役。欧帕托出生在这座城市,并且在这里长大成人;国王对它非常重视,甚至把它作为王国的都城。锡诺普由于自然环境和人们的深谋远虑,建造得非常美丽,城市位于半岛的狭长地区,在地峡两边都有港口、港外的锚地和优良的金枪

---

[1] 出自 eryhtros——红色的。
[2] 参见本书 II, v, 22;VII, iv, 3;XI, ii, 14。
[3] 本义为"阿博努斯墙"。
[4] 公元前183年。

鱼捕鱼场。关于捕鱼场的情况我已经说过了，锡诺普人的捕鱼量居第二位，拜占庭人的居第三位。而且，半岛周围是突兀的海岸包围着，其中有很多低洼的地带、岩石的洞穴，它们也可以称为"科尼西德斯"。这些洞窟在涨潮的时候灌满了水，因此这些地方很难接近。它不仅是因为这个原因，也是因为整个岩石的表面布满了刺，赤脚无法走过。但是，在这座城市之后，高处的土地是肥沃的，点缀着各种各样的蔬菜农场，特别是在城市的郊区。这座城市本身有坚固的城墙防卫，装点着豪华的体育馆、市场和柱廊。尽管它是这样一座重要城市，还是有两次被敌人占领：第一次是被法尔纳西斯，他以出人意料地突然袭击，占领了这座城市；第二次是卢库卢斯和守卫该城的僭主，他们同时发起内外夹攻，占领了城市。因为国王任命的城防司令巴基德斯总是怀疑内部的民众要背叛，他实施了许多暴行和暗杀，使公民既无法勇敢地保卫自己的权利，又不愿意与对手和解，也没有任何的战斗意志。无论怎么说，这座城市被占领了。卢库卢斯没有触动城市的其他装饰，但是拿走了比拉努斯的地球仪和斯塞尼斯雕刻的奥托利库斯雕像，[①] 他们认为奥托利库斯是这个城市的建立者，并且视之为神。这座城市还有一座奥托利库斯的神谕所。他被认为是参加伊阿宋远征的人物之一，并且占领了这个地方。后来，米利都人看到这个地方优越的自然环境和当地居民的软弱，把这个地方占为己有，并且把殖民者派到这里来殖民。现在，它又接受了一个罗马人的殖民，城市的一部分和土地也归了这些殖民者。这座城市

---

① 普鲁塔克：《卢库卢斯传》，23。

距离希伦3500斯塔德,[①]距离赫拉克利亚2000斯塔德,距离卡兰比斯700斯塔德。锡诺普是许多杰出人物的故乡,在哲学家之中有犬儒学派的第欧根尼(Diogenes)和提莫修斯帕特里昂(Timotheus Patrion);诗人有喜剧诗人迪菲卢斯(Diphilus),历史学家有巴通(Baton),他写了一部《波斯历史》。

12. 然后是哈利斯河口。它得名于"盐矿",[②]通过冲洗盐矿而得到盐。这条河发源于本都地区大卡帕多西亚附近的卡米塞内;以极大的水量流向西方,然后通过加拉提亚的帕夫拉戈尼亚转向北方,它成了这两个地区和白叙利亚人地区的分界线。[③]锡诺皮提斯和一直延伸到比希尼亚的所有山区,以及在上述海岸线之后的地区,出产用于造船的优良木材,也很容易运输出去。锡诺皮提斯还出产枫树和山货干果,他们把树砍下来做成桌子。在大海之后不远之处全部是可耕作的土地,这里种植了橄榄树。

13. 在哈利斯河口之后是加泽洛尼提斯,由此一直延伸到萨拉梅内是一片肥沃的、平坦的、盛产各种果实的土地。这里养羊业繁殖的羊群,出产的皮板和柔软的羊毛,在整个卡帕多西亚和本都非常罕见。这里还出产瞪羚,它在各地也是供不应求。这个地区有一部分地方居住着阿米塞尼人,其余地方则被庞培给了戴奥塔鲁斯(Deïotarus),赐给他的地区还有法尔纳西亚、特拉佩祖西亚、科尔基斯和小亚美尼亚。庞培任命他为上述所有这些地区的国王。在这之前,他继承了世袭的加拉提亚四分之一地区行政长

---

① 在卡尔西顿尼亚的圣角(参见本书XIV, iii, 8)。
② Hals——"盐"。
③ "白人",即卡帕多西亚人。

官的职务，[①]即托里斯托波吉人地区的行政长官职务。不过，在他去世之后，这里出现了许多继承其土地的继承人。

14. 在加泽隆之后是萨拉梅内，然后是一座重要的城市阿米苏斯，距离锡诺普大约900斯塔德。泰奥彭波斯认为它最初是米利都人所建……[②]后来是卡帕多西亚人的统治者，再后来是雅典诺克利斯率领的雅典人在这里殖民，并且把它的名字改成了佩雷乌斯。历代诸王统治着这座城市。欧帕托用一座神庙装点了这座城市，又增加了一些附属建筑。这座城市先是被卢库卢斯所占领，后来，法尔纳西斯渡过博斯普鲁斯，占领了这座城市。再后来，神圣的凯撒赐予它自由，安东尼又赐给它许多国王。接着，僭主斯特拉顿（Straton）使它陷入了可悲的境地。在亚克兴大战之后，[③]奥古斯都·凯撒再次赐予它自由，这个城市现在治理良好。除了其他美丽的地区之外，它还统治着亚马孙人的特米斯齐拉，还有锡德内。

15. 特米斯齐拉是一个平原。它的一边沐浴着大海，距离这座城市大约60斯塔德；另外一边位于山区的山麓地区，树木茂密，流水潺潺。这些河流就发源于这里。例如，特尔莫东河接纳了所有小河的流水，流过这个平原，另外一条伊里斯河与这条河流相似，它从法纳罗亚流过来，同样流过这个平原。伊里斯河发源于本都当地，在流过本都的科马纳城中部和西部富饶的达齐莫尼提斯平原之后，转向北方流过现在已经废弃的古代王城加齐乌拉；

---

① 参见本书XII，v，1。
② 手稿文字有脱落。
③ 公元前31年。

然后再次转向东方，在接纳了西拉克斯河和其他河流的水源之后，流过了我的故乡阿马西亚的城下，这是一座非常坚固的城市，然后流入法纳罗亚。在这里，发源于亚美尼亚的莱古斯河与它汇合在一起，本身也成了伊里斯河。然后，这条河流被特米斯齐拉和攸克辛海所接纳。由于这个原因，这个平原总是湿润的、长满了青草，可以放牧牛群和马群，可以大量的、或者说不受限制的播种小米和高粱种子。确实，他们拥有充足的水源，可以消除任何旱灾。因此，这里的老百姓没有遇到过饥荒，从来也没有遇到饥荒。在靠近山区的地带盛产各种果实，自生自长的野果，我指的是葡萄、梨、苹果和各种干果，这些东西一年四季都可以在森林之中找到，数量极多；各种果实有时挂在树上，有时掉在落叶上或落叶下。森林也是许多野兽的住所，它们的数量非常多。人们可以捕捉到大量的、各种各样的野兽，因为可供它们食用的东西实在太丰富了。

16. 在特米斯齐拉之后是锡德内，这是一个肥沃的平原，但是，它不像特米斯齐拉一样有很好的灌溉条件。在它的海岸线上有锡德要塞，锡德内就是得名于它；还有沙巴卡和法布达要塞。阿米苏斯的领土一直延伸到这个地点。这个城市出生的、值得一提的学者有：拉塞努斯之子、数学家德米特里和狄奥尼索多鲁斯（Dionysodorus）（后者与米利都的几何学家同名），语法学家提兰尼昂（Tyrranion），我曾经是他的弟子。

17. 在锡德内之后是设防的城市法尔纳西亚；在它之后是希腊城市特拉佩祖斯，从阿米苏斯航行到这里大约2200斯塔德；从这里航行到法西斯大约1400斯塔德。因此，从卡尔西顿神庙[①]到法西斯的距离总共是大约8000斯塔德，可能略有误差。如果沿着阿米苏斯的海岸线航行，首先到达的是赫拉克利亚角，然后又是一个海角——伊阿宋角；然后是盖内特斯河，然后是科提奥拉镇，[②]这个地方的居民被派往法尔纳西亚殖民；接着是伊斯科波利斯城，它现在是一片废墟；接着是海湾，海湾之内有两个不大的居民点：塞拉苏斯和赫莫纳萨；距离赫莫纳萨不远是特拉佩祖斯，然后是科尔基斯。在附近某地还有一个居民点齐戈波利斯。关于科尔基斯及其北边的沿海地区，我已经讲过了。

18. 在特拉佩祖斯和法尔纳西亚以北是蒂巴拉尼人、迦勒底人和桑尼人，他们从前称为马克罗尼人。还有小亚美尼亚，阿佩泰人，他们从前名叫塞尔齐泰人，居住在离上述地区很近的地方。两座高山横贯上述部落居住的地区，崎岖不平的西迪塞斯山脉和科尔基斯以北的莫希山脉（它的山顶居住着赫普塔科米泰人），还有帕里亚德雷斯山脉，它从锡德内、特米斯齐拉地区一直延伸到小亚美尼亚，形成了本都东部地区。这些山区居民都是不折不扣的野蛮人；但是，赫普塔科米泰人比其他部落更加野蛮，有些人居住在树上或者塔楼之中；正是由于这个原因，古人把他们称为"莫西内齐人"，因为他们把塔楼称为"莫西尼"。他们以野兽肉和干果为生；他们有时也袭击路过的旅行者，从他们搭在树上的窝棚之中直接跳到过客身上。当庞培的军队路过这个山区的时候，

---

① 参见本书 XII, iii, 11。
② 取代科提奥拉、科提鲁姆或科提鲁斯显然是一个错误。

第三章　本都、帕夫拉戈尼亚和小亚美尼亚

赫普塔科米泰人杀死了三个罗马步兵中队；[1]因为他们在大路上放置了许多容器，容器内装着从树上采来的、混合了使人麻醉的蜂蜜，当罗马士兵喝了这些蜂蜜之后，失去了知觉，他们轻而易举地进攻并消灭了这些士兵。这些蛮族之中也有所谓的拜泽雷人。

19. 现在的迦勒底人（Chaldaean）从前叫做卡里比人。他们的领土正好对着法尔纳西亚，它位于海边，有一个天然的、优良的捕捉金枪鱼的渔场（因为这里是首先开始捕捉金枪鱼的地方），[2]在陆地上有几座矿山，铁矿山现在还在开采，在古代还有银矿。总体而言，这个地区的海岸线非常狭窄，因为紧挨着海岸线之后就是许多蕴藏着丰富的矿藏和森林资源的高山，由于山区可耕地不多，所以矿工们只能依靠采矿为生，渔夫们只能依靠捕鱼为生，特别是依靠捕捉金枪鱼和海豚为生。由于海豚追踪鱼群——科迪勒、鲣鱼和金枪鱼本身，[3]它们不仅依靠这些鱼类而长肥，而且也因为太喜欢游近陆地而容易被抓住。只有这些人捕捉海豚，把海豚砍成小块，利用它们大量的脂肪来满足各种用途。

20. 我认为这些人就是荷马在《船只登记册》之中，在帕夫拉戈尼亚人之后提到的哈利宗人，

奥迪乌斯和埃皮斯特罗夫斯把哈利宗人
从遥远的阿利贝带来，那地方盛产白银。

（《伊利亚特》，Ⅱ，856）

---

[1] 即600人，希腊语译为"步兵队"有时相等。
[2] 参见本书Ⅶ，vi，2。
[3] 三种都是金枪鱼。

由于原文已经被改成：

……从遥远的卡里比带来。

或许这个部落从前叫做"阿利贝人"，而不是"卡里比人"；因为现在要证明他们过去曾经叫做"加勒底人"，这个名字源于"卡里比"，已经是不可能了；如果在古代他们不曾叫做"卡里比人"，而是"阿利贝人"，也就不可能用"卡里比人"的名字来代替"阿利贝人"。这些名字，特别是蛮族部落的名字也就不会有这么多的改变。例如，有些色雷斯人叫做"辛提埃斯人"，后来又称"辛提人"，再后来又称"萨伊人"，正如阿基洛库斯所说，他在那里丢掉了自己的盾牌：

萨伊人抢走了我毫无瑕疵的盾牌，武器，
我不得不把它丢在身后的树丛里。

（阿基洛库斯，6，贝克）

就是这个部落，现在叫做萨佩伊人，所有这些部落现在居住在阿夫季拉附近和利姆诺斯岛周围的海岛上。同样，布里吉人、布里吉亚人和弗里奇人，都是一个民族；正如密细人、梅奥尼人和米奥尼人也是一个民族一样。不过，这里没有必要引用更多的例子。锡普西斯的德米特里也推测这个名字可能是从"阿利贝人"变成了"卡里比人"；但是，由于他没有理解后来的结果和与此相应的问题，特别是诗人为什么把卡里比人称为哈利宗人，他拒绝了这种观点。至于我自己，我将把他的推测和其他批评家的看法放在一起，以我自己的观点来判断它们。

21. 有些人篡改原文，把它写成"阿拉宗人"（Alazones），另外一些人又把它写成"亚马孙"，他们又把"从阿利贝"写成"阿洛佩"，或者"从阿洛贝"，把西徐亚人说成居住在波里斯提尼斯河之后的"阿拉宗人"、"卡利皮迪人"或者其他一些名字，这些名字已经由赫兰尼科斯、希罗多德和欧多克索斯强加给了我们。埃福罗斯认为，亚马孙人居住在他的故乡基梅附近的密细亚、卡里亚和吕底亚之间。而且，这种观点也不是没有理由的，因为他指的可能是后来埃奥利斯人和爱奥尼亚人居住的地方，但古代是亚马孙人居住。据说这里有一些城市得名于亚马孙人，我指的是以弗所、士麦拿、基梅和米里纳。但是，人们如何才能把阿利贝，或者某些人说的"阿洛佩"或"阿洛贝"放进这个地区？如何才能解释清楚"遥远的地区"或者是"出产白银的地方"的意思呢？

22. 埃福罗斯用篡改原文的办法来解决这些问题，例如他这样写道：

> 奥迪乌斯和埃皮斯特罗夫斯把哈利宗人
> 从遥远的阿洛佩带来，那里是亚马孙人的故乡。

但是，他在解决这些问题的时候，又掉入了另外一个杜撰的陷阱，因为在这个地区任何地方也找不到阿洛佩；而且，他在篡改原文的时候看来似乎过于鲁莽，使用的方法严重地违背了古代手稿的证据。锡普西斯的德米特里显然不同意埃福罗斯的观点和那些认为哈利宗人就住在帕莱恩附近的说法；关于他们的情况，我已经在叙述马其顿的时候讲过了。因为他很难理解，为什么有人认为在波里斯提尼斯河之后居住的游牧部落盟友的军队会来支援特洛伊人。他非常赞成米利都的赫卡泰奥斯和色诺克拉特斯的门徒、埃利亚的梅内克拉特斯（Menecrates），还有帕莱法图斯（Palaephatus）的观点。赫卡泰奥斯在其著作《大地环游记》之中说到："在阿拉齐亚城附近有一条奥德里塞斯河，它发源于达西利提斯湖，流过米格多尼亚平原的西边，汇入林达库斯河。"不过，他又说阿拉齐亚现在已经荒废，那里有许多阿拉宗人的村庄，奥德里塞斯河流过他们居住的地区；在这些村庄之中，阿波罗受到特别的崇拜，特别是在基齐库斯人（Cyziceni）的边界上。梅内克拉特斯在其著作《赫勒斯滂环游记》之中说，在米尔利亚之后有一片互相链接的山区，居住着哈利宗人。他说，它们的名字在拼写的时候应当有两个"l"，但荷马考虑到韵律问题只写了一个。不过，帕莱法图斯认为奥迪乌斯和埃皮斯特罗夫斯远征时，是从亚马孙人地区出发的，他们当时居住在阿洛佩，现在居住在泽莱亚。上述学者的观点怎样才能获得人们的认可？这些作家除了篡改古代原文之外，既没有给我们指明银矿的产地，也没有指出阿洛佩在米尔利亚的什么地方，也没有说明他们身在"遥远的国家"，是如何和从何来到伊利乌姆的，即使人们承认确实存在着一个阿洛佩或阿拉齐亚。当然，这些地方距离特洛阿德比距离以弗所地区近得多。但是，德米特里认为，那些人说亚马孙人居住在位于以弗所、马格尼西亚和普里恩之间的皮格拉附近，纯粹是胡说八道。他补充说，因为"遥远的国家"指的不可能是那个地区。它对于密细亚和托斯拉尼亚地区，是否同样也不适用呢？

23. 是的，他曾经向宙斯发誓说，在荷马的原文之中，有很多随意插入的东西，例如：

来自遥远的阿斯卡尼亚。

(《伊利亚特》，Ⅱ，863)

他名叫阿尔内伊乌斯，那是他尊贵的母亲
在他出生的时候给他取的名字。

(《奥德赛》，XVIII，5)

珀涅罗珀粗壮的手中拿着弯曲的钥匙。

(《奥德赛》，XXI，6)

即使这些可以承认，还有其他一些难以承认，如德米特里认为我们应当读成"从遥远的卡里比来"，可是对此连一个可信的答复也没有。因为他认为即使卡里比人地区现在没有银矿，从前这个地方可能有银矿；他不承认另外一件事，即他们从前的出名和值得重视，是因为拥有铁矿。不过，人们可能要问，这里还有什么东西能够比铁矿更出名？或者，如果说是丰富的铁矿使这个地方出名，难道丰富的银矿却不能使它出名？而且，如果它的银矿出名，但不是在英雄时代，而是在荷马时代，难道就没有人给诗人的说法找岔子？请问，诗人是如何知道它们出名的？他又怎么知道意大利特梅萨的铜矿出名的？他又怎么知道埃及底比斯人富有的名声的？虽然诗人所居住的地方距离底比斯人比距离迦勒底人差不多有双倍路程。但是，德米特里即使不同意这些人，却为他们的观点进行辩护。因为在确定自己的故乡锡普西斯周围地点的时候，他说到了尼亚村，还有阿吉利亚和阿拉佐尼亚位于锡普西斯和埃塞普斯河附近。然而，上述地方即使真正存在，它们也在靠近埃塞普斯河发源地的地方；但是，赫卡泰奥斯却说它们在河口的那边；而帕莱法图斯说他们先前居住在阿洛佩，现在居住在泽莱亚，他认为这些作家所说的东西，等于什么也没有说。不过，梅内克拉特斯也是这样。他没有告诉我们"阿洛佩"或者"阿洛贝"的地点在哪里，否则他们是非常希望记下这个名字的。德米特里本人也没有说到这个地方。

24. 至于阿波罗多罗斯，他在其著作《特洛伊军队的阵形》之中讨论过同样的问题。我从前已经说过许多与他意见不一致的观点，现在我必须再重复一遍：由于他认为不应当把哈利宗人放在哈利斯河的那边，认为没有盟军从哈利斯河那边来援助特洛伊人，因此，我们要问，在哈利斯河这边的哈利宗人是什么人，那些从出产白银的、遥远的阿利贝来的是什么人？由于他不能够回答我的问题，我们要接着问，为什么不承认有盟军从河那边的地区来援助？即使所有其他盟军（除色雷斯人之外）都住在哈利斯河这边，也绝不妨碍有一支盟军来自哈利斯河的那边，来自白叙利亚人那边的地区。[①] 难道只有那些与特洛伊人作战的民族就可以来自这些地区或者河那边，例如亚

---

① 即卡帕多西亚人。

马孙人、特雷雷人和辛梅里安人一样；而帮助特洛伊人作战的盟友就不能够来自这些地方？亚马孙人不帮助特洛伊人，是因为普里阿摩斯（Priam）曾经作为弗里吉亚人的盟友与亚马孙人作战：

> 那时像男子汉一样的亚马孙人来了。
>
> （《伊利亚特》，Ⅲ，189）

正如普里阿摩斯所说：

> 我作为他们的盟友，当时在他们一起。
>
> （《伊利亚特》，Ⅲ，188）

相反，由于与亚马孙人邻近的部落居住地区并不遥远，特洛伊人要求他们提供援助并不困难。由于不存在任何引起仇恨的原因，我认为不存在任何因素阻止他们成为特洛伊人的盟友。

25. 阿波罗多罗斯没有把这种观点归咎于古代的作家，似乎他们全都是众口一词地认为没有一个部落从哈利斯河那边前来参加特洛伊战争。相反，人们可以找到许多证据反驳这种观点。无论如何，迈安德里乌斯认为埃内提人是白叙利亚人国家之中最早出兵与特洛伊人共同战斗的，他们和色雷斯人一起乘船离开特洛伊，定居在亚得里亚海湾最遥远的地方，但他们没有参加卡帕多西亚人从事的远征活动。与这种观点一致的是，在靠近哈利斯河的卡帕多西亚所有地区直到帕夫拉戈尼亚地区，流行着两种语言，其中有许多帕夫拉戈尼亚人的名字,如巴加斯、比亚萨斯、埃尼亚特斯、拉托特斯、扎尔多塞斯、提比乌斯、加西斯、奥利加西斯和马尼斯。这些名字在巴莫尼提斯、① 皮莫利提斯、② 加泽洛尼提斯、加沙塞内和其他许多地区很流行。阿波罗多罗斯自己就引用过泽诺多托斯写的荷马诗句,他的诗句如下:

把他们从出产野骡的埃内特带来。③

(《伊利亚特》,Ⅲ,852)

他说,赫卡泰奥斯认为埃内特就是阿米苏斯城。但是,正如我先前已经说过的,阿米苏斯城属于白叙利亚人,它位于哈利斯河的那边。

26. 阿波罗多罗斯在有个地方说到,荷马从那些亲自游历过这个地区的人那里,打听到居住在这个地区内陆的帕夫拉戈尼亚人的信息。但他不知道帕夫拉戈尼亚沿岸的情况,就像他不知道本都沿岸其他地方的情况一样。否则,他就会提到它们。但是,人们从我的叙述之中可能会得出相反的意见,即荷马走遍了所有的海岸线,没有漏过一个值得记载的地方。即使他没有提到赫拉克利亚、阿马斯特里斯和锡诺普,这也不是什么大不了的事情,因为它们当时还没有建立。即使他没有提到内陆某个地方,这也完全没有什么值得大惊小怪的。何况,正如我在本书前面已经说过

---

① 巴莫尼提斯是可疑的,迈内克修正为"Phazemonitis"。
② 皮莫利提斯是可疑的,迈内克修正为"Pimolisitis"。
③ 取代"埃内提人"。

第三章　本都、帕夫拉戈尼亚和小亚美尼亚

的那样，荷马没有提到许多著名的地方，这个事实并不表示他的无知；① 同时，他认为荷马对于本都附近众所周知的事情，诸如河流与部落的情况都不知道。他说，否则的话，诗人会提到它们。这种对非常重要的事情的无知，表现在例如西徐亚人、梅奥提斯湖、伊斯特河。否则，荷马不会以这样的特点来称呼游牧部落，如"饮奶的"、"没有生活资源的"、"最公正的"和"自豪的挤马奶者"。② 而且，他还错误地把西徐亚人称为"索罗马提人"或"萨尔马提亚人"；如果希腊人真是这样称呼他们的话；他在说到居住在伊斯特河畔的色雷斯人和密细亚人时，也没有忘记提到这条最大的河流，特别是他赞成用河流作为各地的边界。他在提到辛梅里安人，也不失时机地提到了博斯普鲁斯和梅奥提斯湖。

27. 但是，人们怎么可以指责荷马没有提到那些不大重要的，或不符合那个时代的，不符合其创作意图的问题？例如，他没有提到塔奈斯河，因为它的出名不是别的原因，而是因为它是亚细亚和欧罗巴之间的分界线。但是，那个时候的人们还没有使用"亚细亚"或者"欧罗巴"的名字，也没有把有人居住世界划分成现在的三大洲。否则，由于它们极其重要，他必定会在某个地方提到它们，就好像他提到了利比亚和利普斯，即从利比亚西部吹过来的一股风。但是，由于这些大陆还没有被划分开来，也就没有必要提到塔奈斯河。有许多事情确实值得一提，只是因为诗人正巧没有想到它们，因为在人们的言谈和行动之中也可以看见许

---

① 参见本书 I，ii，14，19。
② 参见本书 vii，iii，6—7。

多偶然性。从以上所有事实之中可以清楚地看出,那些根据诗人没有提到某件事情,就肯定诗人不知道那件事情的人,都使用了靠不住的证据。我们有必要举几个例子来证明这种不可靠性:因为许多人常常引用这类证据。因此当他们提出这些证据的时候,我们就必须批驳他们,即使要重复以前的论点也在所不惜。① 例如,如果某人断言荷马没有提到某条河流,是因为他不知道河流的名字。② 那么,我就要反驳他的荒谬论点,因为诗人甚至没有提到流过士麦拿城的梅莱斯河,而大多数作家认定这座城市就是诗人的故乡,但他却提到了赫尔姆斯河和海卢斯河;诗人不知道帕克托卢斯河,也不知道它汇入了这些河流的同一条河道,不知道它发源于自己提到过的特莫卢斯山;他也没有提到过士麦拿城和爱奥尼亚的其他城市;没有提到过埃奥利亚的大部分城市,但他提到了米利都、萨摩斯、莱斯沃斯和特内多斯;他没有提到流过马格尼西亚的莱西乌斯河,没有提到马尔西亚斯河,这两条河流都汇入迈安德河,诗人提到过最后这条河流,还有:

雷苏斯河、赫普塔波鲁斯河、卡雷苏斯河和罗迪乌斯河。

(《伊利亚特》,Ⅻ,20)

还有其他的河流,其中大部分不过是小河。然后,他又提到了许多地区和城市,有时与这些地方一起也提到了河流与高山,

---

① 参见本书Ⅻ,iii,26。
② 《伊利亚特》,Ⅱ,866;XXI,835。

第三章　本都、帕夫拉戈尼亚和小亚美尼亚

但有的时候又没有提。无论如何，他没有提到埃托利亚或阿提卡境内的河流，没有提到其他几个地区的河流。此外，即使他提到了遥远地区的河流，也不提很近的河流；可以肯定那不是因为他不知道它们，而是因为它们都是家喻户晓的地方。可以肯定，他不是不知道那些部落居住得同样的近，但是有些部落他提到了，有些又没有提到。例如，他提到了吕西亚人、索利米人，但是没有提到米利伊人；也没有提到潘菲利亚人或皮西迪亚人（Pisidians）；虽然他提到了帕夫拉戈尼亚人、弗里吉亚人和密细亚人，但是没有提到马里安迪尼人；他提到了亚马孙人，但是没有提到白叙利亚人、卡帕多西亚人或利考尼亚人；但是他反反复复地提到了腓尼基人、埃及人和埃塞俄比亚人。虽然他提到了阿莱平原和阿里米河，[①]但是对于这两个地方的部落不置一词。因此，这样来考察诗人是不正确的；正确的考察只能在诗人所虚构的某些东西被揭示之后。但是，当阿波罗多罗斯大胆地声称"自豪的挤马奶者"和"饮奶的"是荷马虚构的时候，他并没有证明自己是正确的。对于阿波罗多罗斯而言，说了这么多就足够了。现在，我将转而叙述接下来的其他部分。

28. 在法尔纳西亚和特拉佩祖斯之后的地区，居住着蒂巴拉尼人和迦勒底人，他们居住的地区一直延伸到小亚美尼亚。这是一个非常肥沃的地区。小亚美尼亚像索费内一样，一直被许多君主们统治着，他们有时和其他的亚美尼亚人保持着友好关系，有时又专注于自己本国的事务。他们统治着迦勒底人和蒂巴拉尼人，

---

① 《伊利亚特》，Ⅱ，783。

因此，他们的帝国扩张到了特拉佩祖斯和法尔纳西亚。但是，当米特拉达梯·欧帕托的势力强大之后，他自称为科尔基斯和所有这些地区的主人，这些地方是西西斯之子安提帕特割让给他的。米特拉达梯非常重视这些地区，在这里修建了 75 座要塞，并且把他的许多国库也放在这里。这些要塞最重要的是希达拉、巴斯戈塔里扎和锡诺里亚；锡诺里亚紧邻大亚美尼亚的边界，这就是为什么提奥法尼斯把它的名字改写成锡诺里亚的原因。① 整个山区有许多地方适于建立要塞，因为它拥有丰富的水源和木材，许多地方有陡峭的沟壑和悬崖；无论如何，这里建立了许多坚固的国库；最后，当庞培侵入这个国家的时候，米特拉达梯实际上逃到了本都王国这个最遥远的地区躲起来了。占领了阿齐利塞内的达斯太拉附近水源丰富的山区（附近有幼发拉底河把阿齐利塞内和小亚美尼亚分开）之后，米特拉达梯停留在那里，直到他自己被包围，不得不越过高山逃往科尔基斯，他从那里又逃到了博斯普鲁斯。在小亚美尼亚这个地方附近，庞培建立了一座尼科波利斯城（Nicopolis），② 这座城市直到今天仍然人丁兴旺。

29. 小亚美尼亚在不同的时期由不同的统治者，根据罗马人的意志统治着。最近是由阿基劳斯统治着。但是，一直延伸到科尔基斯、法尔纳西亚和特拉佩祖斯的蒂巴拉尼人和迦勒底人，是由特拉利斯的皮托多鲁斯之女皮托多里斯统治着，她是一位聪明的、有能力管理国家大事的妇女。她是波莱蒙一世的妻子，有一段时

---

① "边界上的土地"。
② 胜利之城。

间和他共同治理过国家,①他在蛮族部落阿斯普吉亚尼人(居住在辛迪斯附近的蛮族部落之一)地区去世之后,她继承了王位。她和波莱蒙有两个儿子、一个女儿。女儿嫁给了萨佩伊人科提斯,②在他被杀害之后,③女儿过着寡居的生活,因为他们已经有孩子,她的长子也已经掌权了。④至于皮托多里斯的儿子,其中一位以私人身份帮助母亲治理国家,⑤另外一位不久前被任命为大亚美尼亚国王。⑥皮托多里斯嫁给了阿基劳斯,和他一直生活到他去世;⑦但她现在是寡居,她不仅统治着上述地区,而且统治着其他许多更美丽的地方,我们接下来就来讲述这些地方。

30. 与法尔纳西亚相邻的是锡德内和特米斯齐拉。在这些地方以北是法纳罗亚,它位于本都最好的地方。因为它到处种植着橄榄树,盛产葡萄酒,质量超过这个地区其他所有优良品种。在它的东部有帕里亚德雷斯山脉作为屏障,它的长度正好与这座山脉相等;在它的西部有利斯鲁斯山和奥菲姆斯山,它形成了一个相当长和宽的河谷地区;发源于亚美尼亚的莱古斯河流过这条河谷,从阿马西亚(Amaseia)附近的峡谷流到伊里斯河旁边。两条河流在河谷的中部地区汇合,在它们汇合的地方有一座城市,城市

---

① 参见本书XIV,i,42。
② 奥德里塞人的国王(参见本书VIII,47)。
③ 公元19年博斯普鲁斯国王。
④ 色雷斯国王。
⑤ 波莱蒙二世。
⑥ 芝诺。
⑦ 公元17年。

最初的建立者用自己的名字把这座城市命名为欧帕托里亚，[1] 庞培发现这座城市只完成了一半，他扩大了城市的面积，增加了居民，并且把它命名为马格诺波利斯（Magnopolis）。这座城市位于平原的中央，而卡贝拉城（Cabeira）紧邻帕里亚德雷斯山麓，大约在马格诺波利斯以南150斯塔德；阿马西亚在马格诺波利斯以西大约相同的距离。在卡贝拉城，曾经有米特拉达梯建筑的宫廷，还有水磨。这里还有动物园，附近还有狩猎场和矿山。

31. 这里有一个名叫凯农·霍里翁的陡峭岩石，[2] 它是一个天然的要塞，距离卡贝拉城不足200斯塔德；在岩石的顶部有一眼泉水，水量充足，在岩石的底部有一条河流和一道深沟，山脊之上岩石的顶部很大，以至于无法攻破。它的周围有坚固的城墙，除了这部分之外，他们都被罗马人拆除了。这个地区周围森林密布，还有高山和无水之处，在周围120斯塔德范围之内敌人都无法扎营，米特拉达梯国库的大部分贵重珍宝都保存在这里。它们现在都储存在朱庇特神庙之中，这是庞培奉献给神庙的。皮托多里斯统治着这个地区所有地方，以及她统治的邻近蛮族地区，还有泽利提斯和迈加洛波利提斯。至于卡贝拉，庞培把它建成了一座城市，并且取名为狄奥斯波里斯，[3] 皮托多里斯把它装点得更美丽，并且把它改名为塞巴斯特城，[4] 她把这座城市作为王都。这座城市

---

[1] 米特拉达梯·欧帕托。
[2] "新地"。
[3] "宙斯城"。
[4] 拉丁语为奥古斯塔。

有一座法尔纳西斯的梅恩神庙,①它在拥有许多神庙服役人员和神庙土地的阿梅里亚镇,神庙土地收益归正式任命的祭司。历代国王非常尊重这座神庙,因为他们发誓的誓词是:"以国王的国祚和法尔纳西斯的梅恩起誓。"这个神庙也是塞勒涅神庙,就像阿尔巴尼亚人和弗里吉亚的许多神庙一样,名字相同的梅恩神庙,有皮西迪亚的安条克基亚城附近阿斯凯乌斯②梅恩神庙,还有安条克基亚人地区的梅恩神庙。

32. 在法纳罗亚之后是本都的科马纳,它与大卡帕多西亚的一座城市名字相同,祭祀的是同一位女神,并且是按照那座城市的模样建造的。我还可以肯定地说,他们的祭祀仪式、他们对于神灵的迷信、对于祭祀的尊重,也和那里几乎是一样的,特别是在先王统治时期是这样。在每年举行两次所谓的女神"出巡"③时,祭司要戴上王冠,④其地位仅次于国王。

33. 我在前面已经提到过战术家多里劳斯,他是我母亲的曾祖父;还有多里劳斯二世,他是前者的侄子,菲雷泰鲁斯的儿子。他虽然从欧帕托那里获得了最高的荣誉,担任了科马纳的祭司,但由于企图鼓动国家造反,支持罗马人而被捕。在他垮台之后,整个家族都因为他的缘故一起处于耻辱之中。多年之后,我母亲的叔父莫阿菲尼斯在这个王国面临灭亡之前重新获得了殊荣,但他们再次由于国王的原因遭到了不幸,无论是莫阿菲尼斯,还是

---

① 即法尔纳西斯建立的。
② 或者是阿斯凯努斯。
③ 庄重的游行队伍。
④ 王室威严的标志。

他的亲属，除了那些事先已经离开了国王的之外。像我的外祖父看见国王在与卢库卢斯的战争中情况不妙，同时，由于国王不久之前杀死了他的堂兄弟提比乌斯及其子提奥菲卢斯，他愤而离开了国王，准备为他们、也为自己报仇。他得到卢库卢斯的保证之后，策反了15个要塞背叛国王，虽然对这个功绩作出了重大的许诺，但庞培接手卢库卢斯指挥战争之后，认为所有曾经帮助过卢库卢斯的人都是自己的敌人，因为他和卢库卢斯之间已经开始互相仇恨；当他结束战争之后返回罗马的时候，他获得了彻底的胜利，因为罗马元老院没有同意卢库卢斯答应授予本都某些人士的荣誉。按照庞培的说法，当一个人领导战争走向了胜利，而奖赏和奖金却由另外一个人负责分配，这是不公正的事情。

34. 我在前面已经说过了国王统治时期科马纳的治理方式。但是，庞培掌权之后，任命阿基劳斯为祭司，除了神庙土地之外，又给了他一块方圆2斯科尼（即60斯塔德）的土地，并且下令居民必须服从他的统治。因此，他成了这个地区的行政长官，也是住在这座城市的神庙服役人员的主人，但他没有权利出卖他们。这里的神庙服役人员人数不少于6000名。[1]这位阿基劳斯是受到苏拉和元老院尊敬的，也是前执政官加比尼乌斯的朋友阿基劳斯之子。在加比尼乌斯被派往叙利亚的时候，[2]阿基劳斯也去了那里，希望能够与他一起参加正在准备进行的帕提亚战争；但是，由于元老院没有同意他的要求，他放弃了这个念头，办成了另外一件

---

[1] 卡帕多西亚的科马纳城神庙也一样（参见本书XII, ii, 3）。
[2] 公元前57年。

重要事情。因为那时正好发生了一件事情，克娄巴特拉之父托勒密被埃及人驱逐了，他的长女克娄巴特拉统治了国家。由于她正在寻找王族出身的丈夫，阿基劳斯自荐担任她的代理人，自称是米特拉达梯·欧帕托的儿子；他被接受了，但执政仅仅只有六个月。在加比尼乌斯帮助托勒密回到埃及复位的时候，他在一场激战之中把这个阿基劳斯杀死了。

35. 他的儿子获得了祭司的职位；后来是利科梅德斯获得了这个职位，并且又增加了4斯科尼①土地；但他现在已经被罢免了，职务交给了阿迪亚托利克斯之子迪托伊图斯，他据说是因为自己的高贵品质从奥古斯都·凯撒手中获得了这个高级职务。因为凯撒押着阿迪亚托利克斯及其妻小一起参加凯旋仪式之后，决定要处死阿迪亚托利克斯及其长子（迪托伊图斯就是长子），但是，当次子告诉押着他们去行刑的士兵，自己才是长子的时候，两个人进行了一场漫长的争论，直到他们的双亲说服迪托伊图斯把胜利让给其弟。据说是因为他已经年长，可以更好地保护母亲和其余的兄弟，据说就是因为这个原因，次子和父亲一起被处死了，长子活下来了，并且接受了祭司的职务。大概在处死这些人之后，凯撒知道这件事情之后很悲痛，他认为活下来的人值得他的恩宠和关照，给了他们上述高级职务。

36. 科马纳人丁兴旺，也是亚美尼亚人重要的商业中心。在举行女神"出巡"的仪式时，人们从四面八方聚集到这个地方，既有城里人，也有乡下人；既有男人，也有妇女；大家都来庆祝这

---

① 本章第34节。

个节日。这里还有一些发愿长期居住在这里从事女神祭祀活动的人。居民的生活非常奢侈，他们所有的地产都种植葡萄；许多妇女在这里出卖自己的肉体，她们大多数是侍奉女神的人。因为这座城市在某种意义上就是一个小科林斯，这里有着太多的交际花，她们都是侍奉阿弗罗蒂忒的。外地人常常成群结队的到那里去欢度节日。商人们和士兵们也去那里大把地花钱。①因此，有一个谚语专门谈到他们：

通往科林斯的大路，不是所有人都可以走的。

我说的科马纳就是这样的城市。

37. 整个地区的四周都归皮托多里斯统治，属于她的地方不仅有法纳罗亚，还有泽利提斯和迈加洛波利提斯。关于法纳罗亚的情况，我已经说过了。至于泽利提斯，它有一座坚固的城市名叫泽拉，建立在塞米拉米斯的土墩上，还有一座受到亚美尼亚人崇拜的阿娜希塔神庙。② 这里举行宗教仪式的特点是非常神圣；所有本都人在涉及最重要的事情时，都要到这里来发誓。至于大量的神庙服役人员和国王时期祭司的崇高地位，我先前已经非常准确地叙述过了；但是现在这一切都掌握在皮托多里斯手中。许多人损害神庙利益，虐待神庙服役人员，使神庙的其他财富减少。神庙周围的土地也减少了——它们被分成了几块领地。我说的是泽

---

① 参见本书Ⅷ, vi, 20。
② 参见本书Ⅺ, xiv, 16。

利提斯（它有一座建立在土墩上的城市泽拉）的情况；因为从前国王统治的泽拉不是一座城市，而是波斯诸神的圣地，祭司管理着一切事情。城市居住着大量的神庙服役人员，祭司拥有大量的财富，神庙土地和祭司的土地都归祭司和他的大批助手管理。庞培把许多行省合并到泽利提斯，把泽拉视为像迈加洛波利提斯一样的城市。他又把后者和库卢佩内、卡米塞内联合在一起。后面两个地方靠近小亚美尼亚和拉维安塞内，出产岩盐，还有一座现在已经成了一片废墟的古代要塞卡米萨。后来，罗马的行政长官把这两个地方的治理权一部分交给了科马纳的祭司，一部分交给了泽拉的祭司，还有一部分交给了加拉提亚四分之一地区行政长官家族的世袭君主阿特波利克斯。但是，阿特波利克斯现在已经去世了。这个不大的地方现在归罗马人统治，也叫做行省（它实际上是一个自治的小国，自从卡拉纳城和它合并之后，这个国家因此被称为卡拉尼提斯）。其他的地方则由皮托多里斯和迪托伊图斯统治着。

38. 现在我要叙述的本都地区，位于这个地区与阿米塞尼亚人、锡诺普人地区之间，一直延伸到卡帕多西亚、加拉提亚和帕夫拉戈尼亚。在阿米塞尼亚人地区之后，一直延伸到哈利斯河流域，是帕泽莫尼提斯，庞培把它称为奈阿波利提斯城。他又把帕泽蒙村附近的一个居民点称为奈阿波利斯城。[①] 这个地区的北部与加泽洛尼提斯和阿米塞尼亚人地区交界；西部以哈利斯河为界；东部以法纳罗亚为界；剩下的一边是我的故乡，阿马西亚人的地

---

① 新城。

区，它是所有地区之中最大和最好的地方。在帕泽莫尼提斯到法纳罗亚之间，有一个面积像海一样大的湖泊，名叫斯蒂芬湖。湖中盛产鱼类，湖边遍布各种牧场，湖边过去有一座坚固的要塞伊齐扎里，现在已经被废弃，[①]离它不远是一座被毁坏的王宫。其他地区大多没有树木，只生产粮食。在阿马西亚人地区之后的帕泽莫尼提人有许多对健康极为有益的温泉。在它的高山顶部有一座要塞萨吉利乌姆。萨吉利乌姆有一个大水池，虽然它曾经对国王起过很大的作用，现在已经废弃了。就是在这个地方，法尔纳西斯的一个儿子阿萨息斯，没有得到任何行政长官的许可，自任君主并企图造反，因而被逮捕和处死了。在这座要塞被两位国王波莱蒙和利科梅德斯攻克之后，他被俘虏了。但是，这不是因为武力，而是因为饥饿的原因；因为他从平原地区被赶走之后，没有带任何给养就逃到了这个山区，他用大石块为这个水池建立了堤坝。这件事确实是庞培下令干的，他下令把这个要塞彻底拆毁，不留一点有用之物给那些企图逃到这里来从事抢劫活动的人，庞培以这种方式在帕泽莫尼提斯实现了政府的意图；但后来的统治者把这个地区分给许多的国王去治理。

39. 我的故乡位于一个很深的大峡谷之中，[②]伊利斯河流过这个峡谷地区。它是一座综合了人类深谋远虑和自然环境特点的、设计精巧、令人赞美的城市。因为它同时具有既是城市，又是要塞的优点；它是一座高大的、四面陡峭的岩石山，笔直地通向河边；

---

① 名字佚失。

② 阿马西亚。

第三章 本都、帕夫拉戈尼亚和小亚美尼亚

在山的一边，城墙沿着河边而建，城市就建在那里；在山的另一边，两道城墙一直通到山顶，山顶有两个，彼此天生连在一起，就像两座高大的塔楼，这个地方有宫廷和历代诸王的陵墓。通往山顶有一条非常狭窄的岩颈相连，两边高约5—6斯塔德；如果从河边或者城郊上山，两边高约5—6斯塔德；从岩颈到山顶，还要再爬1斯塔德，对于任何进攻者而言，它是一把利剑，是不可克服的屏障。这座岩石山上也有一座水库，由于这个水库，城市的供水无法切断，因为在岩石上挖出了两条地下水道，一条通向河边，另外一条通向岩颈。这条河上有两座桥，一座从城里通往郊区，另外一座从郊区通往外地；所以，这座岩石山之后的山脉，在这座桥边结束了。这条河流形成的河谷地带起初不宽，后来逐渐变宽，形成了一个所谓的基里奥科姆平原；① 然后是肥沃的迪亚科佩内和皮莫利塞内地区，一直延伸到哈里斯河畔。这是阿马西亚人的北部地区，大约长500斯塔德。然后是他们的其他地区，它比这个地区要长得多，一直延伸到巴巴诺姆斯和克西梅内，后者也延伸到了哈里斯河畔。这就是他们这个地区的长度，它们的宽度从北向南，不仅延伸到了泽利提斯，而且延伸到了大卡帕多西亚和特罗克米人的地区。在克西梅内地区，有发掘岩盐的工人，哈里斯河据说就得名于这些工人。由于米特拉达梯战争的结果，我的故乡有几座要塞被摧毁，大片土地荒芜。整个地区森林密布，还有养马和繁殖其他动物的牧场，整个地区非常适合居住。阿马西亚曾经被赐给几位国王，现在它是一个行省。

---

① 意为"1000座村庄的平原"。

40. 本都行省其余部分位于哈里斯河那边，我指的是从奥利加西斯山周边直到锡诺皮斯地区。奥利加西斯山很高，很难行走。在这个山区各地有很多由帕夫拉戈尼亚人管理的神庙。它的周围是相当肥沃的地区——布莱内和多马尼提斯，安尼亚斯河流过后一个地区。米特拉达梯·欧帕托在这里彻底消灭了比希尼亚王尼科墨德斯（Nicomedes）的军队，但是他并没有亲临战场，而是依靠他的统帅。尼科墨德斯带着少数人逃走了，安全地逃回了本国，然后从那里坐船去了意大利。米特拉达梯追击尼科墨德斯，不仅在第一仗之中就占领了比希尼亚，而且占领了亚细亚到卡里亚和吕西亚的地区。这里有一个地方被称为城市，这就是庞贝奥波利斯（Pompeiupolis），这座城市有一座桑达拉库尔吉乌姆山，它距离现在已经变成废墟的皮莫利萨要塞不远，河两岸的地区因为它而叫做皮莫利塞内。桑达拉库尔吉乌姆山[①]由于采矿而被挖成了一座空山，因为矿工在山里挖了许多巨大的矿洞。这些矿洞通常是包税者挖的，他们使用的矿工是由于犯罪而被出卖为奴隶的罪犯；除了劳动艰苦之外，据说由于矿藏的恶臭气味，矿洞之中的空气变得致命地难以忍受。因此，这些工人命中注定很快就会死亡。而且，这些矿洞由于无利可图，经常被关闭；那里有200多工人，但由于疾病和死亡，人数在不断地减少。关于本都的情况就讲这么多了。

41. 在庞贝奥波利斯城之后是帕夫拉戈尼亚内陆的其他地区，一直延伸到西边的比希尼亚。在我们之前不久，这个地区虽然很

[①] 硫化砷组成的山。

小，却有几个统治者。由于这些王室已经不复存在，现在这个地区归罗马人统治。他们把与比希尼亚交界的地区称为"提莫尼提斯"、"盖塔托里克斯地区"、"马莫利提斯"、"萨尼塞内"和"波塔米亚"。这里有一个西米亚特内地区，在其境内的奥利加西斯山麓，有一座坚固的西米亚塔要塞。这是米特拉达梯·克提斯特斯[①]的要塞，这是他成为本都统治者之后的行动基地。他的后裔继承统治权直到欧帕托为止。最后一位帕夫拉戈尼亚国王是卡斯托（Castor）之子戴奥塔鲁斯·菲拉德尔福斯，他占领了莫尔佐斯的都城干加拉，这是一座小城和要塞。

42. 欧多克索斯提到在帕夫拉戈尼亚"旱地之中挖鱼"的故事，但是他搞不清准确的地方。他认为挖鱼的地方是"在西乌斯城以南阿斯卡尼亚湖周边的潮湿地区"，但是无法说清任何肯定的东西。由于我正在谈论帕夫拉戈尼亚与本都交界的这个地区，由于本都人与西边的帕夫拉戈尼亚人交界，所以我将叙述他们这个地区，然后再重新从这些部落和帕夫拉戈尼亚人的地区开始叙述。我将把他们的地区和那些在这个地区之后直到南部托罗斯山脉的地区，即与本都和帕夫拉戈尼亚平行的地方结合在一起来叙述；因为这个地区的自然条件决定了它们有某些近似的制度和行政区划。

---

① 独立的本都王国创立者。

第四章　比希尼亚

1. 比希尼亚东部与帕夫拉戈尼亚人、马里安迪尼人和某些埃皮克特提部落交界；① 北部与桑加利乌斯河口到拜占庭和卡尔西顿附近攸克辛海入口的地区交界；西部与普罗庞提斯海交界；南部与密细亚、弗里吉亚的埃皮克特图斯交界，后者又称"赫勒斯滂的"弗里吉亚。

2. 在后面这个地区，在本都海的入口之处有迈加拉人（Megarians）建立的卡尔西顿城（Chalcedon）、克里索波利斯村和卡尔西顿神庙；在大海之后不远的地方，这个地区有一条名叫阿扎里提亚的小河，河里生活着小鳄鱼。然后是与卡尔西顿海岸相连的阿斯塔塞内湾，这个海湾是普罗庞提斯海的一部分，海湾有一座尼科墨底亚城，得名于它的建立者比希尼亚国王。② 许多比希尼亚国王由于第一位国王的名声显赫而取了同样的名字（就好像托勒密王朝一样）。在海湾还有一座阿斯塔库斯城，它是由迈加拉人、雅典人，后来还有德达尔苏斯建立的，这个海湾就得名于这座城市。它后来被利西马库斯夷为平地，其居民则被尼科墨底亚城的建立者迁往该城。

3. 阿斯塔塞内湾又与更靠东边的另一个海湾相连；这个海湾

---

① 即弗里吉亚人。
② 公元前264年，尼科墨德斯一世。

第四章 比希尼亚

有普鲁西亚斯城,它从前叫做西乌斯城。德米特里之子、珀尔修斯之父腓力把西乌斯夷为平地之后,又把这座城市送给泽拉斯之子普鲁西亚斯(Prusias),他曾经帮助腓力毁灭了这座城市和附近的米尔利亚,后面这座城市邻近普鲁萨。普鲁西亚斯从废墟之中修复了这两座城市,他把西乌斯城用自己的名字命名为普鲁西亚斯,把米尔利亚城用妻子的名字命名为阿帕米亚城。汉尼拔在安条克失败之后,曾经撤退到普鲁西亚斯城,他在这里受到了欢迎。根据与阿塔罗斯王朝签订的协定,普鲁西亚斯撤出了赫勒斯滂的弗里吉亚地区,这个地区从前叫做小弗里吉亚。但阿塔罗斯王朝把它称为埃皮克特图斯的弗里吉亚,[①] 在普鲁西亚之后有一座阿尔甘托尼乌姆山。根据神话故事传说,赫拉克勒斯有一位同伴海拉斯,跟随赫拉克勒斯一起乘阿尔戈航行,当他上岸去寻找淡水的时候,被仙女拐走了。西乌斯也是赫拉克勒斯的同伴,他在从科尔基斯回来之后,留在这个地方,建立了一座以自己的名字命名的城市。直到今天,普鲁西亚斯人还在庆祝某个类似的节日,他们在山区举行庆祝游行,高呼海拉斯的名字,好像他们是在森林之中寻找他。由于他们的政府对罗马人表示出友好的态度,海拉斯人获得了自由。普鲁萨城位于密细亚的奥林波斯山,与弗里吉亚人和密细亚人居住的地区交界,这是一座治理良好的城市,它是普鲁西亚斯为了与居鲁士作战而建立的城市。[②]

4. 比希尼亚人、弗里吉亚人和密细亚人之间的边界,还有基

---

① 即"重新占领"或者"兼并"领土。
② 手稿把居鲁士误写为"克罗伊斯"。

奇库斯周围的多里奥内人、米格多尼亚人和特洛阿德人之间的边界很难确定。一般认为，每个部落与其他部落都是"分开的"，关于弗里吉亚人和密细亚人甚至还有一个谚语：

> 密细亚人和弗里吉亚人的边界是分开的。

但是，他们之间的边界是很难划分的。其原因是外来的占领者，无论是蛮族还是军队，他们都没有牢固地占领这个被征服的地区，他们大多是历史的过客，一会儿驱逐别的部落，一会儿又被驱逐。可以想象这些部落都是色雷斯人，因为色雷斯人居住在对岸，[①] 而且两边的部落彼此没有很大的区别。

5. 不过，人们也可以这样推测，密细亚位于比希尼亚和埃塞普斯河口的中间，连接着大海，一直延伸到几乎整个奥林波斯山，在密细亚周围的内陆地区是埃皮克特图斯，它没有一个地方与大海相连，向东方一直延伸到阿斯卡尼亚湖和地区；因为这个地区的名字与这个湖泊相同。这个地区的一部分属于弗里吉亚，另一部分属于密细亚，但属于弗里吉亚的那部分距离特洛伊较远。确实，人们应当这样来理解诗人说的这些话：

> 福尔西斯和神样的阿斯卡尼乌斯带领着弗里吉亚人
> 从遥远的地方，从阿斯卡尼亚出发了。
>
> （《伊利亚特》，Ⅱ，862）

---

① 即在欧罗巴一边。

第四章　比希尼亚

这个地方就是弗里吉亚的阿斯卡尼亚，因为另一个阿斯卡尼亚、密细亚的阿斯卡尼亚很近，就在现在的尼西亚城附近，距离特洛伊更近。诗人说到的阿斯卡尼亚就是它：

> 帕尔米斯、阿斯卡尼乌斯、希波提昂之子莫里斯、
> 他们来自肥沃的阿斯卡尼亚，接替他们的同伴。
>
> （《伊利亚特》，II，792）

对于荷马把阿斯卡尼乌斯（Ascanius）说成是阿斯卡尼亚的弗里吉亚人首领，而且还有另一位来自阿斯卡尼亚的密细亚人首领阿斯卡尼乌斯，我们不必感到惊奇。因为荷马把许多名字，以及根据河流、湖泊和地区而来的绰号混为一谈是司空见惯的事情。

6. 荷马自己认为密细亚人的边界是埃塞普斯河，把它称为埃尼亚斯统治的伊利乌姆后面特洛伊山麓地区（他称为达达尼亚），他把吕西亚确定在潘达鲁斯统治的北方地区，他说泽莱亚在这个地区：

> 他们居住在伊达山麓的泽莱亚，
> 特洛人富裕的公民，饮用
> 埃塞普斯深色的河水。
>
> （《伊利亚特》，II，824）

在泽莱亚以南是大海，在埃塞普斯河这边是阿德拉斯提亚平原、特雷亚山、皮提亚城（简言之即现在普利阿普斯城附近的基

齐塞内），诗人在提到泽莱亚之后，立刻就提到了它，[①]然后再回到东部地区和埃塞普斯河对岸地区，以此表明他认为直到埃塞普斯河之前的地区是特洛阿德北部和东部边界。确实，在特洛阿德之后就是密细亚和奥林波斯山。古代的传说暗示了这些部落大致的地理位置，现在的分歧是许许多多变迁造成的结果。由于在不同的时间由不同的统治者统治着，这些部落经常被合并或者分开。确实，在特洛伊被占领之后，统治他们的是弗里吉亚人和密细亚人；后来是吕底亚人，吕底亚人之后是埃奥利斯人、爱奥尼亚人，再后来是波斯人、马其顿人，最后是罗马人。在罗马人统治之下，大多数部落失去了自己的方言和名字，因为这个地区的行政区划又不相同了。但是，我认为这种划分更方便于叙述它们现在的情况。[②]同时，对于它们在古代的情况也给予了相当的重视。

7. 在比希尼亚内陆不仅有比希尼乌姆，它位于蒂艾乌姆城之后，与萨隆周围的地区相连，那里有最好的牧场，出产萨隆奶酪，然后是位于阿斯卡尼亚湖畔的比希尼亚首府尼西亚城，湖泊周围是一个很大的、肥沃的，但在夏天不利于健康的平原。尼西亚城最初是由腓力之子安提柯所建，他把它叫做安提柯尼亚，然后是由利西马库斯所建，他把它的名字改成他的妻子、安提帕特之女的名字尼西亚。这座城市周长16斯塔德，是一座四方形的城市；城市位于平原之上，有四座城门；它的街道垂直交叉，所以从体育馆中心的一块石头上可以看见这四座城门。在阿斯卡尼亚湖之

---

① 《伊利亚特》，II，828。
② 参见本书 XII，viii，7。

后不远是奥特雷亚小城，它正好位于比希尼亚东部边界上。一般认为奥特雷亚得名于奥特雷乌斯。

8. 比希尼亚是密细亚人的居住地，首先是卡里安达人西拉克斯（Scylax）的证据。他说弗里吉亚人和密细亚人居住在阿斯卡尼亚湖周围；第二是狄奥尼修斯，他写了一篇《论建城》，他认为卡尔西顿和拜占庭海峡现在叫做色雷斯人的博斯普鲁斯，而从前叫做密细亚人的博斯普鲁斯，这也可以作为密细亚人是色雷斯人的证据。欧福里翁（Euphorion）说过：

在密细亚的阿斯卡尼乌斯河边。

埃托利亚人亚历山大说：

他们居住在阿斯卡尼乌斯河边，
在阿斯卡尼亚湖畔，那里居住着
西莱努斯和墨利埃之子多利昂。

他们还证明了在任何地方都找不到阿斯卡尼亚湖，只有这里才有阿斯卡尼亚湖。

9. 比希尼亚出了许多著名学者：如哲学家色诺克拉特斯（Xenocrates）、辩证法学者狄奥尼修斯、数学家喜帕恰斯、提奥多西乌斯（Theodosius）和他的几个儿子、米尔利亚的修辞学家克莱奥查雷斯（Cleochares）、普鲁萨的医生阿斯克勒皮阿德斯（Asclepiades）。

10. 在比希尼亚人的南方是奥林波斯山和赫勒斯滂弗里吉亚附近的密细亚人（有些人把他们称为奥林波斯人，另外一些人把他们称为赫勒斯滂人）；在帕夫拉戈尼亚人的南方是加拉泰人；在他们的南方是大弗里吉亚、利考尼亚，一直延伸到西里西亚和皮西迪亚的托罗斯山脉。但是，由于与帕夫拉戈尼亚交界的这个地区连接着本都和卡帕多西亚地区，还有那些我们已经说过的部落，因此我必须首先补充附近那些地区的情况，然后再来叙述在它们之后的地区。

第五章 加拉提亚

1. 然后，在帕夫拉戈尼亚人的南方是加拉提亚人。他们有三个部落，其中两个是特罗克米人和托里斯托波吉人，他们都得名于自己的部落首领；第三个部落是特克托萨吉人，得名于凯尔特境内[①]一个部落之名。在加拉提亚人经过漫长的迁徙之后，定居在这个地区，他们蹂躏了阿塔罗斯王朝和比希尼亚国王统治的地区之后，直到他们获得了无偿割让的加拉提亚地区，或所谓的加拉提亚希腊地区为止。他们远征亚细亚的主要首领，一般认为是莱昂诺里乌斯。三个部落使用同样的语言，彼此之间没有任何区别；每个部落又分为四部分，号称四分之一领地。每个四分之一领地有自己的四分之一行政长官，还有一位法官和一位军事指挥官。他们服从四分之一行政长官领导，还有两名低级指挥官。12位四分之一行政长官的议会包括300名男子，他们在名叫德莱内米图姆的地方召集会议。议会批准谋杀案件的审判决定，四分之一行政长官和法官审判所有其他人。古代加拉提亚人的组织情况就是这样。但在我们的时代，权力已经转归三位统治者，后来是两位，再后来是一位统治者——戴奥塔鲁斯，最后是他的继承人阿敏塔

---

① 参见本书Ⅳ, i, 13。

斯（Amyntas）。但是，现在罗马人占领了这个地区和阿敏塔斯统治的所有地区，把它们合并成了一个行省。①

2. 特罗克米人居住在本都和卡帕多西亚附近地区。这是加拉提亚人占领的最好地区。他们有三座筑有围墙的要塞：塔维乌姆要塞（Tavium），它是当地居民的商业中心，这里有一座巨大的宙斯青铜神像和一块可以避难的圣域；米特拉达梯乌姆要塞，它是庞培把它从本都王国分离出来，送给博格迪亚塔鲁斯的；第三座是达纳拉要塞，庞培和卢库卢斯曾经在这里聚会，庞培是作为卢库卢斯的继任者来到这里指挥作战的，卢库卢斯把他的权力移交给庞培之后，离开了这个地区去举行凯旋仪式。后来，特罗克米人占领了这些地方，特克托萨吉人则占领了与佩西努斯城相连的大弗里吉亚附近地区，还有奥尔考尔齐。属于特克托萨吉人的要塞有安西拉城，它与弗里吉亚人的一座城市名字相同，这座城市朝着吕底亚，与布劳杜斯城交界。托里斯托波吉人与比希尼亚人和所谓的弗里吉亚"埃皮克特图斯"相邻。他们的要塞是布卢西乌姆和佩乌姆，前者是戴奥塔鲁斯的王宫，后者是他的国库所在地。

3. 佩西努斯是这个地区最大的商业中心，它有一座非常受尊敬的众神之母神庙。他们把神母称为阿格迪斯提斯。我们可以认为，在古代祭司就是君主，大祭司的职务可以获得大笔的收入。虽然商业中心的地位仍然保持着，但他们的特权现在已经大大地削弱了。圣域由阿塔罗斯王朝历代诸王按照宗教圣地的式样建成，

---

① 公元前25年。

有一个圣所和白色大理石的柱廊。罗马人使这座神庙获得了很大的名气。根据西比尔女预言家的神谕，他们从这里运走了女神的塑像，就像他们把埃皮多鲁斯的阿斯克勒皮俄斯塑像运走一样。在这座城市之后有一座丁迪姆山，丁迪梅内地区就得名于这座山，就好像基贝勒得名于基贝拉山一样。附近有一条桑加利乌斯河流过；河边有古代米达斯（Midas）和戈尔迪乌斯时期弗里吉亚人的居民点，前者生活的时期比他还早，还有其他人的居民点，这些居民点甚至连城市的遗址都没有保存下来，只是比其他村庄略微大一点。例如，戈尔迪乌姆（Gordium）和扫康达利乌斯之子卡斯托的都城戈尔贝乌斯城（Gorbeus），卡斯托的岳父戴奥塔鲁斯在这里杀死了卡斯托和自己亲生的女儿，毁灭了这个要塞和居民点的大部分。

4. 在加拉提亚之后，南部是大卡帕多西亚附近的塔塔湖（Tatta），它距离莫里梅内不远，但它是大弗里吉亚的一部分，从这个湖边直到托罗斯山区大部分都归阿敏塔斯统治。塔塔湖是一个天然的盐池，湖水很容易在放入池中的物体上结晶出盐粒，人们如果在湖中放入绳子做成的圆环，提起来的就是一个盐环，由于盐容易结晶，鸟儿的翅膀如果沾到了湖水，立刻就会掉到地上，很容易被抓住。

第六章 利考尼亚

1. 塔塔湖的情况就是这样。在奥尔考尔齐和皮特尼乌斯周围地区，还有利考尼亚人的高原地区，寒冷而树木稀少，那里是野驴出没的地区，水源非常缺乏。即使可以找到水源的地方，水井也是世界上最深的。例如，索特拉（Soatra）就有饮水出售（这是一个靠近加尔索拉城的村镇）。这个地区虽然缺水，但它出产绵羊；羊毛虽然粗糙，但有人靠它大发羊财，阿敏塔斯在这个地区有 300 群羊。这个地区还有两个湖泊，大的叫做科拉利斯，小的叫做特罗吉提斯。在这附近有一座伊科尼乌姆小城，它有很多人口，比上述野驴出没的地区更繁荣兴旺。这座城市归波莱蒙统治。上述地区靠近托罗斯山脉。这座山脉把卡帕多西亚、利考尼亚与在它们之后的西里西亚·特拉吉亚（Cilicia Tracheia）分开。利考尼亚人与卡帕多西亚人之间的边界是利考尼亚人的村落科罗帕苏斯和卡帕多西亚人的加尔索拉城。这些要塞之间的距离大约是 120 斯塔德。

2. 托罗斯山脉附近的伊索里斯（Isaurice）也属于利考尼亚，它境内有两个名字相同的伊索拉村，一个叫做老伊索拉村，另一个叫做新伊索拉村，后者是一个防备坚固的村庄。其他的许多村庄归它们管理，它们都是强盗聚居的村庄。对于罗马人，特别是对于我所认识的帕布利乌斯·塞尔维利乌斯·伊索里库斯（Publius Servilius Isauricus）而言，它们就是动乱的根源；他使这些地方臣服于罗马人统治，毁灭了强盗在海岸边的大部分要塞。

3. 在伊索里斯的边缘是德尔贝，它比其他任何地区都靠近卡帕多西亚，也是僭主安提帕特·德尔贝特斯（Antipater Derbetes）的都城，他还统治着拉兰达城，在我们这个时代，德尔贝和伊索拉归阿敏塔斯统治，他进攻和杀死了德尔贝特斯，从罗马人手中得到了伊索拉，确实，在老伊索拉被毁灭之后，他在那儿建立了一座都城，他虽然在同一个地方建立了一道新的围墙，但没活到这座城市彻底完工的时候，就被西里西亚人杀死了。他在侵入霍莫纳德人地区的时候中了埋伏，被活捉了。

4. 由于他在占领皮西迪亚附近的安条克基亚、阿帕米亚·西波图斯城附近的阿波罗尼亚斯城、山麓和利考尼亚某些地区之后，企图消灭西里西亚人、从托罗斯山脉逃到属于弗里吉亚人和利考尼亚人地区的皮西迪亚人，[①] 他占领了许多先前坚不可摧的地方，其中就有克雷姆纳要塞（Cremna）。他甚至想不战而取位于克雷姆纳与萨加拉苏斯要塞（Sagalassus）之间的桑达利乌姆要塞（Sandalium）。

5. 克雷姆纳被罗马殖民者占领，萨加拉苏斯同样归管理阿敏塔斯整个王国的罗马行省长官统治。萨加拉苏斯距离阿帕米亚（Apameia）1天的路程。从那里到这个要塞大约有30斯塔德长的下坡路。它也叫做塞尔格苏斯城。亚历山大也占领过这座城市。

---

① 迈内克以此代替了"西里西亚人"。

现在，阿敏塔斯占领着克雷姆纳，进入了霍莫纳德人的地区，他们被认为是难以征服的部落。他确立了自己作为大部分地区统治者的地位，消灭了他们的僭主，但被僭主的妻子背信弃义用诡计抓住了，霍莫纳德人把他处死了。但西里尼乌斯（Cyrinius）用饥饿迫使他们自己投降了。[①] 他俘虏了4000人，把他们安置到附近的城市，使这个国家失去了年轻力壮的居民。在托罗斯山脉高地的中心，是一个极其陡峭、难以通行的地区，有一个很深的、肥沃的平原，被分成几个河谷。耕种这个平原的居民住在高高的山崖上或者洞穴中。他们大部分人有武器，习惯于劫掠别人的地区，而高山好像城墙保护着他们的国家。

[①] 叙利亚的统治者苏尔皮西乌斯·奎里努斯。

第七章 皮西迪亚

1. 与这些部落相邻的是皮西迪亚人，特别是皮西迪亚人之中的重要部落塞尔格人（Selgeis）。他们大部分居住在托罗斯山脉最高处。但是，有一些人居住在潘菲利亚的城市锡德和阿斯彭杜斯之后，居住在到处生长着橄榄树的丘陵地区；塞尔格人和霍莫纳德人的邻居卡特尼斯人（Catenneis）居住在更高的地方（我们现在是在山区）；但是，萨加拉塞斯人（Sagalasseis）居住在托罗斯山脉这边的地区，正对着米利亚斯（Milyas）。

2. 阿尔特米多鲁斯说，皮西迪亚人的城市有塞尔格、萨加拉苏斯、佩特内利苏斯、阿达达、滕布里亚达、克雷姆纳、皮提亚苏斯、安布拉达、阿纳布拉、辛达、阿拉苏斯、塔尔巴苏斯和特尔梅苏斯。在皮西迪亚人之中，有一些完全居住在山区，另外一些扩张到了山脉两边的山麓地区、扩张到了潘菲利亚和米利亚斯。他们与弗里吉亚人、吕底亚人和卡里亚人交界，这些部落都是和平的部落，居住在托罗斯山脉的北部。但是，潘菲利亚人具有西里西亚人的许多特点，他们绝对不放弃强盗生涯，也不让周围的居民和平地生活，他们占据着托罗斯山麓的南部地区。与弗里吉亚人和卡里亚交界的是塔贝、辛达和安布拉达，那里出口安布拉达葡萄酒（Ambladian wine），适合于做药酒饮用。

3. 上述山区其他皮西迪亚人，全部分成几个由僭主统治的独立部落，他们与西里西亚人一样专事劫掠活动。据说在古代某些勒勒吉人游牧部落和他们杂居在一起，由于本性相同也留在那里。塞尔格最初是拉克代蒙人建立的城市，更早则是卡尔卡斯建立的；后来，这座城市成了一座自治城市，由于它的政府按照固定的法律治理国家，城市变得非常强大，曾经拥有20000居民。这个地区的自然环境非常优越，在托罗斯山脉的高地之间有一片非常肥沃的地区，足以养活10000人口；许多地方种植了橄榄树，有非常好的葡萄园，还有辽阔的牧场可以饲养各种家畜；在这个地区的高处，它的四周有各种各样的用材林生长。安息香树（styrax-tree）[①]是一种不高但笔直的树木，出产大量的树脂，这种树的木材可以制造安息香树的标枪杆，类似于山茱萸的枪杆。在这些树木的树干上生活着一种树生蠕虫的变种，这种蠕虫蛀空树木，直到树木的表皮；它吐出的木屑好像是麸子和锯末，因此在树木的根部形成了一堆这样的锯末；后来有液体流入，很快把它凝固成了类似树胶的物质，部分液体流入树根下的锯末堆之中，与它和土壤混合在一起，除了一些凝固在地表之外，其余的都是透明的；另一部分液体流到树干的表皮上凝固了，也是透明的。人们用锯末和土壤做成一种不透明的混合物质，这种物质比透明的物质更加芳香，但在其他品质方面次于后者（但大多数人却忽视了这一点），它被信徒大量用作乳香敬神。人们还赞美塞尔格的鸢尾花和用它做成的药膏。在这座城市的周围和塞尔格人地区只有少数的道路，

---

① 安息香树——Storax officinalis。

第七章 皮西迪亚

因为他们这个山区到处是悬崖峭壁和峡谷，它们是由欧里墨冬河、塞斯特鲁斯河和其他河流形成的，它们从塞尔格地区流出，汇入潘菲利亚海。他们的道路上建有桥梁。由于他们有天然的工事，塞尔格人不管在从前还是后来，从来没有受到其他人统治，无忧无虑地享受自己全部土地上生产出来的果实。只有为了争夺低处的那部分地区，为潘菲利亚和托罗斯山脉这边的地区，他们经常要与国王作战；至于他们与罗马人的关系，他们是按照某些规定的条款占领上述地区的。他们派出一个代表团去见亚历山大，提议作为友好国家接受他的指挥。现在，他们完全服从罗马人的统治，并且被并入了先前阿敏塔斯统治的地区。

第八章 阿卡迪亚

1. 正如我先前已经说过的那样,比希尼亚人南方的邻居是密细亚人和弗里吉亚人,他们居住在所谓密细亚的奥林波斯山周围地区。这些部落每个都分为两部分。弗里吉亚的一部分称为大弗里吉亚,统治它的是米达斯;它的一部分被加拉提亚人占领。另外一部分称为小弗里吉亚,它在赫勒斯滂和奥林波斯山周围,也就是所谓的弗里吉亚·埃皮克特图斯。密细亚同样分为两部分,奥林佩内、比希尼亚和弗里吉亚·埃皮克特图斯交界,根据阿尔特米多鲁斯所说,这个地方是居住在伊斯特河那边的密细亚人开垦的殖民地;第二部分是与凯库斯河(Caicus)和帕加梅内相邻的地区,一直延伸到托斯拉尼亚和河口地区。

2. 正如我常常指出的那样,[①] 这些地区的边界彼此之间非常混乱,人们甚至难以确定西皮卢斯山周边地区(古人把它称为弗里吉亚)是大弗里吉亚的一部分,还是小弗里吉亚的一部分,据说那里居住着"弗里吉亚人"坦塔卢斯(Tantalus)、珀洛普斯(Pelops)和尼奥贝(Niobe)。但是,不管哪种观点是正确的,边界混乱是显而易见的事情;因为帕加梅内和埃来提斯是凯库斯河汇入

---

① 参见本书XII, iv, 4。

大海的地方，托斯拉尼亚位于这两个地区之间，托斯拉斯（Teuthras）曾经在那里居住，特勒福斯在那里长大。它位于一边是赫勒斯滂、西皮卢斯山和马格尼西亚周围地区，另一边是西皮卢斯山麓之间的地方；因此，正如我先前所说的，要确定它的边界是非常困难的事情：

密细亚人和弗里吉亚人的边界是特殊的。

3. 吕底亚人和梅奥尼人（荷马把他们称为梅奥尼人），既与这些部落混杂在一起，彼此之间也混杂在一起。因此，有人认为他们是一个部落，也有人认为他们是不同的部落；他们把这些密细亚人和弗里吉亚人混杂在一起，是因为有些人认为密细亚人就是色雷斯人，但另外一些人认为他们是吕底亚人，根据古代吕底亚人桑索斯（Xanthus）和埃利亚人梅内克拉特斯的说法，他们认为密细亚人得名于吕底亚人对水青冈树称呼。在奥林波斯山附近生长着许多青冈树，据说那里死了许多人，他们的后代根据青冈树的名字，后来就称为密细亚人。他们的语言也可以证明这一点，因为他们的语言在某种程度上也是吕底亚和弗里吉亚语言的混合体，原因是虽然在某个时期密细亚人曾经居住在奥林波斯山附近地区，但是在弗里吉亚人从色雷斯渡海前去特洛伊，杀死特洛伊和附近地区的统治者之后，他们就定居在那里，密细亚人则居住在吕底亚附近的凯库斯河源头之后。

4. 各个部落的混合、哈利斯河这边肥沃的土地、特别是沿海地区，对这种神话故事的形成起了很大的作用；所以它遭到许多国家的侵略，还有从敌对大陆来的部落或者是邻近的部落互相攻略，特别是在特洛伊战争时期和后来的侵略和移民时期。同时，蛮族和希腊人也受到占领他人领土的动机推动，而且，这种现象在特洛伊战争之前就已经出现。因为那时就有了佩拉斯吉人、考科尼亚人和勒勒吉人部落。正如我先前已经说过的，① 他们在古代就已经在欧罗巴许多地方游荡。荷马把这些部落说成是特洛伊人的盟友，而不是敌对大陆的来客。关于弗里吉亚人和密细亚人的报道，出现的时间比特洛伊战争更早。吕西亚人存在着两个集团，也引起了人们猜测，他们和特洛伊的吕西亚人是不是同一个部落？卡里亚附近的吕西亚人，是不是开垦了其他两个部落的土地？② 可能，西里西亚人的情况也是这样，因为他们也分成了两个集团。③ 但是，我们无法找到现在西里西亚人部落在特洛伊战争之前就已经存在的证据。特勒福斯和他的母亲可以被认为是来自阿卡迪亚，由于他的母亲和统治者托斯拉斯的婚姻关系，他和托斯拉斯也有了亲缘关系，成了一位受欢迎的客人。并且被认为是这位统治者的儿子，继承了密细亚人的统治权。

5. 据说卡里亚人和勒勒吉人从前是海岛上的居民，由于克里特人的帮助，他们成了大陆上的居民。克里特人在其他地方建立了米利都，他们认为克里特的米利都人萨耳珀冬（Sarpedon）是建城者；他们定居在现在叫做吕西亚地区的特尔米利城；据说这些移民是米诺斯和拉达曼提斯的兄弟萨耳珀冬从克里特带来的。他

---

① 参见本书 V, ii, 4; VII, vii, 10。
② 参见本书 XII, viii, 7。
③ 参见本书 XIII, i, 60。

第八章 阿卡迪亚

把那些先前称为米利伊人的部落改名为特尔米利人，正如希罗多德所说，他们在古代的时候称为索利米人，[1]但是，自从潘迪昂之子吕古斯（Lycus）来到这里之后，他把这个部落用自己的名字命名为吕西亚人。这个传说表明索利米人和吕西亚人是同一个部落，但荷马认为他们是有区别的。无论如何，柏勒洛丰（Bellerophontes）是从吕西亚出发的，而且

在与著名的索利米人作战之后。

（《伊利亚特》，Ⅵ，184）

同样，还有他的儿子佩山大（Peisander），[2]诗人说：

他在与索利米人作战时被阿瑞斯所杀。

（《伊利亚特》，Ⅵ，204）

诗人还说到萨耳珀冬是吕西亚本地人。[3]

6. 但是，我现在要说的是，[4]富饶地区往往是对强者胜利的奖赏，这个事实已经为特洛伊战争之前和之后的许多事件所证实，因为甚至是亚马孙人也敢于进攻它。据说进攻亚马孙人的不仅有普里阿摩斯，还有柏勒洛丰；而古代城市之中有以亚马孙人的名

---

[1] 希罗多德，Ⅰ，173，7。
[2] 在《伊利亚特》之中是"伊山大"。
[3] 《伊利亚特》，Ⅵ，199。
[4] 即哈里斯河这边的地区。

字命名的,就证明了这个事实。在特洛伊平原,有一座山冈:

> 凡人把它称为"巴提叶亚",
> 但神把它称为"好跳动的米里纳的陵墓"。
>
> (《伊利亚特》,Ⅱ,813)

历史学家认为,米里纳是一位亚马孙人,这是从表示特征的词汇"好跳动的"推断出的。据说马匹由于速度快而被称为"跳动迅速的",米里纳由于驱赶战车的速度迅速而被称为是"好跳动的",所以,米里纳成了这座亚马孙城市的名字。附近的海岛由于土地肥沃,也经历了同样的命运;荷马明确地指出,在特洛伊战争之前,[①]罗德岛和科斯岛就已有希腊人居住。

7. 特洛伊战争之后,希腊人和特雷兰人的移民运动、辛梅里安人和吕底亚人的入侵,在这之后是波斯人和马其顿人的入侵,最后是加拉提亚人的入侵,干扰和搅乱了一切事情。这种不明确的情况不仅是由于变化太多,而且也是因为历史学家们在讲述同一件事情时使用了不同的资料,观点不一致而造成的。例如,他们把特洛伊人称为弗里吉亚人,悲剧诗人就是这样做的,把吕西亚人称为卡里亚人,在对待其他部落方面也是一样。至于特洛伊人,他们从一个弱小部落变得如此的强大,成了众王之王,为诗人和诗人的注释者提供了一个探寻所谓的特洛伊究竟是什么的基础;一般来说,荷马认为所有特洛伊人是一个部落,他们站在特

---

① 参见本书 XVI,ii,7。

洛伊一方作战，他们的对手是"达那俄斯人"和"亚该亚人"。当然，我们肯定不会把帕夫拉戈尼亚称为特洛伊的一部分，也不会把卡里亚和与它交界的地区称为吕西亚。我指的是诗人曾经说过：

特洛伊人呼喊着前进，像鸟儿一样的叫喊。

(《伊利亚特》，Ⅲ，2)

而他说到特洛伊人的对手是：

亚该亚人静静地前进，激烈地呼吸。

(《伊利亚特》，Ⅲ，8)

他以许多方式，使用许多不同的词语。但是，尽管如此，我必须尽力而为，确定一些细节问题。无论如何，如果我遗漏了古代历史中的某个问题，我也只好略而不提，因为地理学的任务不在这个领域，我必须叙述的是现在的问题。

8. 然后是普罗庞提斯以北的两座山脉——密细亚的奥林波斯山和伊达山。比希尼亚人居住的地区位于奥林波斯山麓，特洛伊位于伊达山和大海之间，与这座山相连。关于特洛伊和与它相邻的南部地区，我将在下文之中叙述。[①] 现在，我将叙述奥林波斯山地区和在它之后直到托罗斯山脉的那部分地方，还有我先前到过的那部分地方。奥林波斯山周围不仅是一个人烟密集的地方，在它的高处还有无边的森林和天生易守难攻的地方，盗匪集团可以

---

① 参见本书 XIII，i，34—35。

盘踞在那里；在这些集团之中常常会出现某些可以长期维持自己权力的霸主；例如，我们时代的克里昂（Cleon）就曾经是盗匪集团的首领。

9. 克里昂是戈尔迪乌姆村人，他后来把这个村庄扩大成一座城市，命名为朱利奥波利斯，它起初是一个最坚固的要塞，被盗匪用来做避难场所和行动据点。他确实给安东尼很大的帮助，因为他进攻那些为拉比耶努斯（Labienus）征收税款的税吏，[1]后者当时统治着亚细亚地区。[2]他阻碍后者的备战工作，但在亚克兴大战之中，他背弃安东尼，联合凯撒的统帅，获得了不应有的荣誉。因此，在安东尼赐予他的荣誉之外，他又获得了凯撒赐给他的荣誉，从一名盗匪起家，变成了世袭君主的代表，他不仅成了密细亚人的神、阿布雷特内的宙斯神庙祭司；而且统治着莫雷内地区，这个地区像阿布雷特内一样，也属于密细亚。他最后又获得了本都科马纳城的祭司职位，但是他到科马纳任职不到一个月就去世了。他死于一种严重的疾病，可能是这种疾病打垮了他，也可能是过度的贪吃，或者像神庙人员所说的，是因为这位女神的愤怒降临到他的头上；因为在圣地的范围之内出现了男女祭司的住宅，在圣地的范围之内，除了其他方面的宗教圣洁之外，最严格的是必须避免食用猪肉所造成的污染；实际上，这座城市完全不食用猪肉，甚至连一头猪也不准运进城来。但是，克里昂来了之后，他做的最重要的事就是破坏了这个风俗习惯，暴露出其土匪的本

---

[1] 昆塔斯·拉比耶努斯，保民官提图斯·拉比耶努斯之子。
[2] 公元前40—前39年。

性,好像他到这里来不是当祭司,而是来败坏所有这些神圣的东西。

10. 奥林波斯山的情况就是这样了,在它的北方附近居住着比希尼亚人、米格多尼亚人和多里奥内人,其他地方居住着密细亚人和埃皮克特人。从埃塞普斯河到林达库斯河的基奇库斯周围,还有达西利提斯湖畔,居住的大多是多里奥内人,而在他们之后直到米尔利亚人的地区,居住着米格多尼亚人。在达西利提斯湖之后有两个大湖,即阿波罗尼亚提斯湖和米利都波利提斯湖。在达西利提斯湖附近有达西利乌姆城,在米利都波利提斯湖附近有米利都波利斯城,在第三个湖边有"林达库斯河畔的阿波罗尼亚城"。现在这些地方大多属于基齐库斯人。

11. 基奇库斯是普罗庞提斯海中的一座岛屿,有两座桥梁与大陆相连;它不仅以土地肥沃出名,而且在大小方面,它的周长大约有500斯塔德。在桥边有一座名字相同的城市,有两个可以封闭的港口,200多个船坞。城市一部分在平地上,另一部分靠近所谓的"狗熊山"。① 在这座山之后有另外一座丁迪姆山,它有一座高峰,一座由阿尔戈英雄建立的丁迪梅内众神之母神庙。这座城市在面积、美丽以及优良的民事、军事管理体制方面,都可以和亚细亚最好的城市媲美。基奇库斯的建筑显然与罗德岛、马萨利亚和古迦太基风格相同。现在,我要忽略大多数枝节问题,说一说基奇库斯三位管理公共建筑、战争机器的长官和三位管理国库的官员:其中一位控制军队,另一位控制战争机器,第三位负责

---

① Arcton-oros.

粮食。他们要防备谷物由于本地土壤混杂了卡尔西斯土壤[①]而使质量变坏。在米特拉达梯战争时期,他们这种制度的优越性显示出来了,因为国王出其不意地率领150000名军人和大量骑兵来进攻他们,占领了城市对面的阿德拉斯提亚山和城郊,后来,他不仅把军队调到城市之后的地峡,准备与他们在陆上作战,他在海上还有400条战船参战,基齐库斯人顶住了所有的进攻,他们对着国王的地道挖了一条反向的地道,差一点就在他的地道中生擒了国王;但国王采取了预防措施制止了这个阴谋,他撤出了自己的地道;虽然为时已晚,罗马统帅卢库卢斯还是设法趁着夜色派遣一支辅助军队到这个城市援助基齐库斯人;同时,饥饿开始折磨这支庞大的军队,这是国王没有预见到的事情,因此他在遭受了巨大的人员损失之后,不得不离开这个海岛。罗马人尊重这座城市。直到今天,它仍然是一座自由的城市,拥有大片的领土,不仅有自古以来就属于它的土地,还有罗马人送给它的土地。例如,特洛阿德的土地,他们占有埃塞普斯河那边泽莱亚周围的土地,还有阿德拉斯提亚的平原地区,达西利提斯湖部分地区(另一部分被拜占庭人占领)。除了多里奥尼斯和米格多尼斯之外,他们还占领了一直延伸到米利都波利提斯湖和阿波罗尼亚提斯湖的辽阔地区,林达库斯河流过这个地区。这条河流发源于阿扎尼提斯,汇合了密细亚阿布雷特内境内众多河流之中的马塞斯图斯河(这条河流发源于阿贝伊提斯的安西拉),汇入正对着贝斯比科斯岛的普罗庞提斯海。在这座基齐库斯人的海岛上,有一座森林茂密的

---

① 包含碳酸钙的土壤。

阿尔塔塞山；在这座山的前面有一个名字相同的小岛；附近有一个梅拉努斯海角，位于从基奇库斯到普利阿普斯（Priapus）的航路之上。

12. 属于弗里吉亚·埃皮克特图斯的城市有：阿扎尼、纳科利亚、科提亚伊乌姆、米代乌姆、多里利乌姆河和卡迪，根据有些作家所说，卡迪属于密细亚地区。密细亚延伸到了从奥林佩内到帕加梅内的内陆地区和凯库斯河平原，因此，它位于伊达山与卡塔塞考梅内（Catacecaumene）[①]地区之间，有些人认为它属于密细亚人，另外一些人认为它属于梅奥尼人。

13. 在弗里吉亚·埃皮克特图斯之后，南面是大弗里吉亚，它的左边是佩西努斯和奥尔考尔齐地区和利考尼亚，右边是梅奥尼人、吕底亚人和卡里亚人。弗里吉亚·埃皮克特图斯包括弗里吉亚·"帕罗里亚"，[②]这是弗里吉亚靠近皮西迪亚的地区，还有阿莫里乌姆周围的地区，欧梅尼亚和辛纳达，然后是阿帕米亚·西波图斯、劳迪西亚，后两座城市是弗里吉亚最大的城市。在它们附近有一些小城市和小地方，[③]其中有阿弗罗蒂西亚、科洛塞、特米索尼乌姆、萨瑙斯、梅特罗波利斯和阿波罗尼亚斯；比这些城市更远的还有珀尔泰、欧卡皮亚和吕西亚斯。

14. 弗里吉亚·帕罗里亚有一个山脊从东一直延伸到西，山脊下面的两边是一个大平原。山的附近有许多城市：北面是菲洛梅利乌姆，另一边是皮西迪亚附近的安条克基亚，前者完全在平

---

① 本义为"被烧过的"地区。
② 弗里吉亚延伸到山区的部分地区。
③ 手稿文字有脱落。

原上，后者在山冈上，有一个罗马人的殖民地。安条克基亚是居住在迈安德河附近的马格尼西亚人建立的。当他们把托罗斯山脉这边亚细亚其他地区送给欧迈尼斯之后，① 罗马人把他们从国王的统治之下解放出来了。这里还有一个梅恩·阿斯凯乌斯的祭司职位，② 拥有许多神庙奴隶和神庙土地，但祭司职位在阿敏塔斯去世之后，被那些派到这里来的继任者废除了。辛纳达不是一座大城市，它的前面有一块种植橄榄树的平原，周长大约有60斯塔德。在它的后面是多西米亚村，还有一座"辛纳达"大理石采石场（罗马人这样称呼它，本地人把它称为"多西米"或者"多西米亚"采石场）。起初，这个采石场只出产尺寸小的石材，现在由于罗马人喜爱豪华、奢侈成风，开始出产巨大的整块柱廊石材，它的色彩多种多样，几乎与细纹大理石一样。因此，虽然把如此沉重的物体运到海边是件困难的事情，但运入罗马的柱廊和大块石板，其尺寸和美丽都是令人难以忘记的。

15. 阿帕米亚是亚细亚真正的重要商业中心，其地位仅次于以弗所；因为它是意大利和希腊商品共同的转运站。阿帕米亚靠近马尔西亚斯河口，它发源于这座城市的范围之内，从城市中间流过；它以巨大的、湍急的河水流过城市郊区，然后与迈安德河汇合。后者在这之前已经接纳了另一条河流——奥尔加斯河，平静地、缓慢地流过这个平原；然后形成了一条大河，成了卡里亚和吕底亚在迈安德平原上的边界。在这个平原上，它的河道变得十

---

① 公元前190年，帕加马国王欧迈尼斯二世。
② 取代"阿斯凯乌斯"显然有误（参见本书 XII, iii, 31）。

分弯曲，以至于所有弯曲的东西都被称为"迈安德的"。最后，迈安德河流过现在居住着爱奥尼亚人的卡里亚本身，在米利都和普里恩城（Priene）之间汇入大海。它发源于塞莱内山，山上有一座与这座山名字相同的城市。安条克·索特尔把塞莱内的居民迁往了现在的阿帕米亚，这座城市是用他的母亲阿帕马的名字命名的。阿帕马是阿尔塔巴祖斯之女，嫁给了塞琉古·尼卡托。这里也是奥林波斯的神话、马尔西亚斯的神话和马尔西亚斯与阿波罗竞赛的神话产生的地点。塞莱内之后的湖泊之中出产芦苇，适合做长笛的嘴子。马尔西亚斯河与迈安德河都发源于这个湖泊。

16. 劳迪西亚过去虽然很小，在我的父辈和我们的时代它已经有很大的发展。尽管它在米特拉达梯·欧帕托围城的时期遭到了破坏，但是城市富饶的土地，某些富裕的市民，又使它壮大了：起初，希伦给了市民2000多塔兰特的遗产，装饰了城市的许多神庙建筑；后来，又有雄辩家芝诺和他的儿子波莱蒙出力，后者由于勇气和诚实，被认为是配得上起初是由安东尼，后来是由奥古斯都赐予王国的。劳迪西亚附近地区出产优质的绵羊，不仅是因为它们的羊毛柔软，胜过米利都羊毛；而且是因为羊毛的颜色乌黑发亮；[1]因此，劳迪西亚人从中获得了非常可观的岁入。同样，附近的科洛塞尼人同样也是因为色彩名字而收入丰厚。[2]迈安德河与卡普鲁斯河、莱古斯河在这里汇合，后者是一条很大的河流，这条河的后面有一座"莱古斯河附近的劳迪西亚城"。在这座城市

---

[1] 参见本书Ⅲ，ii，6。
[2] 科洛塞尼的羊毛可以染成紫色或鲜红的颜色。

之后是卡德摩斯山，莱古斯河发源于这座山，还有与这座山名字相同的一条河流也发源于这里。但是，莱古斯河大部分是在地下潜流，后来才出现在地面上，与其他河流汇合在一起。这表明这个地区有很多的通道，遭受过严重的地震；劳迪西亚遭受的地震大于其他任何地区，邻近的卡鲁拉（Carura）也是这样。

17. 卡鲁拉形成了弗里吉亚和卡里亚之间的边界。它是一个村庄，它有旅馆、灼热的温泉，一些在迈安德河之中，一些在它后面的河岸上。据说有一次妓院老板和一大群妇女住在旅馆之中，晚上发生了地震，他和所有的妇女一起都死了。我几乎可以肯定地说，在迈安德河附近的整个地区都遭受过地震，由于火和水的作用，在地下形成了许多洞穴和通道。这种情况从平原地区一直延伸到查罗尼亚，① 我指的是希拉波利斯的查罗尼乌姆和阿哈拉卡的查罗尼乌姆，还有马格尼西亚和米乌斯附近的查罗尼乌姆。实际上，这里的土壤不仅脆而易碎，而且盐分很高，很容易燃烧。② 迈安德河弯曲很多大概是因为这个原因，由于河流经常改变河道，带走大量泥土，又把这些泥土在不同的时间冲到不同的岸边；也有一部分泥土被激流冲入了大海。由于迈安德河的淤泥延伸了40斯塔德长，它使古代在海中的普里恩城变成了一座内陆的城市。

18. 弗里吉亚·"卡塔塞考梅内"居住着吕底亚人和密细亚人，它取这样的名字是因为如下原因：在它附近有一座费拉德尔菲亚城，即使连房屋的墙壁也不安全，因为每一天墙壁都在遭受地震

---

① 参见本书 V，iv，5。
② 参见本书 V，iv，8。

第八章　阿卡迪亚

的破坏，甚至开裂。居民们经常关注地震的情况，因为考虑到这种现象而打算彻底改建自己的房屋。在其他城市之中，阿帕米亚在米特拉达梯国王远征之前，经常遭受地震的破坏，当他到达这个地区之后，发现这座城市已经成了一片废墟，他拿出100塔兰特帮助重建这座城市。据说在亚历山大时期也发生过同样的事情。很可能，这就是为什么他们的国家，即使是在内陆地区也崇拜波塞冬的原因，也是城市为什么叫做塞莱内的原因，[①] 这是因为它是用波塞冬和达那俄斯之女塞莱诺所生的儿子塞莱努斯的名字命名的，或者是得名于那些被烧过的"黑色"石头。不必把关于西皮卢斯山的故事看成神话故事，因为现在多次地震已经把山脚下的马格尼西亚毁灭了。由于地震的原因，不仅是萨迪斯（Sardeis），还有许多著名城市，许多地方都遭到了严重的破坏。但是，当今皇帝捐款修复了这些城市，[②] 就像他的父亲从前在特拉莱斯城居民遭受不幸的时候所做的一样（当时这座城市的体育馆和其他部分倒塌了），他修复了劳迪西亚人的这座城市。

19. 人们可能听过古代许多历史学家所说的这个故事，在这些人之中有桑索斯，他曾经写过吕底亚历史，讲到这个地区经常出现的这些奇怪变化。我在拙著前面某个地方，已经说到过这些变化。实际上，他们把阿里米人神话故事和堤丰分娩神话故事发生的地点转移了，把它称为卡塔塞考梅内地区。[③] 他们毫不犹豫地认为迈安德河与吕底亚人之间的这些地区具有所有这些特征，因为它有许多

---

① 即"黑色的"。
② 提比略（塔西佗：《编年史》，Ⅱ，47）。
③ 参见本书 XIII，iv，11。

的湖泊、河流，地下还有许多的洞穴。在劳迪西亚和阿帕米亚之间有一个像大海似的湖泊，[①]发出一股像地下臭水沟之中的恶臭。[②]据说，人们由于迈安德河而引起了许多官司。因为它冲走了河岸突出部分的土地，改变了沿河许多地区的边界，当着这条河被宣判有罪之后，对它的处罚就是缴纳罚金，由渡河的过渡费之中支付。

20. 在劳迪西亚与卡鲁拉之间有一座梅恩·卡鲁斯神庙，这是一座香火非常旺盛的神庙。在我们的时代，宙克西斯（Zeuxis）创立了伟大的希罗菲卢斯医学流派（Herophileian school of medicine），[③]后来由菲拉勒特斯之子亚历山大所继承。同样，在我们父辈的时代，海斯西乌斯（Hicesius）在士麦拿创立了埃拉西斯特拉图斯医学流派（Erasistrateian school）。[④]但是，它现在已经没有从前那样风光了。[⑤]

21. 作家们也提到了现在再也找不到的某些弗里吉亚部落，例如贝勒辛特人。阿尔克曼说道：

他用管乐器演奏弗里吉亚韵味的刻耳柏洛斯歌曲。

（《残篇》，162，克鲁西乌斯）

---

① 在大小和深度方面。
② 原文有脱落。
③ 得名于它的创立者、古代最著名的医生和解剖学家、比希尼亚地区卡尔西顿城的希罗菲卢斯。他生活在托勒密一世（公元前323—前285年在位）时期的埃及亚历山大城。
④ 得名于著名医生、解剖学家、凯奥斯岛的埃拉西斯特拉图斯（公元前300—前260年处于事业兴旺时期）。
⑤ 原文有脱落。

还有某些洞穴散发出致命的气体,它也被称为刻耳柏洛斯的(Cerbesian)洞穴;这些洞穴都是真正可以看见的。但是,居住在那里的不再叫做刻耳柏洛斯人了。埃斯库罗斯在剧本《尼奥贝》之中把不同的部落和地区混为一谈;例如,尼奥贝说她将不会忘记坦塔卢斯的宫廷,

> 那些人在伊达山上,
> 建立了父亲宙斯的祭坛。

(《残篇》,163,瑙克)

接着又说:

> 西皮卢斯在伊达人的土地上。

(《残篇》,163,瑙克)

坦塔卢斯则说:

> 我播种的犁沟长达10天的路程,
> 贝勒辛提亚的土地位于阿德拉斯提亚的边缘,
> 那里有伊达山和厄瑞克透斯平原,
> 回荡着牛羊的喧哗和呼叫声。

(《残篇》,152,瑙克)

第十三卷

小亚细亚、特罗阿德、莱斯沃斯、帕加马

第一章　特洛阿德、达达尼亚和伊利乌姆、亚该亚乌姆、锡普西斯和阿苏斯

1. 关于弗里吉亚的叙述就到此为止。按照原先叙述的顺序，我将重新回过头来叙述普罗庞提斯和埃塞普斯河附近的海滨地区。在这个海滨地区，第一个地区是特洛阿德，虽然它现在仅仅是一片废墟，满目荒凉，但它过去的名声值得作家们大写特写。因此，我要请求读者原谅，并请求读者们不要责备我的叙述过于冗长，而要责备有些人实在是过于渴望了解那些古代光辉的业绩。我的叙述将会是很长的，这是因为在这个地区殖民的部落众多，既有希腊人，又有蛮族；也是因为历史学家们在记载同一个问题各自的说法众说纷纭，各方常常都不明确。在这些作家之中，第一个就是荷马，在许多问题上，他给我们留下了许多谜语。对于本人而言，我需要做的工作就是公正地判断他和其他作家的说法，然后重新对我们所讨论地区的自然环境作出一个概述。

2. 总之，普罗庞提斯沿岸地区从基齐塞内、埃塞普斯和格拉尼卡斯河地区一直延伸到阿拜多斯和塞斯图斯（Sestus），而伊利昂、特内多斯和特洛伊亚历山大城附近的地区，则从阿拜多斯（Abydus）一直延伸到莱克图姆角。在这些地区之后是伊达山，它一直延伸到

莱克图姆角。从莱克图姆角到凯库斯河和所谓的卡尼角,是阿苏斯、阿德拉米提乌姆、阿塔内乌斯、皮塔内、埃来提湾附近地区,还有对面的莱斯沃斯人诸岛,沿着这些地区一直延伸。然后是基梅到赫尔姆斯和福西亚城的附近地区,后者是爱奥尼亚的起点和埃奥利斯的终点。诗人所说各地的位置大致就是这样,特洛伊人一度占领过从埃塞普斯河和今基齐塞内直到凯库斯河的地区,他们的土地被各个王朝分成了八九个部分,他们的辅助力量被列入了同盟者之中。

3. 但是,后代作家没有划定同样的边界,他们使用的术语也各不相同,这就为我们提供了各种不同的选择。这种不同的原因,主要出现在希腊人移民运动问题上;确实,爱奥尼亚人的移民运动问题不大,因为它距离特洛阿德较远;但是,埃奥利斯人的殖民地大多分布在从基齐塞内直到凯库斯河的整个地区,并且进而占领了位于凯库斯河和赫尔姆斯河之间的整个地区。实际上,埃奥利斯移民运动据说比爱奥尼亚的移民运动要早4代人之久,但由于它受到阻挠,耽误了很长时间;据说远征最初的领导者是俄瑞斯忒斯,他死在阿卡迪亚,其子彭西卢斯(Penthilus)继承他的事业,在特洛伊战争结束60年之后,前进到了色雷斯地区,这大约是在赫拉克利德族返回伯罗奔尼撒的时候;然后是彭西卢斯之子阿基劳斯(Archelaüs),他领导埃奥利斯人远征,渡海来到了今达西利乌姆附近的基齐塞内;然后是阿基劳斯的幼子格拉斯(Gras)前进到了格拉尼卡斯河,他装备良好,率领其军队的大部分人渡海前往莱斯沃斯,并且占领了该岛。同时,当彭西卢斯召集阿伽门农的后裔、多鲁斯之子克洛伊斯和马劳斯的军队时,他的舰队已经成功地渡过色雷斯,进入了亚细亚。克洛伊斯和马劳斯长期停留在洛克里斯和弗里齐乌斯山附近，只有马劳斯后来渡海建立了弗里科尼斯的基梅城，它得名于洛克里斯的这座山脉。

4. 正如我先前所说的那样，由于埃奥利斯人分布在诗人所说的整个特洛伊地区，因而，在后来的作家之中，有些人把整个地区称为埃奥利斯，而另外一些人则把它的一部分称为埃奥利斯，有些人把整个地区称为特洛伊，而另外一些人则把它的一部分称为特洛伊，彼此没有一点共同之处。例如，在涉及普罗庞提斯各地的时候，荷马认为特洛阿德的边界是从埃塞普斯河畔开始，[1]欧多克索斯认为它的边界开始于基奇库斯人海岛上的普利阿普斯和阿尔塔塞，这个地方正对着普利阿普斯，而达马斯特斯认为这个地区的边界开始于帕里乌姆城。实际上，达马斯特斯把特洛阿德的土地延伸到了莱克图姆角，而其他作家延伸的地方各不相同。兰普萨库斯（Lampsacus）的卡隆把这个地区的长度缩减到300多斯塔德，认为它开始于普拉克提乌斯，因为这正是从帕里乌姆到普拉克提乌斯的距离。不过，他把它延伸到了阿德拉米提乌姆城，而卡里安达的西拉克斯认为它开始于阿拜多斯。同样，埃福罗斯认为埃奥利斯从阿拜多斯一直延伸到基梅，而其他人确定的边界又不相同。

5. 从本义上来说，特洛伊的地理位置最好确定为伊达山的位置，这是一座朝着西方和西海的高山，但又略微朝向北方和北边的沿海地区。北边的沿海地区就是普罗庞提斯沿海地区，它从阿拜多斯附近的海峡一直延伸到埃塞普斯河和基齐塞内，西海就是外赫勒斯滂海和爱琴海。伊达山有许多余脉，外形像是一条蜈

---

[1] 《伊利亚特》，II，824。

蚣,① 它的两端已经确定:一端是泽莱亚城附近的海角,另一端是莱克图姆角;前者结束于基齐塞内之后不远的内陆地区(泽莱亚城现在实际上属于基齐库斯人),而莱克图姆角延伸到爱琴海,位于从特内多斯到莱斯沃斯的沿海航路上:

> 很快就到了多泉的伊达山,野兽的天堂,
> 在莱克图姆角附近两个人第一次离开了大海。
>
> (《伊利亚特》,XIV,283)

诗人谈的是许普诺斯和赫拉。他说的莱克图姆角也符合实际情况,因为他正确地认定莱克图姆角是伊达山的一部分。莱克图姆角是那些从海上进入伊达山地区的人们最初登陆的地点,他把这座山脉称为"多泉的",是因为这里有许多泉眼,其证明是这里有众多的河流。

> 所有河流自伊达山汇入大海,
> 雷苏斯河和赫普塔波鲁斯河。
>
> (《伊利亚特》,XII,19)

在这些河流之后,②诗人所提到的那些河流至今仍然可以看到。同时,当荷马把莱克图姆角③和泽莱亚城④说成是伊达山两端最远

---

① Myriapoda 种类的昆虫,包括大蜈蚣。
② 格拉尼卡斯、埃塞普斯、斯卡曼和西莫伊斯河。
③ 《伊利亚特》,XIV,284。
④ 《伊利亚特》,II,824。

的余脉时，他也正确地把它们与加尔加鲁斯顶峰区别开来，他把这个顶峰称为"峰"。[①]确实，直到今天人们仍然把伊达山高处的一个地方称为加尔加鲁姆，埃奥利斯现在的城市加尔加拉就得名于此。因此，在泽莱亚城和莱克图姆角之间，从普罗庞提斯开始，第一部分地区延伸到阿拜多斯附近的海峡，然后是外普罗庞提斯到莱克图姆角的地区。

6. 如果绕着莱克图姆角航行，就可以看见一个巨大的、辽阔的海湾，它是由伊达山（它是莱克图姆角向大陆的延伸）和卡尼角（正对着另一边的莱克图姆角）形成的。有些人把它称为伊达湾，另外一些人把它称为阿德拉米特内湾。正如我先前所说的，这个海湾有几座埃奥利斯人的城市一直延伸到赫尔姆斯河口。我曾经提到如果从拜占庭出发，向南沿着直线航行，通过普罗庞提斯中部之后，首先到达的地方是塞斯图斯和阿拜多斯，然后沿着亚细亚海岸可以到达卡里亚。这是比较正确的路线，如果认可这种假设，就能相信如下的记载。如果我说到沿海某些海湾，人们就会想到形成海湾的海角位于同一条直线上，似乎是在一条子午线上。

7. 那些研究这个问题的人们[②]依据荷马的说法，非常审慎地推测整个这条海岸线曾经属于特洛伊人，虽然它被分成了九个王朝的领土，但是在特洛伊战争时期它们处于普里阿摩斯统治之下，并且被称为特洛伊。这从诗人详尽的陈述之中可以看得很清楚。例如，当阿喀琉斯和他的军队看见伊利乌姆居民固守在城墙后面时，他开

---

① 《伊利亚特》，XIV，292，352；XV，152。
② 锡普西斯的德米特里及其支持者。

始在城外发动战争,袭击城市四周的地方,夺走周边居民的一切:

> 我以舰队毁灭了12座人口众多的城市,以陆战
> 毁灭了11座城市,横行于特洛伊富饶的土地上。
>
> (《伊利亚特》,IX,328)

由于阿喀琉斯把被他洗劫的内陆地区和其他地方称为"特洛伊",他还洗劫了正对着莱斯沃斯、底比斯、利尔内苏斯和佩达苏斯[①](该城属于勒勒吉人)附近的地区,还有特勒福斯之子欧里皮卢斯的地区。

> 就这样,特勒福斯之子欧里皮卢斯死在青铜刀之下。
>
> (《奥德赛》,XI,518)

杀死欧里皮卢斯(Eurypylus)的人正是尼奥普托列墨斯。诗人接着说这些地方遭到了洗劫,包括莱斯沃斯在内:

> 那时他占领了繁荣的莱斯沃斯。
>
> (《伊利亚特》,IX,129)

> 他洗劫了利尔内苏斯和佩达苏斯。
>
> (《伊利亚特》,XX,92)

---

① 《伊利亚特》,XX,92。

第一章 特洛阿德、达达尼亚和伊利乌姆……和阿苏斯

他摧毁了利尔内苏斯，还有底比斯的城墙。

（《伊利亚特》，II，691）

就是在利尔内苏斯，布里西斯被俘虏了，

他把她从利尔内苏斯抓走了。

（《伊利亚特》，II，690）

根据诗人所说，就是在她被俘虏的时候，米内斯和埃皮斯特罗夫斯阵亡了，布里西斯哀悼帕特罗克卢斯时清楚地说到了这件事：

当阿喀琉斯迅速地杀死我的丈夫，
洗劫神圣的米内斯的城市时，
你甚至不让我哭泣。

（《伊利亚特》，XIX，295）

由于诗人把利尔内苏斯称为"神圣的米内斯的城市"，因此它就表明了米内斯这座城市的统治者，已经在保卫城市的战斗之中阵亡了。但是，克律塞伊斯在底比斯又被俘虏了：

我们冲进底比斯，洗劫了埃埃提翁的城市。

（《伊利亚特》，I，366）

诗人说从这里带走的人有克律塞伊斯。[①] 从这里带走的还有安德洛马刻:

> 宽宏大量的埃埃提翁之女安德洛马刻,
> 埃埃提翁居住在森林密布的普拉库斯山麓,
> 底比斯森林密布的普拉库斯山麓,
> 他是西里西亚人的统治者。
>
> (《伊利亚特》, VI, 395)

这是继米内斯之后的特洛伊第二王朝。作家们一直以来也认为安德洛马刻所说的符合事实:

> 啊, 赫克托耳, 我是多么的不幸! 我们同样是
> 天生的不幸: 你生在特洛伊普里阿摩斯的宫廷之中,
> 而我生在底比斯。
>
> (《伊利亚特》, XXII, 477)

因此, 他们认为这个地方不能严格地按照字面的意义来解释。也就是"你生在特洛伊, 而我生在底比斯"(或者是"在底比斯")这句话, 应该把它看成是一个倒装句:"我们在特洛伊——你生在普里阿摩斯宫廷之中, 而我生在底比斯。"第三王朝是勒勒吉人的王朝, 他们也是特洛伊人:

[①] 《伊利亚特》, I, 369。

阿尔特斯，统治着好战的勒勒吉人。

(《伊利亚特》，XXI, 86)

普里阿摩斯与他的女儿生下了吕卡昂和波利多鲁斯。确实，在《船只登记册》之中，赫克托耳统治的那些人都称为特洛伊人：

伟大的赫克托耳头盔闪闪发光，率领着特洛伊人。

(《伊利亚特》，II, 816)

后来，这些人又在埃尼亚斯的统治之下：

在他们后面是安喀塞斯勇敢的儿子率领的达达尼亚人。

(《伊利亚特》，II, 819)

这些人也是特洛伊人，至少诗人说过：

埃尼亚斯，特洛伊人的顾问。

(《伊利亚特》，XX, 83)

然后是潘达鲁斯率领的吕西亚人，他把这些人也称为特洛伊人：

这些居住在伊达山麓泽莱亚的富裕公民，[①]

---

① 本义为富人。斯特拉博认为它是居住在阿弗尼提斯湖畔的部落名（参见本书 XIII, i, 9）。

> 他们饮用的是埃塞普斯河的清水,这些特洛伊人,
> 归吕卡昂出名的儿子潘达鲁斯率领。
>
> (《伊利亚特》,II,824)

这是第六王朝。确实,这些居住在埃塞普斯河与阿拜多斯之间的居民是特洛伊人,这并不仅是因为阿拜多斯附近的地方也是属于阿西乌斯统治的。

> 那些居住在珀科特和普拉克提乌斯附近,
> 还有塞斯图斯、阿拜多斯、神圣的阿里斯贝的人,
> 都归希尔塔库斯之子阿西乌斯率领。
>
> (《伊利亚特》,II,835)

但是,普里阿摩斯有一个儿子居住在阿拜多斯,放牧母马,这些马显然是他父亲的:

> 他袭击了普里阿摩斯的非婚生子德莫库恩,
> 后者离开奔驰的马群来向普里阿摩斯求援。
>
> (《伊利亚特》,IV,499)

在珀科特,海斯塔昂之子放牧母牛,他放牧的母牛也不是别人的:①

---

① 即属于普里阿摩斯的。

第一章 特洛阿德、达达尼亚和伊利乌姆……和阿苏斯

他首先指责海斯塔昂之子、趾高气扬的
梅拉尼普斯,直到现在还呆在珀科特
放牧步履蹒跚的母牛。

(《伊利亚特》,XV,546)

因此,这个地区,还有在它之后阿德拉斯提亚地区也属于特洛阿德,因为后者的统治者是

珀科特人迈罗普斯的两个儿子。

(《伊利亚特》,II,831)

因此,从阿拜多斯到阿德拉斯提亚去的人都是特洛伊人,虽然他们分成了两个集团,一个集团归阿西乌斯统治,另一个集团归迈罗普斯统治。正如西里西亚也分为两部分,底比斯的西里西亚和利尔内苏斯的西里西亚;欧里皮卢斯统治的地区因为接近利尔内苏斯的西里西亚,可以划入利尔内苏斯的西里西亚之内。不过,阿喀琉斯对普里阿摩斯所说的话,已经证明普里阿摩斯是上述所有地区的统治者:

啊,老人家,我们知道你自己先前是最幸福的人;
有多少人居住在莱斯沃斯和马卡尔城,
还有弗里吉亚丘陵地区和辽阔的赫勒斯滂。

(《伊利亚特》,XXIV,543)

8. 特洛伊战争时期的情况就是这样,但是后来发生了各种各样的变化。因为弗里吉亚人在基奇库斯直到普拉克提乌斯周围殖民,而色雷斯人在阿拜多斯周围地区殖民;在这两个部落之前还有贝布里塞人和德莱奥佩人的殖民活动。更远的地方是特雷雷人在殖民,他们也是色雷斯人。底比斯平原是吕底亚人,当时被称为梅奥尼人,还有原先那些臣服于特勒福斯和托斯拉斯的密细亚人其他部落,也在这里殖民。因此,诗人把埃奥利斯和特洛伊合为一体,因为埃奥利斯人统治了从赫尔姆斯河直到基奇库斯的沿岸的所有地区,在那里建立了自己的城市。我不认为在叙述中把从赫尔姆斯河直到莱克图姆角,即现在所说的埃奥利斯和在它之后直到埃塞普斯河的地区合并在一起有什么问题;因为在详细叙述它们两者的时候,我会把它们重新分开来叙述,把它们现在的情况与荷马和其他作家的说法进行对比。

9. 根据荷马所说,在基奇库斯人的城市和埃塞普斯河之后就是特洛阿德地区。因为诗人这样说道:

这些居住在伊达山麓泽莱亚的富裕公民,
他们饮用的是埃塞普斯河的清水,这些特洛伊人,
归吕卡昂出名的儿子潘达鲁斯率领。

(《伊利亚特》,Ⅱ,824)

他把这些人称为吕西亚人。有人认为他们被称为阿弗伊人,是得名于阿弗尼提斯湖,因为达西利提斯湖也是叫这样的名字。

10. 泽莱亚位于伊达山最远的山麓地区,距离基奇库斯190斯

第一章 特洛阿德、达达尼亚和伊利乌姆……和阿苏斯

塔德，距离埃塞普斯河入海处最近的地方大约80斯塔德。诗人按照顺序分别提到了埃塞普斯河沿岸之后的几个地方：

> 那些居住在阿德拉斯提亚和阿培苏斯地区的人，
> 那些居住在皮泰亚城和特雷亚陡峭山区的人，
> 由身穿亚麻盔甲的阿德拉斯图斯和安菲乌斯率领，
> 两人都是珀科特的迈罗普斯之子。
>
> （《伊利亚特》，Ⅱ，828）

这些地方都在泽莱亚的下方，从这里到海边居住着基齐库斯人和普利阿普斯人。在泽莱亚附近有一条塔尔西乌斯河，它在同一条道路上有20个渡口，就像诗人提到的赫普塔波鲁斯河一样。[①] 这条河流从尼科墨底亚流入尼西亚，它有24个渡口。还有一条从福洛山流入埃莱亚地区的河流，也有许多渡口……[②] 斯卡通有25个渡口，从科斯希尼人地区流入阿拉班达的一条河流有许多渡口，还有从提阿纳城穿过托罗斯山脉流入索利城的一条河流，有75个渡口。

11. 在埃塞普斯河口之后大约……[③] 斯塔德，有一座山丘，山上可以见到堤丰之子门农的陵墓，附近还有一个门农村。格拉尼卡斯河从埃塞普斯河和普利阿普斯之间流过，大部分在阿德拉斯提亚平原，亚历山大就是在这里彻底打败了大流士的总督们，夺

---

① 《伊利亚特》，XII，20。
② 原文有脱落。
③ 手稿之中距离数字佚失。

取了托罗斯山脉和幼发拉底河这边的地区。在格拉尼卡斯河边有锡德内城和一片名字相同的辽阔地区,这座城市现在成了一座废墟。在基奇库斯和普利阿普斯之间的地方,有一个地方名叫哈尔帕基斯,[①] 根据有些神话作家所说,加尼梅德就是从这里被抓走的,但也有人说他是在靠近达达努斯城的达达尼亚角附近被抓走的。

12. 普利阿普斯是位于海岸边的一座城市,也是一个港口。有些人认为它是米利都人建立的,他们也是阿拜多斯和普罗康内斯的开拓者;但也有人认为它是基齐库斯人建立的。它得名于在这里受到崇拜的普利阿普斯,因此,它的崇拜是从科林斯附近奥尔尼村传到这里来的。或者,居民们崇拜这位神是因为他被称为狄奥尼索斯之子和仙女;因为这个地方,不论是他们自己,还是与他们接壤的地方,即帕里阿尼人和兰普萨库斯人的地方,有许多葡萄园。无论如何,薛西斯把兰普萨库斯赐给地米斯托克利,专门为他提供葡萄酒。但是,普利阿普斯是近代人宣布为神的,因为连赫西奥德也不知道他的情况;他类似于阿提卡的神奥尔塔内、科尼萨卢斯、提洪(Tychon)和其他诸如此类的神。

13. 这个地区称为"阿德拉斯提亚"和"阿德拉斯提亚平原",这是根据某种习惯赋予同一个地方两个名字,如"底比斯"和"底比斯平原"、"米格多尼亚"和"米格多尼亚平原"。根据卡利斯提尼斯所说,阿德拉斯提亚得名于阿德拉斯图斯(Adrastus)国王之名,他是第一位建立内梅西斯神庙的人。这座城市位于普利阿普斯和帕里乌姆之间,城市下方有一个名字相同的平原,平原

---

① 词根 Harpag——意为"盗窃"。

上有一座阿克兴的阿波罗和阿尔忒弥斯的神谕所[①]……在这座神庙倒塌之后，它的所有家什和石料建筑都被搬到了帕里乌姆，那里有一座赫莫克雷昂建造的祭坛，其宏伟壮丽令人印象深刻；但是，这座神谕所像泽莱亚的神谕所一样被废弃了。这里再也没有阿德拉斯提亚的神庙，也没有内梅西斯的神庙，但是在基奇库斯附近有一座阿德拉斯提亚的神庙。安提马科斯这样说道：

大女神内梅西斯从天国获得了[②]
她应有的一切，阿德拉斯图斯第一个
为她在埃塞普斯河边建立祭坛，她在
那里以阿德拉斯提亚之名受到崇拜。

14. 帕里乌姆城位于海边；它有一个比普利阿普斯还大的港口，它的土地面积因为普利阿普斯的缘故也增加了；因为帕里乌姆人巴结上了阿塔罗斯王朝历代国王，而普利阿普斯就是该王朝统治的领土。根据历代国王的决定，这个地区大部分割让给了他们。有一个神话故事说奥菲奥格内斯人[③]是蛇部落的同族；据说奥菲奥格内斯人治疗被蛇咬伤的人，就好像巫师施魔法一样不断地敲击，他们首先治疗自己被蛇咬伤的铁青伤口，然后消除炎症和疼痛。根据神话故事，部落最早的创立者是某位英雄人物，他把自己的形象从蛇变成人。这个人有可能是利比亚的普西利人，有

---

① 下面三个单词佚失。
② 即众神的。
③ 本义为"由蛇生出的"。

一段时间他的权力局限在自己的部落之中。[1]帕里乌姆的建立者是米利都人、埃利色雷人和帕罗斯人。

15. 皮提亚（Pitya）[2]在帕里乌姆的皮提乌斯境内，位于一座长满松树的高山下，位于帕里乌姆和普利阿普斯之间，靠近海边的利努姆，那里可以捕捉到世界上最好的利努姆蜗牛。

16. 从帕里乌姆航行到普利阿普斯的海岸线上，有普罗康内斯新旧两座城市。后者有一座城市和一个非常有名的大型白色大理石采石场。无论如何，在这个地区所有城市之中，特别是在基奇库斯，最精美的艺术品都是用这里的大理石做成的。《阿里马斯皮史诗》的作者阿里斯蒂斯（Aristeas）就是普罗康内斯人，他是天下第一号大骗子。[3]

17. 至于"特雷亚山"，[4]有人认为它在泽莱亚的基齐库斯人居住的佩罗苏斯城附近，那里有吕底亚人的王家狩猎场，后来是波斯人的狩猎场；但有人指出这座山距离兰普萨库斯40斯塔德，有众神之母的神庙，名叫"特雷亚的"神庙。

18. 兰普萨库斯是一座海滨城市，有一个优良的港口；就像阿拜多斯一样，这是一座重要的、繁荣的城市。它距离阿拜多斯大约170斯塔德，据说先前称为皮提乌萨，又叫希俄斯。在切尔松尼斯对面海岸边有一座小城卡利波利斯，它位于海角上，朝着兰普萨库斯城方向亚细亚一边延伸了很远的地方。因此，从这里渡

---

[1] 弗雷泽：《图腾崇拜与异族通婚》，1.20，2.54以及4.178。
[2] Pitys——意为"松木"。
[3] 参见本书Ⅰ，ⅱ，10。
[4] 《伊利亚特》，Ⅱ，829。

第一章 特洛阿德、达达尼亚和伊利乌姆……和阿苏斯

海到亚细亚航程不超过40斯塔德。

19. 在兰普萨库斯与帕里乌姆之间的地区,有一座城市和河流名叫培苏斯,这座城市现在成了废墟。培苏斯人搬迁到兰普萨库斯去了,他们像兰普萨库斯人一样,也是米利都移民。诗人用两种方式提到他们的地理位置,但有时加上第一个音节:

和阿培苏斯的土地。

(《伊利亚特》,Ⅱ,828)

有时又没有这个音节:

一个居住在培苏斯的男子,
拥有许多的财富。

(《伊利亚特》,Ⅴ,612)

这条河流现在还是这个名字。科洛尼位于兰普萨库斯人内地兰普萨库斯城之后,它也是米利都人的殖民地。在赫勒斯滂海还有一个科洛尼,距离伊利乌姆140斯塔德,它据说是基克努斯的出生地。根据阿纳克西梅涅斯所说,埃利色雷、福基斯和色萨利,也有叫做科洛尼的地方。在帕里乌姆地区还有一个伊利昂科洛内。在兰普萨库斯地区有一个叫盖尔吉西乌姆地方,这里种植了许多葡萄藤。这里还有一座城市叫做盖尔吉塔,得名于基梅地区的盖尔吉西斯,因为这里曾经有一座城市叫做盖尔吉西斯(这是一个阴性复数名词),它是盖尔吉西斯人凯法隆的出生地。直到今天,

在拉里萨附近的基梅地区还有一个地方叫做盖尔吉西乌姆地方。著名的注释家涅俄普托勒摩斯（Neoptolemus）就是帕里乌姆人；历史学家卡隆（Charon）、雄辩家阿德曼图斯（Adeimantus）和阿纳克西梅涅斯（Anaximenes）、伊壁鸠鲁（Epicurus）的同行梅特罗多鲁斯（Metrodorus）都是兰普萨库斯人。而伊壁鸠鲁本人在某种意义上来说，也是兰普萨库斯人，他居住在兰普萨库斯，与这座城市最有才华的人伊多梅纽斯、莱昂特乌斯和他们的伙伴关系非常亲近。阿格里帕就是从这里把利西波斯的杰作《睡狮》运走的，他把它献给了位于这个湖[①]与埃夫里普运河之间的圣域。

20. 在兰普萨库斯之后是阿拜多斯和一些中间地带，诗人曾经提到过它们，并且把它们与兰普萨库斯和帕里乌姆部分地方连在一起（因为这两座城市在特洛伊战争时期已经不复存在），他说道：

> 那些居住在珀科特和普拉克提乌斯周围，
> 阿拜多斯、塞斯图斯和神圣的阿里斯贝的人，
> 这些人归希尔塔库斯之子阿西乌斯率领……
> 他骑着栗色马，从阿里斯贝和塞勒埃斯河来到特洛伊。
>
> （《伊利亚特》，Ⅱ，835）

显然，诗人同样提到了阿西乌斯出发的地方阿里斯贝以及他

[①] 根据阿格里帕的命令挖掘的人工湖，靠近罗马的万神殿，以运河连接着Aquavirgo。塔西佗提到了这个湖，把它称为 Stagnum Agrippae（《编年史》，XV，37）。

的王宫：

> ……他骑着马从阿里斯贝和塞勒埃斯河来。
>
> （《伊利亚特》，Ⅱ，838）

不过，这些地方毫无名气，[①] 以至于研究者们对它们意见很不一致，认为它们不可能在阿拜多斯、兰普萨库斯和帕里乌姆附近，认为老珀科特不可能改变名字。

21. 至于这些河流，正如诗人所说，塞勒埃斯河流过阿里斯贝附近；如果这是真的，阿西乌斯就是来自阿里斯贝和塞勒埃斯河地区。普拉克提乌斯河确实存在，但某些人胡乱猜想这个名字的城市是不存在的。这条河流也是从阿拜多斯和兰普萨库斯之间的地方流过，因此，就有这样的说法：

> 居住在普拉克提乌斯河周围的人。
>
> （《伊利亚特》，Ⅱ，835）

我们怎样解释一条河，就应当同样地解释其他的河流：

> 那些居住在神圣的凯菲苏斯河边的人。
>
> （《伊利亚特》，Ⅱ，522）

还有

---

① 这些地方是阿里斯贝、珀科特和塞勒埃斯。

那些在帕西尼乌斯河附近有好地产的人。

(《伊利亚特》,Ⅱ,854)

阿里斯巴城在莱斯沃斯岛,这个地方居住着梅塞姆内人;正如我先前说过的那样,[1] 色雷斯有一条阿里斯布斯河,在这条河边住着色雷斯的塞布雷内人。在色雷斯人和特洛伊人之中,可以找到许多相同的名字:例如,有的色雷斯人叫做斯凯安人,斯凯乌斯河,斯凯安长城;在特洛伊有斯凯安门。在色雷斯有桑西人,在特洛伊有桑索斯河。特洛伊还有一条汇入赫布鲁斯河的阿里斯布斯河,有一座阿里斯贝城。在特洛伊有一条雷苏斯河,而色雷斯人的国王名字就叫做雷苏斯。在荷马史诗之中还提到了与这个阿西乌斯名字相同的那个阿西乌斯:

他是迪马斯之子,驯马人赫克托耳
的舅舅和赫卡贝自己的亲兄弟,
他居住在弗里吉亚的桑加利乌斯河畔。

(《伊利亚特》,XVI,717)

22. 阿拜多斯是米利都人得到吕底亚国王盖吉兹(Gyges)允许建立的,因为这个地区以及整个特洛阿德都是他统治的地方。在达达努斯附近有一个盖加斯角。阿拜多斯位于普罗庞提斯和赫勒斯滂的海口;它们与兰普萨库斯和伊利乌姆距离相等,大约是

---

[1] 大概在第七卷佚失的部分。

170斯塔德。赫普塔斯塔迪乌姆（Heptastadium）在这里把欧罗巴与亚细亚分开，①薛西斯曾经在这里搭桥渡过海峡。欧罗巴的海角在桥边的地方形成了一条狭窄的通道，因为它的形状而被称为切尔松尼斯海峡；②桥边的地方正对着阿拜多斯。塞斯图斯是切尔松尼斯最好的城市；由于它邻近阿拜多斯，它与阿拜多斯一样属于同一个统治者，因为在那时统治权还没有受到陆地的限制。尽管塞斯图斯与阿拜多斯双方港口与港口之间彼此相距大约30斯塔德，但通过海峡的桥梁路线略微偏离两座城市，即阿拜多斯的地点偏向普罗庞提斯，而塞斯图斯则偏向相反的地方。在塞斯图斯附近的阿波巴斯拉，③是浮桥固定在岸边的地点。塞斯图斯一直深入到普罗庞提斯那边的内陆地区，高于从普罗庞提斯流出的河流。因此，从塞斯图斯渡海比较方便，首先走过一段不长的海路到达希罗灯塔，然后让船借助海流的力量航行渡海。但是，从阿拜多斯渡海者首先必须沿着海岸边相反的方向航行大约8斯塔德，到达正对着塞斯图斯的灯塔，然后斜着渡海，这样就不会遇到海流阻力。在特洛伊战争之后，阿拜多斯是色雷斯人的家园，然后又成了米利都人的家园。当薛西斯之父大流士烧毁普罗庞提斯许多城市的时候，阿拜多斯也遭受了同样的灾难。他烧毁这些城市是因为他在进攻西徐亚回来之后，听说游牧部落已经做好准备渡过海峡来进攻他，为他们所遭受的苦难报仇；他担心这些城市将会为他们

---

① Heptastadium 意为"7斯塔德海峡"。
② 即半岛。
③ 本义为"登陆的地方"。

的军队渡海提供帮助。除了其他的变化和时间的影响之外,这个地区的地理位置混乱也是一个原因。至于塞斯图斯和切尔松尼斯的基本情况,我在叙述色雷斯地区时已经说过了。泰奥彭波斯认为,塞斯图斯是一座小而坚固的城市,它由两道2普勒斯伦的城墙把自己与港口连接在一起,由于这个原因和海流的原因,它成了这个渡口的统治者。

23. 在特洛阿德的阿拜多斯人居住地区之后是阿斯提拉城,这座城市现在已经是一片废墟,属于阿拜多斯人;但是,它在古代是独立的城市,拥有金矿。这些矿藏现在已经枯竭,消耗殆尽,就像帕克托卢斯河附近特莫卢斯山的矿藏一样。据说从阿拜多斯到埃塞普斯距离大约是700斯塔德,但海路的直线距离要短一些。

24. 在阿拜多斯之外是伊利乌姆地区,它在海边的地区一直延伸到莱克图姆角、特洛伊平原和属于埃尼亚斯的伊达山附近地方。诗人称呼这些地区有两种方式,他有时是这样称呼:

> 然后是安喀塞斯勇敢的儿子率领的达达尼伊人。
>
> (《伊利亚特》,Ⅱ,819)

他把这些居民称为"达达尼伊人",有时又把他们称为"达达尼人":

> 特洛伊人、吕西亚人和善于搏斗的达达尼人。

有理由认为,这就是诗人提到的古代达达尼亚,他说:

达达努斯是集云的宙斯所生，

他是达达尼亚的奠基者。

(《伊利亚特》，XX，215)

现在，那个地方已经没有一点城市的遗迹保留下来。

25. 柏拉图认为[1]在大洪水之后出现了三种文明：第一种在高山顶部，这是一种简单的、野蛮的文明，因为当时的人们害怕仍然覆盖着大地的汹涌洪水；第二种，由于平原地区已经露出水面，居民逐渐有勇气居住在山麓地区；第三种，形成于平原地区。同样，人们还可以说有第四种、第五种、甚至更多的文明，但是，最后一种文明形成于海岸和海岛地区，那时人们已经完全摆脱了对洪水的恐惧心理；人们接近海洋的勇气大小，标志着文明和风俗习惯的几个不同阶段。首先是善良与野蛮的品质，它在某种程度上又为第二阶段农耕生活奠定了基础。但是，在第二个阶段还存在着野蛮、半野蛮和文明的本质区别。从最后一个阶段开始，逐渐采用了一个新的名称来结束这个向有教养的高雅文明过渡阶段，以适应由于居住地区和生活方式的改变而形成的风俗习惯。据柏拉图所说，[2]诗人在提到这些区别的时候，举出了库克罗普斯人的生活方式作为文明第一阶段的典型，他们居住在高山顶部的洞穴之中，依靠野果为生。他说：

土地不耕种，不播种，

---

[1] 《论法律》，Ⅲ，667—679。

[2] 《论法律》，Ⅲ，680。

给他们提供了所有这一切……

(《伊利亚特》，Ⅸ，112)

他们没有议会，没有成文的法律，居住在高山顶上的洞穴之中，对于他们的妻子儿女而言，他们每个人都是法律的化身。诗人举出了达达努斯时期的生活作为第二阶段的典型：

他建立了达达尼亚：神圣的伊利昂
还没有建立，凡人居住的城市，
他们还居住在多泉水的伊达山麓。

(《伊利亚特》，ⅩⅩ，216)

第三个阶段的典型是伊卢斯（Ilus）时期的平原生活，[①] 传说他是伊利乌姆的建立者，这座城市也是得名于他的名字。有理由认为他被安葬在这个平原的中间，是因为他是第一位在这个平原定居的人：

他们匆忙走过古代达达努斯之子伊卢斯的陵墓，
走过长满野无花果树的平原中央。

(《伊利亚特》，Ⅺ，166)

甚至伊卢斯也没有十足的勇气建在它现在的地方，而是建立在东边朝着伊达山和达达尼亚方向大约30斯塔德的高地上，这个

---

① 柏拉图：《论法律》，Ⅲ，682。

地方现在叫做"伊利昂人的村庄"（Ilians）。具有自豪感的现代伊利乌姆人希望证明他们的伊利乌姆就是古代的伊利昂，提供了一些令人讨厌的论点给那些把论据建立在荷马史诗之上的学者，因为他们的伊利乌姆显然不是荷马史诗之中的城市。其他的学者认定这座城市多次改变地理位置，它最后的位置，也就是现在的地方大约是克罗伊斯时期定下的。我认为，当时完成这样向低处的搬迁，证明了生活方式和文明发展的不同阶段。但是，关于这个问题，必须在另外的时间进行更深入的研究。

26. 据说现代伊利昂人的城市在古代是一个村庄，有一座很小而又不重要的雅典娜神庙。但是，亚历山大在取得格拉尼卡斯河胜利之后，[1] 他来到了这里，用献祭的礼品装点了这座神庙，把这个乡村命名为城市，命令那些人负责修缮城市，修复它的建筑物，他宣布赐予这座城市自由，豁免贡赋。后来，在征服波斯人之后，他又给这个地方寄来了一封友好的信件，允诺要把它变成一座大城市，建立一座宏伟的神庙，宣布举行神圣的运动会。[2] 在他去世之后，利西马库斯也特别关心这座城市。[3] 他修建了一座神庙，围着城市修建了一道长约40斯塔德的城墙，把周边古代残破城市的居民移居到这座城市之中。同时，他也关注亚历山大城的建设，它先前确实是安提柯所建立的安提柯尼亚，但它现在改了名字，因为他认为作为亚历山大的继承者，首先建立用亚历山大名字命名的城市是自己神圣的职责，然后才可以使用自己的名字建立城

---

[1] 公元前334年。
[2] 亚历山大很快就去世了，这个承诺没有兑现。
[3] 利西马库斯关注的显然不是伊利昂，而是亚历山大城。

市。实际上，亚历山大城保存下来并且发展了，现在它不仅是罗马人的殖民地，而且是世界上最重要的城市之一。

27. 当罗马人第一次进入亚细亚地区，并且把安条克大帝从托罗斯山脉这边驱赶出去的时候，现在的伊利昂还是有点类似农村的城市。无论如何，根据锡普西斯的德米特里所说，他在青少年时期访问过那座城市，他发现城里的居民点已经荒废，房屋甚至连屋顶也没有。根据赫格西亚斯（Hegesias）所说，当加拉泰人从欧罗巴渡海来到这里的时候，他们进入这座城市，是因为他们需要一座要塞，但他们立刻就离开了这座城市，因为它没有城墙。不过，后来这座城市进行了大规模的重建工作。后来，它在米特拉达梯战争被包围，又被芬布里亚领导之下的罗马人占领并且夷为平地。芬布里亚作为财务官被派与执政官瓦勒里乌斯·弗拉库斯一起出征，后者被委任为米特拉达梯战争的统帅，[①]但芬布里亚在比希尼亚附近发动叛乱，杀死执政官，自命为军队的统帅，挺进到伊利乌姆。伊利昂人不允许他作为叛匪进城，因此他用武力进攻，在第11天占领了这座城市。当他扬言自己只用了11天占领这座城市，而阿伽门农却克服了许多困难，花了10年时间才占领这座城市，而后者远征拥有上千条战船和整个希腊的力量时，有一位伊利昂人说："是的，因为我们的城市没有像赫克托耳这样的保卫者。"后来，苏拉进攻芬布里亚，并且打败了他。根据和约，米特拉达梯被送回国，伊利昂人也得到安抚，给予他们大量的物资帮助重建城市。然而，现在神圣的凯撒效仿亚历山大的榜样，

---

① 公元前86年。

第一章　特洛阿德、达达尼亚和伊利乌姆……和阿苏斯

更加关心他们；因为亚历山大关心他们，主要是为了重建与他们的古老亲缘关系，同时也因为他是荷马的崇拜者。无论如何，据说荷马史诗有一个校订本——《盒装校订本》(the Recension of the Casket)，亚历山大和卡利斯提尼斯、安那克萨库斯都仔细阅读过，并且在有些地方做了注解，它后来保存在一个发现于波斯国库的精美首饰盒之中。因此，亚历山大对伊利昂人的关心，是因为他对荷马的崇拜和他出自埃阿科斯族，这个氏族是统治莫洛西人的国王，赫克托耳之妻安德洛马刻据说是那里的女王。但是，凯撒不仅崇拜亚历山大，而且也非常清楚伊利昂人的血缘关系，他从自己青年时代起就对他们表示出友好态度。他知道更多的证据，首先是因为他是一个罗马人，而罗马人民认为埃尼亚斯是他们最早的奠基人；其次是因为尤利乌斯氏族之名来自某个尤卢斯，此人是他的先祖之一，这个尤卢斯得名于埃涅阿斯的一个后裔尤卢斯。因此，凯撒赐予他们土地，保留了他们的自由，豁免了他们的赋税；直到现在，他们仍然享受着这些恩惠。但是，如果根据荷马的资料研究这个问题，有充分的理由可以作出如下结论，这不是古代伊利昂的原址。不过，我在从自己中断的沿海地方开始谈起时，首先必须对这个地方做一番叙述。

28. 我在前文曾经提到过，在阿拜多斯之后是达达尼亚角，还有达达努斯城，该城距离阿拜多斯70斯塔德。在这两个地方之间有一条罗迪乌斯河汇入海中，正对面是切尔松尼斯的锡诺塞马角，那里据说有赫卡贝的陵墓。但是，有些人认为罗迪乌斯河汇入了埃塞普斯河之中。这也是诗人提到的河流之一：

雷苏斯、赫普塔波鲁斯、卡雷苏斯和罗迪乌斯。

(《伊利亚特》,XII,20)

达达努斯是一个古代居民点,但它非常不受重视,以致有些国王常常把它的居民迁移到阿拜多斯去,后来其他的国王又把他们重新安置回原先的地方。罗马统帅科尼利厄斯·苏拉与米特拉达梯·欧帕托就是在这里会面,并且达成了停战协定。

29. 在奥弗里尼乌姆附近有一个显眼的地方,这就是赫克托耳的圣域。然后就是普泰莱奥斯湖。

30. 然后是罗泰乌姆城,它在一座山丘上,有一条很低的海岸线与城市相连。海岸边有埃阿斯的陵墓、神庙和他的雕像,雕像已经被安东尼夺走,运到埃及去了;但是奥古斯都·凯撒把雕像还给了罗泰人,正如他把其他的雕像归还给它们的主人一样。安东尼为了讨好埃及女人,[1]从最著名的神庙之中夺走了最精美的献祭品,但是奥古斯都把它们还给了诸神。

31. 在罗泰乌姆之后是一座残破的城市西盖乌姆、一个军港、一座亚该亚人的港口、一座亚该亚人的兵营、斯托马林内湾[2]和斯卡曼德河口。西蒙伊斯河与斯卡曼德河在平原汇合,带走大量的泥土,淤积在海岸边,形成了一个"堰塞湖口"、许多泻湖和沼泽。正对着西盖乌姆角,是切尔松尼斯的埃利夫萨[3]和普罗特西劳

---

[1] 克娄巴特拉。
[2] "沼泽湖口"。
[3] 取代"埃莱夫斯"大概是错误的。

斯的神庙。我在叙述色雷斯的时候,[①] 曾经提到过这两个地方。

32. 从罗泰乌姆到西盖乌姆和阿喀琉斯纪念碑,这条海岸线的长度是60斯塔德。整个海岸线一直延伸到伊利乌姆城下,距离现在亚该亚人港口旁的伊利乌姆大约12斯塔德,距离伊达山内陆的古伊利乌姆30多斯塔德;在西盖乌姆有一座神庙和一座阿喀琉斯纪念碑,还有帕特罗克卢斯和安提洛科斯的纪念碑;伊利昂人向这4位英雄和埃阿斯献祭。但是,他们不祭祀赫拉克勒斯,原因是他洗劫了这座城市。但也有人说,尽管他洗劫和破坏了这座城市,但是还让它作为一座城市幸存下来,为的是让后人最后把它彻底毁灭。因此,诗人这样说道:

他洗劫了伊利昂,使它的街道变成了寡妇。

(《伊利亚特》,V,642)

"寡妇"意味着已经没有了男性居民,而不是把人彻底杀光了。但是,他们认为应当享受祭祀,作为神灵来崇拜的那些英雄,却彻底毁灭了这座城市。可能,他们可以用这个理由来为自己辩护,即那些人进行的是正义的战争,而赫拉克勒斯进行的是非正义的战争,是"为了劳梅东的马"而战。[②] 不过,作家们提出了与这种理由对立的神话故事,说他发动战争不是"为了马匹",而是

---

① 参见本书Ⅷ,《残篇》,51,54—55。
② 《伊利亚特》,V,640。

为了获得已经允诺的救出赫西俄涅和杀死海怪的奖励。[①]但是,我们暂且把这些理由放在一边不谈,因为他们已经变成了纯粹的神话故事争论。我们有可能已经无法知道为什么伊利昂人祭祀某些英雄,而不祭祀另外一些英雄,其中某些更真实的原因。但是,诗人在讲述赫拉克勒斯的故事时,他所反映的这座城市显然是不大的,如果这是真实的话:

> 他率领六条战船和不多的人
> 洗劫了伊利昂……

(《伊利亚特》,V,641)

正如我先前所说的那样,从这个故事可以清楚地看出,在那些小统治者之中,普里阿摩斯不愧是伟大的王、众王之王。从这条海岸线向前走不远,就到了亚该亚乌姆,从这里开始是特内多斯的陆地。

33. 沿海各地的情况就是这样。在沿海地区之后是特洛伊平原,它一直向东延伸到伊达山很远的内地,这个平原的山麓地区非常狭窄,向南延伸到锡普西斯地区,向北延伸到泽莱亚的吕西亚人地区。诗人认为这个地区属于埃尼亚斯和安特诺尔诸子,并且把它称为达达尼亚;在这个平原下方是几乎与它平行的、大部分是平原地区的塞布雷尼亚;这个地方曾经有一座城市塞布雷

[①] 劳梅东欺骗了赫拉克勒斯,没有按照自己的承诺把不朽的马匹送给赫拉克勒斯。

内。[①] 德米特里推测赫克托耳统治的伊利乌姆地区从军港一直延伸到内地的塞布雷尼亚;因为他说那里有亚历山大的陵墓,[②] 还有历史学家所说的、亚历山大拐走海伦之前的妻子俄诺涅的陵墓。根据德米特里所说,诗人曾经提到:

……塞布里奥涅斯,
光荣的普里阿摩斯的私生子。

(《伊利亚特》,XVI,738)

有人猜测这个地区的名字可能是得名于他,但更可能是这座城市得名于他。塞布雷尼亚延伸到锡普西斯地区,在它们之间流过的斯卡曼德河成了分界线。塞布雷尼人与锡普西斯人一向互相仇视,经常打仗,直到安提柯把他们都迁入到过去的安提柯尼亚,现在的亚历山大城为止。他说,现在塞布雷尼人和其他人仍然居住在亚历山大城,但锡普西斯人获得利西马库斯的允许,已经返回了他们的故乡。

34. 根据德米特里所说,这个地区的伊达山脉有两条支脉一直延伸到海边,一条支脉笔直地通向罗泰乌姆,另一条笔直地通向西盖乌姆,共同形成了一条半圆形弧线;它们在平原地区,距离大海与距离现在的伊利乌姆相同;因此,这个伊利乌姆位于上述两条支脉的终点之间,而古代的伊利乌姆位于它们的起点之间;

[①] 或者是塞布伦。
[②] 即亚历山大·帕里斯。

他说，两条支脉之内包括了西莫伊斯河流过的西莫伊斯平原，斯卡曼德河流过的斯卡曼德平原，这个平原也就是本义上的特洛伊平原，因为它比较宽广，诗人所说的大部分战争都发生在这里。我们在这里也可以看到诗人提到过的地方：无花果树、[①] 埃西特斯的陵墓、[②] 巴提叶亚[③] 和伊卢斯的纪念碑。[④] 斯卡曼德河与西莫伊斯河在分别流过西盖乌姆与罗泰乌姆之后，在今伊利乌姆之前不远的地方汇合，然后一起汇入西盖乌姆那边的大海，形成了斯托马林内湾。一条巨大的山脊把上述两个平原分割开来，它从与它相连的今伊利乌姆开始，笔直地延伸到上述支脉之间，这条山脊延伸到塞布雷尼亚和两边的支脉，形成了一个完整的字母 E。

35. 在这个地方之后不远有一座伊利昂人的村庄，那里被认为是古伊利乌姆的所在地，距离今伊利乌姆 30 斯塔德。在伊利昂人村庄之后 10 斯塔德的地方有一座卡里科罗内山，西莫伊斯河从它附近 5 斯塔德的地方流过。因此，关于阿瑞斯的传说就比较容易理解了：

> 像可怕的风暴，阿瑞斯跳起来，
> 时而从城市的高处向特洛伊人发出可怕的声音，
> 时而又在卡里科罗内山西莫伊斯河边。
>
> （《伊利亚特》，XX，51）

---

① 《伊利亚特》，V，433。
② 《伊利亚特》，II，493。
③ 《伊利亚特》，II，813。
④ 《伊利亚特》，X，415。

第一章 特洛阿德、达达尼亚和伊利乌姆……和阿苏斯

因为战争爆发在斯卡曼德平原上,所以阿瑞斯有可能时而从卫城,时而从卡里科罗内山西莫伊斯河附近向特洛伊人发出呼唤,而最可能是从战争波及的地方发出呼唤。但是,由于卡里科罗内山距离今伊利乌姆40斯塔德,诗人为什么要挑选这样远的地方,挑选战争不可能波及的地区呢?他说:

在辛布拉阵亡了许多吕西亚人。

(《伊利亚特》,X,430)

这些地方比较适合古代的居民点,因为辛布拉平原靠近居民点,还有流过这个平原的辛布里乌斯河,它在辛布拉的阿波罗神庙附近汇入斯卡曼德河,但辛布拉实际上距离今伊利乌姆50斯塔德。还有,无花果树在一个崎岖不平的地方,长满了野无花果树,它位于一个古代居民点的山脚下。因此,安德洛马刻才可以说:

你的主人坚守在无花果树边,那里的
城市敌人最容易接近,要塞最好攀登。

(《伊利亚特》,Ⅵ,433)

但是,无花果树离开今伊利乌姆有相当的距离。而且,在无花果树之下一点点地方就是菲古斯,阿喀琉斯曾经提到过它:

只要我在亚该亚人之中参加战斗,
赫克托耳便不敢远离城墙作战,

只敢走到斯凯安门和菲古斯。

(《伊利亚特》,IX,352)

36. 但是军港(现在还是这个名字)距离伊利乌姆非常近,以至于人们不得不对希腊人的愚蠢和特洛伊人的胆小如鼠感到惊奇;说希腊人愚蠢,是因为他们占领这个港口很长时间却未建立壁垒,当时他们已经接近这座城市和大量的敌人,无论是城里的敌人,还是他们的盟军;因为荷马说到城墙是不久之前建立的(或者正如亚里士多德所说,它们根本就没有修建,只是诗人的杜撰,后来又被诗人删除了);说特洛伊人胆小如鼠是因为,他们在建造城墙之后,就可以进攻军港,冲入军港进攻船只,但是他们在港口尚未建立壁垒的时候,没有勇气进攻只有一点儿路程的港口;因为港口就在西盖乌姆附近,它的附近就是斯卡曼德河的入海口,距离伊利乌姆只有20斯塔德。不过,如果有人认为现在亚该亚人的港口就是军港,他说的那个地方就更近了,距离这座城市只有大约12斯塔德,甚至还包括了海边的平原,因为这个平原——也就是在这座城市之前的沿海平原,完全是由河里的淤泥堆积而成的。如果大海与城市之间的距离现在是12斯塔德,那么在那个时候距离还不到一半。而且,奥德修斯对欧米乌斯讲的杜撰故事,也明确地指出从军港到城市的距离很远,他说:

当时我们带领伏兵来到特洛伊城下。

(《伊利亚特》,XIV,469)

第一章 特洛阿德、达达尼亚和伊利乌姆……和阿苏斯

他接着说：

因为我们离开船只很远了。

而且，他们还派了间谍去侦察特洛伊人是否离开船只"很远"，是否离开他们自己的城墙很远。

……或者是否
又已经回到了城市。

（《伊利亚特》，X，209）

而波利达马斯则说：

啊！朋友，我劝你好好想想，
现在进城去，
我们远离点城墙。

（《伊利亚特》，XVIII，254）

德米特里引用亚历山大城赫斯提亚（Hestiaea）的话作为证据，她是一位女性作家，著作有《论荷马的〈伊利亚特〉》，研究战争发生的地点是在今伊利乌姆还是在诗人所说的城市与大海之间的特洛伊平原；她认为，现在的伊利乌姆之前可以看到的平原，是后来由河流带来的淤泥堆积而成的。

37. 波利特斯又说：

……那坐着的人
是特洛伊警卫，相信自己快步如飞，
他坐在特洛伊老者埃西特斯陵墓的顶上。

（《伊利亚特》，Ⅱ，792）

这人是个傻瓜，虽然他坐在"陵墓的顶上"，可以观察到几乎是同样距离的、高得多的卫城，即使是为自己的安全起见，也根本不需要快步如飞；因为现在有人指出埃西特斯的陵墓，就在通往亚历山大城的大路旁5斯塔德的地方。同时，赫克托耳"围着"城市逃跑也比较容易理解，因为现在的伊利乌姆不可能"围着"逃跑，原因是它和山脊连在一起；但是，古代的城市有一条"围着"它的道路。

38. 但是，这座古城已经没有遗迹保存下来；当然，它周围的所有城市也都被洗劫一空，但并没有彻底毁灭；不过，这座城市被彻底毁灭了，它的建筑石材全部被拿去重建其他的城市。无论如何，米蒂利尼的阿凯那科斯（Archaenax）据说曾经从这里运走石料去建筑西盖乌姆周围的城墙。西盖乌姆被奥运会的胜利者弗里农（Phrynon）率领的雅典人占领之后，莱斯沃斯人对几乎整个特洛阿德提出了所有权。实际上，特洛阿德大部分居民点都是属于莱斯沃斯人的，其中有些居民点直到现在还存在着，其他的则消失了。希腊七贤之一、米蒂利尼的皮塔库斯（Pittacus）率领舰队前来进攻弗里农将军，战斗了一段时间，但由于不善于处理事务，遭到了失败。同时，诗人阿尔凯奥斯（Alcaeus）说他自己在某场战争之中严重受伤，不得不扔下武器逃跑了。他把自己的情

况告诉信使,请他转告自己的家人:

阿尔凯奥斯逃命了,但他的武器被雅典军队
作为祭品献给了蓝眼睛雅典娜神庙的阿瑞斯。

(《残篇》,32,贝克)

后来,他在与弗里农进行一对一的格斗之中受了伤,皮塔库斯拿着渔网冲向对手,他用渔网抓住了对手,他用三叉戟和短剑杀死了对手。不过,由于战争还在继续进行,双方推举佩里安德作为调解人,结束了战争。

39. 德米特里说,提迈乌斯说佩里安德用伊利乌姆的石料加固了阿喀琉乌姆,以对抗雅典人,帮助皮塔库斯的军队,这是在说谎;他说,因为这个地方实际上是米蒂利尼人为了对抗西盖乌姆而加固的,但这些石料并不是佩里安德运来的。而且,雅典人怎么可能挑选一位自己的对头来充当调解人呢?阿喀琉乌姆是阿喀琉斯纪念碑所在地,只是一个小小的村庄而已。西盖乌姆由于拒绝服从,也被伊利昂人彻底夷为平地;因为整个沿海地区直到达达努斯为止,后来都在伊利昂人的统治之下,现在仍然在他们的统治之下。在古代,它的大部分地区属于埃奥利斯人统治。因此,埃福罗斯毫不犹豫地把从阿拜多斯到基梅的整个沿海地区都称为埃奥利斯。修昔底德认为,雅典人是在伯罗奔尼撒战争[①]中帕切斯远征时,从米蒂利尼人手中夺走了特洛伊。

[①] 公元前427年(参见修昔底德,3.18—49)。

40. 现在的伊利昂人坚持说，这座城市在亚该亚人占领时期并没有完全被毁灭，它也从来没有被人抛弃。无论如何，在特洛伊被占领之后不久，每年都有人开始把洛克里斯的处女送到这里来。① 但是，这种信息并不是来自荷马史诗，因为荷马不知道卡桑德拉遭到了强暴，他只说她那时还是处女：

> 他杀了从卡贝苏斯来特洛伊侨居的奥斯里奥涅乌斯，②
> 此人刚刚来不久，在战争的传闻不久之后，
> 他向普里阿摩斯最美丽的女儿卡桑德拉求婚，
> 却没有求婚的礼物……
>
> （《伊利亚特》，XIII，363）

他没有提到卡桑德拉（Cassandra）遭到强暴，也没有提到由于雅典娜的愤怒或其他类似原因，埃阿斯在海难之中死亡。相反，诗人提到了"雅典娜憎恨埃阿斯"，③ 还有其他的人（因为他们都亵渎了她的神庙，她憎恨他们所有的人），诗人说，波塞冬杀死他，是因为他喜欢自吹自擂。④ 不过，把洛克里斯少女送到这里来，实际上最早是在波斯人统治时期的事情。

41. 伊利昂人告诉我们的情况就是这样。但是，荷马非常清楚

---

① 按照神谕的吩咐，洛克里斯人每年向伊利昂奉献两名少女，为的是讨好雅典娜女神，因为她对埃阿斯从她的神坛之前拖走卡桑德拉非常愤怒。
② 即克里特国王米诺斯之子伊多梅纽斯。
③ 《奥德赛》，IV，502。
④ 《奥德赛》，IV，500以下。

第一章 特洛阿德、达达尼亚和伊利乌姆……和阿苏斯

地提到了这座城市被彻底毁灭的情况：

> 神圣的伊利昂灭亡的一天终于来到了。
>
> （《伊利亚特》，Ⅵ，448）

又：

> 我们确实把普里阿摩斯伟大的城市彻底毁灭了。
>
> （《奥德赛》，Ⅲ，150）

又：

> 以我的劝告和说服。①

又

> 普里阿摩斯的城市在第10年被毁灭了。
>
> （《伊利亚特》，Ⅻ，15）

还可以举出许多类似的证据，例如，现在看到的雅典娜木质雕像是站着的姿态，而荷马描绘的雅典娜显然是坐着的姿态，因为他命令：

---

① 斯特拉博把这句诗强加给荷马，但在荷马史诗中没有。

为雅典娜的膝盖穿上长袍。

(《伊利亚特》, Ⅵ, 6, 273)

试比较:

她的膝盖从来没有坐过可爱的孩子。

(《伊利亚特》, Ⅸ, 455)

由于这种解释比其他的解释更容易被接受,也就是"为她的膝盖穿上长袍",为了进行比较起见,我们再举出一个例子:

她坐在火光闪闪的炉灶前。

(《奥德赛》, Ⅵ, 305)

他们理解为在"炉灶边"。因此,怎么可以理解为把长袍放在膝盖"边"呢?而且,有人把 gou'nasin 的重音改成了 gouna'sin,[①] 就像 thuia'sin 一样[②](无论哪种方式他们都没有解释它),他们不停地谈着……[③] 可以证明在古代有许多雅典娜木质雕像是坐着的姿态,例如,在福西亚、马萨利亚、罗马、希俄斯和其他地方都有这种姿态的雕像。现代作家一致认为(其中有演说家来库古),这座城市被彻底毁灭了,在提到伊利昂人的城市时,他说:

---

① Gunasin——膝盖。
② 即酒神的女祭司。
③ 原文有脱落。

"谁不知道这座城市曾经被希腊人彻底夷为平地了,谁不知道它已经荒无人烟了?"①

42. 据推测,后来想要重新修复这座城市的那些人认为这个地方不吉利,或者是由于这座城市所遭受的厄运,或者是因为阿伽门农按照古代的风俗习惯诅咒了这座城市,就好像克罗伊斯毁灭锡德内和僭主格劳西亚斯逃走避难之后,克罗伊斯诅咒任何想要加固这座城市的人一样。因为他们离开一个地方,是要加固另一个地方。所以,阿斯提帕莱亚人在占领罗泰乌姆之后,首先做的第一件事就是搬迁到西莫伊斯河畔的波利乌姆(现在名叫波利斯马),这不是一个很坚固的地方,所以不久就被摧毁了。在吕底亚人统治时期,现在的居民点②和神庙已经建成了;不过,正如我在前面所说的一样,当时它还不是一座城市,只是经过了许多年之后它才慢慢地成长起来。但是,赫兰尼科斯为了讨好伊利昂人,"这就是他的思想方式",③附和他们的意见,即今天的伊利乌姆就是古代的伊利乌姆。在这座城市被毁灭之后,它的土地被分给了西盖乌姆、罗泰乌姆以及邻近的其他部落居民。但是当这座城市重建的时候,它的土地又归还给它了。

43. 据认为,伊达山本来的意思是"有许多源头的地方",因为有许多的河流发源于那里,特别是山麓地区的达达努斯到锡普西斯和伊利乌姆的地区。德米特里是当地人,熟悉那个地区的地理情况,他一开始就这样说:"伊达山有一座山丘叫做科提卢斯山,

---

① 《来库古传》,34。

② 伊利昂。

③ 《伊利亚特》,XV,94。

它位于锡普西斯之后大约120斯塔德,斯卡曼德河、格拉尼卡斯河和埃塞普斯河就发源于那里,后面两条河向北方流入普罗庞提斯,它们是由几条支流合并而成的;斯卡曼德河向西流,它只有一个源头;所有的源头彼此距离很近,只有20斯塔德;但埃塞普斯河的终点离开源头很远,几乎有500斯塔德之长。"不过,有一个争论不休的问题必须说明,诗人下面说的是什么意思:

> 他们来到两条清澈的河流,那里
> 涌出斯卡曼德河的两股激流;
> 有一股支流涌出的是温水……

即流出的是温泉,诗人又说:

> 支流中冒出的蒸汽笼罩四周,
> 好像烈焰中冒出的浓烟,
> 另一条支流即使夏天也流出冷水,
> 好像是冰雹或者冬天的冰雪。
>
> (《伊利亚特》,XXII,147)

但是,现在这个地方[①]再也找不到温泉了,斯卡曼德河的源头也不在这里了,它现在位于山区,而且只有一个源头,没有两个源头。因此,有理由猜测温泉消失了,冷水是从斯卡曼德河经过

---

① 即在特洛伊的地方。

地下渠道流到这里的地面上来的。或者仅仅是因为它距离斯卡曼德河很近,这条河就被认为是斯卡曼德河的支流,因为人们习惯上认为同一条河流有几个源头。

44. 从卡雷塞内山区流出的安德鲁斯河与斯卡曼德河汇合在一起,这个山区是一个村庄密集、农业发达的地区,它和达达尼亚一起,一直延伸到泽莱亚和皮提亚地区。据说这个地区得名于卡雷苏斯河,诗人曾经提到过这条河流:

雷苏斯、赫普塔波鲁斯、卡雷苏斯和罗迪乌斯河。

(《伊利亚特》,XII,20)

还有已经被毁灭的那座与河流名字相同的城市。德米特里在另外一个地方说:"雷苏斯河现在名叫罗伊特斯河,除非那条汇入格拉尼卡斯的河流是雷苏斯河,赫普塔波鲁斯河又名波利波鲁斯河,从最美的松树到梅利尼村和利西马库斯建立的阿斯克勒皮俄斯神庙,一路上有七次要渡过这条河。"至于美丽的松树,阿塔罗斯一世这样写道:"它的方圆为24英尺,它的树干从根部到67英尺处,树干分为三支,彼此距离相等,然后在顶部又重新合在一起,它的总体高度是2普勒斯伦15肘尺。"这个地方距离北方的阿德拉米提乌姆180斯塔德。卡雷苏斯发源于帕莱西普西斯与亚该亚乌姆之间的某个地方马卢斯,正对着属于特内多斯人的陆地,汇入埃塞普斯河。罗迪乌斯发源于克莱安德里亚和戈尔杜斯,后者距离美丽的松树60斯塔德,它汇入埃尼乌斯河。

45. 在埃塞普斯河谷,河流左边首先是波利赫纳,这是一个有城墙防卫的地方；然后是帕莱西普西斯；然后是阿里左尼乌姆。正如我先前说过的，①后一个地名是德米特里杜撰的，以支持他所谓哈利宗人的假设；然后是一个荒凉的地方卡雷苏斯、卡雷塞内和一条名字相同的河流，②它形成了一条很大的河谷，但比埃塞普斯河谷小；接下来是一个平原和泽莱亚高地，它们都是农业发达的地区。在埃塞普斯河谷右边，在波利赫纳和帕莱西普西斯之间是尼亚科姆村和阿吉利亚，③这又是一个为了支持同样的假设而杜撰的地名，我们保留着诗人的原话：

> 白银的产地在什么地方。
>
> （《伊利亚特》，Ⅱ，856）

阿利贝、阿洛佩或者是人们希望改写的那个名字在什么地方呢？人们一旦做了某件显然是冒险的事情，他们的脸色一定会变色，④也一定会杜撰出这个名字，而不会让事情露出破绽，等着别人来揭发。现在，德米特里的这些说法已经遭到了这样公开的反对。在其他地方，至少是在大多数地方，我认为我们应当尊重他的意见，因为他了解这个地区，并且是本地人。他极其认真地研究这个问题，对于荷马的60多行诗歌、即《特洛伊人名录》⑤写下

---

① 参见本书Ⅻ，ⅲ，20—27。
② 卡雷苏斯。
③ 银城。
④ 即使他们脸红，以掩饰他们因羞愧而脸红。
⑤ 《伊利亚特》，Ⅱ，816—877。

第一章　特洛阿德、达达尼亚和伊利乌姆……和阿苏斯

了30卷书的注释。他说，无论如何，帕莱西普西斯距离埃涅阿50斯塔德，距离埃塞普斯河30斯塔德；出自这个帕莱西普西斯的相同名字传到了其他几个地方。但是，我将转而叙述沿海那些尚未被提到的地方。

46. 在西盖乌姆角和阿喀琉乌姆之后是亚该亚乌姆，大陆上的这个地方属于特内多斯人；特内多斯岛本身距离大陆不足50斯塔德，该岛方圆大约80斯塔德，有一座埃奥利斯人的城市、两个港口和一座斯明西亚人的阿波罗神庙。正如诗人所指出的：

你强有力地统治着特内多斯，
啊，斯明西亚人。

(《伊利亚特》，I，8)

在特内多斯周围有几个小岛，包括两个名叫卡利德岛的岛屿，位于前往莱克图姆的航线上。有些人把特内多斯岛本身称为卡利德纳，而其他人则把它称为莱夫科弗里斯岛。这个岛屿是坦内斯（Tennes）的神话故事发生的地方，这座海岛就得名于他。这里也是色雷斯人基克努斯的神话故事发生的地方，据说他是坦内斯之父和科洛尼国王。

47. 拉里萨和科洛尼从前与亚该亚乌姆交界，先前它正对着属于特内多斯人的大陆地区；然后是今克律萨城，它建立在大海之后的一块岩石顶上；然后是哈马克西图斯，它位于莱克图姆南方，并且与其相连。现在，亚历山大城已经与亚该亚乌姆相连；这些城镇，还有某些设防的据点已经和亚历山大城联合在一起，其中

有塞布雷内、尼安德里亚；亚历山大城控制了它们的领土。但是，现在亚历山大城所在的地方，过去叫做西吉亚。

48. 在这个克律萨也有一座斯明西亚人的阿波罗神庙，还有一个象征性的标志，它保存了这个名字的词源，[①] 也就是在这座雕像脚下有一只老鼠，这些作品是帕罗斯人斯科帕斯的杰作，还有关于这个地方老鼠的故事和神话：当透克罗斯人从克里特来到这里的时候（挽歌诗人卡利努斯是最先报道他们的人，许多人都在他之后），得到了一个神谕命令他们："留在从土里生长的将要进攻他们的地方。"他说，这次进攻发生在哈马克西图斯附近，因为晚上有大群的田鼠从地下跑出来，咬坏了他们武器和装备上的所有皮革；透克罗斯人就留在了那里居住，就是他们把克里特的山名用来命名伊达山。本都的赫拉克利德斯认为聚集在神庙周围的老鼠是神圣之物，因此这座雕像被雕刻成脚下有一只老鼠。其他人认为那个透克罗斯是来自阿提卡（现在叫做克西佩特奥尼人的）特洛伊斯社区的人，而不是来自克里特的透克罗斯人。至于特洛伊人与雅典人之间密切关系进一步的证据，他们提供了一个事实，即埃里克托尼乌斯是两个部落最初的奠基人之一，但这是现代作家的报道。不过，在底比斯和克律萨发现的古代村落遗址与荷马的说法比较相符，关于这些遗址，我们立刻就要谈到。其实，斯明西乌斯的名字在许多地方都用到了，例如在哈马克西图斯附近地区，除了神庙用到斯明西乌姆之外，还有两个地方叫做斯明西亚。在邻近的拉里萨也有些地方叫这个名字。在帕里乌姆地区也

[①] "鼠神"。

第一章　特洛阿德、达达尼亚和伊利乌姆……和阿苏斯

有一个地方叫做斯明西亚，在罗德岛的林都斯，还有其他许多地方都有这个地名。[①]现在，他们把这个神庙叫做斯明西乌姆。无论如何，在面积不大的哈莱克斯平原（位于莱克图姆内地）和哈马克西图斯附近的特拉加西盐沼，利用地中海季风时期生产结晶盐。在莱克图姆可以看见一座12神祇的祭坛，它据说是阿伽门农建立的。这些地方都位于伊利乌姆的视野之中，距离200斯塔德或者略微多一点。海峡那边阿拜多斯周围地方的情况相同，但阿拜多斯略微近点。

49.绕过莱克图姆，就来到了埃奥利斯人一些最重要的城市和阿德拉米提乌姆湾，诗人显然把勒勒吉人的大部分和已经分为两部分的西里西亚人都安置在这个海湾。这里还有米蒂利尼人的沿海地区，还有一些居住在大陆的米蒂利尼人村落。[②]这个海湾又称为伊达湾，因为这座山脊从莱克图姆一直延伸到伊达山，高耸在这个海湾的前半部地区，诗人曾经描绘过最初移居那里的勒勒吉人。

50.不过，尽管我已经讲过这些问题。我现在还要补充诗人所说的阿尔特斯（Altes）统治的勒勒吉人城市佩达苏斯的情况：

> 阿尔特斯统治着好战的勒勒吉人，
> 统治着萨特尼奥伊斯河边陡峭的佩达苏斯。
> 　　　　　　　　　　　　（《伊利亚特》，XXI，86）

这座城市的原址现在已经一片荒凉。有些人错误地认为它

[①] 手稿文字脱落。
[②] 科林斯和赫拉克利亚。

"在萨特尼奥伊斯山下",[①] 好像这座城市就在一座名叫萨特尼奥伊斯山的山下;但是,这里没有一座山叫做萨特尼奥伊斯山,只有一条叫这个名字的河流,在河边有一座城市,但它现在已经一片荒凉。诗人提到了这条河流,他说:

> 他用长矛刺伤了俄诺普斯之子萨特尼乌斯,
> 他是盖世无双的仙女那伊阿得与俄诺普斯所生,
> 当时俄诺普斯正在萨特尼奥伊斯河边放牧牲口。
>
> (《伊利亚特》,XV,443)

他又说:

> 他住在清澈的萨特尼奥伊斯河边,
> 住在陡峭的佩达苏斯城里。
>
> (《伊利亚特》,VI,34)

后来,它称为萨特尼奥伊斯,但也有人把它称为萨弗尼奥伊斯,这是一条巨大的冬季河流,只是因为诗人提到它,才使它值得提起。这些地方都与达达尼亚和锡普西亚相连,似乎成了第二个达达尼亚,不过位置在南方。

51. 现在,阿苏斯人和加尔加里亚人统治着直到莱斯沃斯海边所有的地区,它周围是安坦德鲁斯城、塞布雷内人、尼安德里亚

[①] 即 Hupo(在"之下")取代 epi(在"之上")。

第一章 特洛阿德、达达尼亚和伊利乌姆……和阿苏斯

人和哈马克西特人的土地；因为安坦德里亚人位于哈马克西图斯之后，它同样在莱克图姆这边，但更深入内地，靠近伊利乌姆。它们距离伊利乌姆130斯塔德。在他们之后是塞布雷内人，在后者之后是达达尼亚人，他们一直延伸到了帕莱西普西斯和锡普西斯。安坦德鲁斯被阿尔凯奥斯称为"勒勒吉人的城市"：

安坦德鲁斯最初是勒勒吉人的城市。①

（《残篇》，65，贝克）

但是，锡普西斯的德米特里把它放在与他们的土地接壤的那些城市之中。因此，它就在西里西亚人地区之中；由于西里西亚人地区与勒勒吉人地区相连，因此西里西亚人比勒勒吉人更靠近伊达山南麓。但是，现在西里西亚人地区仍然在勒勒吉人地区南边、更接近阿德拉米提乌姆沿岸地区。②在莱克图姆之后是一个名叫波利梅提乌姆的地方，距离40斯塔德；然后再走80斯塔德到达大海之后不远的阿苏斯；③再走140斯塔德到达位于海角边的达加尔加拉，这个海角形成了本义上的阿德拉米特内湾；因为从莱克图姆到卡尼角的整个海岸线也叫同样的名字，其中包括了埃来提湾。本义上的阿德拉米特内湾仅仅是它的一部分，包括达加尔加拉附近的海角和阿弗罗蒂忒神庙附近的皮拉角。从一个海角渡海到另一个海角，海湾口的宽度是120斯塔德。海湾里面是安坦德

---

① 或者勒勒吉人的第一座城市是安坦德鲁斯。
② 原文显然有脱漏。
③ 从波利梅迪乌姆向前走。

鲁斯，在它之后是亚历山大山（据说在这里审判过帕里斯），还有出售伊达山木材的市场阿斯帕尼乌斯，人们把木材运到这里，出售给需要它的人。而后是阿斯提拉村，它有一块献给阿斯提拉阿尔忒弥斯神庙的圣域。在距离阿斯提拉很近的地方是阿德拉米提乌姆城，这是雅典人的移民城市，它有一座港口和一个军港。在海湾和皮拉角之外有一座荒废的西斯特内城和一座港口。在这座城市之后有铜矿、珀佩雷内和特拉里乌姆，还有类似这两个村落的其他居民点。在接下来的海岸线上有米蒂利尼人的村庄科里方提斯和赫拉克利亚；在这些地方之后是阿蒂，然后是阿塔内乌斯、皮塔内和凯库斯河口；到了这里就已经到了埃来提湾了。在这条河的对岸是埃利亚，和直到卡尼的海湾其他地方。不过，我们要回过头去详细讨论其他一些地方，为的是不错过任何值得提起的地方；我们首先要说的是锡普西斯。

52. 帕莱西普西斯位于伊达山最高之处附近的塞布雷内之后，靠近波利赫纳；当时称为锡普西斯（由于别的原因，这个名字从各方面看来，可以确定是蛮族人使用的出自希腊语词汇），[①] 后来，赫克托耳之子斯卡曼德里乌斯和埃尼亚斯之子阿斯卡尼乌斯把它的居民迁移到其南方 60 斯塔德之处，即今锡普西斯；他们两个家族据说长期控制着锡普西斯的王权。在这之后据说改为寡头政治，然后米利都人作为平等的公民移居到他们一起来了，他们开始生活在民主政体之下。但是，王室后裔仍然被称为国王，保留着某些特权。然后是锡普西斯人被安提柯合并到亚历山大城之中；然

---

① 希腊语词汇"scepsis"意为"观看、观察"。

后是他们被利西马库斯释放，返回自己的故乡。

53. 德米特里认为锡普西斯曾经是埃尼亚斯的王都，因为它位于埃尼亚斯统治的地区和利尔内苏斯的中间，根据荷马所说，当阿喀琉斯追击他的时候，他曾经逃到后面这个地方。阿喀琉斯确实这样说过：

> 你是否忘了你独自在一群母牛之中，
> 我把你赶下伊达山，你是如何飞奔而逃？
> 你从那里逃到利尔内苏斯，我在追击之中
> 洗劫了那座城市。

（《伊利亚特》，XX，188）

但是，关于埃尼亚斯的故事经过反复的修改，现在与我说的锡普西斯奠基者的报道已经不一样了。因为根据这些故事，由于他对普里阿摩斯的仇恨，他在战争之后幸存下来了：

> 他一直仇视善良的普里阿摩斯，
> 因为他虽然是勇敢的战士，
> 但普里阿摩斯完全不尊重他。

（《伊利亚特》，XIII，460）

而他的共治者、安特诺尔与他的儿子们也幸存下来，则是因为他们对来到自己家里的墨涅拉俄斯殷勤款待。确实，索福克勒

斯说[①]在特洛伊被占领之后,在安特诺尔的门口铺了一张豹子皮,表示这座房子不得破坏;安特诺尔及其子和幸存的赫内提人安全逃到了色雷斯,然后从那里渡海去了亚得里亚的赫内提斯。而埃尼亚斯和他的父亲安喀塞斯、儿子阿斯卡尼乌斯率领大批同伴渡海走了。有些人认为他定居在马其顿的奥林波斯山;其他人则认为他在阿卡迪亚的曼提尼亚附近建立了卡皮伊城,并且用卡皮斯之名来命名这座城市;还有人认为他和特洛伊人埃利姆斯在西西里的埃格斯塔登陆,占领了厄里克斯和利利比乌姆城,并且把埃格斯塔附近的河流命名为斯卡曼德河和西奠伊斯河。他从那里去了拉丁地区,并且按照神谕的命令定居在一个他将吃掉自己餐桌的地方,这个事情果然发生在拉维尼乌姆附近的拉丁地区,那里没有合适的桌子,他们用一块大面包代替桌子,并且把面包和放在面包上的肉一起吃了。但是,荷马显然不同意这两种说法,也不同意上述有关锡普西斯奠基者的报道,他明确地指出,埃尼亚斯留在特洛伊继承了这个帝国,并且将当地的继承权转给了其孙子:

普里阿摩斯家族被消灭了:
因为普里阿摩斯家族已经遭到克罗诺斯之子的憎恨;
现在,强有力的埃尼亚斯将真正统治特洛伊人,
他的子子孙孙今后将绵延不绝地繁衍。

(《伊利亚特》,XX,306)

[①] 索福克斯,《残篇》,10,瑙克。

第一章 特洛阿德、达达尼亚和伊利乌姆……和阿苏斯

在这种情况下,斯卡曼德里乌斯的继承人不可能幸存下来。荷马与那些主张埃尼亚斯远游到了意大利,并且死在那里的人有很大的分歧。那些人说道:

> 埃尼亚斯家族将统治所有人,[①]
> 他和他的子子孙孙。

这里指的是罗马人。

54. 锡普西斯出了苏格拉底派哲学家埃拉斯都(Erastus)、科里斯库斯(Coriscus)及其子内莱乌斯(Neleus),最后这个人不仅是亚里士多德和提奥弗拉斯图斯的门徒,而且继承了提奥弗拉斯图斯的藏书,其中也包括亚里士多德的藏书。无论如何,亚里士多德把自己的图书传给了提奥弗拉斯图斯,也把自己的学派传给了他。据我所知,亚里士多德是第一位收集图书,并且教会埃及国王如何组织图书馆的人。提奥弗拉斯图斯又把藏书传给了内莱乌斯;内莱乌斯把这些图书带回锡普西斯,把它传给了自己的继承人,这是一群平庸之辈,他们把藏书锁起来,根本不好好保管。但是,当他们听说阿塔罗斯王朝的国王(这座城市当时在他们的统治之下)如何热心收集图书,准备在帕加马建立图书馆时,他们把书藏到了地下的一条沟渠中。许久之后,这些藏书被潮湿和虫子毁坏了,他们的后代把这些书、包括亚里士多德和提奥弗拉斯图斯的藏书卖给了特奥斯的阿佩利孔(Apellicon),赚了一

---

① 即把荷马史诗中的 troessin(特洛伊人)改成了 pantessin(大家、全体)。

笔大钱。但是，阿佩利孔是一位藏书家而不是哲学家。因此，他力图修复书籍之中被虫子蛀坏的部分，他用新抄本来校勘旧手稿，对许多缺失的地方进行了错误的修补，出版了许多错误百出的书籍。结果是在提奥弗拉斯图斯之后，除了极少数通俗著作之外，早期逍遥学派完全没有著作传世。因此，他们实际上已经没有什么值得研究的东西，只能就一些普通的问题夸夸其谈而已。然而，现代逍遥派学者自从这些书籍问世之后，虽然可以更好地从事哲学研究，阐述亚里士多德的学说，可是由于书籍中的大量错误，他们也只能认为自己的结论大概如此而已。罗马对这种情况也有很大的责任；因为在阿佩利孔去世之后不久，苏拉占领了雅典，把阿佩利孔的藏书运到了罗马，文法教师提兰尼昂是亚里士多德的崇拜者，他用讨好图书管理员的手段，把这些书籍搞到了自己手中；他像一些书贩子一样，不对原文进行校勘，就使用了许多错误的抄本——这种情况也经常发生在其他的抄本之中，不管是在这里[①]还是在亚历山大城都是一样，这些抄本只是为了出售。关于这些人的情况，已经说得足够多了。

55. 我经常提到的德米特里出生在锡普西斯，这位文法学家写了一部《〈特洛伊军队的阵形〉注释》，他大概与克拉特斯和阿里斯塔库斯同时出生。比他更晚的是梅特罗多鲁斯，此人后来从研究哲学改行从事政治活动，根据他的大部分著作，他教授的是修辞学。他使用具有特色的新风格，使许多人感到惊奇。由于他的名声显赫，虽然他是个穷人，他在卡尔西顿成功地缔结了一门辉

---

① 即在罗马。

煌的婚姻，变成了一个卡尔西顿人。他讨好米特拉达梯·欧帕托，他和自己的妻子一起与国王乘船前往本都；他受到了特别的尊重，被任命为法官，他作出的判决不可以向国王申诉。但是，他的好运没有持续多久，就遭到那些比他更加不公正的家伙敌视。当他被委任为驻亚美尼亚国王提格兰那儿的大使时，他背叛了国王。但是提格兰不顾他的意愿，把他送给了欧帕托，国王这时已经被赶出了其祖辈的国家；梅特罗多鲁斯后来死于途中，他可能是根据国王的命令被处死，[1]或者是死于疾病，因为他的死因有两种说法。关于锡普西斯人的情况就是这么多了。

56. 在锡普西斯之后是安戴拉、皮奥尼伊和加尔加拉地区。在安戴拉附近有一种石头，它在加热的时候变成铁，而在熔炉之中和某种土一起加热，可以提炼出锌；锌加上铜可以变成"混合物"，有些人把它称为"山铜"。[2]附近的特莫卢斯山也有锌矿。这些地方是勒勒吉人占领的地区，还有阿苏斯附近的地方也是他们的。

57. 阿苏斯天生坚固，易守难攻；从海岸和港口到城里有一条很长的陡坡，以至于音乐教师斯特拉托尼库斯（Stratonicus）认为荷马的诗歌正好用上了它：

你去阿苏斯，[3]也就是尽快地走上死亡的命运。

（《伊利亚特》，Ⅵ，143）

---

[1] 提格兰的命令。

[2] 拉丁语为 Orichaleum。

[3] 明显是引用了《荷马史诗》，Ⅱ，6，143，除了荷马的 Asson（近处的）被改成了阿苏斯（assus）之外。

港口是由一条长堤形成的。斯多葛派哲学家克莱安西斯（Cleanthes）是阿苏斯人，他继承了基提翁人芝诺的衣钵，领导着这个学派，并且把它交给了索利的克里西普斯（Chrysippus）。亚里士多德曾经在这里逗留，因为他与僭主赫尔米亚斯（Hermeias）有姻亲关系。赫尔米亚斯曾经是宦官，某个银行家的奴隶，[①]他去了雅典之后，成了柏拉图和亚里士多德的门徒。他回到这里之后，起初与自己的主人一起担任僭主，他的主人当时已经占领了阿塔内乌斯和阿苏斯；后来，他继承了主人的位置，邀请亚里士多德和色诺克拉特斯来这里，非常关心他们。她还把自己兄弟的女儿嫁给了亚里士多德。罗德岛的门农那时担任波斯人的统帅，他假装与赫尔米亚斯友好，既是以好客的名义，也是以杜撰出来的理由，邀请他到这里来观光；但是他逮捕了赫尔米亚斯，把他押送到国王那里，他在那里被处以绞刑。但是，许多哲学家成功地从波斯人占领的上述地方逃走了。

58. 米尔西卢斯把阿苏斯称为梅塞姆内人建立的殖民地；赫兰尼科斯把它称为埃奥利斯人的城市，就好像属于埃奥利斯人的城市加尔加拉和兰波尼亚一样。由于阿苏斯人建立加尔加拉之后，一直很少有人居住，因此历代国王在他们毁灭了米利都城之后，从那里迁了许多移民来这座城市。锡普西斯的德米特里说，加尔加拉的居民从埃奥利斯人变成了半野蛮人。根据荷马所说，所有这些地方都属于勒勒吉人；根据某些人所说，勒勒吉人是卡里亚人；但是，荷马是把他们分开来说的：

[①] 攸布卢斯的奴隶。

> 向着大海是卡里亚人和弯弓的培奥尼亚人、
> 还有勒勒吉人和考科尼亚人。
>
> (《伊利亚特》, X, 428)

所以,这是一个与卡里亚人不同的部落。他们居住在埃尼亚斯统治的部落与荷马提到的卡里亚人之间的地区;不过,在他们遭到阿喀琉斯的洗劫之后,他们迁移到了卡里亚,占领了现在哈利卡纳苏斯周围的地区。

59. 但是,他们遗弃的佩达苏斯城现在已经不复存在;在哈利卡纳苏斯人的内地曾经有一座被他们称为佩达萨的城市,现在这个地区被称为佩达西斯。据说勒勒吉人在那里建立了8座城市,他们在古代人口众多,不仅占领了卡里亚一直延伸到明杜斯和巴吉利亚的地区,而且还夺取了皮西迪亚大部分地区。但是,后来他们与卡里亚人一起参加远征,分散到了整个希腊地区居住,这个部落也就消失了。正如卡利斯提尼斯所说,摩索拉斯(Mausolus)把八座城市之中的六座合并成一座哈利卡纳苏斯城,只让西安格拉和门杜斯保持原样。据希罗多德所说,[①]当这些佩达西斯人和他们的邻居将要遭到某种灾难威胁的时候,雅典娜神的女祭司便会长出胡须。这种事情他们经历过三次。在今天斯特拉托尼西亚的土地上,曾经有过一座佩达苏姆镇。在整个卡里亚和米利都可以看见许多勒勒吉人的陵墓、要塞和城镇遗址。

60. 根据荷马所说,在勒勒吉人之后的海岸线上居住着西里西

---

① 希罗多德, I, 175; Ⅷ, 104。

亚人。这条海岸线直到凯库斯河口,现在居住着阿德拉米特尼人、阿塔内泰人和皮塔内人。正如我先前说过的,西里西亚人分成两个王朝,一个由埃埃提翁统治,另一个由米内斯统治。

61. 荷马提到了埃埃提翁统治的底比斯城:

> 我们来到了埃埃提翁神圣的底比斯城。

(《伊利亚特》,I,366)

诗人明确地指出,克律塞斯和斯明西亚的阿波罗神庙属于埃埃提翁统治,如果这件事情属实,克律塞伊斯就被俘在底比斯城;因为他说:

> ……我们来到底比斯城,
> 城市已经毁灭和洗劫一空,
> 他们自己公正地平分了一切,
> 但把克律塞伊斯留给了阿特柔斯之子。

(《伊利亚特》,I,336)

他说,利尔内苏斯属于米内斯,因为阿喀琉斯

> 毁灭了利尔内苏斯和底比斯的城墙。

(《伊利亚特》,II,691)

杀死了米内斯和埃皮斯特罗夫斯两人;所以,布里西斯说:

当阿喀琉斯迅速杀死我的丈夫，

洗劫神圣的米内斯的城市时，

你甚至不让我哭泣。

(《伊利亚特》，XIX,. 295)

荷马说的不是底比斯（因为该城属于埃埃提翁），而是利尔内苏斯。这两座城市都位于后来被称为底比斯平原的地方，据说这个地方由于土地肥沃，成了古代密细亚人和吕底亚人争夺的对象，后来又成了从埃奥利斯和莱斯沃斯来的希腊人之间的争夺对象。但是，这个地方大部分地区现在被阿德拉米特尼人所占领，因为这里有底比斯和利尔内苏斯，后者是一个天然的要塞。不过，现在这两个地区都已经荒无人烟了，前者距离阿德拉米提乌姆60斯塔德，后者是88斯塔德，但方向相反。

62. 在阿德拉米提乌姆地区有克律萨城和西拉城，西拉城有一座西拉人的阿波罗神庙，发源于伊达山的西拉河流过西拉。这些地方都位于安坦德鲁斯地区附近。莱斯沃斯的西里乌姆城就得名于这里的西拉；在加尔加拉和安坦德鲁斯之间还有一座西里乌姆山。科洛尼的戴斯说，西拉人的阿波罗神庙最初是由从埃及来的埃奥利斯人在科洛尼建立的；据说在克律萨也建立了一座西拉人的阿波罗神庙，但不清楚这座神庙与斯明西亚的阿波罗神庙是否相同，或者与它有什么区别。

63. 克律萨是一座滨海小城，有一个港口；在它的后方不远是底比斯，这里也有一座斯明西亚的阿波罗神庙；克律塞伊斯曾经在这里居住过。但是，当西里西亚人被驱逐之后，部分人前往潘菲利亚，部分人迁往哈马克西图斯，这个地方现在彻底被废弃了，这座神庙也就搬到了哈马克西图斯附近的克律萨。有些不了解古代历史的人认为，这个克律萨就是克律塞斯和克律塞伊斯居住过的地方，也是荷马提到过的地方。但是，正如荷马所说，这个地方首先没有港口：

> 他们已经驶入了内地的深港。

（《伊利亚特》，I, 439）

其次，这座神庙不是在海边，但荷马把它说成是在海边：

> 克律塞伊斯从海船上走下来，
> 诡计多端的奥德修斯命令她走向祭坛，
> 她双手抱着亲爱的父亲。

（《伊利亚特》，I, 439）

除此之外，虽然荷马说它靠近底比斯，这个地方实际上不靠近底比斯；因为他说克律塞伊斯就是在这里被俘虏的。还有，在亚历山大人的地区没有一个地方叫做西拉，也没有任何神庙叫做西拉的阿波罗神庙；但诗人把两个地方强扭到一起去了：

> 你保护克律萨
> 和神圣的西拉。

（《伊利亚特》，I, 37）

第一章 特洛阿德、达达尼亚和伊利乌姆……和阿苏斯

但是，人们说西拉在底比斯平原附近。从西里西亚的克里萨到军港的海路大约是700斯塔德，大约是1天的航程，显然在某个时候奥德修斯进行过这样的航行，[①]因为奥德修斯上岸之后立刻向神贡献了祭品，由于晚上的到来，他留在那里，第二天一早就离开了。它距离哈马克西图斯的航程还不到上述航程的三分之一。因此，奥德修斯在完成上述献祭仪式之后，还可以在当天返回军港。在西拉的阿波罗神庙附近有一座西卢斯的巨大古墓。他据说是珀洛普斯的战车御者，统治过这个地方；西里西亚可能得名于他，或者情况相反。

64. 关于透克罗斯人和老鼠的故事（由此产生了"斯明西崇拜"这个绰号，因为"斯明西"本意为"老鼠"），必定被用到了这个地方。有些作家用许多小动物的绰号来证明这个绰号是正确的，他们举的例子有：俄塔人被称为"蝗虫"，因为俄塔人把赫拉克勒斯当成"杀蝗虫者"来崇拜，[②]为的是要使他们免遭蝗虫之害；居住在米马斯山的埃利色雷人把他当成瘿蜂的天敌崇拜，因为他能杀死祸害葡萄藤的瘿蜂；他说，实际上，只有在这些埃利色雷人的土地上找不到这种动物。罗德岛人把甘露称为"erythibe"，在他们的国家有一座"甘露"阿波罗神庙；在亚细亚的埃奥利斯人之中有一个月名叫波尔诺皮昂（Pornopion），因为维奥蒂亚人用这个名字称呼蝗虫，并且向波尔诺皮昂的阿波罗神庙献祭。

65. 在阿德拉米提乌姆附近是密细亚地区，它曾经是吕底亚人

[①] 《伊利亚特》，I，430。
[②] 杀死蠕虫者。

统治的地区。直到今天,阿德拉米提乌姆还有一座城门叫做吕底亚门,据说因为这座城市是吕底亚人建立的。附近的阿斯提拉村也属于密细亚,它曾经是一座小城市,在一片圣域之中有一座阿斯提拉的阿尔忒弥斯神庙,神庙及其宗教仪式都由安坦德里亚人管理着,他们是这座神庙的近邻。阿斯提拉距离古克律萨20斯塔德,在它的圣域之中也有一座神庙。这里也有"阿喀琉斯的栅栏"。在内陆50斯塔德的地方是底比斯,但现在已经废弃了。诗人说它位于"森林茂密的普拉库斯山";① 但是,首先是这里根本就找不到普拉库斯或者普拉克斯这个地方;其次,尽管它靠近伊达山,在它的后面没有森林茂密的地方。底比斯距离阿斯提拉70斯塔德,距离安戴拉是60斯塔德。不过,所有这些名字都是已经荒废、无人居住地方的地名,或者是冬季河流的名字;它们之所以常常被人提到,只是因为它们与古代的故事有关。

66. 阿苏斯和阿德拉米提乌姆都是重要的城市。但是,阿德拉米提乌姆在米特拉达梯战争之中遭到了灾难,因为米特拉达梯的统帅狄奥多罗斯(Diodorus)为了讨好国王,把这座城市的许多议员杀了。同时,他自称是学园派哲学家,正义的执行者和修辞学教师。他确实和国王一起去过本都;② 但是,在国王被推翻之后,他因为自己的罪行受到了惩罚;因为有许多人同时控诉他,他无法忍受这种耻辱,内心充满羞愧绝食而死,这件事情发生在我的故乡。阿德拉米提乌姆另外一个著名的人物是演说家色诺克勒斯,

---

① 《伊利亚特》,Ⅵ,396。
② 米特拉达梯乌姆。

他属于亚细亚学派，他善于争论，甚至在元老院发表演说捍卫亚细亚行省的利益，当时亚细亚行省被指责忠于米特拉达梯。

67. 在阿斯提拉附近有一个深不可测的萨普拉湖，它在陡峭的海岸线上有一道深沟。在安戴拉之下有一座安戴拉众神之母神庙，有一个洞穴从地下通到帕莱亚。帕莱亚是一个村庄，[①]距离安戴拉130斯塔德。这个地道被人所知，是因为有一只山羊掉入了洞口，次日被一位正好要去献祭的牧民在安戴拉附近发现了。阿塔内乌斯是僭主赫尔米亚斯居住的地方；然后是埃奥利斯人的城市皮塔内，它有两个港口，埃文努斯河流过这个地区，在那里有阿德拉米特尼人修建的水渠。学园派的阿凯西劳斯是皮塔内人，他和基提翁的芝诺都是波莱蒙的学生。在皮塔内海边有一个地方叫做"皮塔内下方的阿塔梅乌斯"，正对着埃利夫萨岛。据说皮塔内的砖头可以浮在水上，[②]还有第勒尼亚的某种土壤也一样，因为这种土壤比相同体积的水重量轻，因此可以浮起来。波塞多尼奥斯说自己在伊比利亚曾经看见用某种粘土制造的砖比白银还要干净，而且可以浮在水上。在皮塔内之后是凯库斯河，它汇入30斯塔德远的埃来提湾。在凯库斯河那边16斯塔德远的地方是埃奥利斯人的埃利亚城，它也是帕加马人的港口，距离帕加马120斯塔德。

68. 然后，再走100斯塔德便到了卡内角，它正对着莱克图姆角，形成了阿德拉米特内湾，这个海湾是埃来提湾的组成部分，卡尼是从西努斯来的洛克里人小城，它位于正对着莱斯沃斯岛最

---

① 即"老城"。
② 矽藻岩经过打磨成的石料。

南端的卡尼地区。这个地区一直延伸到阿吉努斯群岛，还有在群岛上之后的埃加角，它和一种动物名字相同；① 但第二个音节需要发长音，即"埃加"好像是"阿克塔"或"阿查"，因为埃加通常用来称呼所有的山脉，它现在称为卡内或者卡尼。这座山南部和西部环绕着大海，东部的山下是凯库斯平原，北部是埃利亚地区。这座山本身非常紧凑，形成了一个朝着爱琴海的山麓，这个海也得名于这座山脉。② 不过，萨福说后来海角本身也叫做埃加，③ 其他部分则称为卡内或者卡尼。

69. 托斯拉尼亚在埃利亚、皮塔内、阿塔内乌斯和帕加马之间，距离其中任何一个地方不超过 70 斯塔德，位于凯库斯河这边。托斯拉斯是西里西亚人和密细亚人的国王，据欧里庇得斯所说，④ 奥吉之父阿莱乌斯发现她被赫拉克勒斯破坏了贞操，就把她和她的儿子特勒福斯关在一个箱子之中，投入大海；但是，由于雅典娜的帮助，这个箱子带着他们渡过大海，来到了凯库斯河口的岸边，托斯拉斯救出了两个不幸的人，并且娶了这位母亲做自己的妻子，把这个孩子当成自己的孩子。当然，这是个神话故事，但是这里必然有某种其他的机缘巧合故事，由于这种机缘，一位阿卡迪亚人的女儿成了密细亚国王的妻子，这个女人的儿子继承了国王的王位。无论如何，托斯拉斯和特勒福斯成了托斯拉尼亚

---

① 即山羊。
② 不过，斯特拉博在其他地方说到爱琴海得名于埃盖。"爱琴海有可能得名于维奥蒂亚的埃盖。"参见本书Ⅷ，ⅶ，4。
③ 萨福，《残篇》，131，贝克.
④ 欧里庇得斯，《残篇》，696，瑙克。

第一章 特洛阿德、达达尼亚和伊利乌姆……和阿苏斯

和凯库斯河周围地区的国王,这件事情是可信的。在某种程度上,荷马也提到了这个故事:

> 特勒福斯之子欧里皮卢斯就这样死在青铜之下,
> 在他的周围倒下了许多同伴、塞泰人,
> 成了这个妇女的礼物。
>
> (《奥德赛》,XI,521)

诗人就这样在我们面前设置了一道难题,而不把它讲明。因为我们不知道塞泰人是什么人,也不知道"这个妇女的礼物"意味着什么。但是,语法学家把许多不重要的神话故事加以比较之后,与其说解决了疑问,不如说证明了它们是编造的。

70. 但是,我们暂且不讨论这些问题;转而讨论更加明确的问题,根据荷马所说,欧里皮卢斯确实统治过凯库斯河地区,因此,他有可能统治过部分西里西亚人。在这种情况下,他们那时就有三个王朝,而不是两个王朝。这种观点也得到了事实的证明,在埃利亚地区有一条激流称为塞泰乌斯河;这条河流汇入另一条和它一样的河流之中,而它又汇入另一条河流之中,最后它们都汇入了凯库斯河。不过,正如巴基利德斯所说,[①]凯库斯河不是发源于伊达山,欧里庇得斯关于马尔西亚斯的说法也是错误的。

> 居住在著名的塞莱内,

---

① 巴基利德斯,《残篇》,66,贝克。

居住在遥远的伊达山地区。

(《残篇》,1085,瑙克)

因为塞莱内距离伊达山非常遥远,凯库斯河的发源地也非常遥远,它们在平原上都可以看见。藤努斯山是这个平原和阿皮亚平原的分界线。阿皮亚平原位于底比斯平原之后的内陆地区,密细乌斯河发源于藤努斯山,在它的源头下游汇入凯库斯河;由于这个原因,有些人把埃斯库罗斯在《密尔弥冬人》开场白之中说的解释成:

啊,凯库斯河!啊,密细亚的河流!

(《残篇》,143,瑙克)

在这些源头附近有一座盖尔吉塔村,阿塔罗斯一世在毁灭了特洛阿德盖尔吉塔人的地方之后,把它们迁移到了这里。

第二章 莱斯沃斯和周围小岛

1. 莱斯沃斯岛是一个值得详细叙述的岛屿，它正对着从莱克图姆到卡尼的海岸线，在它的周围还有一些小岛，一些在海峡的外面，另外一些在海峡与陆地之间，我们现在就来说说这些岛屿。由于这些岛屿是埃奥利斯人的，我可以肯定地说莱斯沃斯是埃奥利斯各个城市之中的大都会。但我必须从已经走过的、正对着这座海岛的沿海地区开始叙述。

2. 如果渡海从莱克图姆到阿苏斯，莱斯沃斯地区从这个海岛北边的海角西格里乌姆开始。这里有一座莱斯沃斯人的梅塞姆纳城，距离海岸60斯塔德，位于波利梅迪乌姆和阿苏斯之间。由于整个岛屿周长是1100斯塔德，岛上几个地方距离如下：从梅塞姆纳到这座岛屿右边最南端的马利亚角，即卡尼正对着这个岛屿，并且正好与它相应的地方，距离是340斯塔德；然后由这里到西格里乌姆（等于这座海岛的长度），距离是560斯塔德；然后到梅塞姆纳，210斯塔德。这座海岛上最大的城市米蒂利尼位于梅塞姆纳与马利亚角之间，距离马利亚角70斯塔德，距离卡尼120斯塔德，距离阿吉努斯群岛路程相同。这是三座小岛，位于正对着卡尼的大陆附近。在米蒂利尼和梅塞姆纳之间埃盖鲁斯村附近的梅塞姆纳地区，是这座海岛最狭窄之处，有一条长度为20斯塔德的道路通往皮拉人的埃夫里普湾。皮拉位于莱斯沃斯岛的西部，距离马利亚 100 斯塔德。米蒂利尼有两座港口，南边的港口是可以封闭的，只能容纳 50 条三层桨船，北边的港口既大而深，有一道防波堤保护港口。两座港口之外有一座小岛，它们也是城市的一部分，有人居住在岛上。城市的各个方面管理十分良好。

3. 米蒂利尼出了一些名人：在古代有希腊七贤之一的皮塔库斯；诗人阿尔凯奥斯及其兄弟安提梅尼达斯（Antimenidas），根据阿尔凯奥斯所说，他的兄弟曾经与巴比伦人共同战斗，赢得了一场重大的胜利，使他们逃脱了被屠杀的罗网。

> 你杀死了一位勇士，
> 一位王家的武士。

（正如他说的）：

> 他一对一的单独作战
> 身高只有 5 肘尺长。

（《残篇》，33，贝克）

和这些人一起处于创作繁荣时期的，有一位杰出的女性萨福；因为在我们有文字记载的所有时期，我不知道在历史上有哪位女性可以在诗歌方面和萨福相比，哪怕是差一点也行。在这个时期，由于居民之间的纷争，这座城市由几位僭主统治着；他们认为这种纷争就是阿尔凯奥斯"造反诗歌"的主题。皮塔库斯也是僭主

第二章 莱斯沃斯和周围小岛

之一。阿尔凯奥斯同样指责皮塔库斯和其他的僭主，如米尔西卢斯、梅兰克鲁斯、克莱纳克提德家族和其他一些人，甚至他自己由于图谋政变，也不能说是无辜的。皮塔库斯利用君主的权力推翻了寡头政治，在推翻他们之后使城市恢复了独立。演说家狄奥法尼斯出生比较晚；而波塔蒙、莱斯沃克利斯、克里纳哥拉斯和历史学家提奥法尼斯则是我的同时代人。提奥法尼斯还是政治家，他因为自己的才能而成了大庞培的朋友，帮助庞培建立了自己的全部功勋；由于这个原因，他部分依靠庞培的帮助，部分是依靠自己的力量，不仅为自己的故乡增添了光彩，而且使自己成了所有希腊人之中最杰出的人物。他留下了一个儿子马可·庞培，奥古斯都·凯撒曾经任命他担任亚细亚的代理人，他现在仍然被认为是提比略最亲近的朋友之一。当雅典人通过决议要杀死所有米蒂利尼人，从老到小一个不留的时候，他们险些使自己蒙受了无法洗清的耻辱；但是，他们后来改变了自己的主意，在预定执行这个命令的前一天，[①] 他们把相反的决定送到了各位将军的手中。

4. 皮拉城已经被夷为平地，但城郊还有人居住，有一个港口，从那里有一条越过丘陵地区到达米蒂利尼的道路，长达80斯塔德。在皮拉之后是埃雷苏斯，它位于一座丘陵上，一直延伸到海边。由埃雷苏斯到达西格里乌姆28斯塔德。亚里士多德的门徒、逍遥派哲学家提奥弗拉斯图斯和法尼亚斯两人都是埃雷苏斯人。提奥弗拉斯图斯原先叫做提尔塔姆斯，但亚里士多德把他的名字改成

[①] 在伯罗奔尼撒战争期间，米蒂利尼人脱离雅典人。在围攻和占领这座城市之后，雅典人民会议在克里昂及其一派的压力之下，下令杀死所有成年的米蒂利尼人。

了提奥弗拉斯图斯,以消除他原来的名字刺耳的发音,同时寓意他的发言充满热情。亚里士多德确实使他的弟子们全都能言善辩,但提奥弗拉斯图斯是所有门徒之中最能言善辩的。在西格里乌姆之后是安提萨城,它有一个港口。然后是梅塞姆纳,那里出了一位阿里昂(Arion),根据希罗多德所说的神话故事,他和同伴被海盗扔进了大海之后,骑着海豚安全地逃到了泰纳鲁姆。阿里昂善于演奏吉他拉和歌唱;① 泰尔潘德(Terpander)据说同样是个音乐家,同样出生在这个海岛上,他是第一位使用七弦里拉代替四弦里拉的人,正如歌颂他的诗歌所说:

因为你的功劳,我们告别了四音调的歌曲,
我们将使用七弦的吉他拉歌唱新的赞歌。

(《残篇》,5,贝克)

历史学家赫兰尼科斯、萨福和阿尔凯奥斯的注释者凯利亚斯(Cailias)也是莱斯沃斯人。

5. 在亚细亚与莱斯沃斯岛之间的海峡之中,大约有20座小岛,但提莫斯提尼说有40座小岛。它们被称为赫卡通内西群岛,这是个像伯罗奔尼撒半岛一样的组合名称,其中第二个字母n在这种组合字之中通常是多余的,就像在米昂内苏斯、普罗康内斯和哈隆内苏斯这些名字之中的字母n一样。由于阿波罗也称为赫卡图斯,因此赫卡通内西就成了阿波罗尼斯;② 因为整个这条海岸线直到特

---

① 《残篇》,4,贝克。
② Appollonnesoi——阿波罗岛。

内多斯，阿波罗都受到高度的尊敬，被称为斯明西亚的、西拉的、格吕尼的，或者其他名字的阿波罗神庙。在这些岛屿附近是波尔多塞莱内岛和一座名字相同的城市，在这座城市前面还有一座更大的、名字相同的岛屿，但它没有人居住，有一座阿波罗神庙。

6. 有些作家为了消除读音不顺的名字，认为在这种情况下我们应当把它读成"波罗塞莱内"，把帕加马附近一座多岩石和贫瘠的阿斯波尔德努姆山读成"阿斯波雷努姆"，这里有1座众神之母神庙，被称为"阿斯波雷内的"母神庙。[①] 还有 Pordalis、Saperdes 和 Perdiccas，[②] 正如西莫尼德斯所说：

让波尔达西亚的衣裳和一切都见鬼去吧。

（《残篇》，21，克鲁西乌斯）

在古代的喜剧之中，凡是有"潮湿的"衣裳之处，就被"波尔达西亚的地方"取代了，这个地方是沼泽吗？莱斯沃斯距离特内多斯、利姆诺斯和希俄斯路程相等，都差不多是500斯塔德。

---

① 按照希腊语，perd/pord 的词根含义非常下流。
② 这个词汇的词根含义下流。

第三章　埃奥利斯诸城

1. 因为勒勒吉人、西里西亚人和特洛伊人关系非常密切,人们想知道为什么他们没有被写入《特洛伊人名录》之中,有理由推测在他们的首领被杀,城市被洗劫之后,少数幸存的西里西亚人处于军事首领赫克托耳的统治之下,因为埃埃提翁和他的儿子们据说在《特洛伊人名录》出现之前就已经被杀死了:

> 我的父亲确实是被无敌的阿喀琉斯所杀,
> 他彻底洗劫了西里西亚人繁荣的城市,
> 城楼巍峨的底比斯城。
> 还有我留在宫中的七个兄弟,
> 他们这些人都在同一天进了阴曹地府,
> 所有人都被无敌的快脚阿喀琉斯所杀。
>
> (《伊利亚特》,VI,414)

米内斯统治的那些人同样也失去了自己的首领和城市:

> 他杀死了米内斯和埃皮斯特罗夫斯,
> 洗劫了米内斯神圣的城市……
>
> (《伊利亚特》,II,692;XIX,296)

第三章　埃奥利斯诸城

荷马说勒勒吉人也参加了战斗,他说:

> 居住在海边的卡里亚人和拿着弓箭的培奥尼亚人,
> 还有勒勒吉人和考科尼亚人。
>
> (《伊利亚特》,X,428)

在其他地方还说道:

> 他用尖锐的长矛刺死了俄诺普斯之子萨特尼乌斯,
> 这是高贵的仙女那伊阿得为俄诺普斯所生,
> 当时他正在萨特尼奥伊斯河边放牧。
>
> (《伊利亚特》,XIV,443)

由于他们的氏族没有完全消失,他们又没有自己独立的组织,因此他们的国王得保全生命:

> 阿尔特斯统治着好战的勒勒吉人。
>
> (《伊利亚特》,XXI,86)

他们的城市也没有完全被毁灭,因为诗人又说:

> 他统治着萨特尼奥伊斯河边险峻的佩达苏斯。
>
> (《伊利亚特》,XXI,87)

但是,诗人在《名录》之中遗漏了他们,他认为他们的组织还不足以使他们有资格列入《名录》之中，或者是把他们包括在赫克托耳率领的队伍之中，因为他们的关系是如此地密切；因为赫克托耳的兄弟吕卡昂说：

> 年迈的阿尔特斯之女、
> 我短命的母亲生下了我，
> 阿尔特斯统治着好战的勒勒吉人。
>
> （《伊利亚特》，XXI，84）

关于这个问题的情况，很可能就是这样。

2. 如果要想知道诗人所说的西里西亚人、佩拉斯吉人和居住在这两个部落之间的、欧里皮卢斯统治之下的塞泰人的准确边界，关于这个问题也只能说出一个大概的情况。关于西里西亚人，有关他们的所有情况，我已经尽可能全都叙述了。他们的领土基本上与凯库斯河地区交界。至于佩拉斯吉人，根据荷马的话和历史记载，可以确定他们在这些部落之后。因为荷马说过这样的话：

> 希波托乌斯率领手持长矛的佩拉斯吉人部落，
> 他们居住在肥沃的拉里萨；这是阿瑞斯的后裔
> 佩拉斯吉托塔姆斯之子莱图斯的两个儿子，
> 希波托乌斯和皮莱乌斯统治的部落。
>
> （《伊利亚特》，Ⅱ，840）

诗人以这样的语言明确地指出佩拉斯吉人人数众多，因为他使用的"部落"是复数而不是单数,他还指出了他们居住在拉里萨。现在虽然有许多拉里萨,但我们应当认为诗人指的是附近的拉里萨,这个地方最有可能是在基梅的附近。因为在三个拉里萨之中,一个靠近哈马克西图斯,位于伊利昂视野之中的平原上,非常靠近伊利昂,距离大约200斯塔德;因此,难以相信希波托乌斯在战斗中击倒帕特罗克卢斯的地方——"遥远的拉里萨"是这个拉里萨,而不是基梅附近的拉里萨。因为在两个拉里萨之间距离大约有1000斯塔德之多。第三个拉里萨是以弗所地区凯斯特平原上的一个村庄,据说它从前是一座城市,包括一座拉里萨人的阿波罗神庙,它距离特莫卢斯山比距离以弗所更近。它距离以弗所180斯塔德,因此它可能处于梅奥尼人的统治之下。后来以弗所人强大之后,夺取了梅奥尼人的许多领土,梅奥尼人现在被称为吕底亚人。因此,这个拉里萨不可能是佩拉斯吉人的拉里萨,基梅附近的拉里萨才是佩拉斯吉人的拉里萨。实际上,我们并没有过硬的证据证明凯斯特平原的拉里萨在那个时候就已经存在,甚至也没有过硬的证据证明以弗所那时已经存在;相反,整个埃奥利斯历史(它只不过是略晚于特洛伊战争时期)却可以证明基梅附近的拉里萨存在。

3. 据说在德摩比利之后洛克里的弗里齐乌姆山区居民来到现在的基梅地区时,在这里遇到了被特洛伊战争搞得贫困不堪的佩拉斯吉人,仍然占领着距离基梅大约70斯塔德的拉里萨地区;为了防备佩拉斯吉人,他们在距离拉里萨30斯塔德的边界上建立了现在称为"新城墙"的建筑,[1] 在占领拉里萨之后,他们建立

---

[1] Neon teichos.

了基梅，并且把幸存的拉里萨居民迁移到这里居住。基梅又称为基梅·弗里科尼斯，得名于洛克里山；同样，拉里萨也叫做拉里萨·弗里科尼斯；不过，拉里萨现在已经荒无人烟了。佩拉斯吉人据说曾经是一个庞大的部落，整个历史发展过程可以证明这一点：无论如何，埃利亚的梅内克拉特斯在其著作《城市建设论》之中说到，现在爱奥尼亚整个海岸自米卡利开始，还有海岸附近的岛屿，古代都居住着佩拉斯吉人。但是，莱斯沃斯人认为他们曾经被皮莱乌斯（Pylaeus）统治过，诗人把他称为佩拉斯吉人的统治者。① 在他们的地区，现在还有一座山得名于他，称为皮莱乌斯山。希俄斯人认为色萨利的佩拉斯吉人是他们城市的奠基者。但是，佩拉斯吉人是一个流动的、迁居迅速的部落；他们曾经很强大，然后又迅速地消失了，特别是在埃奥利斯人和爱奥尼亚人向亚细亚移民的时期。

4. 拉里萨人的情况具有特色，我指的是凯斯特里亚的、弗里科尼亚的和第三支色萨利的拉里萨人：他们全部都居住在河流冲积而成的地区，一部分居住在凯斯特河边，另一部分在赫尔姆斯河边，第三部分在佩内乌斯河边。在弗里科尼亚的拉里萨据说祭祀皮阿苏斯，他曾经统治过佩拉斯吉人，爱上了自己的女儿拉里萨，并且以暴力强奸了她，并且因为这件骇人听闻的事情受到了惩罚；他的女儿看见他弯着身子伏在酒桶上，她抓住他的双腿把他举起来塞进了酒桶。古代的传说就是这样。

5. 我还要将埃盖城和藤努斯城补充到现代埃奥利斯城市之列，

---

① 《伊利亚特》，Ⅱ，842。

藤努斯是《修辞学》作者赫尔马戈拉斯（Hermagoras）的出生地。这些城市都位于基梅地区、福西亚人和士麦拿人地区之后的山区，赫尔姆斯河从山区旁边流过。在这些城市不远的地方是马格尼西亚，它曾经在西皮卢斯的统治之下，罗马人赐予它自由城市的身份。这座城市也遭到不久之前发生的地震破坏。渡过赫尔姆斯河，从拉里萨到达基梅的凯库斯河对岸，距离是70斯塔德；然后到达米里纳城，距离是40斯塔德；从那里到格吕尼乌姆和到埃利亚，距离相同。但是，根据阿尔特米多鲁斯所说，如果从基梅到阿迪，再走40斯塔德便到达海德拉角，它和对面的哈尔马图斯角一起形成了埃来提湾。这个海湾口的宽度，包括它的弯曲之处，大约是80斯塔德，米里纳是一座埃奥利斯人的城市和港口，距离是60斯塔德。然后到了亚该亚人的港口，那里有一座12神祇的祭坛。然后到达小城格吕尼乌姆、阿波罗祭坛、一座古代的神谕所和1座白色大理石做成的豪华神庙，到达该神庙距离是40斯塔德。再走70斯塔德到达埃利亚，它有一座港口和一座属于阿塔罗斯国王的军港，它是由远征伊利乌姆的梅内斯提乌斯和雅典人建立的。接下来的那些地方，即皮塔内、阿塔内乌斯附近和这个地区的其他地方，我已经说过了。

6. 在埃奥利斯人的城市之中，最大和最好的城市是基梅。这座城市和莱斯沃斯可以说是其他大约30座城市的中心城市，这些城市有不少已经消失了。基梅由于自己的愚蠢行为受到了奚落，正如某些人所说，在这座城市建立300年之后，他们才开始征收港口税，而在此之前，人民一直没有征收过这种税收。因此，他们获得了一个评价，他们发现自己住在海边的城市太晚了。还有一些关于他们的其他故事，如他们以国家的名义借贷，并且以柱廊作为抵押，后来他们无法在规定的日期归还借贷，被禁止在柱廊之中散步；但是在下雨的时候，债权人由于羞愧而通过传令官请求人们来柱廊下避雨；当着传令官高呼"到柱廊之下去避雨"时，一个流言又传开了，如果传令官不提醒他们，基梅人似乎不知道下雨的时候可以到柱廊之下去避雨。演说家伊索克拉底的门徒、《历史》和《论创造力》的作者埃福罗斯，无疑是一位重要的人物，他就出生于这座城市；在他之前还有诗人赫西奥德也出生在这里；因为赫西奥德本人说过，他的父亲迪乌斯离开埃奥利斯的基梅，移居到了维奥蒂亚：

> 他定居在赫利孔附近贫穷的阿斯克雷村，
> 那里冬季严寒，夏季炎热，没有让人舒服的时候。
>
> （《工作与时日》，639）

至于荷马是否出生在基梅，这个问题意见不一，因为有许多人都提出他是自己那里的人。但是，有一点是大家同意的，即这座城市得名于一位亚马孙人，就好像米里纳得名于埋葬于巴提叶亚南方特洛伊平原的亚马孙人一样：

> 人们把那个地方叫做巴提叶亚，
> 但不朽的神把米里纳视为永久的陵墓。
>
> （《伊利亚特》，II，813）

不过，埃福罗斯也遭到了奚落，因为他在列举历史上其他许多成就的时候，不善于宣扬自己祖国的功业。而且，他并不是那种希望祖国将来默默无闻的人，他曾经高呼："就是在这个时候，基梅人生活在和平之中。"由于我在写书的时候到过特洛伊和埃奥利斯海岸，接下来我将按照叙述的先后顺序，对于直到托罗斯山脉的内陆地区作一个简要的概述。

第四章　帕加马、萨迪斯、卡塔塞考梅内和希拉波利斯

1. 帕加马在某种意义上统治着这些城市，它是一座著名的城市，在阿塔罗斯历代国王的统治之下，繁荣兴旺了很长时期。在接下来叙述的地方之中，我将要从这个地方开始。首先，我必须简单地说明历代国王的身世和他们的结局。由于帕加马曾经是亚历山大的继承人、阿加索克利斯之子利西马库斯的国库所在地，城市居民住在山顶之上；这座山是圆锥形，山顶是一座尖峰。保卫这座要塞和国库（国库中藏有9000塔兰特）的任务委托给了蒂艾乌姆的菲雷泰鲁斯，他从小就是个太监；因为在某次举行葬礼演出的时候出席的人数太多，保姆带着尚在襁褓中的菲雷泰鲁斯被挤入人群，被迫用力抓住孩子，以至于使孩子成了残疾，因此他成了太监。但是，他受过良好的教育，并且被认为是一个值得信任的人物。有一段时间，他是忠诚于利西马库斯的；但是，他与利西马库斯之妻阿尔西诺伊发生了争执，她造谣中伤他。因此他鼓动帕加马起而造反，并且乘机统治了这个地方，因为他知道这个城市已经可以应付变革了。由于利西马库斯为家庭内部的纠纷所困扰，被迫杀死了自己的儿子阿加索克利斯，而塞琉古·尼卡托又侵入他的国家，并且打败了他；在他被打败之后，又被托

勒密·塞劳努斯背信弃义地杀死。在这个混乱不堪的时期,这位太监继续担任要塞的长官,他管理城市的事务,总是对那些权势人物或者亲信慷慨允诺和谦恭有礼。无论如何,他担任要塞和国库统治者长达20年之久。

2. 菲雷泰鲁斯有两个兄弟,长者是欧迈尼斯,幼者是阿塔罗斯。欧迈尼斯有一个名字相同的儿子,他不仅继位统治着帕加马,同时还是周边地区的统治者,因此他参加了反对塞琉古之子安条克的战争,并且在萨迪斯附近打败了后者。他在位22年之后去世了。[①] 阿塔罗斯之子阿塔罗斯和亚该乌斯之女安条西斯继承了王位,在一场大战之中打败加拉提亚人之后,第一次宣布自己为国王。阿塔罗斯不仅是罗马人的朋友,而且站在罗马人一边反对腓力和罗德岛的舰队。他在位43年之后,以高龄去世。[②] 他和基奇库斯籍的妻子阿波罗尼斯一共生了四个儿子,他们是欧迈尼斯、阿塔罗斯、菲雷泰鲁斯和雅典尼乌斯(Athenaeus)。两个年轻的儿子现在仍然是没有官职的公民,但其他两个儿子之中年长的欧迈尼斯当上了国王。欧迈尼斯站在罗马人一边与安条克大帝和珀尔修斯作战,他从罗马人手中获得了过去安条克统治的托罗斯山脉这边的整个地区。在那之前,帕加马的领土并没有包括延伸到埃来提和阿德拉米特内湾海边的许多地区。他建立城市,在尼塞福里乌姆公园种植了许多树木,他热衷于豪华的场面,增添了许多宗教建筑、图书馆,使帕加马变成了现在这样辉煌的城市。欧迈尼斯

[①] 公元前263—前241年。

[②] 公元前241—前197年。

在位39年之后，[1]把他的帝国传给了自己和卡帕多西亚国王阿里亚拉塞斯之女斯特拉托尼斯所生之子阿塔罗斯。他任命自己的兄弟阿塔罗斯作为自己还非常年轻的儿子以及帝国的监护人。他的兄弟在位21年，[2]在许多方面取得成功之后，死于年迈。例如，他帮助过塞琉古之子德米特里打败安条克之子亚历山大；他站在罗马人一边与伪腓力作战，在远征色雷斯的时候打败了凯尼人的国王狄伊吉利斯；他杀死了普鲁西亚斯，煽动其子尼科墨德斯二世起来反对自己的父亲；他把自己的帝国传给了阿塔罗斯，并且为他任命了一位监护人。阿塔罗斯在位五年，[3]获得了费罗梅托的绰号，他死于疾病，将帝国留给了继承人——罗马人。罗马人宣布将这个地区置为行省，以这个大陆的同样名字命名它为亚细亚行省，凯库斯河流过帕加马，流过凯库斯平原，流过大概是密细亚最富裕和最好的地区。

3. 当代最著名的帕加马人有：梅诺多图斯和阿多波吉昂之子米特拉达梯。梅诺多图斯出身于加拉提亚人小王家庭，阿多波吉昂据说是米特拉达梯国王的妃子，由于这个原因，她的亲属给孩子取名为米特拉达梯，自称其子是国王的儿子。无论如何，他成了神圣的凯撒的朋友，获得了很大的权力，被任命为其母亲家族的小王、博斯普鲁斯和其他地区的国王。他被阿桑德所推翻，后者不仅杀死了法尔纳西斯国王，而且夺取了博斯普鲁斯。米特拉达梯后来被认为是非常伟大的人物。还有演说家阿波罗多罗斯，

---

[1] 公元前197—前159年。
[2] 公元前159—前138年。
[3] 公元前138—前133年。

他是《演说术指南》的作者，阿波罗多罗斯学派的首领，不管这个学派现在情况如何，但评论这些学派超出了我的能力。因为许多哲学派别都取得了成功，在这些学派之中就有阿波罗多罗斯和西奥多鲁斯的学派。他与奥古斯都·凯撒的友谊，大大地提高了阿波罗多罗斯的地位，因为他是奥古斯都的演说艺术教师。阿波罗多罗斯有一个著名的学生和同乡狄奥尼修斯·阿提库斯，此人是诡辩学者、历史学家和判决书的起草者。

4. 如果从这个平原和城市向东走，就到了位于高地的阿波罗尼亚城，再向南走，就到了一个山区，沿着通往萨迪斯的大路越过这座高山，向左走就到了马其顿人的锡亚蒂拉城，它被认为是密细亚人最遥远的城市，向右走是阿波罗尼斯城，它距离帕加马和萨迪斯都是300斯塔德，这座城市得名于基齐塞内的阿波罗尼斯。在它之后是赫尔姆斯平原和萨迪斯。帕加马北部的大部分地区，即阿贝伊泰人右边的地区居住着密细亚人，与他们交界的地区是弗里吉亚的埃皮克特图斯[①]和比希尼亚。

5. 萨迪斯是一座大城市，它虽然是在特洛伊战争之后出现的城市，但仍然是一座古老的城市，有一座坚固的城堡，它是吕底亚人的王城。诗人把吕底亚人称为梅奥尼人，后代的作家把他们称为梅奥尼人，有些人认为他们和吕底亚人是一样的，有些人认为他们是不同的，但最好是把他们视为同一个民族。在萨迪斯之后是特莫卢斯山，这是一个富饶的山区，山顶上有一个观察所，它是一座白色大理石的柱廊，这是波斯人的建筑，从这里可以俯

---

① 比希尼亚——"被占领的地区"（参见本书XII，iii，7等）。

瞰下面平原的四周，特别是凯斯特平原。在萨迪斯的周围居住着吕底亚人、密细亚人和马其顿人。帕克托卢斯河发源于特莫卢斯山，在古代，这条河流带来了大量的金砂，由此而出现了克罗伊斯及其祖先极为富裕的著名传说。不过，现在金砂已经枯竭了。帕克托卢斯河流入赫尔姆斯河，海卢斯河现在叫做弗里吉乌斯河，也汇入这条河流。正如希罗多德所说，① 这三条河流和其他更小的一些河流汇合在一起，在福西亚附近汇入大海之中。正如我先前说过的，赫尔姆斯河发源于密细亚的丁迪梅内圣山，流过卡塔塞考梅内地区，进入萨迪斯境内和附近的平原地区，然后流入大海。在这座城市之下有萨迪斯平原和居鲁士平原，还有赫尔姆斯平原和凯斯特平原，这些平原彼此接近，也是所有平原之中最富裕的平原。距离这座城市40斯塔德是盖吉亚，② 诗人提到过它，它的名字后来改为科洛，这里有一座科洛尼神庙被认为是最神圣的。据说在节日的时候，这里表演篮子舞，③ 我真不知道在这个世界上为什么有人喜欢讲些稀奇古怪的事情，而不喜欢讲真实的事情。

6. 下面的诗歌通常认为属于荷马：

> 盖吉亚湖神女和塔利梅尼斯之子
> 梅斯勒斯和安提普斯率领着梅奥尼人，
> 他们出生在特莫卢斯山脚下。
>
> （《伊利亚特》，II，864）

---

① 希罗多德，I，80。
② 《伊利亚特》，II，865。
③ 少女们节日期间顶在头上的篮子。

第四章　帕加马、萨迪斯……希拉波利斯

有些人又增添了第四句:

在白雪皑皑的特莫卢斯山脚下,在海德肥沃的土地上。

(《伊利亚特》,Ⅶ,220)

但是,在吕底亚人居住的地区并没有发现许勒城的踪迹。还有些人把提齐乌斯也放在这里,关于这个人,诗人也提到过:

一个最好的皮匠师傅住在这里,住在许勒城。

(《伊利亚特》,Ⅶ,221)

同时,他们还说这个地方森林密布,经常遭受雷击,阿里米人居住在这里,因为荷马史诗说过:

据说阿里米人的土地是阿里米人的卧榻。

(《伊利亚特》,Ⅱ,783)

他们加上了一行:

在森林密布的地方,在许勒肥沃的土地上。

其他人则把这个神话故事发生的舞台搬到了西里西亚,即现在的叙利亚。甚至还有人把它搬到了皮塞库萨群岛,他们说第勒

尼亚人把"猴子"①叫做"阿里米"。还有人把萨迪斯称为海德,也有人把它的卫城称为海德。不过,锡普西斯的德米特里认为,把阿里米人确定在密细亚地区卡塔塞考梅内的作家是最可靠的。而品达则把皮塞库萨(位于基梅地区的前面)、西西里和西里西亚地区的神话故事结合在一起了,因为他说堤丰在埃特纳火山之下:

> 那时他住在西里西亚著名的大山洞之中,
> 现在他粗壮的胸膛沐浴着西里西亚附近
> 基梅之后的海水。
>
> (品达,皮托竞技胜利者颂,31)

在另外一个地方又写道:

> 在它的周围是埃特纳和它巨大的山脉。

接着又是:

> 这是天父宙斯,众神之中唯一的神,
> 重击了那时在阿里米人之中的
> 50个头的巨人堤丰。
>
> (《残篇》,93,贝克)

但是,也有人认为叙利亚人就是阿里米人,他们现在称为阿

---

① Pithēkoi.

里米亚人，而居住在特洛伊的西里西亚人被迫移民，再度定居在叙利亚，为自己夺取了一块现在被称为西里西亚的地区。卡利斯提尼斯认为阿里米人得名于他们附近的阿里马山脉，他们居住在卡利卡德努斯山脉附近和科里库斯洞穴附近的萨耳珀冬角；由于他们的缘故，附近的山区被称为阿里米山脉。

7. 在科洛湖附近有历代国王的纪功碑。在萨迪斯有阿利亚特斯巨大的陵墓，位于一个高耸的底座上。根据希罗多德所说，[①] 这个工程是由城市普通市民完成的，大部分工程是妓女完成的。他说，这个地区所有的妇女都卖淫；有人认为阿利亚特斯陵墓就是妓女的纪念碑。有人说科洛湖是一个人工湖，当河流发生泛滥的时候，它可以容纳泛滥的洪水。海佩帕城位于从特莫卢斯山到凯斯特平原的坡地上。

8. 卡利斯提尼斯认为萨迪斯第一次是被辛梅里安人占领，然后是特雷雷人和吕西亚人占领（挽歌诗人卡利努斯也是这样认为），最后是在居鲁士和克罗伊斯时期。但卡利努斯认为辛梅里安人是在入侵埃西奥尼人的时候，占领了萨迪斯；而锡普西斯的德米特里及其支持者推测卡利努斯按照爱奥尼亚方言的发音，把阿西奥尼人读成埃西奥尼人。因此，他认为梅奥尼亚也有可能读成亚细亚，就像荷马所说的一样：

在亚细亚的草地上，流动着凯斯特河。

（《伊利亚特》，Ⅱ，461）

---

① 希罗多德，Ⅰ，93。

由于这个地区土地肥沃，这座城市后来又引人注目地复兴了，而且绝不次于附近任何城市；虽然它最近由于地震的原因损毁了许多房屋，但由于我国现统治者提比略的远见卓识和仁慈宽厚，不仅是这座城市得到了修复，而且所有在那时遭到同样灾难的城市都得到了修复。

9. 萨迪斯同一个家庭出了两个著名的人物：即狄奥多罗斯兄弟，其中老大是演说家，名叫佐纳斯（Zonas），他多次为了捍卫亚细亚行省的利益而出庭；在米特拉达梯国王进攻的时候，他被控企图煽动各个城市反叛国王，但他在辩护之中使自己洗清了诬陷。小狄奥多罗斯是我的朋友，他不仅有许多历史著作，而且有许多抒情诗和其他诗歌，充分体现了古典作品的风格。古代历史学家桑索斯是一位真正的吕底亚人，但我不知道他是不是出生在萨迪斯。

10. 在吕底亚人之后是密细亚人，还有经常遭受地震的费拉德尔菲亚城。房屋的墙壁经常遭到破坏；在不同的时候，城市的这里或者那里经常遭到这样的灾难。由于这个原因，很少有人在城里居住，大部分人都是住在农村的农庄之中过日子，因为他们的土地非常肥沃。人们可能会对城市居民很少感到惊奇，也可能会对他们的住宅这样不安全，而他们仍然非常依恋这个地方感到惊奇；但人们可能更会对这个城市的建设者们感到惊叹。

11. 在这个地区之后是卡塔塞考梅内地区；① 它长500斯塔德，宽400斯塔德；也可以把它称为密细亚或者梅奥尼亚（因为这两

---

① 赫尔姆斯河上游及其支流"被烧过的"地区。

个名字都使用过）；除了葡萄树之外，整个地区没有树木，用这里的葡萄产出卡塔塞考梅内葡萄酒，它的质量不次于其他任何著名的葡萄酒。这个平原的地面覆盖着一层灰烬，山区和岩石地区是黑色的，这是由于火灾造成的。有些人推测这是由于雷电或者地下爆发的火焰造成的，他们毫不犹豫地把这里说成是堤丰神话故事发生的舞台。桑索斯则把这个地区的国王称为某个阿里姆斯；但是，这并没有使我们有理由推测，这样辽阔的地区是由于类似的骚乱而被彻底烧光的，它更可能是由于地下火的缘故，地下火源现在已经熄灭。这里可以看到三眼号称"风箱"的井，彼此距离有40斯塔德。在它们的上面是崎岖不平的山丘，有理由猜测它们就是由于地心爆发出的炽热物质形成的。这样的土壤非常有利于葡萄藤的生长，人们举出卡塔纳的土壤为例，这里覆盖着火山灰，出产许多质地最优良的葡萄酒。有些作家根据这些判断，敏锐地发现把狄奥尼索斯称为"火中出生的"，[①] 是非常有道理的。

12. 接着这个地区向南直到托罗斯山脉的各个地方，彼此紧密地交织在一起，以至于弗里吉亚、卡里亚、吕底亚和密细亚部分地方互相混在一起，很难区分开来。对于这种混杂在一起的现象，罗马人也有不小的责任，因为他们没有按照部落把他们划分开来，而是按照另一种方式来组织他们的管辖区域，在这种区域之中他们有自己的人民大会和自己的法庭。特莫卢斯山是一座比较低矮的群山，面积不大，它的边界在吕底亚人的地区之内；但是，根据泰奥彭波斯所说，梅索吉斯山朝开始于塞莱内，朝相反的方向

---

① Pyrigenës.

延伸到了米卡利。因此，它的部分地区被弗里吉亚人所占领，这就是塞莱内和阿帕米亚附近地区。另一部分被密细亚人和吕底亚人所占领，还有一部分被卡里亚人和爱奥尼亚人所占领。同样，许多河流，特别是迈安德河，它们发源于某些部落的边界地区，流经许多地区的中间，在这种情况下要把它们准确地区分出来是很难的事情。同样，位于山区与河流两边的平原也是难以分清的。或许，我可能不像一个测量员那样准确地专注于这类问题，但我可以根据前辈所提供的资料对它们加以详尽描述。

13. 位于梅索吉斯与特莫卢斯之间的凯斯特平原，东边是邻近的西尔比亚平原；它是一个辽阔的、人烟密集的、肥沃的平原。然后是希尔卡尼亚平原，这是波斯人给它取的名字，因为他们把希尔卡尼亚移民安置在这里，就好像波斯人给居鲁士平原命名一样。然后是佩尔廷平原（在弗里吉亚地区），还有西拉平原、塔贝平原，那里有许多小城市和混杂在一起的弗里吉亚人，还有皮西迪亚人的成分；这些平原正是得名于这些部落的名字。

14. 如果越过卡里亚人和尼萨地区之间的梅索吉斯山，尼萨是迈安德河那边的地区，一直延伸到西拜拉提斯和卡巴利斯，那里在梅索吉斯附近，正对着劳迪西亚有许多城市；然后是希拉波利斯城，那里有许多温泉和普路托尼乌姆神庙，关于这些温泉和神庙，有些奇怪的故事；因为温泉水非常容易凝固成石头，人们挖沟把泉水引出做成整块石头的栅栏。普路托尼乌姆神庙是一个不大的洞穴，位于山区一块不大的突出部分之下，这个洞穴大得足可以容纳一个人，洞穴非常深，有长约半普勒斯伦的四边形栏杆围着，这个地方空中雾气密布，以至于人们很难看清地面。对于那些想要接近围栏的人而言，四周的空气是无害的，因为在平常的天气中，围栏之外不受雾气的影响，雾气只在围栏之内。如果有野兽跑到围栏之内则必死无疑。无论如何，公牛被牵进围栏里就倒下了，拉出来的时候已经死了。我往里面扔了几只麻雀，它们立刻就断了气掉下来。但是，被阉割的加利们[①]可以安全地进入里面，甚至接近洞穴本身，弯着腰进入洞穴内部一定的深处。但是，他们是尽可能地屏住呼吸才办到这事的。因为从他们的面部表情，我可以看出他们类似憋足了气的样子。除非这种免疫力是这些身体受到伤残者特有的，或者仅仅是神庙附近的人们特有的，或者是由于天意使然，或者可能是神灵附身，或者是某种物质力量作为雾气解毒剂起了作用的结果。至于水变成石头的现象，据说在劳迪西亚的河水中也会出现，虽然这里的河水是可以饮用的。希拉波利斯的水源非常适合染羊毛；因此用茜草根染的羊毛，可以与用胭脂果或者海藻紫色染的羊毛媲美。这里的水源丰富，因此城里有许多天然浴场。

15. 在希拉波利斯之后是迈安德河那边的各个地区。关于劳迪西亚、阿弗罗蒂西亚直到卡鲁拉附近的地区，我已经说过了。因此，接下来就是西边各个地区，即安条克基亚人在迈安德河的城市（它已经进入了卡里亚的境内），还有南部各个地区，即大西拜拉城、辛达城和卡巴利斯、直到托罗斯山脉和吕西亚地区。安条克基亚是一座中等城市，位于弗里吉亚人境内迈安德河边的土地上，这里有一座过河的桥梁。安条克基亚在这条河的两岸有相当

[①] 基贝勒的祭司。

多的土地，这里非常肥沃，出产大量所谓的"安条克基亚"干无花果，又称"三叶"无花果。这个地区也经常遭受地震之害。在这里的居民之中，出了一位著名的诡辩学者狄奥特雷费斯（Diotrephes），他曾经教授希布里斯（Hybreas）完整的课程，后者成为当代最伟大的演说家。

16. 据说卡巴利斯的居民是索利米人。无论如何，在特尔梅苏斯人要塞之后的山丘称为索利姆斯山，特尔梅苏斯人自称为索利米人。在这附近有柏勒洛丰栅栏，还有他的儿子佩山大的陵墓，他是在与索利米人作战时阵亡的。这个故事与诗人的说法是一致的，因为他说到了柏勒洛丰：

> 然后他和勇敢的索利米人开战了。
>
> （《伊利亚特》，Ⅵ，184）

他也说到柏勒洛丰之子：

> 其子佩山大[①]被好战的阿瑞斯所杀，
> 他那时正在与索利米人作战。
>
> （《伊利亚特》，Ⅵ，203）

特尔梅苏斯是皮西迪亚人的城市，它位于西拜拉的正后方，离它很近。

---

① 在荷马史诗之中是伊山大。

17. 据说西拜拉人是那些占领了卡巴利斯，后来又占领了附近皮西迪亚人地区的吕底亚人后裔；后者居住在那里，把城市搬到了另一个地方，这个地方非常坚固，方圆约 100 斯塔德。由于良好的法治，城市发展得非常强大；它的居民点从皮西迪亚和附近的米利亚斯延伸到了吕西亚和罗德岛人对面的大陆。在合并了附近三座城市——布邦、巴尔布拉和俄诺安东城之后，这个城市联盟称为"四城"，三座城市每座城市都有 1 票表决权，但西拜拉有 2 票；因为西拜拉可以提供 30000 名步兵和 2000 匹战马。它一直处于僭主的统治之下，但他们的统治比较温和。然而，这种僭主政治在莫阿格特斯时期结束了，姆雷纳终止了僭主政治，把巴尔布拉和布邦并入了吕西亚人的领土。但是，西拜拉仍然被认为是亚细亚行省最大的地区，西拜拉人使用四种语言，皮西迪亚语、索利米语、希腊语和吕底亚语；但是在吕底亚的吕底亚人，却没有留下一点儿吕底亚语的踪迹。西拜拉的特产是铁器压花，技术比较内行。米利亚山脉从特尔梅苏斯附近的海峡和通往伊辛达方向的托罗斯内地关口，一直延伸到萨加拉苏斯和阿帕米亚人的地区。